全球华语研究
文献索引

郭熙 祝晓宏 喻江 编

图书在版编目（CIP）数据

全球华语研究文献索引 / 郭熙，祝晓宏，喻江编 . —北京：商务印书馆，2022（2023.7 重印）
ISBN 978-7-100-21631-9

Ⅰ. ①全… Ⅱ. ①郭… ②祝… ③喻… Ⅲ. ①汉语—研究—文献—索引 Ⅳ. ① Z89：H1

中国版本图书馆 CIP 数据核字（2022）第 161956 号

权利保留，侵权必究。

国家哲学社会科学基金重点项目"海外华语资源抢救性整理与研究"（19AYY003）
国家哲学社会科学基金重大项目"境外华语资源库建设及应用研究"（19ZDA311）
北京语言大学语言资源高精尖创新中心项目"海外华语资源库建设"（KYR17001）

全球华语研究文献索引
郭 熙 祝晓宏 喻 江 编

商 务 印 书 馆 出 版
（北京王府井大街36号 邮政编码100710）
商 务 印 书 馆 发 行
北京捷迅佳彩印刷有限公司印刷
ISBN 978-7-100-21631-9

2022年11月第1版　开本 787×1092　1/16
2023年7月北京第2次印刷　印张 14 1/2
定价：88.00元

目 录

使用说明 i

A 第一部分　华语理论 1
 AA　华语史 1
  1　名称 1
  2　通论 2
 AB　研究介绍 5
 AC　学术活动 8
 AD　序言、书评 12

B 第二部分　华语本体 16
 BA　华语概论 16
  1　"国语" 16
  2　现代汉语 17
  3　台湾"国语" 18
  4　港澳中文 19
  5　海外华语 21
 BB　华语语音 23
  1　台湾 23
  2　港澳 28
  3　新马 28
 BC　华语词汇 30
  1　华语 30
  2　台湾 32
  3　港澳 34
  4　新马 37
 BD　华语语法 42
  1　台湾 42
  2　港澳 46
  3　新马 47

BE	文字（华字）		49
	1 台湾		49
	2 港澳		50
	3 新马		51
BF	华语语用		52
	1 台湾		52
	2 港澳		53
	3 新马		55
BG	华语与境外方言		57
	1 华语与方言		57
	2 境外方言之闽语		59
	3 境外方言之粤语		70
	4 境外方言之客语		73
	5 境外方言之"东干语"		74
BH	华语比较		75
	1 概论		75
	2 语音		76
	3 词汇		77
	4 语法		81
	5 文字		82

C 第三部分　华语与华人社会 … 83

CA	语言变异		83
CB	语言接触		85
CC	语言态度		89
CD	语言运动		92
CE	语言政策		94
CF	语言环境		97
CG	语言问题		100
CH	语言状况		101
	1 台湾		101
	2 港澳		102
	3 东南亚		103
	4 其他地区		105
CI	语言生活		106
CJ	语言规划		108
CK	语言传播		109

D 第四部分　华语应用 …… 111

DA　华语教学 …… 111
- 1　概论 …… 111
- 2　语音教学 …… 114
- 3　词汇教学 …… 117
- 4　语法教学 …… 118
- 5　篇章教学 …… 120
- 6　文字教学 …… 123
- 7　文化教学 …… 124
- 8　课程 …… 126
- 9　教材与教材研究 …… 127
- 10　教法 …… 133
- 11　习得 …… 137
- 12　测试 …… 142
- 13　教学手段 …… 145

DB　地区教学 …… 148
- 1　台湾 …… 148
- 2　港澳 …… 152
- 3　新加坡 …… 156
- 4　马来西亚 …… 163
- 5　印尼 …… 163
- 6　菲律宾 …… 164
- 7　亚洲其他地区 …… 165
- 8　欧美 …… 165

DC　华文教育 …… 168
- 1　概论 …… 168
- 2　台湾 …… 175
- 3　港澳 …… 179
- 4　新加坡 …… 180
- 5　马来西亚 …… 186
- 6　印尼 …… 192
- 7　菲律宾 …… 193
- 8　柬埔寨 …… 196
- 9　老挝 …… 196
- 10　缅甸 …… 196
- 11　越南 …… 197
- 12　泰国 …… 197

　　　　13　东南亚 ··· 198
　　　　14　日韩 ··· 201
　　　　15　欧洲 ··· 202
　　　　16　美洲 ··· 202
　　　　17　其他 ··· 204
　DD　华文教育师资 ··· 205
　DE　华语规范 ·· 207
　DF　华语信息处理 ··· 210
　DG　华语词典编纂 ··· 211
　DH　华语翻译 ·· 213
　DI　华语文学 ·· 214
　　　　1　概论 ··· 214
　　　　2　港台 ··· 215
　　　　3　东南亚 ··· 216
　DJ　华语传媒 ·· 217
　　　　1　报刊 ··· 217
　　　　2　广播 ··· 218
　　　　3　电视 ··· 219
　　　　4　电影 ··· 220
　　　　5　戏剧 ··· 220

使 用 说 明

《全球华语研究文献索引》(以下简称《索引》)是教育部语信司与暨南大学共建的海外华语研究中心的一个课题。编辑《索引》最初的一个基本想法,是为了中心后续研究做些准备工作,随着资料收集工作的进行,我们发现有越来越多的华语研究成果发表,从国家到学者个体层面,华语研究也得到越来越多的关注,华语研究的重要性和紧迫性愈益凸显。可以说,全球华语研究已经成为语言学科重要的研究领域。

汉语要走出去,汉语研究也要走出去。20世纪初,中国语言学家开始为实现中国语言学从传统走向现代而努力。在成立开始,一个伟大的宣言就是拓宽语言研究的范围。今天汉语研究要走向世界,不仅在研究成果上能与国际平行,在研究方法上也要打破地域的限制,从其他国家和地区寻找材料,拓宽汉语研究的范围。全球华语研究正是为了适应形势发展的需要,在汉语学科研究的基础上产生的一个新的研究方向。

随着汉语研究逐渐深入,人们也逐渐认识到汉语内涵的复杂性:汉语不仅是中国的,更是世界的。世界各地华人社区由于历史、文化和政治等原因,出现了不同的称呼汉语的方式:中国台湾有所谓"国语"、中国香港有所谓"中文"、新加坡和马来西亚等地有所谓"华语",等等。比较起来,"华语"或许是一个更方便的名称,从全球华语的视角来重新审视汉语普通话的形成历史、现实和走向也将是一个有益的尝试。

华语是以普通话为基础的全球华人共同语。它是全球华人沟通的工具,既有现实的交际价值,也有不可估量的文化意义;华语在各个国家和地区既有历史的渊源,也有不可替代的现实功用。学者们很早就注意到了华人所在国和地区使用华语的情况,宽泛意义上的华语研究也有近百年的历史。不过历来有关华语研究的文献,既有在国内发表的,也有在境外发表的,成果比较分散,不利于研究的深入开展。

有感于这种现实情况,我们希望通过汇集、编纂《索引》,以利于研究人员参考。以下是几点使用说明:

1. 本索引所收文献,以海外华语研究为主;原则上不含对大陆汉语的研究,除非是与华语问题有关的。

2. 本索引分类编排,分类标准借鉴《中国语言学论文索引》的办法,以理论、应用为纲,分成四大类,按语言各平面和地区差异分成数量不等的小类,各类之间不可避免地有所关联,请读者仔细辨别,互相参考。

3. 有些文献的内容可能涉及多个研究方面,因此部分文献可能会在不同的类目中重复出现。

4. 同一篇文章,有时会在不同的地方发表,比如在期刊中发表过,后来又收入论文集。为了方便读者查找,编者尽量会将两处来源都收录,因此部分文献名称会重复出现。

5. 著录体例,先列篇名,次列著者,再列报刊、论著名称、年份期数。如果是在著作中的文献,还会有起讫页数。

6. 非中国大陆的期刊杂志，在其名称后会用括号标明其所在国家或地区。

7. 每小类的文献，大体上按发表时间先后为序。

8. 每条文献前的编号由三个部分组成：类别+年份的最后两个数字+所在类别的排序号。比如编号 AA85008，是因为该文献所在类别为 AA 华语史，1985 年发表，在此类别文献中排位第 8 号。

9. 本索引主要收入以汉语发表的作品，酌情收入一些其他语种文献（英语为主）。

10. 本索引收入文献的截止时间是 2008 年 12 月。之后陆续发表的文献有待将来增补。

本索引所收文献范围较宽，但限于编者水平，该收而未收或不该收而收的一定很多，其他讹误也一定存在。敬请读者指正，待再版时修正。

郭　熙　祝晓宏　喻　江

A 第一部分　华语理论

AA　华语史

1 名称

AA13001　论说部：译论：西报汇译：何不以英语代华语　E. E. P.　独立周报　1913-2-23
AA71002　ㄅㄆㄇㄈ名称问题：一个不成问题的小问题　方师铎　东海学报（中国台湾）　1971年第6期
AA72003　台湾话原是中原古话　陈伯鸿　中华日报（中国台湾）　1972-11-6
AA77004　台语溯源　亦玄　中国时报（中国台湾）　1977-10-2
AA83005　能不能把"汉语""汉文"分别改称为"国语""中文"？　W. G.　文字改革（现语文建设）　1983年第4期
AA84006　谈谈"普通话"的几个同义语（上、下）　陈刚　文字改革（现语文建设）　1984年第1、2期
AA84007　官话——"国语"——普通话　徐世荣　语言学和语言教学　北京市语言学会编　安徽教育出版社　1984年
AA85008　从"汉语"名称论汉语词汇史研究　郭良夫　语言教学与研究　1985年第4期
AA85009　华语（普通话、国语）与北京话　陈重瑜　语言教学与研究　1985年第4期
AA86010　"香港话"还是"普通话"？　许志荣　信报（中国香港）　1986年第11期
AA86011　把"普通"话正名为"国语"是时候了！　李业宏　语文建设通讯（中国香港）　1986总第2期
AA86012　"华语"——华人的共同语　陈重瑜　语文建设通讯（中国香港）　1986年总第21期
AA87013　"普通话"，还是"国语"？　张拱贵　王维周　南京师大学报（社会科学版）　1987年第3期
AA87014　"国语"不是北平话　竺家宁　国文天地（中国台湾）　1987年第6期
AA88015　什么是"标准'国语'"？　薛凤生　华文世界（中国台湾）　1988年第12期
AA90016　再谈"中华"和"中国"　程观林　姚德怀　语文建设通讯（中国香港）　1990年1月总第26期
AA90017　也谈"中华"和"中国"　温应时　语文建设通讯（中国香港）　1990年3月总第27期
AA90018　三论"中华"和"中国"　程观林　语文建设通讯（中国香港）　1990年3月总第27期
AA90019　对谈：新加坡？星家坡？　姚德怀　汪惠迪　语文建设通讯（中国香港）　1990年9月总第30期
AA91020　"国语"的来源　陈玉麟　华文世界（中国台湾）　1991年第3期
AA91021　汉语——华语——中华语　侯永正　辽宁大学学报（哲学社会科学版）　1991年第3期
AA91022　台湾语言探源　洪伯温　台北文献（中国台湾）　1991年总第92期
AA92023　现代汉语发展的初步考察——以巴金作品为例　刁晏斌　语文建设通讯（中国香港）

1992 年 12 月总第 38 期

AA92024　从"雅言"到"华语"：寻根探源话名号　张德鑫　汉语学习　1992 年第 5 期

AA92025　现代汉民族共同语定义商榷　潘礼美　语文建设通讯（中国香港）1992 年 9 月总第 37 期

AA93026　"华语"——华人的共同语　陈重瑜　华语研究论文集　陈重瑜　新加坡国立大学华语研究中心（新加坡）1993 年第 1—7 页

AA93027　华语（普通话、"国语"）与北京话　陈重瑜　华语研究论文集　陈重瑜　新加坡国立大学华语研究中心（新加坡）1993 年第 8—27 页

AA93028　普通话＝北京话吗？　启华　普通话（中国香港）1993 年第 2 期

AA00029　应该怎样称呼现代中国的官方语言？——从英汉对比看"汉语"、"普通话"、"国语"与"华语"等概念的使用　丁安仪　郭英剑　赵云龙　河南师范大学学报（哲学社会科学版）2000 年第 3 期

AA03030　雅言　通语　官话　普通话——汉民族通用语沿革简说　国非　高顺斌　固原师专学报（社会科学版）2003 年第 5 期

AA04031　论"华语"　郭熙　暨南大学华文学院学报　2004 年第 2 期

AA05032　关于建立"大华语"概念的建议　陆俭明　汉语教学学刊第 1 辑　北京大学出版社　2005 年

AA05033　世纪回眸：从华语到世界汉语——《人民日报》(1946—2000)相关用语分析　黄鸣奋　海外华文教育　2005 年第 2 期

2　通论

AA75034　现代华语十讲　陈初荣　吧生凤行出版社（马来西亚）1975 年

AA76035　从社会学的观点论新加坡的语言　郭振羽　华语研究中心学术讲演汇录　南洋理工大学中华语言文化中心（新加坡）1976 年

AA76036　华语的标准问题　谢云飞　华语研究中心学术讲演汇录　南洋大学中华语言文化中心（新加坡）1976 年

AA76037　华语研究中心学术讲演汇录　李成业　南洋大学（新加坡）1976 年

AA79038　华语或方言　李光耀　推广华语运动开幕演讲集　新加坡交通及新闻部（新加坡）1979 年

AA83039　华人、华语与华文　李正富　华文世界（中国台湾）1983 年第 11 期

AA84040　试论推广华语的问题　卢绍昌　华语论集　卢绍昌　新加坡国立大学华语研究中心（新加坡）1984 年

AA84041　华语与方言　卢绍昌　华语论集　卢绍昌　新加坡国立大学华语研究中心（新加坡）1984 年

AA84042　现代汉语形成历史说略　范可育　教学与研究（中国台湾）1984 年第 1 期

AA84043　华语语言层次问题　陆孝栋　华文世界（中国台湾）1984 年第 12 期

AA85044　华语：家庭社会与工商语言　李光耀　世界华文教学研讨会论文集　新加坡华文研究会（新加坡）1985 年

AA86045　新加坡国立大学中文系学术论文集刊（第 1 集）　林徐典　新加坡国立大学中文系（新

加坡） 1986年

AA86046　官话·"国语"·普通话　电大教学　1986年第7期

AA87047　新加坡国立大学中文系学术论文集刊（第2集）　庆祝柳存仁教授七十岁诞辰论文专刊　林徐典　新加坡国立大学中文系（新加坡）　1987年

AA88048　台湾的语文问题知多少：从台湾话的名称谈起　许极燉　民众日报（中国台湾）　1988-5-18、26

AA89049　学丛　林徐典　新加坡国立大学中文系（新加坡）　1989年

AA90050　观台思港话语文　陈耀南　语文建设通讯（中国香港）　1990年5月总第28期

AA90051　确保华文继续存在　李光耀　语文建设通讯（中国香港）　1990年3月总第27期

AA90052　新加坡华文研究会与华文研究的展望　卢绍昌　华语论集续集　卢绍昌　新加坡国立大学华语研究中心（新加坡）　1990年第166—168页

AA90053　谈新加坡推广华语的经验　卢绍昌　华语论集续集　卢绍昌　新加坡国立大学华语研究中心（新加坡）　1990年第73—82页

AA90054　华语论集续集　卢绍昌　新加坡国立大学华语研究中心（新加坡）　1990年

AA90055　新加坡国立大学中文系学术论文集刊（第3集）　新加坡国立大学创校十周年纪念论文专刊　林徐典　新加坡国立大学中文系（新加坡）　1990年

AA92056　关于现代汉语历史发展研究的构想　刁晏斌　语文建设通讯（中国香港）　1992年6月总第36期

AA92057　同台湾学者谈两岸文字的统合与规范——在台北举行的海峡两岸文化学术交流会上的报告　李金铠　语文建设　1992年第7期

AA93058　华语研究论文集　陈重瑜　华语论集续集　卢绍昌　新加坡国立大学华语研究中心（新加坡）　1993年

AA93059　试评汉字简化的一些论说　陈重瑜　华语研究论文集陈重瑜　新加坡国立大学华语研究中心（新加坡）　1993年第28—44页

AA94060　母语情　陆原　新闻界　1994年第1期

AA94061　"华语热"漫卷全球　肖超　海内与海外　1994年第10期

AA94062　"华语热"畅想　林长榕　科技文萃　1994年第10期

AA95063　华语热在东南亚悄然兴起　黄日强　中国人才　1995年第12期

AA95064　漫谈华语（第一集）　陈天然　洪昭冰　红星企业有限公司（新加坡）　1995年

AA95065　语言、社会与族群意识：台湾语言社会学的研究　黄宣范　文鹤出版社（中国台湾）　1995年

AA95066　汉学研究之回顾与前瞻：新加坡国立大学中文系主办国际汉学会议论文集　林徐典　中华书局　1995年

AA96067　正确认识方言和华语的性质　汪惠迪　联合早报（新加坡）　1996-3-17

AA97068　"九七"回归与香港语文刍议　黄谷甘　广东民族学院学报　1997年第2期

AA97069　略论东南亚华人语言的研究　李如龙　学术研究　1997年第9期

AA98070　泰国掀起华文热　八桂侨史（现八桂侨刊）1998年第1期

AA98071　白话文运动80年　周有光　语文建设通讯（中国香港）　1998年第7期

AA98072　海外华人百科全书　潘翎　三联书店（香港）有限公司（中国香港）　1998年

AA99073	告别正统,华语才能百花齐放　吴英成　联合早报(新加坡)　1999-1-19
AA99074	筛选汉字小字符集的必要性和可能性　刘华杰　科技术语研究　1999年第4期
AA99075	现代汉语:历史和社会语言学(Modern Chinese: History and Sociolinguistics)　陈平　剑桥大学出版社(英国)　1999年
AA99076	杂菜式华语也有实用价值　吴英成　陈碧珊　源(新加坡)　1999年第4期
AA00077	新加坡华语短话　王希杰　语文建设　2000年第1期
AA00078	下世纪通用语言——华、英、西　慕宝宝　消防月刊　2000年第10期
AA00079	羌戎说　张晟　青海民族学院学报(社会科学版)　2000年第2期
AA01080	新加坡华文:困惑中的机遇　李兴　广州广播电视大学学报　2001年第1期
AA01081	泰国曼谷华人的华语观　刘岩　民族教育研究　2001年第4期
AA01082	汉语与华人社会　邹嘉彦　游汝杰　复旦大学出版社、香港城市大学出版社　2001年
AA02083	新马华人:传统与现代的对话　李元瑾　南洋理工大学中华语言文化中心丛书　新加坡亚洲研究学会、南洋大学毕业生协会(新加坡)　2002年
AA02084	华语情结　余秋雨　中学语文　2002年第6期
AA02085	21世纪的华语和华文　周有光　语文建设通讯(中国香港)　2002年总第69期
AA03086	华语圈"身份"占优　汪贡　咬文嚼字　2003年第2期
AA03087	闽南语在大陆不再被称为"台语"　文粹　福州日报　2003-1-13
AA03088	新加坡推广华语的一些经验　谢世涯　教学与测试　谢世涯　新加坡华文教师总会出版(新加坡)　2003年第51—56页
AA04089	台湾及东南亚华文华语研究　李如龙　苏新春　霭明出版社(中国香港)　2004年
AA04090	中国社会语言学　郭熙　浙江大学出版社　2004年
AA04091	现代华语概论　徐杰　王惠　八方文化创作室(新加坡)　2004年
AA04092	全球化语境下华语疆界的模糊与身份的重构　王宁　南洋理工大学"国家疆界与文化图像国际学术会议"(新加坡)　2004年
AA04093	母语教育与"港式中文"　刘镇发　周柏胜　台湾及东南亚华文华语研究　李如龙　苏新春　霭明出版社(中国香港)　2004年第166—179页
AA04094	文言白话　普通话　方言　李如龙　台湾及东南亚华文华语研究　李如龙　苏新春　霭明出版社(中国香港)　2004年第222—235页
AA04095	海外华人圈华语变体切片　吴英成　台湾及东南亚华文华语研究　李如龙　苏新春　霭明出版社(中国香港)　2004年第92—105页
AA04096	言语社区理论　徐大明　中国社会语言学　2004年第1期
AA05097	全球"汉语热"持续升温　崔岚　侨园　2005年第3期
AA06098	汉语:多元文化共建的公共语言　阿来　当代文坛　2006年第1期
AA06099	港式中文两面睇　石定栩　星岛出版有限公司(中国香港)　2006年
AA06100	论华语研究　郭熙　语言文字应用　2006年第2期
AA07101	语言的多视角考察(南洋人文丛书·国家疆界与文化图像3)　谭慧敏　南洋理工大学中华语言文化中心、八方文化创作室(新加坡)　2007年

AB 研究介绍

AB74001　记全美华学教师协会　程其保　华文世界（中国台湾）　1974年第10期

AB74002　全美中文教师学会教学方案研讨会综合报道　陈曼丽　华文世界（中国台湾）　1974年第6期

AB75003　台湾语研究及推广中心——第一次筹备会启事　李丰明　海外台湾基督教徒联合通讯（美国）　1975年第25期

AB75004　请支持"台语研究及推广中心"兼论台湾教会与台湾话　郑良伟　海外台湾基督教徒联合通讯（美国）　1975年第25期

AB76005　中美洲六国华侨召开恳亲会记　钢窗　华文世界（中国台湾）　1976年第10期

AB76006　发扬中华文化、加强海外侨教——旅美华省侨教大会决成立永久性组织　编者　华文世界（中国台湾）　1976年第4期

AB76007　中美华侨研讨会宣言及会议　编者　华文世界（中国台湾）　1976年第8期

AB78008　华府中国语文教材编辑座谈会鸟瞰　杨文轩　华文世界（中国台湾）　1978年第5期

AB78009　世界华文教育协进会第五次会员大会纪要　编者　华文世界（中国台湾）　1978年第5期

AB78010　世界华文教育协进会五年有成　董鹏程　华文世界（中国台湾）　1978年第5期

AB78011　台湾语言研究概况　张振兴　当代语言学　1978年第6期

AB82012　世界华文教学协进会第九次会员大会纪要　编者　华文世界（中国台湾）　1982年第3期

AB82013　三十年来台湾语法研究述评　林玉山　福建论坛　1982年第5期

AB82014　赵元任博士对汉语语言学的贡献　李壬癸　华文世界（中国台湾）　1982年第7期

AB84015　世界华文教育协进会第十一次会员大会纪要　编者　华文世界（中国台湾）　1984年第4期

AB85016　世界华文教学研讨会与会者感想　编者　华文世界（中国台湾）　1985年第11期

AB85017　参加第一届世界华文教学研讨会——语音组有感　郑良伟　华文世界（中国台湾）　1985年第7期

AB86018　参加1985年全美华文教师协进会年会　董鹏程　华文世界（中国台湾）　1986年第1期

AB88019　记者眼中的世华会和世界华文教学研讨会　庄秀美　华文世界（中国台湾）　1988年第12期

AB88020　当代社会语言学：东方和西方的观点——第一届香港语言与社会会议记略　王得杏　外语教学与研究　1988年第4期

AB88021　近年来台湾及海外研究现代汉语语法情况概述（上、下）　林书武　中国语文天地　1988年第4、5期

AB89022　华语研究的展望　丁邦新　华文世界（中国台湾）　1989年第3期

AB89023　我们迫切需要优良的华语文教材——华语文教材座谈会纪实　董鹏程　华文世界（中国台湾）　1989年第6期

AB89024　参加一九八八"全美华文教师协会"年会报告　陈秀英　华文世界（中国台湾）　1989年第6期

AB89025　深港片语言问题研讨会闭幕词　邢福义　双语双方言　陈恩泉主编　中山大学出版社　1989年

AB90026　参加全美华文教师年会暨访问各地华语文教师座谈会纪实　何明道　华文世界（中国台湾）　1990年第3期

AB90027　参加新加坡主办"世界华文教学研讨会"　董鹏程　华文世界（中国台湾）　1990年第3期

AB90028　参加香港语文教学座谈会的见闻　方祖荣　华文世界（中国台湾）　1990年第3期

AB90029　海外中文教学的危机与转机　沈自强　华文世界（中国台湾）　1990年第3期

AB90030　新加坡中国学现状　清水茂　君羊　国外社会科学　1990年第4期

AB90031　巴西第一届中文教学研讨会纪实　徐捷源　华文世界（中国台湾）　1990年第6期

AB90032　简单实用的教育文字　郑良伟　台语文摘（中国台湾）　1990年第7期

AB90033　从双语教育看台闽语汉字的规范　姚荣松　台语文摘（中国台湾）　1990年第7期

AB90034　本土语言教育汉字运用问题　罗肇锦　台语文摘（中国台湾）　1990年第7期

AB90035　国内华语文教学研讨会纪要　编者　华文世界（中国台湾）　1990年第9期

AB91036　记台湾民俗学家朱介凡及其谚语研究　王康　建中　文史杂志　1991年第2期

AB91037　参加"一九九〇年全美外语教学会议"暨访问各地华语文教师座谈纪要　编者　华文世界（中国台湾）　1991年第3期

AB92038　参加1992年全美华文教师学会年会　编者　华文世界（中国台湾）　1992年第12期

AB92039　第三届"世界华语文教学研讨会"纪要　姚荣松　亓婷婷　华文世界（中国台湾）　1992年第3期

AB92040　海外华文文字教学座谈会　编者　华文世界（中国台湾）　1992年第3期

AB92041　华语文教学仍需推广与提升　汤廷池　华文世界（中国台湾）　1992年第3期

AB92042　参加全美中文教师学会学术年会及访问美加各地华语文教师座谈会纪要　赖明德　华文世界（中国台湾）　1992年第3期

AB92043　喜见华文教学研究更上层楼　李振清　华文世界（中国台湾）　1992年第3期

AB92044　世华代表团参加全美学会年会纪实　应裕康　华文世界（中国台湾）　1992年第3期

AB93045　诗之旅——美加华语文教学访问侧记　文幸福　华文世界（中国台湾）　1993年第3期

AB93046　华语语言分析导论：目标与方法（一）　汤廷池　华文世界（中国台湾）　1993年第3期

AB93047　华语语言分析导论：目标与方法（二）　汤廷池　华文世界（中国台湾）　1993年第6期

AB93048　华语语言分析导论：目标与方法（三）　汤廷池　华文世界（中国台湾）　1993年第9期

AB93049　华语语言分析导论：目标与方法（四）　汤廷池　华文世界（中国台湾）　1993年第12期

AB94050　华语语言分析导论：目标与方法（五）　汤廷池　华文世界（中国台湾）　1994年第3期

AB94051　中国测验学会华文社会的心理测验：第一届华文社会心理与教育测验学术研讨会论文集　心理出版社有限公司（中国台湾）　1994年

AB94052　母语教学的基本概念和教材大纲，台湾地区本土语文之研究与推广座谈会会议记录　李壬癸　台北县政府（中国台湾）　1994年

AB94053　《华语教学讲习》读后　李清华　世界汉语教学　1994年第2期

AB94054　何容——台湾的语言大师　舒乙　科技文萃　1994年第9期

AB95055　第四届世界华语文教学研讨会纪要　编者　华文世界（中国台湾）1995年第3期
AB95056　参加全美中文教师学会年会及访问美国地区华文教师座谈会纪要　编者　华文世界（中国台湾）1995年第3期
AB95057　第二十二届美东中文学校协会年会略记　亓婷婷　华文世界（中国台湾）1995年第6期
AB95058　记"第二届台湾语言国际研讨会"　黄美金　华文世界（中国台湾）1995年第12期
AB96059　把握机遇振兴华文教育事业："迈向21世纪的华文教育"学术研讨会纪要　李伟昂　华侨与华人　1996年第2期
AB96060　台湾近二十五年来有关中国语言文字的硕士和博士学位论文辑录　连金发　台湾语言发展学术研讨会论文集　1996年第6期
AB97061　两岸汉语语汇文字学术研讨会　何景贤　华文世界（中国台湾）1997年第12期
AB97062　二十年来台湾社会语言学的研究　曹逢甫　华文世界（中国台湾）1997年第12期
AB97063　香港有关汉语研究的机构、团体和刊物的概况　姚德怀　语言文字应用　1997年第2期
AB97064　香港的语料库和相关研究概况　胡百华　李行德　汤志祥　语言文字应用　1997年第2期
AB97065　从"第二届国内华语文教学研讨会"的座谈会提案中，引起我想说的话　张孝裕　华文世界（中国台湾）1997年第6期
AB97066　参加"第二届国内华语文教学研讨会"之感言　姚瑜雯　华文世界（中国台湾）1997年第6期
AB97067　千山独行——"第二届国内华语文教学研讨会"之感言　蔡智敏　华文世界（中国台湾）1997年第6期
AB97068　记"第一届汉语文能力测验编制研讨会"　曾志朗　华文世界（中国台湾）1997年第9期
AB98069　提升世界华语文教学的功效——第五届世界华语文教学研讨会侧记　何绵山　教育评论　1998年第1期
AB98070　第五届"世界华语文教学研讨会"纪要　郭乃祯　华文世界（中国台湾）1998年第3期
AB98071　这是一个专业的华语文教学研讨会　柯华葳　华文世界（中国台湾）1998年第3期
AB98072　迈向新世纪的华语文教学——第五届"世界华语文教学研讨会"抒感　亓婷婷　华文世界（中国台湾）1998年第3期
AB98073　发展——参加"第五届世界华语文教学研讨会"观感　陈希奇　华文世界（中国台湾）1998年第3期
AB98074　二十年来台湾社会语言学的研究　曹逢甫　语言文字应用　1998年第4期
AB98075　四海存知己　华文铸友谊——追忆法国著名汉学家龙巴尔教授　中国史研究动态　1998年第6期
AB99076　"两岸现代汉语常用词典"编撰缘起与内容　何景贤　两岸关系　1999年第10期
AB00077　程祥徽语言学研究说略——为现代《中国现代语言学家》撰稿　程祥徽　中文回归集　程祥徽　和平图书·海峰出版社（中国香港）2000年第272—281页
AB00078　走向21世纪的国际华文教育——出席《第三届东南亚华文教学研讨会》侧记　何韵

星暹日报（泰国）2000-1-4

AB02079 第一届印尼华文教育与华文文学国际研讨会综述　颜敏　彭程　郭楚江　华文文学 2002年第6期

AB02080 王育德台湾语研究之成就　曾进民　中山大学硕士学位论文（中国台湾）2002年

AB03081 让华文在世界发出更强大的声音——第二届世界华文传媒论坛侧记　唐志龙　华商 2003-08-09

AB03082 把华文教学工作向前推进——华侨崇圣大学出版"泰国华文实用教学法"　中华日报（泰国）2003-11-4

AB03083 华侨华人研究中文书目　徐斌　厦门大学出版社　2003年

AB05084 华府区"华语文教师研讨会"聚焦AP华语文计划　世界日报（美国）2005-11-2

AB06085 国家"十五"重点图书出版规划项目之一《中国的语言》即将由商务印书馆出版　民族语文　2006年第2期

AB07086 探讨本身语言观和语言政策　李光耀资政新书明年问世　明永昌　联合早报（新加坡）2007-9-27

AB08087 澳门语坛又一佳作——邓景滨《语坛争鸣录》序　詹伯慧　詹伯慧语文评论集　邓景滨　刘新中编　暨南大学出版社　2008年

AB08088 让更多的香港同胞早日学会普通话——序《实用普通话速成》　詹伯慧　詹伯慧语文评论集　邓景滨　刘新中编　暨南大学出版社　2008年

AB08089 一本地道"港味"的粤语词典　詹伯慧　詹伯慧语文评论集　邓景滨　刘新中编　暨南大学出版社　2008年

AB08090 一本具有新意的教材——读《粤语区人学习普通话教程》　詹伯慧　詹伯慧语文评论集　邓景滨　刘新中编　暨南大学出版社　2008年

AB08091 《马来西亚的三个汉语方言》序　詹伯慧　詹伯慧语文评论集　邓景滨　刘新中编　暨南大学出版社　2008年

AB08092 一部反映汉语词汇研究新成果的辞书——读《香港社区词词典》　詹伯慧　詹伯慧语文评论集　邓景滨　刘新中编　暨南大学出版社　2008年

AB08093 一次为语言研究提供服务的成功实践——读甘于恩《粤语研究参考文献总目》　詹伯慧　詹伯慧语文评论集　邓景滨　刘新中编　暨南大学出版社　2008年

AB08094 粤语研究中又一可喜成果——读曾子凡《香港粤语惯用语研究》　詹伯慧　詹伯慧语文评论集　邓景滨　刘新中编　暨南大学出版社　2008年

AC　学术活动

AC77001 华文教学零讯　编者　华文世界（中国台湾）1977年第8期

AC77002 菲华暑期文教研习班中文教学简记　蔡雅琳　华文世界（中国台湾）1977年第8期

AC83003 文学与语言教学之互动：新加坡高中华文教材中的散文教学与创意思考　许福吉　华文世界（中国台湾）1983年第6期

AC83004 一次汉语规范化和文字改革的国际会议——记夏威夷"华语现代化"学术会议　钟雨　人民日报　1983-12-29

AC84005	世界华文教学研讨会研讨项目　编者　华文世界（中国台湾）　1984年第1期
AC84006	世界华文教学的总检讨　林良　华文世界（中国台湾）　1984年第12期
AC84007	"华文教学资料展"轮廓　林良　华文世界（中国台湾）　1984年第12期
AC84008	文化差异对华语教学的影响　李振清　华文世界（中国台湾）　1984年第12期
AC84009	美国华文教学工作实况报告　罗符卿　华文世界（中国台湾）　1984年第12期
AC84010	美华协会——芝北中文学校华文教学的现况与问题　叶吴明明　华文世界（中国台湾）　1984年第12期
AC85011	世界华文教学研讨会志略　编者　华文世界（中国台湾）　1985年第4期
AC86012	功能取向的华语教学　李振清　华文世界（中国台湾）　1986年第1期
AC86013	注音符号在华语教学上之功用　王天昌　华文世界（中国台湾）　1986年第1期
AC87014	新加坡华文研究会成立　本刊通讯员　世界汉语教学　1987年第1期
AC88015	香港举办第一届"语言与社会"讨论会　柏静　语文建设　1988年第4期
AC89016	第二届世界华语文教学研讨会纪实　李鍙　华文世界（中国台湾）　1989年第3期
AC89017	第二届世界华语文教学研讨会志略　编者　华文世界（中国台湾）　1989年第3期
AC89018	第二届世界华语文教学研讨会"综合报告与讨论"　蔡雅琳　华文世界（中国台湾）　1989年第3期
AC89019	第二届世界华语文教学研讨会回响与心声　编者　华文世界（中国台湾）　1989年第3期
AC89020	海峡两岸召开第二次中文信息标准化研讨会　海洋　语文建设　1989年第5期
AC90021	"一国两语"？从对外华语教学看两岸标准语的差异　佟秉正　华文世界（中国台湾）　1990年第12期
AC91022	北京举行海峡两岸汉字学术交流会　铁昆　语文建设　1991年第11期
AC92023	澳门过渡期语言发展路向国际学术研讨会在澳门召开　程祥徽　中国语文（中国台湾）　1992年第3期
AC93024	菲律宾华文教育研究中心举办第五次华语教学讲座　张典　课程·教材·教法　1993年第3期
AC94025	菲律宾华校华语教学研讨会在大雅台市举行　课程·教材·教法　1994年第2期
AC94026	菲律宾华文教学的转折点——记菲律宾华校华语教学研讨会　华教　世界汉语教学　1994年第2期
AC95027	五洲华人弘扬国粹的盛举——为全球"绝对求偶"活动而作　程祥徽　语文建设　1995年第10期
AC95028	第四届世界华语文教学研讨会在台北举行　禹苑　语言教学与研究　1995年第2期
AC95029	两岸汉语言文字合作研究学术座谈会在北京召开　陈亚川　世界汉语教学　1995年第3期
AC95030	两岸汉语言文字合作研究学术座谈会开幕词　杨庆华　语言教学与研究　1995年第3期
AC95031	两岸汉语言文字合作研究学术座谈会记要　语言教学与研究　1995年第3期
AC95032	两岸汉语言文字合作研究学术座谈会闭幕词　何景贤　语言教学与研究　1995年第3期
AC95033	祝贺"两岸汉语言文字合作研究学术座谈会"召开　刘坚　语言教学与研究　1995年第3期

AC95034　世界华语教学研讨会在台湾举行　定远　课程·教材·教法　1995年第5期
AC96035　"1997与香港中国语文"研讨会召开　潘礼　语言文字应用　1996年第2期
AC96036　东南亚地区华文教育学术研讨会在华侨大学举行　李天锡　华侨华人历史研究　1996年第3期
AC98037　记两次语文现代化国际会议　周有光　语言文字应用　1998年第2期
AC98038　第五届"世界华语文教学研讨会"综述　何绵山　山东广播电视大学学报　1998年第4期
AC99039　两岸架起文字统合金桥　绿水　华人时刊　1999年第14期
AC00040　积极务实探索："第三届东南亚华文教学研讨会"综述　萧北婴　海外华文教育　2000年第1期
AC00041　第三届东南亚华文教学研讨会综述　萧北婴　华侨大学学报（哲学社会科学版）2000年第1期
AC00042　"早春绽放的满园鲜花"：澳门中葡文化青年研习会征文比赛纪实　黄晓峰　海外华文教育　2000年第1期
AC01043　贾益民教授率团出席世界华语文教学研讨会　唐燕儿　暨南大学华文学院学报　2001年第1期
AC01044　厦大海外教育学院组团参加华裔青少年"中国寻根之旅"活动　陈澜　海外华文教育　2001年第3期
AC01045　福建省副省长汪毅夫一行赴厦大调研海外华文教育工作　连志丹　海外华文教育　2001年第3期
AC01046　台湾世界华语文教育界访问厦大海外教育学院　连志丹　海外华文教育　2001年第3期
AC01047　"语群汇集之都千禧国际研讨会"在香港召开　高一虹　外语教学与研究　2001年第4期
AC01048　厦门大学获准为国务院侨办华文教育基地　陈澜　海外华文教育　2001年第4期
AC01049　厦门大学获准为国家汉办支持周边国家汉语教学重点学校　陈澜　海外华文教育　2001年第4期
AC01050　"新马华人：传统与现代对话"国际学术研讨会下月举办　区如柏　联合早报（新加坡）2001-5-30
AC01051　华文媒体的德行与匈华社会的关系？——匈华餐饮界人士与华文报社代表9日就《市场》报不实报道引发的问题举行座谈　泽民　萧瑶　联合商报（匈牙利）2001-2-23
AC02052　第四届东南亚华文教学研讨会在泰国举行　陈默　世界汉语教学　2002年第1期
AC02053　福建省海外华文教育工作座谈会在福州举行　陈澜　海外华文教育　2002年第1期
AC02054　第四届东南亚华文教学研讨会在泰国曼谷举行　陈澜　海外华文教育　2002年第1期
AC02055　菲律宾华裔青少年汉语进修团在厦大开学　陈澜　海外华文教育　2002年第2期
AC02056　印尼的华文教育与华文文学——第一届印尼华文教育与华文文学国际研讨会综述　郭楚江　钱润池　刘潇潇　颜敏　彭程　暨南大学华文学院学报　2002年第4期
AC02057　第一届印尼华文教育与华文文学国际研讨会在暨大召开　宗世海　暨南学报　2002年第6期
AC03058　南国桃李　又沐春风——雅加达华文辅导班巡礼　饶顺招　海外华文教育　2003年第

1 期

AC03059　"华人地区语文生活与语言规划国际学术研讨会"在闽召开　侯小英　徐睿渊　语言文字应用　2003 年第 1 期

AC03060　洛警察局华人顾问委员会举办首次华语讲座　国际日报（美国）2003-3-7

AC03061　现代语文东南亚华语教学考察团活动剪影　现代语文（高中读写版）2003 年第 10 期

AC03062　第七届世界华语圣经研讨会在马来西亚举行　刘国芳　中国天主教　2003 年第 6 期

AC04063　第五届东南亚华文教学研讨会在马来西亚举行　海外华文教育　2004 年第 1 期

AC04064　第七届世界华语文教学研讨会纪要　本刊编辑部　华语文教学研究（中国台湾）2004 年第 1 期

AC04065　海峡两岸语文现代化暨纪念"748 工程"30 周年学术研讨会召开　齐欣　现代语文（理论研究版）2004 年第 10 期

AC05066　五洲华人弘扬国粹的盛举　程祥徽　中文变迁在澳门　三联书店（香港）有限公司（中国香港）2005 年第 171—174 页

AC05067　香港回归仪式的语言应用给我们的启示——纪念澳门基本法颁布六周年　程祥徽　中文变迁在澳门　三联书店（香港）有限公司（中国香港）2005 年第 205—208 页

AC05068　澳门过渡期语言发展路向国际学术研讨会在澳门召开　程祥徽　中文变迁在澳门　三联书店（香港）有限公司（中国香港）2005 年第 235—236 页

AC05069　澳门语言学会"官方语文的理论探讨学术研讨会"纪要　李莉亚　王萌　中文变迁在澳门　三联书店（香港）有限公司（中国香港）2005 年第 243—254 页

AC05070　全美中校华语教师研讨中文"AP 接轨"　世界日报（美国）2005-8-23

AC05071　"泰国中华语文中心教学研习营"落幕　世界日报（泰国）2005-10-26

AC05072　"第一届泰国国际学校华语演讲比赛"举行　世界日报（泰国）2005-11-26

AC05073　新西兰汉语基金会举办"华语育乐营"　宏观电子报（中国台湾）2005-12-14

AC05074　美东中校协会举办"AP 华语文计划研讨会"　世界日报（美国）2005-12-19

AC05075　《全球华语大词典》编写会议在暨南大学华文学院召开　李洁麟　暨南大学华文学院学报　2005 年第 1 期

AC05076　"首届世界汉语教育史国际学术研讨会"述评　朱勇　海外华文教育　2005 年第 1 期

AC05077　商务印书馆成立世界汉语教学研究中心　古汉语研究　2005 年第 2 期

AC05078　开拓华文教育新思路　共谋华文教育大发展——第四届国际华文教育研讨会综述　刘慧　孙清忠　梁静　暨南大学华文学院学报　2005 年第 1 期

AC05079　教育部与暨南大学共建海外华语研究中心　郭熙　暨南大学华文学院学报　2005 年第 3 期

AC05080　我国第一个华文教育本科专业在暨南大学设立　胡建刚　暨南大学华文学院学报　2005 年第 3 期

AC05081　"首届华语调查研讨会"在暨南大学华文学院举行　祝晓宏　暨南大学华文学院学报　2005 年第 4 期

AC05082　教育部设立专门机构　教材的语言使用状况将受到监测　钟晓雨　课程·教材·教法　2005 年第 9 期

AC06083　休斯敦世界事务协会举办"华语午餐会"　世界日报（美国）2006-2-9

AC06084　泰国"合艾中华语文中心"开课　世界日报（泰国）　2006-3-10
AC06085　泰国中华会馆办"中华语文中心暑期班"　世界日报（泰国）　2006-3-10
AC06086　韩春锦出任大马"华语规范理事会"主席　星洲日报（马来西亚）　2006-3-15
AC07087　华语论坛暨桃李聚会　周清海　全球化环境下的华语文与华语文教学（南洋大学学术论丛1）　周清海　新加坡青年书局（新加坡）　2007年第249—260页
AC08088　海峡两岸开展闽南方言研究之我见　詹伯慧　詹伯慧语文评论集　邓景滨　刘新中编　暨南大学出版社　2008年

AD　序言、书评

AD73001　评介新著《台湾语言源流》　丁邦新　珠海学报　1973年第1期
AD73002　周清海《中国语文》序　李临定　中国语文散论　周清海　世界书局有限公司（新加坡）　1973年
AD74003　读连横《台湾语典》　石潮　新生报（中国台湾）　1974年第10期
AD77004　《"国语"与方言之间》读后　卢广诚　书评书目（中国台湾）　1977年第3期
AD84005　冯著《华语的轻声词汇》序　卢绍昌　华语论集　卢绍昌　新加坡国立大学华语研究中心（新加坡）　1984年
AD84006　《语文建设通讯》编者的话　编者　语文建设通讯（中国香港）　1984年总第14期
AD84007　读《国台语稿》（吴守礼著）后的感想　王玉川　"国语"日报·书和人（中国台湾）　1984年第9期
AD86008　《普通话教学法》序　田小琳　普通话教学法　许耀赐　欧阳汝颖　王晋光　香港普通话教育出版社　1986年
AD89009　《"国语"在台湾之演变》评介　廖秋忠　当代语言学　1989年第3期
AD92010　《"国语"在台湾之演变》评介　廖秋忠　廖秋忠文集　廖秋忠　北京语言学院出版社　1992年
AD92011　台湾爱与台湾话的结晶：王育德语言学著作简介　台语文摘（中国台湾）　1992年第2期
AD92012　《港台语词词典》略评　董琨　中国语文（中国台湾）　1992年第2期
AD93013　对外汉语教学理论的一块基石——评《华语教学讲习》　杨石泉　语言教学与研究　1993年第2期
AD93014　《华语研究论文集》序　薛凤生　华语研究论文集　陈重瑜　新加坡国立大学华语研究中心（新加坡）　1993年第ⅰ—ⅲ页
AD94015　新加坡华文教学论文集·序言　谢泽文　新加坡华文教学论文集　谢泽文编　北京语言学院出版社　1994年
AD94016　《华语教学讲习》读后　李清华　世界汉语教学　1994年第2期
AD95017　《海外华人作家名作系列》序　公木　社会科学战线　1995年第2期
AD96018　评郑良伟著《台语与"国语"字音对应规律的研究》　李如龙　张振兴　国际中国语言学评论（中国香港）　1996年
AD96019　勇于探索者的足迹——读林万菁《语言文字论集》　宗廷虎　修辞学习　1996年第6期

AD97020　《华语教学应走的路向》序　陆俭明　华语教学应走的路向　周清海　南洋理工大学中华语言文化中心（新加坡）1997年第1—4页

AD98021　《澳门：语言博物馆》序　何鸿荣　澳门：语言博物馆　黄翙　龙裕琛等　和平图书·海峰出版社（中国香港）1998年第Ⅰ—Ⅱ页

AD99022　《双语双方言与现代中国》序　邢福义　双语双方言与现代中国（汉语语言学世纪丛书）　陈恩泉主编　北京语言文化大学出版社　1999年

AD99023　双语双方言与现代中国·序言　陈恩泉　双语双方言与现代中国（汉语语言学世纪丛书）　陈恩泉主编　北京语言文化大学出版社　1999年

AD99024　《务实的决策》序　周清海　务实的决策　吴元华　联邦出版社（新加坡）1999年

AD99025　喝水不忘掘井人——评《母语：打开文化宝库的钥匙》　林万菁　联合早报（新加坡）星期刊·早报周刊·图文志　1999-11-7

AD00026　略论东南亚华人语言的研究（代序）　李如龙　东南亚华人语言研究　李如龙主编　北京语言文化大学出版社　2000年第1—8页

AD00027　语言架起传意的桥梁——《语言与传意》代前言　程祥徽　中文回归集　程祥徽　和平图书·海峰出版社（中国香港）2000年第181—185页

AD00028　程祥徽《中文回归集》序　王均　中文回归集　程祥徽　和平图书·海峰出版社（中国香港）2000年第Ⅰ—Ⅱ页

AD00029　早期南来知识分子的心态——《中国南来作者与新马华文文学》代序　杨松年　联合早报（新加坡）2000-4-11

AD00030　海峡两岸语言对比研究的重大收获　李大星　中华读书报　2000-12-6

AD00031　应用写作园地的一朵奇葩——评《马来西亚华文应用文》　张桃　海外华文教育　2000年第1期

AD00032　海峡两岸语言对比研究的最新收获　李世中　中国图书评论　2000年第10期

AD02033　《语文研究论集》总序　语文研究论文集　林万菁　泛太平洋出版私人有限公司（新加坡）2002年

AD02034　《语文研究论集》序　周清海　语文研究论文集　林万菁　泛太平洋出版私人有限公司（新加坡）2002年

AD02035　《语文研究论集》丁序　语文研究论文集　林万菁　泛太平洋出版私人有限公司（新加坡）2002年

AD02036　贴近人们语文生活的研究——林万菁《语文研究论集》简评　汪惠迪　语文建设通讯（中国香港）2002年总72期

AD03037　一本实用性很高的社会语言学著作——读程祥徽《语言与沟通》　黎运汉　语言学：社会的使命（程祥徽学术活动50年）　张建华　邵朝阳　澳门语言学会、中国社会语言学会　2003年第195—205页

AD03038　一项引人注目的语言计划——读《澳门语言论集》　毕谨畅　语言学：社会的使命（程祥徽学术活动50年）　张建华　邵朝阳　澳门语言学会、中国社会语言学会　2003年第206—212页

AD03039　读程祥徽主编的《语言与传意》——简评澳门召开的三次语言文字应用学术会议　王铁昆　语言学：社会的使命（程祥徽学术活动50年）　张建华　邵朝阳　澳门语言

学会、中国社会语言学会　2003 年第 213—223 页

AD03040　《中文变迁在澳门》序　王均　语言学：社会的使命（程祥徽学术活动 50 年）　张建华　邵朝阳　澳门语言学会、中国社会语言学会　2003 年第 47—52 页

AD03041　《教学与测试》序　谢世涯　教学与测试　谢世涯　新加坡华文教师总会（新加坡）2003 年

AD03042　《中国语文教学研讨会报告书》介评　谢世涯　教学与测试　谢世涯　新加坡华文教师总会（新加坡）2003 年第 68—73 页

AD03043　《华语官话语法》中译本序　姚小平　外语教学与研究　2003 年第 2 期

AD03044　谈两部承先启后的方言辞书——《潮语十五音》与《潮汕字典》　宋裔烽　华文学刊（中国台湾）2003 年第 2 期

AD03045　词汇修辞：一种动态研究——评介林万菁《语文研究论集》　宗廷虎　张春泉　修辞学习　2003 年第 2 期

AD03046　文明的无奈——读《华语情结》有感　王康　中学语文　2003 年第 24 期

AD04047　适应新世纪要求的一本好教材——评介邵敬敏主编《现代汉语通论》　田小琳　田小琳语言学论文集　田小琳　商务印书馆　2004 年第 181—187 页

AD04048　华语文在新加坡的现状与前景·自序　吴元华　华语文在新加坡的现状与前景　吴元华　创意圈出版社（新加坡）2004 年

AD04049　华语文在新加坡的现状与前景·序　周清海　华语文在新加坡的现状与前景　吴元华　创意圈出版社（新加坡）2004 年

AD04050　语言与语言教学论文集·自序　周清海　语言与语言教学论文集　周清海　泛太平洋出版私人有限公司（新加坡）2004 年第 2—7 页

AD04051　现代汉语教学与研究文集·序　王均　田小琳语言学论文集　田小琳　商务印书馆　2004 年第 i—vii 页

AD04052　《华语类抄》词汇体系研究　金哲俊　民族语文　2004 年第 6 期

AD04053　陈晓锦著《马来西亚的三个汉语方言》评介　刘镇发　语文建设通讯（中国香港）2004 年总第 77 期

AD05054　"赢得平衡：新加坡语言的管理"书评　刘永兵　亚太教育学刊（Asia-Pacific Journal of Education）2005 年第 2 期

AD05055　中文变迁在澳门·序　王均　中文变迁在澳门　程祥徽　三联书店（香港）有限公司（中国香港）2005 年第 5—10 页

AD06056　喝水不忘掘井人——评《母语：打开文化宝库的钥匙》　林万菁　汉语研究与华文教学论集　新华文化事业有限公司（新加坡）2006 年第 103—104 页

AD06057　序《最新惯用语词典》　林万菁　汉语研究与华文教学论集　林万菁　新华文化事业有限公司（新加坡）2006 年第 119—120 页

AD06058　与时并进的语言研究——汪惠迪《缤纷世界说语用》评介　林万菁　汉语研究与华文教学论集　林万菁　新华文化事业有限公司（新加坡）2006 年第 129—132 页

AD06059　田小琳语言学论文集·序言一　林焘　田小琳语言学论文集　田小琳　东北师范大学出版社　2006 年第 1—2 页

AD06060　田小琳语言学论文集·序言二　张斌　田小琳语言学论文集　田小琳　东北师范大学

出版社　2006年第3页

AD06061　呵护语言的家园——李宇明《中国语言规划论》评议　陈前瑞　修辞学习　2006年第2期

AD07062　全球化环境下的华语文教学·自序　周清海　全球化环境下的华语文教学（南洋大学学术论丛1）　周清海　新加坡青年书局（新加坡）　2007年第1—8页

AD07063　吴元华著《务实的决策——人民行动党与政府的华文政策研究》序　周清海　全球化环境下的华语文教学（南洋大学学术论丛1）　周清海　新加坡青年书局（新加坡）　2007年第225—226页

AD07064　吴元华著《华语文在新加坡的现状与前瞻》序　周清海　全球化环境下的华语文教学（南洋大学学术论丛1）　周清海　新加坡青年书局（新加坡）　2007年第227—230页

AD07065　云惟利《一种方言在两地三代间的变异》序　周清海　全球化环境下的华语文教学（南洋大学学术论丛1）　周清海　新加坡青年书局（新加坡）　2007年第231—232页

AD07066　何国祥等著《香港普通话科教学：理论与实践》序　周清海　全球化环境下的华语文教学（南洋大学学术论丛1）　周清海　新加坡青年书局（新加坡）　2007年第233—234页

AD07067　林万菁著《语言研究论集》序　周清海　全球化环境下的华语文教学（南洋大学学术论丛1）　周清海　新加坡青年书局（新加坡）　2007年第237—238页

AD07068　谭慧敏编《翻译与语言对比论丛》序　周清海　全球化环境下的华语文教学（南洋大学学术论丛1）　周清海　新加坡青年书局（新加坡）　2007年第239—241页

AD08069　"1997与香港中国语文"研讨会述评　詹伯慧　詹伯慧语文评论集　邓景滨　刘新中编　暨南大学出版社　2008年

B 第二部分 华语本体

BA 华语概论

1 "国语"

BA11001　官话初阶　怀恩光　山东大学堂书局　1911 年

BA15002　国语指南　施列民　上海时兆报馆　1915 年

BA56003　连号（hyphen）的用法（"国语"罗马字写法资料之一，1925 年拟订）　黎锦熙　文字改革（现语文建设）　1956 年第 2 期

BA56004　复音语词连写的条例（"国语"罗马字写法资料之二，1934 年发表）　萧迪忱　文字改革（现语文建设）　1956 年第 2 期

BA56005　我的词儿连写条例（"国语"罗马字写法资料之三，1936 年 1 月发表）　孙先六　文字改革（现语文建设）　1956 年第 2 期

BA74006　谈"国语"与粤语的异同　何淑贞　华文世界（中国台湾）　1974 年第 10 期

BA82007　"'国语'骑射"与满族的发展　王锺翰　故宫博物院院刊　1982 年第 2 期

BA84008　"国语"语音学的现代化与现代化语音教学　彭册之　华文世界（中国台湾）　1984 年第 12 期

BA87009　清代东北满族"'国语'骑射"的保存与衰微　梁志忠　满族研究　1987 年第 3 期

BA91010　浅谈"国语"和世界共同语　塔依尔江　语言与翻译　1991 年第 1 期

BA96011　从"国语"到普通话　鲁言　徐州教育学院学报　1996 年第 4 期

BA97012　走出"国语"的"孤岛"　周质平　读书　1997 年第 9 期

BA98013　"国语"运动的实干家——白涤洲　曹述敬　语文建设　1998 年第 6 期

BA01014　文学革命与"国语"运动之关系　王风　中国现代文学研究丛刊　2001 年第 3 期

BA01015　简析民国时期的"国语"运动　赵慧峰　民国档案　2001 年第 4 期

BA02016　"'国语'的文学"与"文学的'国语'"之互动的历史成因　阮咏梅　宁波大学学报（人文科学版）　2002 年第 2 期

BA03017　"国语"探源　李志超　寻根　2003 年第 2 期

BA03018　新文学对于"国语"的使命　吴晓峰　中国文学研究　2003 年第 4 期

BA04019　清末民初"国语"运动的国际动力——兼与赵慧峰先生商榷　于锦恩　中州学刊　2004 年第 2 期

BA04020　简论"国语"运动中白话文的推行——兼与赵慧峰先生商榷　于锦恩　民国档案　2004 年第 3 期

BA05021　"白话"与"国语"：从"国语"运动认识文学革命　袁红涛　四川大学学报（哲学社会科学版）　2005 年第 1 期

BA05022　"国语"文教科书中的文言白话之争　吴晓峰　学术论坛　2005 年第 10 期

BA05023　论蔡元培统一"国语"的救国思想　高振兰　党史文苑　2005 年第 22 期

BA05024	简论吴稚晖在"国语"运动中的地位和作用　于锦恩　语文研究　2005年第3期
BA05025	"国语"运动中的朱希祖及章门弟子　朱元曙　鲁迅研究月刊　2005年第4期
BA06026	"国语"在我国早已成为历史词汇　方孜行　新闻与写作　2006年第2期

2　现代汉语

BA64027	标准华语　李星可　新马文化事业（新加坡）　1964年
BA76028	提高华文国际地位应有的认识　伍柳生　华文世界（中国台湾）　1976年第10期
BA81029	华文华语无师自通之构想与方法　江坚　华文世界（中国台湾）　1981年第1期
BA84030	华语为什么以"北平话"为标准　亚林　华文世界（中国台湾）　1984年第1期
BA84031	海外汉语与普通话　黄国营　汉语学习　1984年第4期
BA86032	五级共同语　周有光　语文建设通讯（中国香港）　1986年总第2期
BA86033	北京话俗读音调查录　李恺　第一届国际汉语教学讨论会论文选　第一届国际汉语教学讨论会组织委员会编　北京语言学院出版社　1986年
BA86034	官话·"国语"·普通话　电大教学　1986年第7期
BA90035	我口说我语——"国语"的流变及其与方言的关系　梅少文　华文世界（中国台湾）　1990年第12期
BA90036	当代香港语言初探　谢常青等　第二届粤方言国际研讨会论文集　詹伯慧主编　暨南大学出版社　1990年
BA90037	我们的共同语　郑启五　侨声　1990年第5期
BA91038	东亚语文的新生　刘涌泉　中文信息　1991年第2期
BA92039	现代汉语　程祥徽　田小琳　书林出版公司（中国台湾）　1992年
BA93040	普通话在未来香港的地位　史有为　普通话　1993年第2期
BA95041	普通话对港台词语的取舍问题　陈建民　词汇学新研究——首届全国现代汉语词汇学术讨论会选集　语文出版社　1995年第172—185页
BA97042	世界汉语　姜明宝　新加坡时代出版社（新加坡）　1997年
BA97043	官话·"国语"·普通话　金丽莉　咬文嚼字　1997年第4期
BA98044	从官话、"国语"到普通话　林焘　语文建设　1998年第10期
BA98045	《汉语拼音方案》的制定过程　周有光　语文建设　1998年第4期
BA99046	现代汉语　陈平　剑桥大学出版社（英国）　1999年
BA99047	试论汉语在两岸三地的分化和统一——从劫机事件谈起　卢丹怀　华文世界（中国台湾）　1999年第3期
BA99048	汉民族共同语的形成　张洁　语言文字报　1999-10-3
BA99049	从官话到"国语"和普通话——现代汉民族共同语的形成及发展　王理嘉　语文建设　1999年第6期
BA01050	华语与普通话：由来、特点及其他　郭熙　光明日报（马来西亚）　2001-4-11
BA01051	谈普通话新词语对港台方言的吸收　邵鸿　山东教育学院学报　2001年第1期
BA01052	乘着文学的翅膀，全球华语起飞　吴英成　源（新加坡）　2001年第1期
BA03053	华人社区汉语共同语的词汇差异及其成因　何旭　中山大学学报论丛　2003年第4期
BA04054	福建推普工作中的语法训练问题　林寒生　台湾及东南亚华文华语研究　李如龙、

苏新春　香港霭明出版社　2004年第256—262页
BA05055　现代汉语再认识　韩少功　天涯　2005年第2期

3　台湾"国语"

BA22056　怎样研究"国语"的声调　乐嗣炳　国语月刊　1922年第8期
BA32057　"国语"卷舌韵分化的问题　王玉川　世界日报：国语周刊49　1932-8-27
BA47058　"国语"轻声词汇序　张洵如　华北日报·"国语"周刊新21期·1947-10-23
BA48059　"国语"入声演变小注　陆志韦　燕京学报　1948年第34期
BA49060　"国语"里卷舌韵之功用　张洵如　"国语"月刊（中国台湾）　1949年第54期
BA57061　台湾语言与大陆　吴从宜　台湾风物（中国台湾）　1957年第10期
BA57062　学过"国语"罗马字的人怎样学习汉语拼音字母　S.S.　文字改革（现语文建设）　1957年第12期
BA57063　谈台湾之语言　刘寄园　台北文物（中国台湾）　1957年第2、3期
BA62064　台湾与北京话之间　王育德　台湾青年（日本）　1962—1963年第22、25、26期
BA70065　方言播音与推行"国语"　王孟武　中国语文（中国台湾）　1970年第2期
BA71066　台湾话与"国语"　陈允洛　福建文献（中国台湾）　1971年第6期
BA73067　论"国语"与"方言"　闲人　大学杂志　1973年第6、7期
BA89068　认识台湾语文　郑良伟　走向标准化的台湾话文　郑良伟　自立晚报文化出版部（中国台湾）　1989年第69—100页
BA78069　追本溯源说台语　李哲洋　雄狮美术（中国台湾）　1978第10、11期
BA79070　台语源远流长　张素贞　中华文化复兴月刊（中国台湾）　1979年第12期
BA80071　台湾语言源流　丁邦新　学生书局（中国台湾）　1980年
BA81072　怎样才能说标准流利的"国语"　洁霖　中国语文（中国台湾）　1981年第11期
BA81073　"国语"罗马字探源　陈升祥　河北师范大学学报（哲学社会科学版）　1981年第2期
BA81074　"国语"文的净化　宋瑞　中国语文（中国台湾）　1981年第2期
BA81075　"国语"推行工作的检计与建议　刘武清　中国语文（中国台湾）　1981年第5期
BA81076　推行"国语"所面临的实际问题　刘武清　中国语文（中国台湾）　1981年第6期
BA84077　从语言文字的功用说到推行"国语"　豫东　车润丰　文艺复兴（中国台湾）　1984年第11期
BA84078　"国语"演变之研究　魏岫明　台湾大学文学院（中国台湾）　1984年
BA84079　从语言寻根：由台湾语言看台澎是中国的疆土　刘松寿　台湾文献（中国台湾）　1984年第6期
BA84080　推行"国语"的新方向　何容　张正男　国文学报（中国台湾）　1984年第6期
BA85081　山地"国语"文调查研究报告　王绍桢　嘉义师院学报（中国台湾）　1985年第5期
BA86082　华语调值的再考虑　胡百华　第一届国际汉语教学讨论会论文选　北京语言学院出版社　1986年
BA87083　"国语"的轻声　李添富　辅仁国文文学报（中国台湾）　1987年第3期
BA87084　北京话和台湾话轻声出现的异同、历史由来和台湾新生代"国语"的形成　郑良伟　语言研究　1987年第1期

BA87085　从"国语"看台语的发音　郑良伟　学生书局（中国台湾）　1987年
BA88086　"国语""空语"音响特征之声谱分析　谢国平　台湾第二届世界华语文教学研讨会（中国台湾）　1988年
BA90087　胡适的"国语"定义解析　罗肇锦　国文天地（中国台湾）　1990年第12期
BA90088　漫谈台湾语言　罗肇锦　文史知识　1990年第5期
BA90089　本土语言面面观　洪惟仁　台湾时报·台语文摘（中国台湾）　1990年第7期
BA90090　台湾"国语"与大陆普通话的差异　黄佩文　语文知识现汉字汉语研究　1990年第8期
BA91091　普查四合院：台湾语言社会学的一些观察　黄宣范　国文天地（中国台湾）　1991年第11期
BA91092　标准"国语"的重新厘定此其时矣　曹逢甫　华文世界（中国台湾）　1991年第12期
BA91093　"国语"字和句子层次上的基频变化　曹进兴　中国心理学年会（中国台湾）　1991年
BA91094　台湾化"国语"之现象与影响　叶德明　华文世界（中国台湾）　1991年第9期
BA92095　"国语"中入声的演化　白涤洲　"国语"旬刊（中国台湾）　1992年第6、7期
BA92096　台湾"国语"　沈芸生　号角出版社（中国台湾）　1992年
BA93097　台湾"国语"　曹铭宗　联经出版事业公司（中国台湾）　1993年
BA95098　未来台湾都市的华语化　洪惟仁　台湾研究通讯（中国台湾）　1995年第5、6期
BA96099　台湾"国语"疑问句的声学和听觉感知特征　张月琴　第五届国际中"国语"言学研讨会（中国台湾）　1996年
BA96100　熟悉度与知觉学习对言语清晰度的影响　黄国祐　曹进兴　听力语言学会年会（中国台湾）　1996年
BA96101　"国语"重要语音对比的声学相关特性　刘惠美　曹进兴　音响学会第九届学术研讨会（中国台湾）　1996年
BA08102　双文字的语文计划：走向21世纪的台语文　张学谦　一步一脚印：郑良伟教授荣退论文集　文鹤出版社（中国台湾）　2008年第203—226页
BA99103　台湾"国语"运动发起人范寿康　徐明远　炎黄春秋　1999年第4期
BA05104　为什么台湾"国语"与大陆普通话区别明显　赵会可　环球时报　2005-4-14
BA05105　普通话VS"国语"，两岸间的另一"浅浅海峡"　张丽　中国青年报　2005-11-14
BA06106　两岸实现顺利沟通"普通话""国语"差异不可忽视　翟媛　张秀凤　中广网　2006-11-7

4　港澳中文

BA83107　英语和汉语在香港的社会功能　陈耀南　明报月刊（中国香港）　1983年第2期
BA84108　方言和共同语在传媒中的作用　张日昇　中英语文教学（中国香港）　1984年第3期
BA84109　普通话在香港　惠伊深　文字改革（现语文建设）　1984年第6期
BA86110　闽台两省推广共同语的比较研究　周有光　语文建设通讯（中国香港）　1986年总第2期
BA89111　香港中小学普通话教学及推广工作之我见　郑定欧　双语双方言（一）　陈恩泉主编　中山大学出版社　1989年
BA93112　面向九七年的香港推普工作刍议　许长安　同源同根源远流长　中华炎黄文化研究会

主编　海峡文艺社　1993 年

BA94113　论港式中文　陈耀南　语言风格论集　程祥徽　黎运汉　南京大学出版社　1994 年

BA94114　推行普通话（"国语"、官话）史略　侯精一　语言文字应用　1994 年第 4 期

BA94115　共同语在澳门的历史性转变　巴塔亚　澳门文化杂志（中国澳门）　1994 年第 20 期

BA94116　香港流行普通话　陈建民　语文建设　1994 年第 3 期

BA94117　普通话与香港　周有光　普通话（中国香港）1994 年第 1 期

BA95118　中文在澳门后过渡期　程祥徽　澳门基金会　1995 年

BA96119　一九九七与香港中国语文研讨会论文集　香港中国语文学会和香港中文大学吴多泰、中国语文研究中心　1996 年

BA96120　汉语方言与共同语的双向吸收　陆绯云　社会　1996 年第 1 期

BA96121　试谈香港地区普通话教学中的"儿化"和"轻声"问题　沈阳　当代港澳　1996 年第 2 期

BA96122　什么样的中文才是官方地位的中文　濮之珍　咬文嚼字　1996 年第 7 期

BA97123　澳门语文的前景展望　程祥徽　心声集　程祥徽　澳门大学出版社　1997 年

BA97124　中国语文的现代化　程祥徽　许昌师专学报　1997 年第 2 期

BA97125　方言的离合与汉语在澳门的走向　程祥徽　许昌师专学报　1997 年第 2 期

BA97126　谈谈未来澳门特区语言　程祥徽　澳门语言学刊（中国澳门）　1997 年第 4 期

BA97127　澳门文化与多语制　何斌　澳门语言学刊（中国澳门）　1997 年第 4 期

BA97128　香港制订普通话科会考大纲构思　魏美昌　澳门语言学刊（中国澳门）　1997 年第 4 期

BA97129　普通话在香港　苏金智　中国教育报　1997-2-22

BA97130　今日香港的普通话与简体字　程乃珊　前进论坛　1997 年第 7 期

BA97131　澳门语　邓骏捷　课程·教材·教法　1997 年第 9 期

BA97132　谈香港话　余妙丽　澳门语言学刊（中国澳门）　1997 年第 4 期

BA98133　澳门中文官方地位的提出与实现　程祥徽　澳门：语言博物馆　黄翊　龙裕琛等　和平图书·海峰出版社（中国香港）1998 年第 69—73 页

BA98134　推行普通话（"国语"）的回顾与前瞻　张本楠　澳门：语言博物馆　黄翊　龙裕琛等　和平图书·海峰出版社（中国香港）1998 年第 74—87 页

BA99135　浅谈香港与内地普通话的推广与文化沟通的同步问题　许红珍　上海师范大学学报（哲学社会科学版）　1999 年第 3 期

BA99136　"香港普通话水平考试（PSK）"在港通过专家审定　谢孟　中文教育论文集第六辑：语文与评估（一九九八年国际语文教育研讨会论文集）　何国祥　香港教育学院　1999 年第 596—617 页

BA99137　香港推广普通话面临的问题及其对策　谢孟　胡吉成　广播电视大学学报　1999 年第 1 期

BA99138　对香港推广普通话问题的思考　胡吉成　江苏广播电视大学学报　1999 年第 2 期

BA99139　普通话水平测试的语音评分标准问题　张本楠　语文与评估　香港教育学院（中国香港）　何国祥　语文教育中心　1999 年

BA00140　方言的离合与汉语在澳门的走向——庆祝唐作藩教授七十寿诞　程祥徽　海峰出版社（中国香港）2000 年

BA00141　论港式中文　黄坤尧　语体与文体　程祥徽　林佐瀚　澳门语言学会、澳门写作学会出版　2000年

BA00142　"港式普通话"剖析　曾子凡　方言　2000年第3期

BA00143　澳门中文官方地位之顾往瞻前　程祥徽　中文回归集　程祥徽　和平图书·海峰出版社（中国香港）　2000年第15—26页

BA00144　澳门中文官方地位之顾往瞻前　程祥徽　中文回归集　程祥徽　和平图书·海峰出版社（中国香港）　2000年第250—252页

BA00145　澳门回归后与澳门语文的前景　程祥徽　中文回归集　程祥徽　和平图书·海峰出版社（中国香港）　2000年第253—258页

BA00146　中文也该回归　程祥徽　中文回归集　程祥徽　和平图书·海峰出版社（中国香港）　2000年第259—265页

BA00147　中文也该回归——代前言　程祥徽　中文回归集　程祥徽　和平图书·海峰出版社（中国香港）　2000年第Ⅲ—Ⅵ页

BA02148　从实际出发思考香港的普通话教育问题　詹伯慧　语言文字应用　2002年第1期

BA03149　从教师、学生与学校的课程论香港推普问题　周柏胜　刘艺　语言文字应用　2003年第1期

BA04150　香港普通话教学的若干问题　周健　语言文字应用　2004年第2期

BA04151　香港普通话教学中要重视跨文化交际的教学　陆陈　语言文字应用　2004年第2期

BA04152　香港中小学普通话教学及推广工作之我见　庄莉红　蔡川芸　厦门教育学院学报　2004年第3期

BA05153　《中文变迁在澳门》后记　程祥徽　中文变迁在澳门　程祥徽　三联书店（香港）有限公司（中国香港）　2005年

BA05154　我看普通话在香港　程祥徽　中文变迁在澳门　程祥徽　三联书店（香港）有限公司（中国香港）　2005年第257—258页

BA06155　普通话课程与香港社会　张连航　汉语文走向世界　谭慧敏　南大中华语言文化中心、八方文化创作室（新加坡）　2006年第253—266页

BA06156　田小琳语言学论文集　田小琳　东北师范大学出版社　2006年

BA06157　"港式中文"与语言变体　邵敬敏　石定栩　华东师范大学学报（哲学社会科学版）　2006年第2期

5　海外华语

BA73158　新加坡华校课程及教科书的演进初探（1951—1972）　丁莉英　新加坡南洋大学文学院历史学系荣誉学士学位论文（新加坡）　1973年

BA74159　海外华文与华语　钟荣苍　华文世界（中国台湾）　1974年第6期

BA76160　区域语言学与东亚　张裕宏　南洋理工大学（新加坡）华语研究中心学术讲演汇录：1975—1976　1976年

BA85161　新加坡华语，走自己的路！——读卢绍昌先生《华语论集》书介　汪惠迪　语文建设通讯（中国香港）　1985年总第16期

BA89162　新加坡华文日报社论研究1945—1959　王慷鼎　新加坡国立大学中文系博士学位论文

1989 年

BA93163　新加坡华人传统文化之过去、现在与未来　王永炳　云南社会科学　1993 年第 1 期

BA94164　音韵与句法交界：华语三声变调机制与音域　吴英成　第四届国际汉语教学讨论会论文选　世界华文教育协进会（中国台湾）1994 年第 251—264 页

BA96165　郭宝昆戏剧的话语分析　周文龙　新加坡国立大学中文系荣誉学士学位论文（新加坡）1996 年

BA96166　关于"华文报刊"的释义问题　王士谷　语文建设　1996 年第 11 期

BA96167　从姓名学看华人取名的特色　陈瑞添　新加坡国立大学中文系荣誉学士学位论文（新加坡）1996 年

BA97168　论新加坡中文报章的中—英语码转换　王逊标　新加坡国立大学中文系荣誉学士学位论文（新加坡）1997 年

BA98169　新加坡华语发展的历史动因和华语形态透视　萧国政　语文建设　1998 年第 12 期

BA99170　1956 年新加坡学潮：政治环境与华文教育政策　黄建基　新加坡国立大学中文系荣誉学士学位论文（新加坡）1999 年

BA00171　华、英、西——百年后的世界语　联合早报（新加坡）2000-6-2

BA00172　李光耀回忆录：1965—2000　李光耀　联合早报（新加坡）2000 年

BA00173　战后新加坡华人女子教育的演变与特征（1945—1965）　林启敏　新加坡国立大学中文系硕士学位论文（新加坡）2000 年

BA00174　当前新加坡华文报章新闻标题用语研究　陈家骏　新加坡国立大学中文系硕士学位论文（新加坡）2000 年

BA00175　新加坡华文教育的演变（1945—1955）　林琳　新加坡国立大学中文系荣誉学士学位论文（新加坡）2000 年

BA00176　声调的不稳定性在新加坡华语里不同年龄层的表现　何磊淳　新加坡国立大学中文系荣誉学士学位论文（新加坡）2000 年

BA01177　华语与普通话　郭熙　光明日报（马来西亚）2001-4-11、12

BA01178　汉语的国际地位及海外华语未来的走向　郭熙　马来西亚韩江学院演讲稿　2001-8-23

BA02179　开放中国属性：海外华人圈华语变体切片　吴英成　华人地区语文生活与语文计划国际学术研讨会论文　2002 年

BA03180　新加坡华语和普通话疑问手段之比较研究　戴秀莲　新加坡国立大学荣誉学士学位论文（新加坡）2003 年

BA04181　会话中的停顿　李秀美　新加坡国立大学荣誉学士学位论文（新加坡）2004 年

BA04182　汉语把字句与潮州方言的对比研究　罗绵君　新加坡国立大学荣誉学士学位论文（新加坡）2004 年

BA04183　《红楼梦》与《儿女英雄传》的第一人称代词　罗筱菁　新加坡国立大学荣誉学士学位论文（新加坡）2004 年

BA04184　汉语成语的结构特点与语义分析　王惠琪　新加坡国立大学荣誉学士学位论文（新加坡）2004 年

BA04185　动词的性质与类型　谭顺贤　新加坡国立大学荣誉学士学位论文（新加坡）2004 年

BA04186　新加坡社会语言习惯的调查　郑淑惠　新加坡国立大学荣誉学士学位论文（新加坡）

2004年
BA04187　新加坡华语特有词汇研究　卓惠晶　新加坡国立大学荣誉学士学位论文（新加坡）2004年
BA05188　李资政新书细说学华语历程　谢仲贤　联合早报（新加坡）2005-5-8
BA07189　语言的多视角考察　谭慧敏　南大中华语言文化中心、八方文化创作室联合出版（新加坡）2007年
BA07190　马六甲华人社会与华语　汪会俊　新亚出版社（新加坡）2007年

BB　华语语音

1　台湾

BB05001　我们对中文音译的看法——请以汉语拼音为中文音译的唯一标准　郑锦全　丁邦新　汉字拼音讨论集　中研院语言学研究所（筹备处）（中国台湾）1905-6-23
BB58002　华语注音符号　周淑逊　源兴供应社（中国台湾）1958年
BB75003　台湾语语义及声调性质的几个方面研究　林双福　中国语言学学刊（美国）1975年
BB75004　华语跟福建话语音的比较研究　朱兆祥　南洋大学华语研究中心（新加坡）1975年
BB75005　中国汉字拼音化　编者　华文世界（中国台湾）1975年第10期
BB76006　官话和台湾话的音韵系统　孙淑慧　高雄师院学报（中国台湾）1976年
BB77007　试用"华文罗马字母注音法则"　张席珍　华文世界（中国台湾）1977年第4期
BB77008　华文罗马字母注音的声调和儿化韵　编者　华文世界（中国台湾）1977年第8期
BB77009　华语语音学（一）　张孝裕　华文世界（中国台湾）1977年第10期
BB77010　华语语音学（二）　张孝裕　华文世界（中国台湾）1977年第11期
BB78011　华语语音学（三）　张孝裕　华文世界（中国台湾）1978年第12期
BB78012　华语语音学（四）　张孝裕　华文世界（中国台湾）1978年第14期
BB78013　浅谈闽南语与"国语"声调之关系　张清钟　张之友　教师之友（中国台湾）1978年第19期
BB79014　华语语音学（五）　张孝裕　华文世界（中国台湾）1979年第15期
BB79015　华语语音学（六）　张孝裕　华文世界（中国台湾）1979年第16期
BB79016　华语语音学（七）　张孝裕　华文世界（中国台湾）1979年第17期
BB79017　华语语音学（八）　张孝裕　华文世界（中国台湾）1979年第18期
BB80018　中国推行汉语拉丁化的演变　汪学文　华文世界（中国台湾）1980年第7期
BB81019　一种合适的中文译音制度——华文罗马字母字音注音法则简介　张席珍　华文世界（中国台湾）1981年第3期
BB82020　注音符号的编制　林良　华文世界（中国台湾）1982年第3期
BB83021　华语教学宜采用注音符号　叶德明　华文世界（中国台湾）1983年第6期
BB84022　"国语"罗马字的修订经过与检讨　李壬癸　华文世界（中国台湾）1984年第8期
BB84023　台湾地区教育部门新公布之注音符号第二式　王天昌　华文世界（中国台湾）1984年第8期

BB84024　对"'国语'注音符号第二式"公告试用的看法　谢国平　华文世界（中国台湾）1984年第8期
BB84025　关于"国语"罗马字的修订　冯长青　华文世界（中国台湾）1984年第8期
BB84026　华语语音变化分析研究　张孝裕　华文世界（中国台湾）1984年第12期
BB84027　"国语"之注音及译音　常德润　华文世界（中国台湾）1984年第12期
BB84028　"国语""空韵"音响特性之声谱分析　谢国平　华文世界（中国台湾）1984年第12期
BB84029　注音符号的制定和公布的经过　李剑南　华文世界（中国台湾）1984年第12期
BB84030　谈"修订'国语'注音符号第二式"　胡百华　华文世界（中国台湾）1984年第12期
BB84031　台湾地区教育部门新公布"'国语'注音符号第二式"与各式罗马拼法的比较　王天昌　华文世界（中国台湾）1984年第12期
BB84032　关于台湾地区教育部门公布"'国语'注音符号第二式"的探讨与建议　张席珍　华文世界（中国台湾）1984年第12期
BB84033　台语与"国语"音类同举隅（上、下）　姚衍生　台北文献（中国台湾）1984年第67、68期
BB85034　"国语"发音在台湾：目前趋势与一般错误之探讨　吴国贤　第一届世界华文教学研讨会论文集世界华文协进会（中国台湾）1985年第413—425页
BB85035　"国语"发音在台湾：目前趋势与一般错误之探讨　吴国贤　教学与研究（中国台湾）1985年第8期
BB86036　华语歧音异义字首音考释　张孝裕　华文世界（中国台湾）1986年第4期
BB86037　华语语音学（八）　胡百华　华文世界（中国台湾）1986年第4期
BB86038　语音合并现象浅探　萧琪　华文世界（中国台湾）1986年第4期
BB87039　从"国语"看台语的发音　郑良伟　学生书局（中国台湾）1987年
BB87040　华语歧音异义字首音考释（上）　张孝裕　华文世界（中国台湾）1987年第2期
BB87041　华语歧音异义字首音考释（中）　张孝裕　华文世界（中国台湾）1987年第5期
BB87042　华语歧音异义字首音考释（下）　张孝裕　华文世界（中国台湾）1987年第9期
BB87043　详介《ZQ拼音法》——兼评《巴拉吉氏华语拼音法》　钟梫　语言教学与研究　1987年第2期
BB88044　华语的中平调　胡百华　华文世界（中国台湾）1988年第3期
BB88045　华语轻声字之语用功能　叶德明　华文世界（中国台湾）1988年第9期
BB88046　唇音声母ㄅㄆㄇㄈ名称的读法述要　张博宇　华文世界（中国台湾）1988年第12期
BB88047　声调的转变与扩散：台北不同年龄群的取样　陈重瑜　华文世界（中国台湾）1988年第12期
BB90048　国字读音的标准和实际　胡百华　华文世界（中国台湾）1990年第12期
BB90049　台湾地区"国语"之语音变化及影响　叶德明　全美中文教师学会（美国）1990年
BB90050　台南市 /ə/ 元音与"国语"ㄜ韵母的比较　董忠司　华文世界（中国台湾）1990年第12期
BB91051　美日学生华语语音差异研究　叶德明　第三届世界华文研讨会（中国台湾）1991年
BB91052　"国语"三声的本质和变调的因素　钟荣富　华文世界（中国台湾）1991第12期
BB91053　"国语"中的超音段成素　谢云飞　华文世界（中国台湾）1991第12期

BB91054　华语实验语音学在台湾过去、现在与未来的发展　张月琴　郑秋豫　华文世界（中国台湾）　1991年第12期

BB92055　"国语"词尾鼻音的发音感知之实验研究　胡百华　华文世界（中国台湾）　1992年第6期

BB93056　声调的转变与扩散：台北不同年龄群的取样　陈重瑜　华语研究论文集　陈重瑜　新加坡国立大学华语研究中心（新加坡）　1993年第180—216页

BB93057　"国语"词尾鼻音［n］与［g］的发音与感知之实验研究　谢同平　华文世界（中国台湾）　1993年第3期

BB94058　"国语"里的音节归并问题　陈凌霞　华文世界（中国台湾）　1994年第12期

BB94059　音韵与句法交界：华语三声双声变调机制　吴英成　华文世界（中国台湾）　1994年第12期

BB94060　加强语音系统比较——粤方言区华语教学的重要手段　倪国成　华文世界（中国台湾）　1994年第12期

BB94061　台湾汉语方言影响下的若干"国语"声母变体初稿　董忠司　华文世界（中国台湾）　1994年第12期

BB94062　华语（ㄓ）（ㄔ）（ㄕ）的语音变异研究　何德华　李明洁　华文世界（中国台湾）　1994年第12期

BB94063　"小姐""姐姐"两词变调释疑——兼谈"国语"轻声教学　周慧强　华文世界（中国台湾）　1994年第12期

BB94064　"国语"虚字的二声变调　萧宇超　华文世界（中国台湾）　1994年第12期

BB94065　元音声学特征的性别差异及正规化：以"国语"及台语为例　黄国佑　曾进兴　华文世界（中国台湾）　1994年第12期

BB95066　台湾汉语方言影响下的若干"国语"声母变体初稿　董忠司　语文学报（中国台湾）　1995年第2期

BB95067　从"国语"与闽南语声韵的关系谈台湾地区国音在闽南音化的影响之下产生异读的现象　张明在　辅仁大学中研所学刊（中国台湾）　1995年第5期

BB95068　"国语"和台湾带有疑问助词之句子的语调研究　江文瑜　第四届国际暨第十三届全国声韵学学术研讨会论文集　台湾师大（中国台湾）　1995年

BB97069　"国语"和台湾带有疑问助词之句子的语调研究　江文瑜　声韵论丛（六）（中国台湾）　1997年

BB97070　The Comparative Phonetics of Chinese: Cantonese Mandarin and Taiwanese Shibles Warren　语文建设通讯（中国香港）　1997年总第6期

BB97071　"国语"词汇的音节简化与重音探讨　张美智　华文世界（中国台湾）　1997年第12期

BB97072　从现代音韵学角度看华语注音符号的缺失　萧宇超　华文世界（中国台湾）　1997年第12期

BB97073　"注音""拼音"之争中的几个问题　谷兴云　华文世界（中国台湾）　1997年第12期

BB98074　"国语"文句翻台语语音系统之研究　王骏发　黄保章　林顺杰　成功大学硕士学位论文（中国台湾）　1998年

BB98075　"通用拼音"评议——台北市政府"台北市街路译名系统为何不采用注音二式说明说"

之驳正　李鍌　华文世界（中国台湾）1998年第12期

BB99076　华语语音变调现象探讨　叶德明（捷克）1999年

BB99077　"国语"一字多音审定表（国语文教育丛书25）台湾地区教育部门（中国台湾）1999年

BB99078　音韵与句法交界：华语三声变调机制与音域　吴英成　南大语言文化学报（新加坡）1999年第1期

BB99079　跨越福佬台语（乙式）与台湾华语的拼音障碍　余伯泉等　大叶学报（中国台湾）1999年第8期

BB00080　九官鸟：国台语机器翻译及语音合成发展系统　林顺杰　成功大学硕士学位论文（中国台湾）2000年

BB00081　从优选理论之观点研究"国语"变调、台语变调及国、台语夹码时的变调　林蕙珊　政治大学硕士学位论文（中国台湾）2000年

BB00082　国台双语大词汇与连续语音辨认系统研究　陈志宇　长庚大学硕士学位论文（中国台湾）2000年

BB00083　台湾华语介音的归属　张之玲　台湾清华大学语言学研究所硕士学位论文（中国台湾）2000年

BB00084　论台湾拼音：国际性与主体性平衡观点　江文渝　余伯泉　汉字拼音系统研讨会　罗肇锦　张学谦　中研院语言所筹备处（中国台湾）2000年

BB00085　台湾应采用汉语拼音　林承铎　台声（中国台湾）2000年第11期

BB00086　拼音之争与筷子长短　陈立宇　中国新闻周刊　2000年第22期

BB00087　台湾华语声调范畴感知　张月琴　石磊　清华学报（中国台湾）2000年第30期

BB00088　何瑞元反驳"通用拼音接近英语发音"说法　联合报（中国台湾）2000-10-12

BB00089　我们对中文音译的看法——请以汉语拼音为中文音译的唯一标准　郑锦全　丁邦新　王士元　梅祖麟　联合报（中国台湾）2000-10-18

BB00090　台湾：汉语拼音"通用拼音"争斗的背后　筱玫　中国青年报　2000-10-25

BB00091　两岸拼音打擂台——本土认同与国际接轨的平衡　吴英成　联合早报（新加坡）2000-11-11

BB00092　台湾岛上的拼音之争　罗晓浒　光明日报　2000-11-14

BB00093　岛内上演"通用拼音"的闹剧　陈小艳　台湾民情　2000-11-20

BB00094　从语言规划的观点检讨"国语"注音符号第二式——兼论汉语拼音的优劣　曹逢甫　华文世界（中国台湾）2000年总第95期

BB00095　中文译音问题纷扰说从头——评通用拼音与汉语拼音之争　姚荣松　华文世界（中国台湾）2000年总第95期

BB00096　似"优选理论"谈华语及台湾话夹码时的连续变调　林蕙珊　华文世界（中国台湾）2000年第12期

BB00097　朗读中外来音译词的语音变异现象　史湄　华文世界（中国台湾）2000年第12期

BB00098　从优选理论观点试析华语中借词之音韵现象　吴谨玮　华文世界（中国台湾）2000年第12期

BB00099　汉语标准话的一字多音现象与标准音的制定　唐宜杰　华文世界（中国台湾）2000

年第 12 期

BB00100　汉语、英语的语音与构词比较　俞步凡　华文世界（中国台湾）2000 年第 12 期

BB01101　2000 年台湾总统大选三位候选人语音的声学与感知听辨分析　陈春美　台湾师范大学（中国台湾）硕士学位论文　2001 年

BB01102　不特定语者、国台双语大词汇语音辨识之声学模型研究　吕道诚　长庚大学硕士学位论文（中国台湾）2001 年

BB01103　国、台双语麦克风语音数据库之建立与连续语音中关键词撷取技术之初步研究　杨博厚　长庚大学硕士学位论文（中国台湾）2001 年

BB01104　从语音和语用的观点来看《通用拼音》　胡林生　新加坡华文教学论文二集　谢泽文　泛太平洋出版私人有限公司（新加坡）2001 年

BB01105　台湾的中文译音之争　许长安　现代语文　2001 年第 5 期

BB01106　北京申奥成功　带动汉语拼音　蔡志浩　两岸关系　2001 年第 9 期

BB01107　闽南语和"国语"的语调比较　郭伯修　今日生活（中国台湾）2001 年总第 360 期

BB02108　国台语双语电话语音辨识系统　游效儒　长庚大学硕士学位论文（中国台湾）2002 年

BB02109　台湾华语语句焦点之声学表现　熊慎敬　新竹师范学院台湾语言与语文教育研究所硕士学位论文（中国台湾）2002 年

BB02110　台湾华语介音归属的实验研究　林怡君　清华大学语言学研究所硕士学位论文（中国台湾）2002 年

BB02111　从语言学的角度来看"通用拼音"的问题　陈忠敏　语言文字应用　2002 年第 2 期

BB02112　"通用拼音方案"评析　王理嘉　语言文字应用　2002 年第 2 期

BB02113　台湾"通用拼音"述评　许长安　厦门大学学报（哲学社会科学版）2002 年第 3 期

BB02114　从《国家语言文字法》看台岛"拼音大战"　何世全　福建政法管理干部学院学报　2002 年第 4 期

BB02115　推行通用拼音方案旨在"文化台独"　林寒生　台声　2002 年第 11 期

BB03116　"国语"三声变调的心理特性　罗溦凭　交通大学硕士学位论文（中国台湾）2003 年

BB03117　再论汉语拼音方案是最佳方案　王均　语言文字应用　2003 年第 S1 期

BB04118　中文音频与沟通辅具中摩斯码之编码　周盈秀　辅仁大学语言所硕士学位论文（中国台湾）2004 年

BB04119　"国语"元音的发声与感知　周培瑛　中正大学硕士学位论文（中国台湾）2004 年

BB04120　从声学语音学角度分析在台湾的"国语"中声调之连并　郑齐儿　政治大学语言研究所硕士学位论文（中国台湾）2004 年

BB04121　台湾"通用拼音"述评　许长安　台湾及东南亚华文华语研究　李如龙　苏新春　霭明出版社（中国香港）2004 年第 39—47 页

BB05122　注音符号在台湾　刘岱旼　世界博览　2005 年第 5 期

BB06123　探测形成新加坡华语声调特质的外来语素　蔡志礼　南大语言文化学报（新加坡）2006 年第 2 期

BB06124　普通话与台湾"国语"声调的对比分析　邓丹　石锋　吕士楠　声学学报　2006 年第 6 期

2 港澳

BB61125　国音与粤音的比较　林莲仙　中文通讯香港教育司署（中国香港）1961年第18期

BB83126　粤语的社会语言模式：香港粤语人的社会特征与语音变项的关系　包睿舜　加州大学（伯克利）博士学位论文（美国）1983年

BB85127　香港广州话教学的字音文白异读问题　余乃永　香港语文教育学院第一届国际研究会论文集（中国香港）1985年第71—78页

BB88128　语音规范的问题　松本丁俊　华文世界（中国台湾）1988年第12期

BB98129　香港地名普通话读音的规范问题　谢雪梅　林建平　普通话教研通讯　1998年第2期

BB01130　21世纪的香港粤语：一个新语音系统的形成　张洪年　第八届国际粤方言研讨会论文　詹伯慧主编　暨南大学出版社　2001年第129—152页

BB01131　香港粤语句调的初步考察　林建平　第八届国际粤方言研讨会论文　詹伯慧主编　暨南大学出版社　2001年第251—260页

3 新马

BB63132　新华语拼音入门　陈初荣　马来西亚印务公司　1963年

BB73133　注音字母、汉语拼音方案和国际音标对照表　卢绍昌　南洋大学油印本（新加坡）1973年

BB76134　汉语拼音和华英语音的比较　卢绍昌　新加坡语文（创刊号）（新加坡）1976年

BB77135　华校生英语语音的特点　陈重瑜　语文与教学教育出版社（新加坡）1977年第97—111页

BB77136　汉语拼音方案、耶鲁音标和韦——翟氏音标对照表（说明部分）　卢绍昌　教育出版社（新加坡）1977年

BB78137　常用汉语轻声词汇　卢绍美　杨萱　南洋大学华语研究中心（新加坡）1978年

BB78138　常用古入声字表　陈重瑜　新加坡国立大学华语研究中心（新加坡）1978年

BB80139　汉语的轻声词汇　冯传璜　南洋大学华语研究中心（新加坡）1980年

BB80140　汉语轻声的规范化问题　冯传璜　新加坡语文（新加坡）1980年第6期

BB81141　本地华语里声调的问题　陈重瑜　新加坡语文（新加坡）1981年第7期

BB81142　新加坡华文教师华语语音分析　张孝裕　台湾师范大学学报（中国台湾）1981年第27期

BB83143　A Fifth Tone in the Mandarin Spoken in Singapore. Chen Chung-Yu. Journal of Chinese Linguistics 1983.11.1

BB84144　谈汉语拼音方案　卢绍昌　华语论集　卢绍昌　华语研究中心（新加坡）1984年

BB84145　汉语拼音与华语语音学　卢绍昌　华语论集　卢绍昌　华语研究中心（新加坡）1984年

BB84146　汉语拼音的教学问题　卢绍昌　华语论集　卢绍昌　华语研究中心（新加坡）1984年

BB84147　使用汉语拼音的问题　卢绍昌　华语论集　卢绍昌　华语研究中心（新加坡）1984年

BB84148　汉字和汉语拼音方案　卢绍昌　华语论集　卢绍昌　华语研究中心（新加坡）1984年

BB84149　华语声调的体现　卢绍昌　华语论集　卢绍昌　华语研究中心（新加坡）1984年

BB84150　轻声的音位结构与轻声词的标准　陈重瑜　第一届世界华文教学研讨会论文集　世界

华文教育协进会（中国台湾）1984 年第 327—340 页

BB84151　《汉语拼音方案》里的一个观念问题　陈重瑜　文字改革（现语文建设）1984 年第 2 期

BB84152　"国语"调值变迁初探　谢云飞　华文世界（中国台湾）1984 年第 12 期

BB86153　Salient Segmental Features of Singapore Mandarin　Chen, Chung-Yu　Journal of Chinese Linguistics　1986（1）

BB88154　1932 到 1963—85 声调转变的一些趋势　Chen, Chung-Yu　Journal of Chinese Language Teachers Association　1988（3）

BB88155　北京音系里阴平字增加的趋势　陈重瑜　中研院历史语言研究所集刊（中国台湾）1988 年第 1 期

BB88156　近百年来澳门话语音的发展变化　林柏松　中国语文（中国台湾）1988 年第 4 期

BB89157　重叠词的声调变化及其影响　陈重瑜　中央研究院第二届国际汉学会议论文集（语言与文字组）（中国台湾）1989 年第 305—321 页

BB89158　Lexical Diffusion of a Tonal Change in Reduplications and Its Implications　Chen, Chung-Yu　Journal of Chinese Linguistics　1989.1

BB90159　华语新审音　卢绍昌　华语论集续集　卢绍昌　新加坡国立大学华语研究中心（新加坡）1990 年第 44—53 页

BB90160　谈谈客语与华语语音的比较　卢绍昌　华语论集续集　卢绍昌　新加坡国立大学华语研究中心（新加坡）1990 年第 54—66 页

BB90161　华语与韩语的音位比较分析　谢云飞　华文世界（中国台湾）1990 年第 12 期

BB91162　声调的转变与扩散：台北不同年龄群的取样　Chen, Chung-Yu　Journal of Chinese Language Teachers Association　1991 年第 66—99 页

BB93163　1932 到 1985 声调转变的一些趋势　陈重瑜　华语研究论文集　陈重瑜　新加坡国立大学华语研究中心（新加坡）1993 年第 129—179 页

BB93164　Pronouciation of English by Students from the Chinese Stream in Singapore: Some Salient Features　陈重瑜　华语研究论文集　陈重瑜　新加坡国立大学华语研究中心（新加坡）1993 年第 217—232 页

BB93165　华校生英语语音的特点　陈重瑜　华语研究论文集　陈重瑜　新加坡国立大学华语研究中心（新加坡）1993 年第 233—248 页

BB93166　A Fifth Tone in the Mandarin Spoken in Singapore　陈重瑜　华语研究论文集　陈重瑜　新加坡国立大学华语研究中心（新加坡）1993 年第 249—272 页

BB93167　本地华语里声调的问题　陈重瑜　华语研究论文集　陈重瑜　新加坡国立大学华语研究中心（新加坡）1993 年第 273—282 页

BB93168　Salient Segmental Features of Singapore Mandarin　陈重瑜　华语研究论文集　陈重瑜　新加坡国立大学华语研究中心（新加坡）1993 年第 283—327 页

BB93169　《汉语拼音方案》里的一些观念问题　陈重瑜　华语研究论文集　陈重瑜　新加坡国立大学华语研究中心（新加坡）1993 年第 45—48 页

BB93170　轻声的音位结构与轻声词的标准　陈重瑜　华语研究论文集　陈重瑜　新加坡国立大学华语研究中心（新加坡）1993 年第 49—68 页

BB93171　北京音系里的鼻韵尾与卷舌声母：混淆情况及变化趋向　陈重瑜　华语研究论文集

陈重瑜　新加坡国立大学华语研究中心（新加坡）1993年第69—96页

BB93172　重叠词的声调变化及其影响　陈重瑜　华语研究论文集　陈重瑜　新加坡国立大学华语研究中心（新加坡）1993年第97—128页

BB96173　福建话社区华语语音教学问题　林宗德　东南亚地区华文教育文集　庄善裕　暨南大学出版社　1996年第229—234页

BB97174　新加坡潮州人的华语语音特征　庄惠萍　新加坡国立大学中文系荣誉学士学位论文（新加坡）1997年

BB99175　马来西亚广东人华语语音特征　饶创辉　新加坡国立大学中文系荣誉学士学位论文（新加坡）1999年

BB99176　马来西亚闽南人的华语语音特征　姚桂珍　新加坡国立大学中文系荣誉学士学位论文（新加坡）1999年

BB03177　华语声调的体现　卢绍昌　新加坡华文教学论文三集　谢泽文编　华文研究会（新加坡）2003年第33—56页

BB03178　新马地区推广汉语拼音方案的进展　卢绍昌　新加坡华文教学论文三集　谢泽文编　新加坡华文研究会（新加坡）2003年第57—62页

BB03179　新加坡华语"第五声"在不同年龄层的出现频率　夏琳娜　新加坡国立大学中文系荣誉学士学位论文（新加坡）2003年

BB05180　马来西亚华语口语的语音特点　吴文芯　第38届国际汉藏语会议论文提要　2005年

BC　华语词汇

1　华语

BC53001　华语新词译例　若弘　俄语　1953年第1期
BC53002　华语新词译例（有关《思想改造》的词句）　若弘　俄语　1953年第2期
BC53003　华语新词译例（有关《朝鲜停战谈判》的词句）　若弘　俄语　1953年第3期
BC53004　华语新词译例（有关经济建设方面的词句）　若弘　俄语　1953年第5期
BC53005　华语新词译例　若弘　俄语　1953年第6期
BC53006　华语新词译例　若弘　俄语　1953年第7期
BC53007　华语新词译例（有关时事问题的词句）　若弘　俄语　1953年第8期
BC53008　华语新词译例（一般的词句）　若弘　俄语　1953年第9期
BC53009　华语新词译例（关于外交方面的词句）　隆增　俄语　1953年第10期
BC53010　华语新词译例（一般用语）　钱诚　俄语　1953年第12期
BC54011　华语新词译例（关于总路线的词句）　若弘　俄语　1954年第1期
BC54012　华语新词译例（关于国家经济建设公债）　子心　俄语　1954年第3期
BC54013　华语新词译例（关于农业社会主义改造方面的词句）　子心　俄语　1954年第4期
BC54014　华语新词译例（关于开展劳动竞赛方面的词句）　全致人　俄语　1954年第5期
BC54015　华语新词译例（关于教育方面的词句）　石力　俄语　1954年第6期
BC54016　华语新词译例（关于宪法方面的词句）　王孝慈　俄语　1954年第7期

BC54017	华语新词译例（关于电影戏剧方面的词句）　子心　俄语　1954年第8期
BC54018	华语新词译例（关于文学方面的词句）　白俊儒辑　俄语　1954年第9期
BC54019	华语新词译例（关于商品流转方面的词句）　魏沼辑　俄语　1954年第10期
BC54020	华语词组译例（关于宪法方面的词句）　王孝慈　俄语　1954年第11期
BC54021	华语词组译例（关于水利方面的词句）　朱建纲辑　俄语　1954年第12期
BC78022	世界地名华文统一名称　吴元华　新加坡文化部（新加坡）　1978年
BC89023	家庭和办公室常用物品华语名称　新加坡交通及新闻部推广华语秘书处（新加坡）　1989年
BC94024	华语文常用词汇频率等级统整研究　叶德明　国科会研究计划（中国台湾）　1994年
BC97025	"营业中"和"动词+中"的用法　姚德怀　语文建设通讯（中国香港）　1997年第12期
BC97026	华语文常用词汇频率等级统整研究　叶德明　香港大学普通话培训测试中心研讨会　1997年
BC98027	关于"动词+中"用法的一点思考　刁晏斌　语文建设通讯（中国香港）　1998年第4期
BC01028	华人姓名与文化认同　蔡深江　联合早报（新加坡）　2001-7-22
BC01029	华文名之重要　邱大星　联合早报（新加坡）　2001-7-27
BC03030	全球华语新词面面观　河南税务　2003年第2期
BC03031	21世纪华语通行词汇　中国新时代　2003年第3期
BC03032	汉语词语色彩义的变化与社会心理　陈建民　语言学：社会的使命——程祥徽学术活动50年　张建华　邵朝阳　澳门语言学会、中国社会语言学会　2003年第224—240页
BC03033	语词的同义与多义　王希杰　语文教学与研究　2003年第12期
BC04034	普通话词汇和新马华语词汇的协调与规范问题——兼论域内外汉语词汇协调的原则和方法　郭熙　词汇学理论与应用（二）　苏新春　苏宝荣编　商务印书馆　2004年第297—310页
BC05035	从宏观角度看社区词　田小琳　词汇学理论与应用（三）《词汇学理论与应用》编委会　商务印书馆　2005年第216—230页
BC05036	当看到KMP的时候　汪惠迪　联合早报（新加坡）　2005-8-17
BC05037	汉语走俏和词书失语　汪惠迪　联合早报（新加坡）　2005-11-1
BC06038	华语词汇分级初探　张莉萍　陈凤仪　第六届汉语词汇语义学研讨会论文集　苏新春　王惠　新加坡：COLIPS PUBLICATION　2006年
BC06039	试论华人地区的特有词语　郑娜　语言规划的理论与实践：第四届全国社会语言学学术研讨会论文集　教育部语用所社会语言学与媒体语言研究室　语文出版社　2006年
BC06040	勾住鲜活的异域词语　汪惠迪　联合早报（新加坡）　2006-5-19
BC06041	从宏观角度看社区词　田小琳　词汇学理论与应用（三）《词汇学理论与应用》编委会　商务印书馆　2006年第216—230页
BC06042	论华语区域特有词语　汤志祥　词汇学理论与应用（三）《词汇学理论与应用》编委会　商务印书馆　2006年第231—252页

2 台湾

BC62043　光复后台湾的新名词　林本元　台湾风物（中国台湾）1962年第6期

BC69044　台湾话中的代名词　林语堂　中央日报（中国台湾）1969-2-24

BC76045　也谈"国语"的词汇　罗善保　华文世界（中国台湾）1976年第7期

BC77046　几个华语手部词汇中的语意延伸与词类转变　张琨　华文世界（中国台湾）1977年第4期

BC78047　用汉语代表台湾话特殊词素　郑良伟　中国语言学报（美国）1978年第6期

BC81048　华语的词汇结构与构词研究（一）　汤廷池　华文世界（中国台湾）1981年第11期

BC82049　华语的词汇结构与构词研究（二）　汤廷池　华文世界（中国台湾）1982年第3期

BC82050　华语的词汇结构与构词研究（三）　汤廷池　华文世界（中国台湾）1982年第7期

BC82051　华语形容词的重叠规律（上）　汤廷池　华文世界（中国台湾）1982年第7期

BC82052　华语形容词的重叠规律（下）　汤廷池　华文世界（中国台湾）1982年第10期

BC83053　如何研究"国语"辞汇的意义与用法　汤廷池　华文世界（中国台湾）1983年第6期

BC84054　如何研究华语词汇的意义和用法　汤廷池　华文世界（中国台湾）1984年第12期

BC84055　华语复音词形成与结构的研究　方祖荣　华文世界（中国台湾）1984年第12期

BC84056　常用虚词在台语汉字里的重要性　郑良伟　台湾风物（中国台湾）1984年第5期

BC88057　中文动词后词构限制　李艳惠　华文世界（中国台湾）1988年第12期

BC88058　华语副词"再""才"之语用功能　叶德明　华文世界（中国台湾）1988年第12期

BC88059　台湾当代小说的词汇语法特点　黄国营　中国语文（中国台湾）1988年第3期

BC88060　"国语"的"给"和台湾话的［hou］在双宾和被动结构中的功能　曹逢甫　现代台湾话研究论文集　郑良伟　台北文鹤出版社（中国台湾）1988年

BC89061　略论台湾地区流行新词与社会心理关系（上）　亓婷婷　华文世界（中国台湾）1989年第3期

BC89062　略论台湾地区流行新词与社会心理关系（下）　亓婷婷　华文世界（中国台湾）1989年第6期

BC89063　台湾《中文大辞典》释义方面问题商榷　宋子然　四川师范大学学报（社会科学版）1989年第2期

BC90064　演变中的台湾社会语言　郑良伟　自立晚报社（中国台湾）1990年

BC90065　台湾新词语管窥　李振杰　语言教学与研究　1990年第1期

BC90066　由"熊猫"一词论华语词汇的规范　竺家宁　华文世界（中国台湾）1990年第12期

BC90067　略论台湾地区流行新词与社会心理之关系　亓婷婷　语文建设通讯（中国香港）1990年总第31期

BC91068　台湾"国语"中的外来词　芮月英　镇江师专学报　1991年第2期

BC91069　《大陆和台湾词语差别词典》补遗　郑启五　台湾研究集刊　1991年第2期

BC91070　"国语"中来自佛教文化的词语　沈锡伦　华文世界（中国台湾）1991年第3期

BC94071　台湾汉语新词汇特点　谢米纳斯　华文世界（中国台湾）1994年第12期

BC94072　华语词汇双音化的社会基础　易丰　华文世界（中国台湾）1994年第3期

BC95073　第一届两岸汉语语汇文字学术研讨会论文专集　何景贤　中华语文出版社（中国台湾）
1995 年

BC96074　华语词话（之一）　汤廷池　华文世界（中国台湾）　1996 年第 12 期

BC97075　华语词话（之二）　汤廷池　华文世界（中国台湾）　1997 年第 3 期

BC97076　华语词话（之三）　汤廷池　华文世界（中国台湾）　1997 年第 6 期

BC97077　华语词话（之四）　汤廷池　华文世界（中国台湾）　1997 年第 9 期

BC97078　华语词话（之五）　汤廷池　华文世界（中国台湾）　1997 年第 12 期

BC97079　台湾华语"字"的构词方式　黄汉君　华文世界（中国台湾）1997 年第 12 期

BC97080　探"国语""一性"字的性质与构词方式　陈淑婷　华文世界（中国台湾）　1997 年第 12 期

BC97081　华语情态词序论　汤廷池　汤志真　华文世界（中国台湾）1997 年第 12 期

BC97082　台华同义语现象在台华对译词库里的处理问题：条件和促成结构　郑良伟　第二届台湾语言暨语言学国际研讨会论文集　1997 年

BC98083　华语词话（之六）　汤廷池　华文世界（中国台湾）　1998 年第 3 期

BC98084　台湾文学中的语言问题　陈恒嘉　台湾语言及其教学国际研讨会论文集（二）　董忠司　1998 年

BC98085　环球商专学生对"国语"的"爽"和台语的"爽"的认知和使用情形调查　张芳琪　台湾环球商业专科学校学报（中国台湾）　1998 年第 12 期

BC98086　电脑网路电子布告栏中的一些词汇使用现象　杨忠谚　华文世界（中国台湾）　1998 年第 12 期

BC98087　台湾新词语 1997—1998 引论　姚荣松　华文世界（中国台湾）　1998 年第 6 期

BC98088　报纸标题新词与新意——以财经性新闻为例　徐筠惠　华文世界（中国台湾）　1998 年第 6 期

BC99089　中国大陆新词在韩国的传播情况　柳多利　华文世界（中国台湾）　1999 年第 12 期

BC99090　从报章流行语看目前台湾的文化现象　许斐绚　华文世界（中国台湾）　1999 年第 9 期

BC99091　语言社群类型与台湾的外来词　史有为　语言文字应用　1999 年第 2 期

BC99092　论汉语方言词进入普通话（"国语"）的过程——以台湾"国语"新词为例　姚荣松　第六届国际汉语教学讨论会论文选　北京大学出版社　1999 年

BC00093　台湾校园新词的发展和对教学的影响　竺家宁　华文世界（中国台湾）2000 年第 12 期

BC00094　普通话词语的表达色彩——香港普通话词汇教学中的一个思考　梁莉莉　华文世界（中国台湾）2000 年第 12 期

BC00095　论台湾闽南方言词进入"国语"词汇的过程　姚荣松　华文世界（中国台湾）　2000 年第 12 期

BC00096　现代汉语外来概念词"同义异名"现象的个案分析及其启迪　吴世雄　华文世界（中国台湾）2000 年第 12 期

BC00097　华语联义词探索　陈丽雪　华文世界（中国台湾）2000 年第 12 期

BC00098　当代台湾文学作品中的方言词汇　毕永峨　华文世界（中国台湾）2000 年第 12 期

BC01099　两百年来汉语名词片语的发展　卓志诚　辅仁大学硕士学位论文（中国台湾）　2001 年

BC02100　台湾小说中词的 AABB 式结构　廖礼平　盐城师范学院学报（人文社会科学版）

2002 年第 2 期

BC02101　音变的动机与方向：漳泉竞争与台湾普通腔的形成　洪惟仁　清华大学语言研究所博士学位论文（中国台湾）　2002 年

BC03102　台湾新词语及其研究特点　苏新春　厦门大学学报（哲学社会科学版）　2003 年第 2 期

BC03103　台湾汉语造词法中的修辞应用　贾彦　修辞学习　2003 年第 1 期

BC03104　台湾词汇流行大陆的探考　黄国春　广西民族学院学报（哲学社会科学版）　2003 年第 S1 期

BC04105　台湾新词语研究——基于"台湾'国语'推行委员会"的三种语料　苏新春　李东波　曹璐　台湾及东南亚华文华语研究　李如龙　苏新春　霭明出版社（中国香港）　2004 年第 48—64 页

BC04106　台湾华语形状量词的真实性　黄鸿盛　清华大学语言学研究所硕士学位论文（中国台湾）　2004 年

BC05107　近年来台湾新词语发展之特色——论"子"后缀　竺家宁　首届海峡两岸现代汉语问题学术研讨会　南开大学　2005-11-4

BC05108　日据时期台湾的用字——《台湾日日新报》中的外国地名调查　王敏东　李佳音　汉字书同文研究（第 6 辑）　陈明然　周胜鸿　鹭达文化出版公司（中国香港）　2005 年第 119—139 页

3　港澳

BC86109　香港普通话水平测试词汇探究　杨鼎夫　中国语文通讯（中国香港）　1986 年第 12 期

BC88110　从香港外来词使用情况看男女对西方文物冲击的反应　廖国辉　华文研究（新加坡）　1988 年第 3 期

BC90111　处理地区性词汇应注意的事项　田小琳　语文建设通讯（中国香港）　1990 年总第 12 期

BC90112　词库在收词时应注意的三个问题　黄河清　语文建设通讯（中国香港）　1990 年总第 12 期

BC92113　港台与大陆的用语分歧　卞成林　语文建设通讯（中国香港）　1992 年总第 12 期

BC92114　从香港新外来概念语词到词库建设　肖正芳　李薇　语言教学与研究　1992 年第 4 期

BC94115　香港粤语词词库条选刊（1—2）　游社媛　张励妍　词库建设通讯（中国香港）　1994 年第 5 期

BC94116　香港文化词汇是如何融入普通话的　陈建民　语文建设　1994 年第 7 期

BC94117　香港商业广告词语的特色　黎杨莲妮　汤志祥　中国语文通讯（中国香港）　1994 年总第 32 期

BC95118　活跃的社区词　田小琳　语文建设通讯（中国香港）　1995 年总第 12 期

BC95119　说"报导"　程祥徽　澳门市民日报（中国澳门）　1995-6-8、9、10

BC96120　港澳新词探新　邓景滨　澳门语言学刊（中国澳门）　1996 年第 2 期

BC96121　澳门外来词探新　龙裕琛　澳门语言学刊（中国澳门）　1996 年第 2 期

BC96122　传意需要与港澳新词　程祥徽　中国语文（中国台湾）　1996 年第 3 期

BC96123　港澳新词语构造八法　邓景滨　暨南学报（哲学社会科学）　1996 年第 4 期

BC96124　港澳谐译词　邓景滨　澳门日报（中国澳门）　1996-7-14

BC96125　港澳新词语研究　邓景滨　暨南大学博士学位论文　1996 年
BC96126　粤方言与香港中文书面语的词汇　陈月红　一九九七与香港中国语文研讨会论文集　香港中国语文学会、香港中文大学吴多泰中国语文研究中心（中国香港）1996 年
BC97127　香港词汇研究初探　田小琳　语言文字应用　1997 年第 2 期
BC97128　港澳新词语研究　邓景滨　汉语方言论文集　现代教育出版社（中国香港）1997 年
BC98129　澳门葡文法律中译用词研究　龙裕琛　澳门：语言博物馆　黄翊　龙裕琛等　和平图书·海峰出版社（中国香港）1998 年第 102—169 页
BC98130　港澳词语探析　邓景滨　澳门：语言博物馆　黄翊　龙裕琛等　和平图书·海峰出版社（中国香港）1998 年第 170—176 页
BC98131　港澳新词语的思考　邓景滨　澳门：语言博物馆　黄翊　龙裕琛等　和平图书·海峰出版社（中国香港）1998 年第 177—183 页
BC98132　港澳博彩用语研究　邵朝阳　澳门：语言博物馆　黄翊　龙裕琛等　和平图书·海峰出版社（中国香港）1998 年第 184—279 页
BC98133　香港地名普通话读音的规范问题　谢雪梅　林建平　普通话教研通讯（中国香港）1998 年第 2 期
BC98134　香港接受外来语的几点启示　谢之君　语文建设　1998 年第 7 期
BC99135　现当代汉语他动词的增长及其在香港社会中的表现　黄大方　汕头大学学报　1999 年第 5 期
BC99136　港台语词之异化及其原因与港台外来语之比较　黄丽丽　中国语言学报　1999 年第 9 期
BC99137　另类别字的考察与讨论　李学铭　中文教育论文集第六辑：语文与评估（一九九八年国际语文教育研讨会论文集）何国祥主编　香港教育学院出版（中国香港）1999 年第 235—245 页
BC99138　拟声词的问题探讨　刘庆华　中文教育论文集第六辑：语文与评估（一九九八年国际语文教育研讨会论文集）何国祥主编　香港教育学院出版（中国香港）1999 年第 262—271 页
BC99139　趣怪香港话　阿丁　香港周刊出版社（中国香港）1999 年
BC99140　试论香港作家作品中的成语运用　卢卓群　双语双方言与现代中国（汉语语言学世纪丛书）陈恩泉主编　北京语言文化大学出版社　1999 年
BC00141　新加坡华语短话　王希杰　语文建设　2000 年第 1 期
BC00142　新时期来自港台的新词语及其社会心理透视　陈艳秋　南通师院学报（哲学社会科学版）2000 年第 1 期
BC00143　香港话语的颜色词　谢耀基　方言　2000 年第 3 期
BC00144　传意需要与港澳新词　程祥徽　中文回归集　程祥徽　和平图书·海峰出版社（中国香港）2000 年第 186—197 页
BC00145　港台用语与普通话新词手册　朱广祈编著　上海辞书出版社　2000 年
BC01146　说"泊车"　程祥徽　语文建设　2001 年第 4 期
BC01147　由"垃圾虫"说到社区词　田小琳　咬文嚼字　2001 年第 6 期
BC01148　港澳当代流行语初探　陈华根　暨南大学硕士学位论文　2001 年
BC01149　当代汉语词语的共时状况及其嬗变——90 年代中国大陆、香港、台湾汉语词语现状研

究　汤志祥　复旦大学出版社　2001年

BC02150　社区词及中文词汇规范之研究　田小琳　世界汉语教学　2002年第1期

BC02151　澳门行政公文（中文版）词语研究　穆嘉明　暨南大学硕士学位论文　2002年

BC02152　从外来词的使用看青少年对西方文物的兴趣　廖国辉　粤语论文集　鹭达文化出版公司（中国香港）　2002年第71—86页

BC02153　从香港外来词使用情况看男女生对西方文物冲击的反应　廖国辉　粤语论文集　鹭达文化出版公司（中国香港）　2002年第87—102页

BC03154　香港粤语新词诸种形式　王晋光　第八届国际粤方言研讨会论文集　詹伯慧主编　中国社会科学出版社　2003年第466—477页

BC03155　广州、香港的一些粤方言词考辨——以近十多年的若干粤语词典的词条为中心　谭世宝　第八届国际粤方言研讨会论文集　詹伯慧主编　中国社会科学出版社　2003年第478—491页

BC04156　从宏观角度看小区词　田小琳　词汇学理论与应用《词汇学理论与应用》编委会　商务印书馆　2004年

BC04157　香港小区词研究　田小琳　第七届国际汉语教学讨论会论文选　北京大学出版社　2004年

BC04158　从社区词中的多音节词说起　田小琳　田小琳语言学论文集　商务印书馆（香港）有限公司（中国香港）　2004年第110—114页

BC04159　现代汉语词汇和香港社会之研究　田小琳　商务印书馆（香港）有限公司（中国香港）　2004年第115—139页

BC04160　现代汉语词汇的开放性和包容性　田小琳　田小琳语言学论文集　田小琳　商务印书馆（香港）有限公司（中国香港）　2004年第140—149页

BC04161　由社区词谈现代汉语词汇的规范　田小琳　田小琳语言学论文集　田小琳　商务印书馆（香港）有限公司（中国香港）　2004年第72—80页

BC04162　普通话词汇的发展变化和规范标准　田小琳　田小琳语言学论文集　田小琳　商务印书馆（香港）有限公司（中国香港）　2004年第81—87页

BC04163　香港普通话词汇教学研究　田小琳　商务印书馆（香港）有限公司（中国香港）　2004年第88—93页

BC04164　社区词随笔　田小琳　田小琳语言学论文集　田小琳　商务印书馆（香港）有限公司（中国香港）　2004年第94—98页

BC04165　社区词与中文词汇规范之研究　田小琳　田小琳语言学论文集　田小琳　商务印书馆（香港）有限公司（中国香港）　2004年第99—109页

BC04166　香港社区词研究　田小琳　语言科学　2004年第3期

BC05167　传意需要与港澳新词　程祥徽　中文变迁在澳门　程祥徽　三联书店（香港）有限公司（中国香港）　2005年第153—164页

BC05168　说"报导"　程祥徽　中文变迁在澳门　程祥徽　三联书店（香港）有限公司（中国香港）　2005年第187—190页

BC05169　说"道歉"　程祥徽　中文变迁在澳门　程祥徽　三联书店（香港）有限公司（中国香港）　2005年第191—194页

BC05170　说"人士"　程祥徽　中文变迁在澳门　程祥徽　三联书店（香港）有限公司（中国香港）　2005年第195—198页

BC06171　香港书面汉语和标准汉语的同形异义词——香港社会文化与粤语对书面汉语词汇的影响　石定栩　朱志瑜　语言规划的理论与实践　第四届全国社会语言学学术研讨会论文集　教育部语用所社会语言与媒体语言研究室编　语文出版社　2006年第201—208页

BC06172　现代汉语词汇的特点　田小琳　田小琳语言学论文集　田小琳　东北师范大学出版社　2006年第232—242页

BC06173　香港词汇研究初探　田小琳　田小琳语言学论文集　田小琳　东北师范大学出版社　2006年第259—269页

BC06174　香港流通的词语和社会生活　田小琳　田小琳语言学论文集　田小琳　东北师范大学出版社　2006年第270—286页

BC06175　香港词汇面面观　田小琳　田小琳语言学论文集　田小琳　东北师范大学出版社　2006年第287—294页

BC06176　中国内地和香港地区词汇之比较　田小琳　田小琳语言学论文集　田小琳　东北师范大学出版社　2006年第295—304页

BC06177　社区词　田小琳　田小琳语言学论文集　田小琳　东北师范大学出版社　2006年第319—327页

BC06178　香港社区词研究　田小琳　田小琳语言学论文集　田小琳　东北师范大学出版社　2006年第334—346页

BC06179　香港方言外来词比较研究　邵敬敏　汉语广视角研究　邵敬敏　东北师范大学出版社　2006年第23—38页

BC06180　香港词语比较研究　邵敬敏　汉语广视角研究　邵敬敏　东北师范大学出版社　2006年第39—50页

BC06181　香港社区英文词语夹用现象剖析　邵敬敏　汉语广视角研究　邵敬敏　东北师范大学出版社　2006年第51—67页

BC06182　关于"赤鱲角"的"鱲"的音、形、义　邵敬敏　汉语广视角研究　邵敬敏　东北师范大学出版社　2006年第80—82页

BC06183　香港词语在普通话中的应用　王正秘书　2006年第1期

4 新马

BC67184　国民常用字汇研究　卢绍昌　台湾编译馆（中国台湾）　1967年

BC75185　华语的轻声词汇　冯传璜　南洋大学华语研究中心（新加坡）　1975年

BC76186　新加坡华语常用字研究——本地新闻常用2000字(修订本)　许乐斯　陈先泽　卢绍昌　新加坡南洋大学华语研究中心（新加坡）　1976年

BC76187　华语常用字汇研究　卢绍昌　南洋大学华语研究中心（新加坡）　1976年

BC79188　常用华语儿化词　赵明道　卢绍美　杨萱　南洋大学华语研究中心（新加坡）　1979年

BC87189　论同义同素异序双音词　林万菁　学术论文集刊（新加坡）　1987年第2期

BC89190　世界华人社区携手合作研究华语词汇变异现象　汪惠迪　语文建设通讯（中国香港）

1989年总第25期
BC89191　各华人地区汉语词汇差异问题亟待研究　张励妍　语文建设通讯（中国香港）　1989年总第23期
BC90192　字词的计量研究　卢绍昌　华语论集续集　卢绍昌　新加坡国立大学华语研究中心（新加坡）1990年第11—17页
BC90193　龙马精神　卢绍昌　华语论集续集　卢绍昌　新加坡国立大学华语研究中心（新加坡）1990年第121—124页
BC90194　逻辑与名学　卢绍昌　华语论集续集　卢绍昌　新加坡国立大学华语研究中心（新加坡）1990年第125—126页
BC90195　双语乎单语乎　卢绍昌　华语论集续集　卢绍昌　新加坡国立大学华语研究中心（新加坡）1990年第127—128页
BC90196　做与作　卢绍昌　华语论集续集　卢绍昌　新加坡国立大学华语研究中心（新加坡）1990年第129—130页
BC90197　"峇厘"还是"巴黎"　卢绍昌　华语论集续集　卢绍昌　新加坡国立大学华语研究中心（新加坡）1990年第131—133页
BC90198　变绿洲以代沙漠障　百川而挽狂澜　卢绍昌　华语论集续集　卢绍昌　新加坡国立大学华语研究中心（新加坡）1990年第134—137页
BC90199　谈"早晨"　卢绍昌　华语论集续集　卢绍昌　新加坡国立大学华语研究中心（新加坡）1990年第138—139页
BC90200　"误导"　卢绍昌　华语论集续集　卢绍昌　新加坡国立大学华语研究中心（新加坡）1990年第140—142页
BC90201　快叫"叔叔"　卢绍昌　华语论集续集　卢绍昌　新加坡国立大学华语研究中心（新加坡）1990年第143—145页
BC90202　头上的"两个洞"　卢绍昌　华语论集续集　卢绍昌　新加坡国立大学华语研究中心（新加坡）1990年第146页
BC90203　书与纸　卢绍昌　华语论集续集　卢绍昌　新加坡国立大学华语研究中心（新加坡）1990年第147—148页
BC90204　土著的"著"　卢绍昌　华语论集续集　卢绍昌　新加坡国立大学华语研究中心（新加坡）1990年第149—150页
BC90205　到银行"订帐"去　卢绍昌　华语论集续集　卢绍昌　新加坡国立大学华语研究中心（新加坡）1990年第151—152页
BC90206　"打折子"怎么样　卢绍昌　华语论集续集　卢绍昌　新加坡国立大学华语研究中心（新加坡）1990年第153—154页
BC90207　"拿"的用法　卢绍昌　华语论集续集　卢绍昌　新加坡国立大学华语研究中心（新加坡）1990年第155—157页
BC90208　谈"美"与"美感"　卢绍昌　华语论集续集　卢绍昌　新加坡国立大学华语研究中心（新加坡）1990年第158—160页
BC90209　新加坡华语词汇的考察　卢绍昌　华语论集续集　卢绍昌　新加坡国立大学华语研究中心（新加坡）1990年第2—10页

BC90210　华语的词汇　卢绍昌　华语论集续集　卢绍昌　新加坡国立大学华语研究中心（新加坡）1990年第30—36页

BC90211　新闻常用2000字　卢绍昌　华语论集续集　卢绍昌　新加坡国立大学华语研究中心（新加坡）1990年第67—72页

BC90212　陶渊明饮酒诗第五首中"见"或"望"评析　卢绍昌　华语论集续集　卢绍昌　新加坡国立大学华语研究中心（新加坡）1990年第83—93页

BC90213　Some Characteristics of the Commonly Used Chinese Characters and Words—A Statistical Viewpoint Typology of Bilingualism　卢绍昌　华语论集续集　卢绍昌　新加坡国立大学华语研究中心（新加坡）1990年第94—99页

BC90214　新加坡学前儿童华语口语词汇　王永炳　世界汉语教学　1990年第3期

BC90215　新加坡华语词汇的特点　汪惠迪　语文建设通讯（中国香港）1990年总第16期

BC94216　词彩独秀，创意天成——新加坡华语漫议之二　卜锡文　联合早报（新加坡）1994-10-21

BC94217　词用泛化，语用含差——新加坡华语漫议之三　卜锡文　联合早报（新加坡）1994-11-15

BC96218　华语常用词表：词性、量词、规范词语　杨欣儒　艺青出版社有限公司（马来西亚）1996年

BC96219　新加坡华语词汇研究　林秀玲　新加坡国立大学中文系荣誉学士学位论文（新加坡）1996年

BC96220　附录A："房子"和"屋子"的区别　杨欣儒　华语常用词表：词性、量词、规范词语　艺青出版社有限公司（马来西亚）1996年第280—283页

BC96221　附录B：谈"有"与"没有"的语法特点和用法　杨欣儒　华语常用词表：词性、量词、规范词语　艺青出版社有限公司（马来西亚）1996年第284—287页

BC97222　新加坡华语特有词语简论　汪惠迪　源（新加坡）1997年第27期

BC97223　新加坡华文词汇的特点及形成的原因　余尚兵　语文建设通讯（中国香港）1997年第3期

BC97224　听不懂的华语　宣轩　咬文嚼字　1997年第5期

BC99225　新加坡华语中的叠音词　宣轩　咬文嚼字　1999年第2期

BC99226　华语特有词语：新加坡社会写真　汪惠迪　扬州大学学报　1999年第4期

BC99227　新加坡华语词的词形、词义和词用选择　周清海　萧国政　中国语文（中国台湾）1999年第4期

BC99228　时代新加坡特有词语词典　汪惠迪　联邦出版社（新加坡）1999年

BC00229　新加坡：七拼八凑创"新语"　杨建明　语文建设　2000年第3期

BC00230　新加坡华语词的词形、词义和词用选择　周清海　萧国政　二十一世纪的挑战——新加坡华语文的现状与未来（南洋理工大学丛书）　陈照明　联邦出版社（新加坡）2000年第1—18页

BC00231　新加坡华语词汇与语法·附录：华语词汇索引　周清海　新加坡华语词汇与语法（南洋理工大学中华语言文化丛书）　周清海　新加坡玲子传媒私人有限公司（新加坡）2000年第332—337页

BC00232　近年习见汉语新词语研究　卢士彦　新加坡国立大学中文系硕士学位论文（新加坡）
　　　　　2000年
BC00233　新加坡华语字母词语用简论　汪惠迪　联合早报论坛（新加坡）2000-8-6
BC01234　新加坡华语"第五声"遗失过程中的"词汇扩散"现象　吴英成　许小颖　新世纪的
　　　　　现代语音学——第五届现代语音学学术会议文集　蔡莲红　周同春　陶建华主编　清
　　　　　华大学出版社　2001年第218—223页
BC01235　新加坡华语词条调查：不同年龄层的取样　卓慧敏　新加坡国立大学中文系荣誉学士
　　　　　学位论文（新加坡）2001年
BC01236　论峇峇语的历史　钟天祥　语言学研究（第一卷）　文化教育出版社　2001年
BC02237　新加坡华语特有词语探微　汪惠迪　新加坡华语词汇与语法（南洋理工大学中华语言
　　　　　文化丛书）周清海　新加坡玲子传媒私人有限公司（新加坡）2002年第25—74页
BC02238　普通话词汇和新马华语词汇的协调与规范问题——兼论域内外汉语词汇协调的原则与
　　　　　方法　郭熙　南京社会科学　2002年第12期
BC02239　郑良树历史小说中AABB式叠词考察　王宜早　南京晓庄学院学报　2002年第2期
BC02240　与新加坡华语有关的一些异形词　林万菁　语文研究论集　林万菁　泛太平洋出版私
　　　　　人有限公司（新加坡）2002年
BC02241　论现代汉语中的"动名词"　林万菁　语文研究论集　林万菁　泛太平洋出版私人有
　　　　　限公司（新加坡）2002年
BC02242　论非规范词汇的研究意义　林万菁　语文研究论集　林万菁　泛太平洋出版私人有限
　　　　　公司（新加坡）2002年
BC02243　新加坡潮州话的构词分析　黄松江　新加坡国立大学中文系荣誉学士学位论文（新加
　　　　　坡）2002年
BC02244　华文字词句　汪惠迪　新加坡玲子传媒私人有限公司（新加坡）2002年
BC03245　华语常用词表——词性（增订本）　杨欣儒　艺青出版社有限公司（马来西亚）2003年
BC03246　马来西亚华语——语法与词汇研究　饶创辉　新加坡国立大学硕士学位论文（新加坡）
　　　　　2003年
BC03247　新加坡华语中的语气词的语用功能　何丽娴　新加坡国立大学中文系荣誉学士学位论
　　　　　文（新加坡）2003年
BC03248　新旧应用文用语的比较　谢世涯　新加坡华文教学论文三集　谢泽文　新加坡华文研
　　　　　究会（新加坡）2003年第294—310页
BC03249　多元文化与新加坡华文词汇发展　余尚兵　语文建设通讯（中国香港）2003年总第
　　　　　6期
BC03250　语词的同义与多义　王希杰　语文教学与研究　2003年第12期
BC04251　关于"操+过+处所词语"讨论的思考　郭熙　语文建设通讯（中国香港）2004年
　　　　　总第79期
BC04252　"操"的讨论的意义　郭熙　联合早报（新加坡）2004-9-7
BC04253　编纂全球华语地区词词典：时代的呼唤　汪惠迪　台湾及东南亚华文华语研究
　　　　　李如龙　苏新春　霭明出版社（中国香港）2004年第117—127页
BC04254　新加坡华语词的词形、词义和词用选择　周清海　萧国政　语言与语言教学论集

周清海　泛太平洋出版私人有限公司（新加坡）　2004年第239—260页

BC04255　华语、普通话词汇比较　周清海　李临定　语言与语言教学论文集　周清海　泛太平洋出版私人有限公司（新加坡）　2004年第261—276页

BC04256　近义词"美丽"与"漂亮"词义辨析　陈韵竹　南洋理工大学"国家疆界与文化图像国际学术会议"（新加坡）　2004年

BC04257　从构式语法理论看汉语研究中存在的一些问题　王黎　南洋理工大学"国家疆界与文化图像国际学术会议"（新加坡）　2004年

BC04258　论非规范词汇的研究意义　林万菁　二十世纪现代汉语词汇论著指要　周荐主编　商务印书馆　2004年

BC04259　新加坡青年对汉语动词的现在进行式表达　李纾　语言研究　2004年第1期

BC05260　新加坡华语词汇的计量研究　郭文亮　新加坡国立大学中文系荣誉学士学位论文（新加坡）　2005年

BC05261　从《联合早报》看新加坡词汇特色及应用　卓慧仪　新加坡国立大学中文系荣誉学士学位论文（新加坡）　2005年

BC05262　从普通话与华语对比看新加坡特有词汇　高丽云　新加坡国立大学中文系荣誉学士学位论文（新加坡）　2005年

BC05263　论华语区域特有词语　汤志祥　语言文字应用　2005年第2期

BC05264　三"饼"齐飞　汪惠迪　咬文嚼字　2005年第5期

BC05265　"峇峇"及其他　冼伟国　七彩方言——方言与文化趣谈　甘于恩主编　华南理工大学出版社　2005年第132页

BC05266　马来西亚的"黄梨"　冼伟国　七彩方言——方言与文化趣谈　甘于恩主编　华南理工大学出版社　2005年第134页

BC05267　柳梿飘香　冼伟国　七彩方言——方言与文化趣谈　甘于恩主编　华南理工大学出版社　2005年第142页

BC06268　新加坡华族词汇语义的文化折射　黄慧燕　谭慧敏　汉语文走向世界　谭慧敏　南大中华语言文化中心、八方文化创作室（新加坡）　2006年第126—162页

BC06269　略论汉语中渐趋普遍的一些特殊表达方式　林万菁　汉语研究与华文教学论集　新华文化事业有限公司（新加坡）　2006年第1—6页

BC06270　从教学的观点看华文词汇的变异与规范　林万菁　汉语研究与华文教学论集　新华文化事业有限公司（新加坡）　2006年第34—41页

BC06271　论华文词汇变异所反映的疆域与文化图像问题　林万菁　汉语研究与华文教学论集　新华文化事业有限公司（新加坡）　2006年第7—30页

BC06272　"多"与"多多"的用法及其变异问题　林万菁　汉语研究与华文教学论集　新华文化事业有限公司（新加坡）　2006年第90—97页

BC06273　访《全球华语词典》顾问周清海教授：用语距离因词典而拉近　吴启基　联合早报（新加坡）　2006-7-25

BC06274　新加坡华语中的语气词"leh"之研究　黄淑盈　新加坡国立大学中文系荣誉学士学位论文　2006年

BC07275　新加坡特有词汇的机器翻译研究　王惠惠　新加坡国立大学中文系荣誉学士学位论文

（新加坡） 2007 年

BC07276　新加坡潮州话词汇调查　刘玲珠　新加坡国立大学中文系荣誉学士学位论文（新加坡）
2007 年

BD　华语语法

1　台湾

BD22001　台湾语典　语法　台督府、台北专卖局（中国台湾）1922 年
BD76002　论某些语言规则的不现实性——举台湾话为例　Hsieh, Hsini Lingua　1976 年第 1 期
BD76003　谈"国语"的词序　黄宣范　华文世界（中国台湾）1976 年第 8 期
BD77004　台湾话疑问助词　郑良伟　中国语言学学刊（美国）1977 年第 2 期
BD77005　语句、语意与语用——华语语法研究举隅之一　汤廷池　华文世界（中国台湾）1977 年第 4 期
BD77006　四种台湾语情态动词的时态解释　郑良伟　美国语言学院中国语言学论文（美国）1977 年
BD78007　动词与介词之间——华语语法研究举隅之二　汤廷池　华文世界（中国台湾）1978 年第 5 期
BD78008　汉语中的否定：官话和厦门话　邓守信　美国东方学会会刊（美国）1978 年
BD79009　台湾话的"有"和北京话的"有"　罗伯特　亚太地区语言教学研讨会论文集　1979 年
BD79010　"国语"动词选字　李传龙　台湾师范大学硕士学位论文（中国台湾）1979 年
BD79011　语句、语意与语用——华语语法研究举隅之三　汤廷池　华文世界（中国台湾）1979 年第 12 期
BD80012　语句、语意与语用——华语语法研究举隅之四　汤廷池　华文世界（中国台湾）1980 年第 7 期
BD81013　华语疑问词的意义与用法——华语语法研究举隅之五　汤廷池　华文世界（中国台湾）1981 年第 7 期
BD81014　"国语"语法研究论集　汤廷池　台湾学生书局印行（中国台湾）1981 年
BD84015　华语中的时态表达　夏宗葆　华文世界（中国台湾）1984 年第 12 期
BD84016　华语的句法　胡为华　黎明文化公司（中国台湾）1984 年
BD85017　华语语法与功用解释　汤廷池　华文世界（中国台湾）1985 年
BD86018　资讯时代的华语与华语研究浅谈　汤廷池　华文世界（中国台湾）1986 年第 4 期
BD87019　试探讨"国语"语法中之"持续貌"（上）　范慧贞　华文世界（中国台湾）1987 年第 9 期
BD87020　试探讨"国语"语法中之"持续貌"（下）　范慧贞　华文世界（中国台湾）1987 年第 11 期
BD87021　华语轻声字之语义功能　叶德明　全美中文教师学会（美国）1987 年
BD88022　台湾当代小说的词汇语法特点　黄国营　中国语文（中国台湾）1988 年第 3 期
BD88023　台湾话动词重叠式的语义和语法特点　郑良伟　中国语文（中国台湾）1988 年第 6 期

BD88024　"国语"中的双宾动词　郑雅霞　黄居仁　华文世界（中国台湾）　1988年第7期
BD88025　"国语"的音位及辨音征性之分析　谢云飞　华文世界（中国台湾）　1988年第12期
BD88026　华语中的强调修饰语　杨秩华　华文世界（中国台湾）　1988年第12期
BD88027　"国语"和台语中的一些动词结构的比较　李英哲　现代台湾话研究论文集　1988年
BD88028　"再""才""就"在"国语"中的语法作用　叶德明　第二届世界美国华文教学研讨会（美国）　1988年
BD89029　台语与官话的历史与比较句法　李英哲　台北中研院第二届国际汉学会议论文集（中国台湾）　1989年
BD89030　台湾话动词重叠式的语义和语法特点　郑良伟　大陆杂志（中国台湾）　1989年第5期
BD89031　"国语"感叹辞的探讨　马盛静恒　华文世界（中国台湾）　1989年第9期
BD90032　词汇扩散理论在句法变化里的应用——兼谈台湾官话"有"字句的句法变化　郑良伟　语言教学与研究　1990年第1期
BD90033　中文在言谈结构上是个受格语言　黄宣范　华文世界（中国台湾）　1990年第12期
BD90034　台语与台湾"国语"里的子句结构标志"讲"与"看"　郑良伟　华文世界（中国台湾）　1990年第12期
BD90035　儿童"国语"句尾语气词语用功能：二岁三个月、三岁个案研究　张妙霞　华文世界（中国台湾）　1990年第12期
BD90036　华语中前后景的等级体系及句子的界定　屈承熹　华文世界（中国台湾）　1990年第12期
BD90037　从历史语法的观点比较"国语"和闽南语表完成的"了"　杨秀芳　华文世界（中国台湾）　1990年第12期
BD90038　从台湾当代小说看汉语语法演变　郑良伟　世界华文教学研讨会论文集　新加坡华文研究会（新加坡）　1990年
BD91039　华语中前后景与"句子"的关系　屈承熹　华文世界（中国台湾）　1991年第12期
BD91040　汉语语法研究的回顾与展望——兼谈当代语法学的本土化（上）　汤廷池　华文世界（中国台湾）　1991年第12期
BD92041　汉语语法研究的回顾与展望——兼谈当代语法学的本土化（下）　汤廷池　华文世界（中国台湾）　1992年第3期
BD92042　从台湾当代小说看台湾华语语法演变　郑良伟　台湾风物（中国台湾）　1992年第3期
BD92043　台港口语中的"可以"和"不可以"　卢卓群　中国语文通讯（中国香港）　1992年第9期
BD92044　从历史语法的观点比较"国语"和闽南语的持续貌：兼论未来完成貌　华文世界（中国台湾）　1992年第9期
BD92045　台湾话和普通话的动相：时态系统　郑良伟　中国境内语言暨语言学（一）·汉语方言　台北史语所（中国台湾）　1992年
BD92046　官话与台语句法比较——问句中的否定用法　李英哲　中国境内语言暨语言学（一）·汉语方言　台北史语所（中国台湾）　1992年
BD92047　台湾"国语"的肯定与否定首位答词　蔡美慧　辅仁大学硕士学位论文（中国台湾）　1992年

BD93048　汉语数量词的双重语意功能　刘小梅　华文世界（中国台湾）1993年第10期
BD93049　"给"字句在现代"国语"中受闽南语的影响　朱我芯　侨光学报（中国台湾）1993年第10期
BD94050　华语的"连……都"结构　汤廷池　张淑敏　华文世界（中国台湾）1994年第12期
BD94051　台湾地区外来语的动态结构　邓守信　华文世界（中国台湾）1994年第12期
BD94052　华语闽南语述补结构的比较　连金发　华文世界（中国台湾）1994年第12期
BD94053　华语动词组与名词组的平行架构及有定/无定的语意分辨　刘小梅　华文世界（中国台湾）1994年第12期
BD94054　港台与大陆书面语语法差异　张宁　山东大学学报（哲学社会科学版）1994年第4期
BD94055　华语动词组内数量词的使用及语意　刘小梅　华文世界（中国台湾）1994年第9期
BD94056　从"国语"中的多义谈语法与语意之互动　张郁慧　华文世界（中国台湾）1994年第9期
BD94057　从社会语言学的观点看台湾"国语"里的一些句法变化　黄馨慧　清华大学硕士学位论文（中国台湾）1994年
BD94058　闽南话和普通话"有"字用法的比较　陈垂民　双语双方言（三）陈恩泉主编　汉学出版社　1994年
BD95059　"你明天要不要去台北？"——从答词观点探讨台湾"国语"助动词"要"的用法　蔡美慧　第二届台湾语言国际研讨会论文选集　黄宣范　台北文鹤出版公司（中国台湾）1995年
BD95060　从递系动词看华语的词序　陈纯音　华文世界（中国台湾）1995年第6期
BD95061　使役句就是被动句吗？谈华语的"让"字句　陈纯音　华文世界（中国台湾）1995年第12期
BD96062　"国语"的"有"字句在台湾的使用情形及其社会意涵　卢广诚　台湾语言发展学术研讨会论文集（中国台湾）1996年第6期
BD97063　台语与台湾华语里的子句结构标志"讲"与"看"　郑良伟　台语、华语的结构及动向Ⅱ　郑良伟　远流出版社（中国台湾）1997年第105—132页
BD97064　从认知语法观点论"国语""过"的动词表征结构　萧宇超　华文世界（中国台湾）1997年第12期
BD97065　华语动词组的宾质指涉量词及所有格的语法关系　刘小梅　华文世界（中国台湾）1997年第12期
BD97066　句成分移位话题化的特点与语用价值　谭成珠　华文世界（中国台湾）1997年第12期
BD97067　华语的时间词：从各种角度看分类及其表现出的特点　杨忠谚　华文世界（中国台湾）1997年第12期
BD97068　中央日报国际版专栏"论衡"之段落结构与表现法之研究　张淑敏　华文世界（中国台湾）1997年第12期
BD97069　华语中的主题，焦点，其信息量　屈承熹　华文世界（中国台湾）1997年第12期
BD98070　台湾官话叙事体中韵律单位的语法构成及其规律初探　陈佩玲　陶红印　语言研究1998年第1期
BD98071　闽南语和台湾"国语"中的"有"：谈句法学中的社会因缘和历史意识　蔡维天　台湾

语言及其教学国际研讨会论文集（一） 1998年

BD98072 汉语多意词"上"和"下"的研究　周彩蓉　清华大学硕士学位论文（中国台湾） 1998年

BD98073 汉语的双宾结构　彭瑜心　清华大学硕士学位论文（中国台湾） 1998年

BD98074 台湾"国语"中的"有"字句　林芳如　台湾师范大学硕士学位论文（中国台湾） 1998年

BD98075 "国语"与台湾原住民语言的主要语法差距　叶美利　台湾语言与语文竞赛研讨会文集（一）（中国台湾） 1998年

BD99076 汉（粤）语的左置修饰语无歧义？　卢丹怀　华文世界（中国台湾） 1999年第6期

BD99077 华语助词"了"的意义与用法　汤廷池　华文世界（中国台湾） 1999年第9期

BD99078 台湾话的语尾助词：言谈语用的分析　李樱　文鹤出版有限公司（中国台湾） 1999年

BD00079 台湾小说中词的ABB式结构　廖礼平　徐州师范大学学报（哲学社会科学版） 2000年第2期

BD00080 外籍学生使用之华语语法句型比较研究　陈纯音　华文世界（中国台湾） 2000年第12期

BD00081 大陆改革开放以来的语言借用对现代汉语句法的影响　王琪　华文世界（中国台湾） 2000年第12期

BD00082 从语意新视野分析"国语"重叠现象和台语对它的影响　李英哲　华文世界（中国台湾） 2000年第12期

BD00083 华语名前形容词的语意探索　连金发　华文世界（中国台湾） 2000年第12期

BD00084 中文言谈词"那"与"然后"在口语中的功能　林晓茹　清华大学硕士学位论文（中国台湾） 2000年

BD00085 台湾当代"国语"新词探微　郭斐绚　台湾师范大学硕士学位论文　2000年

BD00086 台湾华语"啊""呼""说"在言谈上的使用及其性别差异　杨蕙慈　新竹师范学院硕士学位论文（中国台湾） 2000年

BD01087 "说"和"看"的语法化过程　张瑞芬　高雄师范大学硕士学位论文（中国台湾） 2001年

BD01088 汉语中的肯定与否定问句——形式和功能之间　陈欣薇　政治大学硕士学位论文（中国台湾） 2001年

BD02089 从"有"与"have"谈开去　孔见　山东农业大学学报（社会科学版） 2002年第3期

BD02090 由台湾"国语"的语法特点看共同语、方言之互动　蔡美智　第四届台湾语言及其教学学术国际研讨会　2002-1-25

BD02091 人称代名词"人家"之句法指涉探讨——以对外华语为第二语言之个案研究　魏华慧　台湾师范大学硕士学位论文（中国台湾） 2002年

BD02092 华语副词"都"的语义分析与教学语法　孙静怡　台湾师范大学硕士学位论文（中国台湾） 2002年

BD02093 时相与时态的搭配关系　庄舒文　台湾师范大学硕士学位论文（中国台湾） 2002年

BD03094 台湾新词的"-族"后缀　竺家宁　第三届肯特岗国际汉语语言学圆桌会议　2003-11-10

BD03095　中文口语中"他"的言谈语用功能与语法化研究　吴丰君　台湾师范大学硕士学位论文（中国台湾）2003年

BD03096　论现代汉语中的虚化动词结构　许佩蓉　台湾师范大学硕士学位论文（中国台湾）2003年

BD03097　现代汉语动相标志的研究　陈光明　清华大学硕士学位论文（中国台湾）2003年

BD03098　当代台湾"国语"的句法结构　曾心怡　台湾师范大学硕士学位论文（中国台湾）2003年

BD04099　中文否定词"没有"的言谈功能　余瑞莹　台湾师范大学硕士学位论文（中国台湾）2004年

BD04100　英汉视觉动词的时间结构、语义延伸及语法化　张佩茹　台湾师范大学硕士学位论文 2004年

BD04101　"国语"的否定　庄建龙　铭传大学硕士学位论文（中国台湾）2004年

BD04102　汉语未完成貌的语法化及其语意分析　陈宣贝　中正大学硕士学位论文（中国台湾）2004年

BD04103　从语法到教学论词汇来去的趋向和情态　萧惠帆　台湾师范大学硕士学位论文 2004年

BD04104　汉语的动后成分：结构与功能　汤廷池　华语文教学研究（中国台湾）2004年第1期

BD05105　别字语法化及复合化在华语及台闽语的研究　林盈秀　新竹师范学院硕士学位论文（中国台湾）2005年

BD06106　台湾普通话中的"有+动词"研究　窦焕新　渤海大学学报（哲学社会科学版）2006年第3期

2　港澳

BD72107　香港粤语语法研究　张洪年　香港中文大学出版社　1972年

BD87108　香港人爱用的一个特别的叹词　邢福义　普通话季刊（中国香港）1987年第1期

BD89109　现代汉语欧化语法概论　谢耀基　光明图书公司（中国香港）1989年

BD90110　香港汉语同大陆汉语的词汇、语法差异　吴永德　华中师范大学学报（哲学社会科学版）1990年第1期

BD92111　港台话中的"要""不要"和"要不要"　卢卓群　双语双方言（二）　陈恩泉主编　彩虹出版社（中国香港）1992年

BD93112　新加坡华语——语法与词汇特征　陈重瑜　华语研究论文集　陈重瑜　新加坡国立大学华语研究中心（新加坡）1993年第328—391页

BD94113　港台与大陆书面语语法差异　张宁　山东大学学报（哲学社会科学版）1994年第4期

BD95114　香港中文的语法变异　汤志祥　中国语文通讯（中国香港）1995年第6期

BD97115　现代汉语共同语语篇使用粤方言变体的制约因素　陶原珂　第五届国际粤方言研讨会论文集　詹伯慧主编　暨南大学出版社　1997年第121—124页

BD97116　香港作家作品中的文言因素　卢卓群　双语双方言（五）　陈恩泉主编　汉学出版社　1997年第62—74页

BD98117　香港语文教学与标准汉语　石定栩　语言教学与研究　1998年第3期

BD98118　现当代汉语他动词日益增加的趋势及其在香港双语社会中的表现　黄大方　广州话研究与教学（第三辑）　郑定欧　蔡建华主编　中山大学出版社　1998年

BD99119　香港电视剧"国语"版中的句末语助词——兼及香港作家作品中的句末语助词　卢卓群

　　　　　　双语双方言（六）　陈恩泉主编　汉学出版社　1999年
BD00120　从凤凰卫视的《非常男女》节目看台湾"国语"　赵雪　世纪之交的应用语言学　于根元主编　北京广播学院出版社　2000年
BD00121　港式中文以粤语入文平议　李家树　陈远止　谢耀基　第七届国际粤方言研讨会论文集　单周尧　陆镜光主编　商务印书馆　2000年第288—294页
BD01122　香港书面语的句法特点　石定栩　苏金智　朱志瑜　中国语文（中国台湾）2001年第6期
BD03123　香港书面汉语中的英语句法迁移　石定栩　朱志瑜　王灿龙　外语教学与研究　2003年第1期
BD05124　香港青少年口语中的程度副词　黄海维　第九届粤方言国际研讨会论文集　邓景滨　汤翠兰主编　澳门中国语文学会　2005年第325—332页
BD06125　香港书面汉语体标记的特点　石定栩　朱志瑜　王冬梅　双语双方言（八）　陈恩泉主编　汉学出版社　2006年第285—293页
BD06126　港台作家作品中的熟语变异现象之我见　卢卓群　双语双方言（八）　陈恩泉主编　汉学出版社　2006年第244—254页

3　新马

BD72127　闽方言"有无句"对华语的影响　周清海　星洲日报（新加坡）　1972-10-10
BD79128　新加坡华语的外来成份　曾忆蕊　新加坡国立大学中文系荣誉学士学位论文（新加坡）　1979年
BD79129　华语病句分析　叶汉源　教育出版社（新加坡）　1979年
BD80130　华语的词类　涯客　教育出版社（新加坡）　1980年
BD82131　"国语"语法与广州话语法之比较研究　近藤和夫　台湾师大国文研究所（中国台湾）　1982年
BD83132　常用华语轻声词　李绵妍　世界书局有限公司（新加坡）　1983年
BD84133　Certain Lexical Features of Singapore Mandarin　Chen Chung-Yu　New Papers on Chinese Language Use　Beverly Hong ed.　Australian National University　1984: 93-104
BD84134　中英双重语文的类型　卢绍昌　华语论集　卢绍昌　华语研究中心（新加坡）　1984年
BD84135　华语的句法　胡百华　阿尔泰出版社（中国台湾）　1984年
BD85136　华语语法研究报告·词法和句法　新加坡标准华语委员会语法小组　标准华语委员会（新加坡）　1985年
BD85137　新加坡华语语法研究　吴英成　台湾大学中国文学系学士学位论文（中国台湾）　1985年
BD86138　新加坡华语语法特征　陈重瑜　语言研究　1986年第1期
BD87139　关于"帮忙我"之类的说法　邢福义　普通话季刊（中国香港）　1987年第1期
BD88140　关于华语语法教学问题　吴英成　语言教学与研究　1988年第3期
BD88141　华语语法标准问题的探讨　李英哲　第二届世界华语文教学研讨会论文集——教学与应用篇（上册）　世界华文出版社（中国台湾）　1988年
BD89142　新加坡华语小说的语法特点　周小兵　双语双方言　深圳教育学院深港语言研究所编

中山大学出版社　1989年

BD90143　"有没有ＶＰ"疑问句式　邢福义　华中师范大学学报（哲学社会科学版）1990年第1期

BD91144　从新加坡华语句法实况调查讨论华语句法规范化问题　吴英成　语文建设通讯（中国香港）1991年总第10期

BD92145　南片华语中述谓项前移的现象　邢福义　双语双方言（二）陈恩泉主编　彩虹出版社（中国香港）1992年

BD92146　第二届双语双方言研讨会闭幕词　邢福义　双语双方言（二）陈恩泉主编　彩虹出版社（中国香港）1992年

BD93147　新加坡华语语法与词汇特征　陈重瑜　华语研究论文集　陈重瑜　新加坡国立大学华语研究中心（新加坡）1993年

BD93148　Certain Lexical Features of Singapore Mandarin　陈重瑜　华语研究论文集　陈重瑜　新加坡国立大学华语研究中心（新加坡）1993年第392—412页

BD94149　广州话对新加坡华语的影响　张楚浩　第一届国际粤方言研讨会论文集　单周尧主编　香港现代教育研究社（中国香港）1994年第51—64页

BD95150　南味"好"字句　邢福义　华中师范大学学报（哲学社会科学版）1995年第1期

BD95151　新加坡华语语法、词汇中的方言成分　朱淑美　新加坡国立大学中文系荣誉学士学位论文（新加坡）1995年

BD96152　新加坡华语语法的特点　陆俭明　南大中华语言文化学报（创刊号）（新加坡）1996年

BD97153　新加坡华语助动词的语法特点　黄秀爱　中国语文通讯（中国香港）1997年总第41期

BD98154　语言间的相互影响与汉语新词语新语法的产生　张卓夫　澳门语言学刊（中国澳门）1998年第6期

BD00155　语言的接触和趋同——论粤语对新加坡通俗华语及英语的影响　陈玉珊　第七届国际粤方言研讨会论文集　单周尧　陆镜光主编　商务印书馆　2000年第55—58页

BD01156　新加坡华语语码夹杂中的单词　张淑媚　新加坡国立大学中文系荣誉学士学位论文（新加坡）2001年

BD01157　新加坡华语句法特点及其规范问题（上）陆俭明　海外华文教育　2001年第4期

BD02158　新加坡华语句法特点及其规范问题（下）陆俭明　海外华文教育　2002年第1期

BD02159　新加坡华语语法的特点　陆俭明　新加坡华语词汇与语法（南洋理工大学中华语言文化丛书）周清海　新加坡玲子传媒私人有限公司（新加坡）2002年第75—148页

BD02160　汉语差比句的南北差异及其历史嬗变　赵金铭　语言研究　2002年第3期

BD02161　新加坡华语词汇与语法（南洋理工大学中华语言文化丛书）周清海　新加坡玲子传媒私人有限公司（新加坡）2002年

BD02162　新加坡华语变异概说　周清海　新加坡华语词汇与语法（南洋理工大学中华语言文化丛书）周清海　新加坡玲子传媒私人有限公司（新加坡）2002年第9—24页

BD02163　新加坡华语词汇与语法·前言　周清海　新加坡华语词汇与语法（南洋理工大学中华语言文化丛书）周清海　新加坡玲子传媒私人有限公司（新加坡）2002年第5—6页

BD02164　新加坡华语与普通话常用名量词的对比研究　傅丽君　新加坡国立大学中文系荣誉学士学位论文（新加坡）2002年

BD03165　马来西亚华语——语法与词汇研究　饶创辉　新加坡国立大学硕士学位论文（新加坡）2003年

BD03166　新加坡华语句法特点及其规范问题　陆俭明　对外汉语教学论文集　厦门大学海外华文教育研究所、海外教育学院编　厦门大学出版社　2003年第13—50页

BD04167　新加坡华语和潮州话长距离反身代词和代词的"逻各照应"条件　李子玲　Peter Col Gabriella Herman　中国语言学论丛（第三辑）　黄正德主编　北京语言文化大学出版社　2004年

BD04168　语序同数量在空间或事物中分配的关系　李英哲　华文教学研究（中国台湾）　2004年第1期

BD05169　新加坡华语使用中源方言的潜性影响　邢福义　方言　2005年第2期

BD06170　汉语差比句的南北差异及其文化阐释　季云起　齐鲁学刊　2006年第1期

BE　文字（华字）

1　台湾

BE74001　研订世界华文常用字拟议　周胜皋　华文世界（中国台湾）　1974年第6期

BE75002　海外华文常用字选·前言　毛松年　华文世界（中国台湾）　1975年第3期

BE75003　国文配合的新尝试　赵友培　华文世界（中国台湾）　1975年第3期

BE75004　海外华文常用字选　毛松年　华文世界（中国台湾）　1975年第3期

BE76005　我们需要标准国字　林后淑　华文世界（中国台湾）　1976年第8期

BE76006　文字的简化与分化　黄中　华文世界（中国台湾）　1976年第8期

BE77007　台湾、福州话里汉字的使用情况（上、下）　郑良伟　学粹（中国台湾）　1977年第1、2期

BE79008　字样运动今昔——并谈国字的精简统一　陈善相　华文世界（中国台湾）　1979年第5期

BE79009　《常用国字标准字体表》及《标准行书范本》二书读后　陆侨　华文世界（中国台湾）1979年第9期

BE79010　读"常用国字标准字体表"的一些感想　苏尚耀　华文世界（中国台湾）　1979年第12期

BE82011　海外中文教学用字　黄秉乾　华文世界（中国台湾）　1982年第7期

BE84012　中文学校该不该教简体字　吴德里　华文世界（中国台湾）　1984年第4期

BE84013　谈"华文正字"　黄柱华　华文世界（中国台湾）　1984年第4期

BE84014　请从标准行书的实验过程中着手整理国字　鲍雨林　华文世界（中国台湾）　1984年第8期

BE84015　评中共底简化字　范天道　华文世界（中国台湾）　1984年第12期

BE84016　台语能以汉字书写吗？（上）　郑良伟　台湾风物（中国台湾）　1984年第4期

BE85017　台语能以汉字书写吗？（下）　郑良伟　台湾风物（中国台湾）　1985年第2期

BE85018　试评汉字简化的一些论说　陈重瑜　文字改革（现语文建设）　1985年第4期

BE86019	通用汉字标准交换码　标准局（中国台湾）1986年
BE88020	谈如何使国字教学生动化且具效果　陈正治　华文世界（中国台湾）1988年第12期
BE88021	为简体字重新定位　周质平　华文世界（中国台湾）1988年第12期
BE88022	双语教育及台语文字化　郑良伟　台湾文艺（中国台湾）1988年总第110、111期
BE89023	台语文字化研究　陈素月　辅仁大学硕士学位论文（中国台湾）1989年
BE90024	现代台湾文学作品中的汉字使用情形的研究　陈素月　华文世界（中国台湾）1990年第3期
BE90025	两岸应携手走拼音的道路　黄典诚　语文建设通讯（中国香港）1990年总第5期
BE91026	中文并无繁简之争　亓婷婷　华文世界（中国台湾）1991年第3期
BE91027	正视大陆简化字　杨祚德　华文世界（中国台湾）1991年第3期
BE91028	海峡两岸整理文字的现况与省思　黄沛荣　华文世界（中国台湾）1991年第12期
BE92029	从华文教育的立场论正体字与简体字之优劣　黄沛荣　华文世界（中国台湾）1992年第11期
BE93030	关于"书同文字"的方向与展望　周胜鸿　华文世界（中国台湾）1993年第6期
BE97031	今日香港的普通话与简体字　张卓夫　中国语文（中国台湾）1997年第3期
BE97032	24小时教会普通话——在香港推广普通话的设想　丁迪蒙　上海大学学报（社会科学版）1997年第3期
BE00033	内地、香港、台湾公文中的通告、公告、通知　丁迪蒙秘书　2000年第5期
BE00034	台湾应采用汉语拼音　林承铎　台声　2000年第11期
BE00035	从华语教学观点谈汉字——汉字表意所产生之迷思与对外华语教学之困扰　陈立元　华文世界（中国台湾）2000年第12期
BE00036	台湾：汉语拼音"通用拼音"争斗的背后　筱玫　中国青年报　2000-10-25
BE00037	台湾岛上的拼音之争　罗晓浒　光明日报　2000-11-14
BE05038	关于统一两岸四地汉字字形的几种设想　冯寿忠　汉字书同文研究（第6辑）陈明然　周胜鸿　鹭达文化出版公司（中国香港）2005年第4—9页
BE05039	两岸汉字字形的比较分析　李牧　汉字书同文研究（第6辑）陈明然　周胜鸿　鹭达文化出版公司（中国香港）2005年第33—56页

2　港澳

BE80040	1980香港报章关于拼音文字的论战　丁木　语文建设通讯（中国香港）1980年第8期
BE82041	华文罗马字母注音法则简介　张席珍　语文建设通讯（中国香港）1982年第4期
BE91042	香港粤语通俗小说的书写系统　陆镜光　语丛　1991年第12期
BE97043	"繁简由之"与港澳用字　程祥徽　第四届国际汉字研讨会论文集　1997年
BE97044	香港的汉语汉字研究　单周尧　语言文字应用　1997年第2期
BE01045	论香港粤语用字的使用问题　周柏胜　第八届国际粤方言研讨会论文　詹伯慧主编　暨南大学出版社　2001年第637—645页
BE05046	港澳用字　程祥徽　中文变迁在澳门　程祥徽　三联书店（香港）有限公司（中国香港）2005年第139—142页

BE05047　"繁简由之"与港澳用字　程祥徽　中文变迁在澳门　程祥徽　三联书店（香港）有限公司（中国香港）2005年第143—148页

BE05048　一个汉字一幅画　程祥徽　中文变迁在澳门　程祥徽　三联书店（香港）有限公司（中国香港）2005年第149—152页

BE05049　港澳用语用字问题　程祥徽　中文变迁在澳门　程祥徽　三联书店（香港）有限公司（中国香港）2005年第209—212页

3　新马

BE73050　论汉字的发展　周清海　中国语文散论　周清海　世界书局有限公司（新加坡）1973年

BE73051　六书与古文字的结构　周清海　中国语文散论　周清海　世界书局有限公司（新加坡）1973年

BE73052　汉字简化讨论　周清海　中国语文散论　周清海　世界书局有限公司（新加坡）1973年

BE73053　古文字的考释与经典的训读　周清海　中国语文散论　周清海　世界书局有限公司（新加坡）1973年

BE73054　读契小记　周清海　中国语文散论　周清海　世界书局有限公司（新加坡）1973年

BE73055　假借说　周清海　中国语文散论　周清海　世界书局有限公司（新加坡）1973年

BE80056　新加坡推广华语（普通话）运动　袁惠慈　华侨问题资料　1980年第1期

BE82057　新加坡华人的语言生活　今富正已　编译参考　1982年第8期

BE83058　新加坡的语言与国民识字概况　翁世华　新加坡国立大学中文系荣誉学士学位论文　1983年

BE84059　论华语常用字汇的编订　卢绍昌　华语论集　卢绍昌　华语研究中心（新加坡）1984年

BE84060　华语常用字的特征　卢绍昌　华语论集　卢绍昌　华语研究中心（新加坡）1984年

BE85061　新加坡的华语运动　烽林　世界知识　1985年第1期

BE85062　新加坡推广华语　郭振羽　编译参考　1985年第2期

BE87063　新加坡华语运动　梅子　印度支那（现东南亚纵横）1987年第2期

BE87064　新加坡华语运动又兴热风　华夏　1987年第3期

BE88065　新加坡华语方言群体居住区分布模式的瓦解　山下清海　集美师专学报　1988年第3期

BE89066　新加坡邮票上的汉字　山下清海　集美师专学报　1989年第2期

BE91067　就汉字简化问题和台湾学者商榷　苏培成　语文建设　1991年第3期

BE93068　汉字的科学性易学性与两岸文字的发展　徐德江　汉字文化　1993年第2期

BE97069　新加坡与中国调整简体字评骘　谢世涯　南大语言文化学报（新加坡）1997年第2期

BE98070　新加坡学生繁体字辨认测查　吴英成　语言文字应用　1998年第1期

BE98071　对外汉字教学研究的角度　卢小宁　汉语学习　1998年第3期

BE98072　对于华文——汉字的反思与前瞻　庄连枝　东南学术　1998年第6期

BE00073　当代汉字用字定量的几个问题　王有卫　南大语言文化学报（新加坡）2000年第2期

BE01074　汉字偏误研究　吴英成　新加坡华文教学论文二集　谢泽文编　泛太平洋出版私人有

	限公司（新加坡）2001年
BE03075	简体字问题答问　谢世涯　教学与测试　新加坡华文教师总会出版　2003年第100—105页
BE04076	新加坡大学生汉字书写认知问题研究　陈桂月　郭俊海　国际汉学集刊年第1辑　陈学超主编　中国社会科学出版社　2004年第246—262页
BE06077	汉字的审思　黄沛荣　华语文教学研究（中国台湾）2006年第2期
BE06078	汉语俗字的演化　曾荣芬　华语文教学研究（中国台湾）2006年第2期
BE06079	写简识繁：新加坡何不左右逢源？　吴英成　联合早报（新加坡）2006-4-24
BE06080	新加坡华语教材用字的频率与分布　王惠　汉语语言与计算学报（新加坡）2006年第4期

BF　华语语用

1　台湾

BF54001	台湾与大陆谚语对录　陈日　三联合报（中国台湾）1954-12-30
BF79002	台湾的婚姻谚语　阮昌锐　台湾时报（中国台湾）1979-6-10、12
BF89003	演说和辩论：台湾国文科的"语言训练"　倪文锦　语文学习（中国台湾）1989年第6期
BF91004	台湾"国语"中的外来词　芮月英　镇江师专学报　1991年第2期
BF91005	《大陆和台湾词语差别词典》中收录之福佬话词汇：兼谈出现在非文学作品中的福佬话书面语　温兆远　台湾风物（中国台湾）1991年第2期
BF92006	应用文（台湾部分）　蔡信发　黎建寰　万卷楼图书有限公司（中国台湾）1992年
BF96007	台湾地区汉语亲属称谓：一个以语料库为本的研究　黄婷钰　静宜大学硕士学位论文（中国台湾）1996年
BF96008	中文报纸政治立场之语用分析　王嫦娥　高雄师范大学硕士学位论文（中国台湾）1996年
BF98009	试论应用文未来发展之途径——以台湾地区之公文为例　卓秀岩　现代应用文的教学与研究　李学铭　香港理工大学中文系及双语学系（中国香港）1998年第120页
BF99010	警惕台湾有人利用语言文化分裂祖国的阴谋　张克辉　台湾研究　1999年第2期
BF00011	台湾华语"啊""呼""说"在言谈上的使用及其性别差异　杨蕙慈　新竹师范学院台湾语言与语文教育研究所硕士学位论文（中国台湾）2000年
BF00012	台湾闽南语"讲"跟华语"说"的言谈标志比较分析　杨蕙慈　台湾语言与语文教育　2000年
BF00013	差异与融合——海峡两岸语言应用对比　刁晏斌　江西教育出版社　2000年
BF05014	论台湾广告语言的民族文化特色　詹秀华　云南财贸学院学报（社会科学版）2005年第5期
BF06015	从连战、宋楚瑜大陆行看应用语言的魅力　吴建萍　成都理工大学学报（社会科学版）2006年第1期

2 港澳

BF84016　英语和汉语在香港的社会功能　张日昇　中英语文教学（中国香港）　1984年第3期
BF87017　香港人爱用的一个特别的叹词　花萍　普通话季刊（中国香港）　1987年第1期
BF88018　华语谦词小论　林万菁　华文研究（新加坡）　1988年第2期
BF88019　香港字频统计与语用研究　汪惠迪　华文研究（新加坡）　1988年第3期
BF88020　香港法庭语言的变迁　潘慧仪　中国语文通讯（中国香港）　1988年第9期
BF90021　五光十色，快速新奇——漫谈香港的粤语广告　丘学强　香港风情　1990年第1期
BF90022　从香港传媒语言看未来的法律语言　邹嘉彦　梁燕冰　张南峰　冼景炬　黎邦洋　华文世界（中国台湾）　1990年第12期
BF90023　香港电视新闻节目中的粤语与普通话用语初探　邹嘉彦等　第二届粤方言国际研讨会论文集　詹伯慧主编　暨南大学出版社　1990年
BF92024　汉语、粤语与香港的法律语言　邹嘉彦　澳门社会科学学会　1992年
BF92025　粤港口头禅趣解　饶原生　香港岭南美术出版社　1992年
BF92026　汉语、粤语与香港的法律语言　邹嘉彦　澳门社会科学学会　1992年
BF92027　香江旧侣：香港流行话拾萃　香港风情　1992年第3期　1993年第7期　1994年第2期
BF93028　穗港新语的民俗特色　梁道洁　王建伦　广州话研究与教学　郑定欧主编　中山大学出版社　1993年第119—135页
BF94029　Some Observations of Cantonese Used in the Hong Kong Mass Media Terence Lo Colleen Wong　第一届粤方言国际研讨会论文集　单周尧　香港现代教育研究社　1994年
BF94030　双语精英与文化交流　刘羡冰　澳门基金会　1994年
BF95031　省港民间俗语　庄泽义　海峰出版社（中国香港）　1995
BF95032　香港传媒语言近年流行的一种修辞手法析论——歧义　范国　张日燚　修辞学新探　中国修辞学会　香港文化教育出版有限公司　1995年第258—270页
BF95033　"先生"、"小姐"与"阿Sir"——香港称谓语的特点　苏金智　中国教育报　1995-6-9
BF96034　香港语言文字应用管窥　苏金智　中国教育报　1996-8-17
BF96035　澳门赌业带来的语言现象　程祥徽　汉语修辞和汉文化论集　王希杰主编　河海大学出版社　1996年
BF96036　澳门新语　黄德鸿　澳门成人教育学会出版　1996年
BF96037　流行语探源　施燕祖　阅读与写作　1996年第5期
BF97038　从报刊标题看香港的中国语文水平　华莎　贵州文史丛刊　1997年第3期
BF97039　方言和共同语在港澳传媒中的作用　张卓夫　中国语文（中国台湾）　1997年第3期
BF97040　关于香港已婚妇女的姓名　姚德怀　胡百华　语文建设通讯（中国香港）　1997年第9期
BF97041　香港报章新闻报道语言问题内容分析报告　黄煜　卢丹怀　俞旭　语文建设通讯（中国香港）　1997年第12期
BF98042　试论香港报纸新闻报道的语言内容分析报告　黄煜　卢丹怀　俞旭　中国语文通讯（中国香港）　1998年第1期
BF98043　香港话：最洋化的方言　庄泽义　普通话季刊（中国香港）　1998年第3期

BF98044	穗港的经济发展与广州话的语用特色　王健伦　梁道洁　学术研究　1998年第5期
BF98045	香港中文报刊的语文探新　黄坤尧　澳门语言学刊（中国澳门）1998年第6期
BF98046	港澳流行语浅析　龙裕琛　澳门语言学刊（中国澳门）1998年第6期
BF98047	香港中文报刊的语文探新　黄坤尧　澳门语言学刊（中国澳门）1998年第6期
BF98048	澳门赌文化带来的语言现象　程祥徽　澳门：语言博物馆　黄翊　龙裕琛等　和平图书·海峰出版社（中国香港）1998年第280—284页
BF98049	中国内地与香港的广告写作　吴东英　大专写作教学研究集刊　李学铭　香港理工大学中文系及双语学系　1998年第333—346页
BF98050	香港大专应用文教学所面对的难题及其解决办法　李学铭　现代应用文的教学与研究　李学铭　香港理工大学中文系及双语学系　1998年第154—155页
BF98051	应用文的一民族两制、一国两制、一港两制与一人两制　单周尧　现代应用文的教学与研究　李学铭　香港理工大学中文系及双语学系　1998年第280—281页
BF98052	香港应用文的过去、现在和未来　张衍源　现代应用文的教学与研究　李学铭　香港理工大学中文系及双语学系　1998年第49—55页
BF98053	中国内地、港、台行政公文刍议　李孝华　现代应用文的教学与研究　李学铭　香港理工大学中文系及双语学系　1998年第309页
BF98054	中国内地、港台应用文的文体差异及其融合策略　金振邦　现代应用文的教学与研究　李学铭　香港理工大学中文系及双语学系　1998年第310页
BF98055	香港报纸标题的语言风格　叶添　澳门日报（中国澳门）1998-6-28
BF99056	澳门博彩隐语研究　邵朝阳　中国语文（中国台湾）1999年第4期
BF99057	应用层次不应只在表格文件　程祥徽　澳门日报（中国澳门）1999-3-30
BF00058	语言与沟通——《语言与沟通》前言　程祥徽　中文回归集　程祥徽　和平图书·海峰出版社（中国香港）2000年第175—180页
BF00059	词序与政府机构的命名——为《汉语词序》写的补记　程祥徽　中文回归集　程祥徽　和平图书·海峰出版社（中国香港）2000年第211—216页
BF00060	香港大专生对异形词的使用习惯　黄富荣　李志明　第七届粤方言国际研讨会论文集　单周尧　陆镜光主编　商务印书馆　2000年
BF00061	近期香港报纸港式中文研究　梁莉莉　暨南大学博士学位论文　2000年
BF00062	澳门博彩业用语研究　莫倩仪　暨南大学硕士学位论文　2000年
BF01063	澳门中文公文的回归之路　程祥徽　语言文字应用　2001年第1期
BF01064	港澳电视普通话新闻词语研究　许亦峰　暨南大学硕士学位论文　2001年
BF01065	澳门黑社会秘密语研究　陈满祥　暨南大学硕士学位论文　2001年
BF01066	公文改进三步骤　程祥徽　第五届现代应用文国际研讨会论文集　澳门理工学院、SAFP行政暨公职局　2001年
BF01067	改进公文写作的献议　程祥徽　第五届现代应用文国际研讨会论文集　澳门理工学院、SAFP行政暨公职局　2001年
BF03068	澳门博彩语中的超语言形态扭曲　邵朝阳　澳门语言学刊（中国澳门）2003年第20、21期
BF05069	改进公文写作的献议　程祥徽　中文变迁在澳门　三联书店（香港）有限公司（中国

	香港）2005 年第 103—108 页
BF05070	澳门赌业带来的语言现象　程祥徽　中文变迁在澳门　三联书店（香港）有限公司（中国香港）2005 年第 165—170 页
BF05071	词序与政府机构的命名　程祥徽　中文变迁在澳门　三联书店（香港）有限公司（中国香港）2005 年第 175—180 页
BF05072	应用层次不应只在表格文件　程祥徽　中文变迁在澳门　三联书店（香港）有限公司（中国香港）2005 年第 239—240 页
BF05073	公文改进三步骤　程祥徽　中文变迁在澳门　三联书店（香港）有限公司（中国香港）2005 年第 99—102 页
BF06074	香港报纸用语的层次等级及其对策　邵敬敏　汉语广视角研究　邵敬敏　东北师范大学出版社　2006 年第 2—11 页
BF06075	评香港的"暧昧色情广告"　邵敬敏　汉语广视角研究　邵敬敏　东北师范大学出版社　2006 年第 424—425 页
BF06076	香港广告语言使用和价值取向的变化：1994—2004　吴东英　赖颂怡　温卓豪　语言规划的理论与实践：第四届全国社会语言学学术研讨会论文集　教育部用语用所社会语言学与媒体语言研究室编　语文出版社　2006 年

3　新马

BF76077	中国语文散论　周清海　世界书局有限公司（新加坡）1976 年
BF77078	华文应用文改革大纲　华文应用文改革委员会　卢绍昌等　教育出版社（新加坡）1977 年
BF78079	新加坡的社会语言　吴元华　教育出版社（新加坡）1978 年
BF80080	华文应用文讲话　卢绍昌等　南洋大学华语研究中心（新加坡）1980 年
BF84081	从语言学的观点论应用文　卢绍昌　华语论集　卢绍昌　南洋大学华语研究中心（新加坡）1984 年
BF87082	从华英对比角度看新加坡华文报新闻语言的倾向　陈新才　第二届国际汉语教学讨论会论文选　1987 年
BF88083	新加坡的语文游戏　赖庆雄　华文世界（中国台湾）1988 年第 12 期
BF89084	"地区性字眼"无法避免　汪惠迪　联合早报（新加坡）1989-11-16
BF90085	华文应用文改革运动的意义与目标　卢绍昌　华语论集续集　卢绍昌　新加坡国立大学华语研究中心（新加坡）1990 年第 172—177 页
BF90086	旧式应用文的称呼　卢绍昌　华语论集续集　卢绍昌　新加坡国立大学华语研究中心（新加坡）1990 年第 178—182 页
BF90087	新式应用文的称呼　卢绍昌　华语论集续集　卢绍昌　新加坡国立大学华语研究中心（新加坡）1990 年第 183—186 页
BF90088	从古到今礼制的不同谈应用文的改革　卢绍昌　华语论集续集　卢绍昌　新加坡国立大学华语研究中心（新加坡）1990 年第 187—192 页
BF90089	喜丧启事的写法　卢绍昌　华语论集续集　卢绍昌　新加坡国立大学华语研究中心（新加坡）1990 年第 193—200 页

BF90090	新式应用文推广的问题　卢绍昌　华语论集续集　卢绍昌　新加坡国立大学华语研究中心（新加坡）1990年第201—204页
BF91091	比喻与说教　刘延陵　修辞学习　1991年第3期
BF91092	联合早报新闻用字与用词的计量研究　汪惠迪　华文研究（新加坡）1991年第4期
BF95093	新加坡华语中的言谈标志研究　苏明美　新加坡国立大学中文系荣誉学士学位论文（新加坡）1995年
BF95094	从新加坡华人言谈的技巧看礼貌原则　李卫川　新加坡国立大学中文系荣誉学士学位论文（新加坡）1995年
BF95095	华语趣谈　林万菁　新加坡教育出版公司（新加坡）1995年
BF96096	辩论赛中自由辩论违反合作原则礼貌原则的语用分析　钱进　连云港师范高等专科学校学报　1996年第3期
BF97097	新加坡社会的一面镜子　汪惠迪　语文建设　1997年第6期
BF97098	媒体采用社会化隐语无可厚非　汪惠迪　联合早报（新加坡）1997-5-7
BF98099	语言同现的概念与应用　郑雅丽　颜国伟　世界汉语教学　1998年第3期
BF99100	新加坡华文报标题求疵　许志伟　咬文嚼字　1999年第12期
BF99101	杂菜式华语也有实用价值　吴英成　陈碧珊　源（新加坡）1999年第4期
BF00102	"峇厘"有何不妥？　汪惠迪　联合早报（新加坡）2000-9-20
BF02103	80年代初至今新加坡华语使用状况分析及展望　刘丽宁　东南亚研究　2002年第5期
BF02104	重复现象的会话含义：新加坡华人会话的言语行为分析　陈婉仪　新加坡国立大学中文系荣誉学士学位论文（新加坡）2002年
BF02105	现代汉语中的话题句　曾美燕　新加坡国立大学硕士学位论文（新加坡）2002年
BF03106	缤纷世界说语用　汪惠迪　新加坡八方文化企业公司（新加坡）2003年
BF03107	刮来一阵"炫"风　于汇芳　咬文嚼字　2003年第8期
BF03108	漫谈华语电影名的英译　张武江　大学英语　2003年第8期
BF04109	"多"与"多多"用法及其变异分析　林万菁　华文学刊（新加坡）2004年第1期
BF05110	新加坡华语中模糊限制语之语用研究　江美儒　新加坡国立大学中文系荣誉学士学位论文（新加坡）2005年
BF05111	欧锦赛的转喻　蔡珮琳　新加坡国立大学中文系荣誉学士学位论文（新加坡）2005年
BF05112	新加坡青年之间的华语恭维现象　许碧君　新加坡国立大学中文系荣誉学士学位论文（新加坡）2005年
BF06113	新加坡华语中的话语标记"but"和"so"　陈佩诗　新加坡国立大学中文系荣誉学士学位论文（新加坡）2006年
BF06114	新加坡华语中的拒绝语　廖淑惠　新加坡国立大学中文系荣誉学士学位论文（新加坡）2006年
BF06115	在"大华语"下审视词用问题　汪惠迪　联合早报（新加坡）2006-12-12
BF06116	华语谦词小论　林万菁　汉语研究与华文教学论集林万菁新华文化事业有限公司（新加坡）2006年第73—76页

BF06117　新加坡出租车司机语言使用情况　徐大明　中国社会语言学　2006 年第 1 期
BF06118　当前新加坡华文报章新闻标题修辞手法论析　陈家骏　南大语言文化学报（新加坡）2006 年第 2 期

BG　华语与境外方言

1　华语与方言

BG46001　推行"国语"和恢复方言　何容　新生报（中国台湾）1946-7-2
BG50002　"国语"与台语　吴守礼　"国语"日报（中国台湾）1950 年
BG55003　华人马来语的发展与消亡　梁友兰　咱们的书（印度尼西亚）1955 年
BG71004　方言学与语文教学　周清海　星洲日报（新加坡）1971-11-9
BG76005　何容说"国语"不排斥方言　邱秀文　中国时报（中国台湾）1976-2-20
BG76006　方言与"国语"　郑志良　中华日报（中国台湾）1976-3-17
BG78007　"国语"与方言之间　赵天仪　台湾日报（中国台湾）1978-2-25
BG78008　方言与"国语"　毕璞　中央日报（中国台湾）1978-3-16
BG85009　普通话和方言　张楚浩　新加坡文化研究会　1985 年
BG87010　方言、"国语"、外语——一个观念的证明　关关　自立晚报（中国台湾）1987-9-21、22
BG90011　谈国音与方言　宋子武　丘海学刊（中国台湾）1990 年第 11 期
BG91012　新加坡潮州方言的外语借词和特殊词语　李永明　方言　1991 年第 1 期
BG91013　华人的方言与籍贯　冬芳　八桂侨史（现八桂侨刊）1991 年第 4 期
BG92014　华语文中口说语与书面语在教学上之界限　叶德明　芝加哥全美中文教师学会（美国）1992 年
BG92015　新加坡潮州话的外语借词　李永明　第二届闽方言学术讨论会论文集　梁东汉　林伦伦　暨南大学出版社　1992 年第 224—233 页
BG95016　沓沓族　汪惠迪　狮城语文闲谈汪惠迪　联邦出版社（新加坡）1995 年
BG95017　新加坡华语语法、词汇中的方言成分　朱淑美　新加坡国立大学中文系荣誉学士学位论文（新加坡）1995 年
BG95018　省港民间俗语　庄泽义　海峰出版社（中国香港）1995 年
BG95019　论当前新加坡华语中的流行语　王子达　新加坡国立大学中文系荣誉学士学位论文（新加坡）1995 年
BG95020　加强华语保留方言　刘隆昌　星洲日报（马来西亚）1995 年
BG96021　沓沓话　云惟利　新加坡社会和语言　云惟利　南洋理工大学中华语言文化中心（新加坡）1996 年第 189—215 页
BG96022　正确认识方言和华语的性质　汪惠迪　联合早报（新加坡）1996-3-1
BG97023　香港原居民的汉语方言　刘镇发　方言　1997 年第 2 期
BG97024　粤港澳地区粤方言词语进入共同语书面语的现象　何科根　第五届国际粤方言研讨会论文集　詹伯慧主编　暨南大学出版社　1997 年第 129—134 页

BG98025	台语口语与书面语的面向：语料库为本的语体分析　张学谦　夏威夷大学东亚所（美国）　1998年
BG98026	《华夷通语》研究　李如龙　方言　1998年第2期
BG98027	华族方言的回光返照——从《钱不够用》谈起　吴英成　联合早报（新加坡）　1998-7-7
BG99028	马来西亚闽南人的华语语音特征　姚桂珍　新加坡国立大学中文系（新加坡）　1999年
BG99029	双语双方言与现代中国（汉语语言学世纪丛书）　陈恩泉主编　北京语言文化大学出版社　1999年
BG99030	香港潮语的使用与趋势　周柏胜　许慧玲　双语双方言（六）　陈恩泉主编　汉学出版社　1999年第426—434页
BG99031	本土杂烩语：烧不尽的野草　吴英成　联合早报（新加坡）　1999-8-31
BG00032	新加坡的华语与方言　陈松岑　王晓梅　二十一世纪的挑战——新加坡华语文的现状与未来（南洋理工大学丛书）　陈照明　联邦出版社（新加坡）　2000年第38—54页
BG00033	柬埔寨第三代华人潮汕话记略　潘家懿　东南亚华人语言研究　李如龙主编　北京语言文化大学出版社　2000年第206—213页
BG00034	方言歌曲情归何处　木子　联合早报（新加坡）　2000-7-7
BG01035	回顾与前瞻：澳门的汉语风格研究　程祥徽　浙江树人大学学报　2001年第2期
BG01036	通用拼音：中国通用？世界通用？　洪惟仁　连金发　汉语拼音讨论集　台北"中研院"语言研究所筹备处编　2001年第8期
BG01037	香港三及第文体的流变及其语言学研究　黄仲鸣　暨南大学博士学位论文　2001年
BG01038	从选举看到了方言的重要　桂美　联合早报（新加坡）2001-11-7
BG02039	上海话在香港开始"吃香"了　朱鼎　沪港经济　2002年第11期
BG02040	方言文字化　石厚高　中央日报（中国台湾）　2002-4-2
BG02041	追源寻根学自家话　方言课程异军突起　夏婧　联合早报（新加坡）　2002-9-5
BG03042	借方言抗沙斯是明智之举　刘义民　联合早报（新加坡）　2003-6-14
BG03043	马来西亚的三个汉语方言　陈晓锦　方言　2003年
BG04044	论泰华语书面语的变异　曾晓舸　云南师范大学学报（对外汉语教学与研究版）　2004年第4期
BG04045	推广普通话与保护方言　许长安　台湾及东南亚华文华语研究　李如龙　苏新春　霭明出版社（中国香港）　2004年
BG04046	香港中文书写与现代汉语规范　陈炳藻等　国际汉学集刊年第1辑　陈学超主编　中国社会科学出版社　2004年
BG05047	"'书同文'模式"断想　徐莉莉　汉字书同文研究（第6辑）　陈明然　周胜鸿　香港鹭达文化出版公司（中国香港）　2005年
BG05048	港台书面语中的方言字问题　赵一凡　汉字书同文研究（第6辑）　陈明然　周胜鸿　香港鹭达文化出版公司（中国香港）　2005年
BG05049	马来西亚的华人方言　甘于恩　刘倩　七彩方言——方言与文化趣谈　甘于恩主编　华南理工大学出版社　2005年
BG05050	华语的话语平台　李赢　河北大学硕士学位论文　2005年
BG06051	重写上海：大陆、香港和台湾电影中的沪语　都文伟　上海大学学报（社会科学版）

2006 年第 1 期
BG06052　汉语方言：一体化还是多样性？　曹志耘　语言教学与研究　2006 年第 1 期
BG06053　今日泰国潮人之潮语　张双庆　潘家懿　语言规划的理论与实践：第四届全国社会语言学学术研讨会论文集　教育部语用所社会语言学与媒体语言研究室编　语文出版社　2006 年
BG06054　华侨在中外语言文化交流中的作用及其原委——以海外潮语为例　陈景熙　潮州学论集　陈景熙　汕头大学出版社　2006 年
BG06055　海外华人非物质文化遗产保护的经验借鉴——以新加坡的保护传承潮州歌谣为例　陈景熙　潮州学论集　陈景熙　汕头大学出版社　2006 年
BG06056　华语方言词的理解与宽容　章星虹　联合早报（新加坡）　2006-2-22
BG07057　谈新加坡谐音广告　李佳蔚　联合早报（新加坡）　2007-4-16
BG07058　台湾大牛棚、关庙方言特殊方音的语体转移与口音流动　陈淑娟　江文瑜　汉学研究　2007 年 6 月
BG08059　加强海外汉语方言研究之我见　詹伯慧　詹伯慧语文评论集　邓景滨　刘新中　暨南大学出版社　2008 年

2　境外方言之闽语

BG02060　台语类编　中堂谦吉　台湾日日新　1902 年
BG04061　台湾农具图解　台督府农事试验场台大馆　1904 年
BG10062　台湾俚谚集　公学师范部乙科编　中研院民族学研究所藏（中国台湾）　1910 年
BG15063　台湾骂语　宇井英　台北新高堂（中国台湾）　1915 年
BG15064　改订修补台语类编　中堂谦吉　台湾日日新　1915 年
BG16065　"国语"对译台语大全　刘克明　台北新高堂、台语大成发行所（中国台湾）　1916 年
BG16066　台湾茶叶用语　台督府殖产局（中国台湾）　1916 年
BG46067　台语即是"国语"的一种　魏建功　新生报　1946-6-25
BG54068　台湾的汉语方言　陈文彬　中国语文（中国台湾）　1954 年第 10 期
BG60069　台湾方言（上、中、下）　雍叔　中华日报（中国台湾）　1960 年
BG63070　关于台语研究的几个问题　蔡懋棠　台湾风物　1963-12-5
BG69071　闽南语"国语"对照常用词典　正中书店（中国台湾）　1969 年
BG70072　台语探究　吴逸生　台北文献（中国台湾）　1970 年第 9 期
BG70073　光复廿多年来的台湾话大演变　林本元　台北文献（中国台湾）　1970 年第 12 期
BG70074　台湾话杂记　陈修　台湾风物（中国台湾）　1970 年第 20 期
BG70075　使用仪器研究台语的声调结构　温知新　台湾大学文学院丛刊（中国台湾）　1970 年
BG71076　台湾话里的两个否定词　李壬癸　台北史语所集刊（中国台湾）　1971 年第 43 期
BG72077　闽南语与台湾话：台湾话，本是闽南语，也就是古中原话　陈伯鸿　福建月刊（中国台湾）　1972 年第 3 期
BG73078　台湾语的变调小考　郑良伟　语言学（Linguistics）（荷兰）　1973 年
BG73079　台湾语的变调规律的心理特性　谢显益　芝加哥语言学会第六届地区会议论文（美国）　1973 年

编号	题名	作者	出处
BG74080	台湾语中"阿"和"仔"问题研究	林双福	中国语言学学刊（美国） 1974年
BG74081	台湾话的研究与教学	李丰明	海外台湾基督教徒联合通讯（美国） 1974年第2期
BG74082	台语称谓考释	卢淑美	台中师专学报（中国台湾） 1974年第7期
BG74083	台语与文言（上、中、下）	董季棠	"国语"日报·语文周刊（中国台湾） 1974年
BG74084	台湾语使役词的结构	郑良伟	中国语言学学刊（美国） 1974年
BG79085	闽南语音结构对于学习"国语"的影响	林万福	幼狮月刊社（中国台湾） 1979年
BG79086	台语与"国语"字音对应规律的研究	郑良伟	学生书局（中国台湾） 1979年
BG80087	台湾风土谚语	朱凡介	台湾文献（中国台湾） 1980年第2期
BG81088	台湾话是晋宋前中国人的语言	卢淑美	中国语文（中国台湾） 1981年第1期
BG82089	温州平阳闽南语之研究	陆嘉美	台湾大学硕士学位论文（中国台湾） 1982年
BG82090	闽南语文白系统的研究	杨秀芳	台湾大学硕士学位论文（中国台湾） 1982年
BG83091	台湾闽南方言记略	张振兴	福建人民出版社 1983年
BG83092	试论福建方言拼音化的传统——为美国夏威夷东西中心"华语地区语言现代化规划会议"而作	黄典诚	泉州师范学院学报 1983年第2期
BG84093	试论台湾谚语	许建生	台湾研究集刊 1984年第2期
BG84094	台湾话概说	洪惟仁	台湾风物（中国台湾） 1984年第3期
BG84095	台湾河佬话声调研究	洪惟仁	台湾风物（中国台湾） 1984年第3期
BG84096	台湾省语言地图八幅	《方言》编辑部	方言 1984年第3期
BG84097	认识台语	陈冠学	自立晚报·专栏（中国台湾） 1984-3-6
BG85098	闽南语和日本汉音对应规律的研究	纪丽惠	东吴大学硕士学位论文（中国台湾） 1985年
BG85099	台语构词研究	黄文贤	辅仁大学硕士学位论文（中国台湾） 1985年
BG86100	闽南话的"有"和"无"	李如龙	福建师范大学学报（哲学社会科学版） 1986年第6期
BG86101	闽南语"有"的特殊用法："国语"与闽语比较研究之一	姚荣松	国文学报（中国台湾） 1986年第6期
BG87102	客语的构词与语法研究	张玲瑛	辅仁大学硕士学位论文（中国台湾） 1987年
BG87103	客语问句的语法与语用	黄宏禄	辅仁大学硕士学位论文（中国台湾） 1987年
BG88104	台湾话研究的现状和进展	张振兴	中国语文（中国台湾） 1988年第6期
BG88105	试析现代中文小说中的台语词汇	苏以文	现代台湾话研究论文集 郑良伟 黄宣范 1988年
BG88106	台语的音韵习得：一个长期的个案研究	许慧娟	清华大学硕士学位论文（中国台湾） 1988年
BG88107	台语句尾语助词	陈秋梅	台湾师范大学硕士学位论文 1988年
BG88108	语言选用之引发原则：大台北地区之语言行为研究	叶锡南	台湾师范大学硕士学位论文 1988年
BG89109	台湾突厥语研究综述	王远新	语言与翻译 1989年第1期
BG89110	台语说画的语言特色	林君照	辅仁大学硕士学位论文（中国台湾） 1989年
BG89111	闽台歌仔叙录与存目	曾子良	东吴大学硕士学位论文（中国台湾） 1989年

| BG89112 | 台湾闽南语民间歌谣新探　臧汀生　政治大学硕士学位论文（中国台湾）　1989 年
| BG89113 | 台语失语症病人声调研究　吕菁菁　清华大学硕士学位论文（中国台湾）　1989 年
| BG90114 | 一块闽方言的沃土：从 1988 年泰华短篇小说金牌奖征文看到的　陈晓锦　学术研究 1990 年第 4 期
| BG90115 | 闽南话书面语的汉字规范　姚荣松　教学与研究（中国台湾）　1990 年第 6 期
| BG90116 | 当代台湾小说中的闽南语词汇　姚荣松　华文世界（中国台湾）　1990 年第 3 期
| BG90117 | 谈谈闽南话及其语音与"国语"之比较　吴淑美　东师语文学刊（中国台湾）　1990 年第 3 期
| BG90118 | 当代台湾小说中的方言词汇：兼谈闽南语的书面语　姚荣松　国文学报（中国台湾）　1990 年第 6 期
| BG91119 | 闽南厦漳泉次方言白话层韵母系统与上古音韵部关系之研究　徐芳敏　台湾大学硕士学位论文　1991 年
| BG91120 | 台语片的兴衰起落　黄秀如　台湾大学硕士学位论文（中国台湾）　1991 年
| BG91121 | 台湾闽南语儿童歌谣研究　王幸华　逢甲大学硕士学位论文（中国台湾）　1991 年
| BG91122 | 闽南语文言音与现代韩国汉字的对应关系研究　金亨冀　辅仁大学硕士学位论文（中国台湾）　1980 年
| BG91123 | 台湾闽南语进行貌的研究　洪丽卿　清华大学硕士学位论文（中国台湾）　1991 年
| BG91124 | 清代台湾竹枝词之研究　翁圣峰　淡江大学硕士学位论文（中国台湾）　1991 年
| BG91125 | 现代台湾话与海南话的初步比较　陈波　海南大学学报（人文社会科学版）　1991 年第 1 期
| BG91126 | 台湾闽南语语法稿　杨秀芳　大安出版社（中国台湾）　1991 年
| BG92127 | 台湾话塞音清浊度的声学观测：VOT 的初步分析报告　曹进兴　黄国祐　听语会刊（中国台湾）　1992 年第 8 期
| BG92128 | 闽南方言在光复前台湾文学作品中的运用　石美玲　台湾师范大学硕士学位论文（中国台湾）　1992 年
| BG92129 | 台湾铙平方言　吕嵩雁　东吴大学硕士学位论文（中国台湾）　1992 年
| BG92130 | 广西平南闽语之存古性质　詹梅伶　清华大学硕士学位论文（中国台湾）　1992 年
| BG92131 | 标记台语鼻塞音的矛盾：九零年代台语标音法的混乱　董育儒　辅仁大学硕士学位论文（中国台湾）　1992 年
| BG92132 | 屏东佳冬客话研究　赖淑芬　高雄师范大学硕士学位论文（中国台湾）　1992 年
| BG93133 | 闽南语比较句——历时及类型的探讨　李佳纯　清华大学硕士学位论文（中国台湾）　1993 年
| BG93134 | 台湾闽南语情态词研究　许瑞芬　清华大学硕士学位论文（中国台湾）　1993 年
| BG93135 | 新加坡闽南话语法研究　钟竹梅　新加坡国立大学中文系荣誉学士学位论文（新加坡）　1993 年
| BG94136 | 论菲华幼儿学习闽南话——对菲华华文教育改革的思考　许安敏　海外华文教育 1994 年第 2 期
| BG94137 | 闽南语母语教学的回顾与前瞻　方南强　华文世界（中国台湾）　1994 年第 12 期
| BG94138 | 闽南方言与闽台文化溯源　陈荣岚　商报（菲律宾）　1994-3-12

BG94139　台湾闽南谚语研究　简正崇　逢甲大学硕士学位论文（中国台湾）1994年
BG94140　闽南语自成音节鼻音研究　林香薇　高雄师范大学硕士学位论文（中国台湾）1994年
BG94141　台湾闽南语三代间语音词汇的初步调查与比较：以高雄市小港区林家为例　林珠彩　台湾师范大学硕士学位论文　1994年
BG94142　台语介词KA的用法研究及其与"国语"相对应介词之比较　洪素真　清华大学硕士学位论文（中国台湾）1994年
BG94143　"国语"和闽南语动补式词序的比较研究　赖彦君　逢甲大学硕士学位论文（中国台湾）1994年
BG95144　台湾闽南语重迭式构词法　吴紫绫　清华大学硕士学位论文（中国台湾）1995年
BG95145　台语唇音限制现象的心理特性　沈荣钧　清华大学硕士学位论文（中国台湾）1995年
BG95146　台湾闽南语动宾复合词的研究　林芳宇　清华大学硕士学位论文（中国台湾）1995年
BG95147　台语副词TOH和CHIAH的言谈功能　林敏静　台湾师范大学硕士学位论文（中国台湾）1995年
BG95148　台语ma a koh的章法功能　倪福月　台湾师范大学硕士学位论文（中国台湾）1995年
BG95149　同安方言及其部分相关方言的语音调查和比较　张屏生　台湾师范大学硕士学位论文（中国台湾）1995年
BG95150　闽南语的副词变调音韵中的界面现象　陈雅玫　政治大学硕士学位论文（中国台湾）1995年
BG95151　台语音转文问题研究　杨正文　清华大学硕士学位论文（中国台湾）1995年
BG95152　从韵律音韵学理论之观点研究闽南语特殊变调　欧淑珍　政治大学硕士学位论文（中国台湾）1995年
BG95153　台湾双语及多语研究　蔡尚忆　清华大学硕士学位论文（中国台湾）1995年
BG95154　台语文转音问题探讨　黄将豪　清华大学硕士学位论文（中国台湾）1995年
BG95155　台语口语常用词频率调查初步报告　颜国仁　清华大学硕士学位论文（中国台湾）1995年
BG96156　新加坡潮洲方言中的三种正反问句　李子玲　柯彼德　语言研究　1996年第2期
BG96157　闽南方言在新马区域语言中所扮演的角色　杨贵谊　第四届国际闽方言研讨会论文集　詹伯慧　张双庆　李如龙编　汕头大学出版社1996年
BG96158　台湾闽南语商业交易动词的概念结构与词汇化研究　吴翠萍　清华大学硕士学位论文（中国台湾）1996年
BG96159　台湾闽南语的动宾关系初探——以"食"为例　陈美秀　清华大学硕士学位论文（中国台湾）1996年
BG96160　台湾闽南语一字多音之研究上篇　游子宜　政治大学硕士学位论文（中国台湾）1996年
BG96161　台语四字词的变调模型：结构与非结构因素之研究　杨台麟　台湾大学硕士学位论文（中国台湾）1996年
BG96162　大台北地区闽南语方言音韵的类型与分布　潘科元　清华大学硕士学位论文（中国台湾）1996年
BG96163　闽、客学童族群意识与学业成就差异之调查研究——以苗栗县为例　潘美伦　台东师

范学院国民教育研究所硕士学位论文（中国台湾） 1996年

BG96164　闽南语与框架莫拉音节结构　郑明中　清华大学硕士学位论文（中国台湾） 1996年

BG96165　闽南语动态：否定动态词　Bo5 Be7 and M7　贺豫菁　辅仁大学硕士学位论文（中国台湾） 1996年

BG96166　台北话音档（现代汉语方言音库）　竺家宁编写　上海教育出版社 1996年

BG97167　台语会话中的语调单位及语调下降单位　王素贞　台湾大学硕士学位论文（中国台湾） 1997年

BG97168　《汇音宝鉴》研究　张媖雅　中兴大学硕士学位论文（中国台湾） 1997年

BG97169　台语文化之美　许天纵　元智大学硕士学位论文（中国台湾） 1997年

BG97170　台湾闽南语移动动词的词汇多意性与语意延伸　黄汉君　清华大学硕士学位论文（中国台湾） 1997年

BG97171　金门琼林方言探讨　刘秀雪　清华大学硕士学位论文（中国台湾） 1997年

BG97172　英语和闽南语的鼻音声学研究　罗文君　高雄师范大学硕士学位论文（中国台湾） 1997年

BG98173　台湾闽南话部分次方言的语音和词汇差异　张屏生　南大语言文化学报（新加坡） 1998年第2期

BG98174　台湾语言学的展望：兼谈语言的"国际化""中文化"与"本土化"　汤廷池　中研院语言学筹备处（中国台湾） 1998年8月13日

BG98175　台湾闽南语情态研究　忻爱莉　清华大学硕士学位论文（中国台湾） 1998年

BG98176　台湾客家改良戏之研究——以桃竹苗三县为例　苏秀婷　成功大学硕士学位论文（中国台湾） 1998年

BG98177　台湾福佬客分布及其语言研究　吴中杰　台湾师范大学硕士学位论文（中国台湾） 1998年

BG98178　闽西客语音韵研究　吕嵩雁　台湾师范大学硕士学位论文（中国台湾） 1998年

BG98179　闽南语量词系统研究　李美龄　中正大学硕士学位论文（中国台湾） 1998年

BG98180　台语 He 与 Che 的言谈功能　李郁欣　台湾师范大学硕士学位论文（中国台湾） 1998年

BG98181　闽南语轻声的本质　李惠珍　高雄师范大学硕士学位论文（中国台湾） 1998年

BG98182　台湾闽南语亲属称谓研究　周春桂　中正大学硕士学位论文（中国台湾） 1998年

BG98183　闽南语神经性构音障碍病患子音时长之声学研究　郭令育　政治大学硕士学位论文（中国台湾） 1998年

BG98184　台湾闽南语手部动词语意概念结构与词汇化类型　陈淑婷　清华大学硕士学位论文（中国台湾） 1998年

BG98185　台语文句翻语音系统之制作　杨钰清　台湾交通大学硕士学位论文（中国台湾） 1998年

BG98186　台语连续语音辨认之初步研究　杨智祥　长庚大学硕士学位论文（中国台湾） 1998年

BG98187　台湾话子音习得的最佳化理论分析　刘慧娟　中正大学硕士学位论文（中国台湾） 1998年

BG98188　台湾闽南歌谣与民俗研究　卢彦杰　新竹师范学院硕士学位论文（中国台湾） 1998年

BG98189　台湾闽南语鼻音之共时性质与历史演变研究　程俊源　台湾师范大学硕士学位论文（中国台湾）　1998年

BG98190　日本"汉音"与闽南语读书音的关系（阳声韵为中心）　吴炳煌　东吴大学硕士学位论文（中国台湾）　1998年

BG99191　新竹海陆客家话词汇研究　卢彦杰　新竹师院台湾语言与语文教育研究所硕士学位论文　1999年

BG99192　台湾民俗——语言和民歌文化　蔡子民　台声（中国台湾）　1999年第9期

BG99193　台湾的汉语方言和共通语　冯爱珍　语言文字报　1999-12-5

BG99194　从领属到时貌——客语有字句之研究　陈如慧　政治大学硕士学位论文（中国台湾）　1999年

BG99195　闽、客学童族群意识与学业成就差异之调查研究——以苗栗县为例　潘美伦　台东师范学院硕士学位论文（中国台湾）　1999年

BG00196　新加坡闽南话概说　周长楫　周清海　厦门大学出版社　2000年

BG00197　印尼苏门答腊北部的闽南方言　高然　东南亚华人语言研究　李如龙主编　北京语言文化大学出版社　2000年第165—194页

BG00198　台湾地区客语联章体歌谣研究　谢玉玲　中正大学硕士学位论文（中国台湾）　2000年

BG00199　台闽语鼻音感知的实验研究　宋忠义　台湾师范大学硕士学位论文（中国台湾）　2000年

BG00200　使用简易音高周期浮现算法及类神经网络之多语者台语声调辨识　林威伯　长庚大学硕士学位论文（中国台湾）　2000年

BG00201　台湾闽南语流行歌谣语文研究　洪宏元　新竹师范学院硕士学位论文（中国台湾）　2000年

BG00202　客家谚语的取材和修辞研究　徐子晴　新竹师范学院硕士学位论文（中国台湾）　2000年

BG00203　澎湖谚语研究　高芷琳　彰化师范大学硕士学位论文（中国台湾）　2000年

BG00204　闽南语情态动词初探　张正雄　台湾师范大学硕士学位论文（中国台湾）　2000年

BG00205　台湾闽南语歇后语研究　张复舜　新竹师范学院硕士学位论文（中国台湾）　2000年

BG00206　台湾谚语反映的婚姻文化　许蓓苓　东吴大学硕士学位论文（中国台湾）　2000年

BG00207　闽南语韵书《汇音妙悟》"高"韵及其相关问题研究　陈丽雪　新竹师范学院硕士学位论文（中国台湾）　2000年

BG00208　语法因素对闽南语连读变调习得的影响　陈晓君　中正大学硕士学位论文（中国台湾）　2000年

BG00209　白话字资料中的台语文学研究　黄佳惠　台南师范学院硕士学位论文（中国台湾）　2000年

BG00210　台湾客家谚语研究　杨冬英　新竹师范学院硕士学位论文（中国台湾）　2000年

BG00211　林宗源及其诗作研究　廖慧萍　成功大学硕士学位论文（中国台湾）　2000年

BG00212　台湾闽南语多义词"也""搁"的研究　赵静雅　清华大学硕士学位论文（中国台湾）　2000年

BG00213　东势客家话情态词研究——并以"爱"与"会"为例谈语法化　刘英享　清华大学硕

　　　　　士学位论文（中国台湾）　2000 年
BG00214　用 TTS 辅助台语语料之处理　刘惠玫　清华大学硕士学位论文（中国台湾）　2000 年
BG00215　战后台语流行歌曲的发展（1945～1971）　黄裕元　中央大学硕士学位论文（中国台湾）　2000 年
BG00216　基于自动产生合成单元之台语语音合成系统　傅振宏　长庚大学硕士学位论文（中国台湾）　2000 年
BG00217　方言接触与闽北方言演变　黄金文　台湾大学硕士学位论文（中国台湾）　2000 年
BG01218　台语语尾助词之言谈语用功能　谢昕芸　台湾大学硕士学位论文（中国台湾）　2001 年
BG01219　台湾方言相声"答嘴鼓"　林长华　两岸关系　2001 年第 8 期
BG01220　台湾闽南语创作的儿歌研究　锺信昌　台北市立师范学院硕士学位论文（中国台湾）　2001 年
BG01221　台闽语类别词研究　王富美　台湾师范大学硕士学位论文（中国台湾）　2001 年
BG01222　台湾闽南语的双宾结构　王晶滢　清华大学硕士学位论文（中国台湾）　2001 年
BG01223　台湾四县客语量词系统研究　吴莉雯　中正大学硕士学位论文（中国台湾）　2001 年
BG01224　台湾闽南语移民歌谣研究　官宥秀　花莲师范学院硕士学位论文（中国台湾）　2001 年
BG01225　台湾闽南语复合词研究　林香薇　台湾师范大学硕士学位论文（中国台湾）　2001 年
BG01226　一个两岁半幼儿对各种闽南语句型的理解程度和理解策略的研究　姚甸京　新竹师范学院硕士学位论文（中国台湾）　2001 年
BG01227　台湾闽南语传统语文教育文读音系统之调查与研究　梁炯辉　新竹师范学院硕士学位论文（中国台湾）　2001 年
BG01228　台湾省彰化县鹿港方言音韵研究　梁淑玲　台湾大学硕士学位论文（中国台湾）　2001 年
BG01229　闽南语语用特色与发展之个案研究　郭玉凤　新竹师范学院硕士学位论文（中国台湾）　2001 年
BG01230　台湾闽南谚语之社会教化功能研究　陈昌闵　南华大学硕士学位论文　2001 年
BG01231　台语 TTS 变调规则与断词器之制作　黄竞亿　交通大学硕士学位论文（中国台湾）　2001 年
BG01232　台湾闽南语语音层次竞争演变之研究　黄玉梅　新竹师范学院硕士学位论文（中国台湾）　2001 年
BG01233　闽南语辅音音位发展个案研究：从一岁七个月至两岁九个月的变动情形　杨淑惠　新竹师范学院硕士学位论文（中国台湾）　2001 年
BG01234　客语中与时貌相关的两个语词"Ne"和"le"初探　叶瑞娟　清华大学硕士学位论文（中国台湾）　2001 年
BG01235　苗栗腔客家话特定语者之大词汇辨识　刘映吾　清华大学硕士学位论文（中国台湾）　2001 年
BG01236　台湾闽南语数词用法研究　刘美伶　清华大学硕士学位论文（中国台湾）　2001 年
BG01237　客语音韵与闽南文读　蔡仁佐　新竹师范学院硕士学位论文（中国台湾）　2001 年
BG01238　八音定诀研究　元锺敏　台湾师范大学硕士学位论文（中国台湾）　2001 年
BG02239　闽台方言的源流与嬗变　马重奇　福建人民出版社　2002 年

BG02240　论闽台两省方言和文化的共同特点——兼评台湾的乡土语言教育　钱奠香　李如龙　语言文字应用　2002年第2期

BG02241　印尼、新、马闽南方言文献述要　张嘉星　漳州师院学报（哲学社会科学版）　2002年第3期

BG02242　台湾福佬与客家民歌研究　谢长生　高雄师范大学硕士学位论文（中国台湾）　2002年

BG02243　施福珍的台湾囝仔歌研究　何如云　台东师范学院硕士学位论文（中国台湾）　2002年

BG02244　南管散曲与南北曲之比较分析——以同名曲牌为例　李孟勋　台北艺术大学硕士学位论文（中国台湾）　2002年

BG02245　客语语音合成之初步研究　李雪贞　台湾科技大学硕士学位论文（中国台湾）　2002年

BG02246　台湾闽南语故事集研究　李嘉慧　台北市立师范学院硕士学位论文（中国台湾）　2002年

BG02247　优选理论对闽南语鼻音之分析　周彩云　高雄师范大学硕士学位论文（中国台湾）　2002年

BG02248　麦寮方言的调查与研究——语音及词汇初探　林郁静　新竹师范学院硕士学位论文（中国台湾）　2002年

BG02249　赖和小说研究　邵幼梅　高雄师范大学硕士学位论文（中国台湾）　2002年

BG02250　台湾囝仔歌创作研究　施福珍　东吴大学硕士学位论文（中国台湾）　2002年

BG02251　台湾桃园饶平客话研究　徐贵荣　新竹师范学院硕士学位论文（中国台湾）　2002年

BG02252　日据时期台湾新旧文学论争新探　翁圣峰　辅仁大学硕士学位论文（中国台湾）　2002年

BG02253　台北县三芝乡福佬客的闽南语语音研究　梁玉青　彰化师范大学硕士学位论文（中国台湾）　2002年

BG02254　美浓地区客语音变研究——以张家祖孙三代为调查对象　张锦英　玄奘人文社会学院硕士学位论文（中国台湾）　2002年

BG02255　台湾客家谣谚与风教互动之研究　张慧玲　花莲师范学院硕士学位论文（中国台湾）　2002年

BG02256　台湾桃园闽南语歌谣研究　张燕辉　台北市立师范学院硕士学位论文（中国台湾）　2002年

BG02257　高屏地区国小三年级学童作文受闽南语影响之研究　郭秀分　屏东师范学院硕士学位论文（中国台湾）　2002年

BG02258　《订正台湾十五音字母详解》音系研究　陈君慧　中山大学硕士学位论文（中国台湾）　2002年

BG02259　台湾漳州客家话的研究——以诏安话为代表　陈秀琪　新竹师范学院硕士学位论文（中国台湾）　2002年

BG02260　以竹林书局十种歌仔册为例　陈姿听　新竹师范学院硕士学位论文（中国台湾）　2002年

BG02261　以押韵与用字为例　陈雍穆　台湾师范大学硕士学位论文（中国台湾）　2002年

BG02262　台湾闽南语四字成词之研究　陈嘉华　台南师范学院硕士学位论文（中国台湾）　2002年

BG02263	邹语音位音节与借字研究　陈银玲　清华大学硕士学位论文（中国台湾）　2002年	
BG02264	基隆地区俗语研究　游淑珺　淡江大学硕士学位论文（中国台湾）　2002年	
BG02265	台湾闽南谚语修辞美学研究　黄飞龙　南华大学硕士学位论文（中国台湾）　2002年	
BG02266	闽南语指向动词来　杨净予　辅仁大学硕士学位论文（中国台湾）2002年	
BG02267	婚礼［四句联吉祥话］研究　叶雅宜　台南师范学院硕士学位论文（中国台湾）　2002年	
BG02268	台语名词转类词之研究　郑明中　高雄师范大学硕士学位论文（中国台湾）　2002年	
BG02269	由社会语言学的角度来看语音的变化　杨幸如　高雄师范大学硕士学位论文（中国台湾）　2002年	
BG02270	从台华谚语看语言与文化　蔡蓉芝　台湾师范大学硕士学位论文（中国台湾）　2002年	
BG02271	闽南方言的体标记"有"——一个类型学比较研究　林佩颖　新加坡国立大学中文系荣誉学士学位论文（新加坡）　2002年	
BG02272	新加坡闽南话词典　周长楫　周清海编　中国社会科学出版社　2002年	
BG02273	福建方言与流行文化　陈彬雁　新加坡国立大学中文系荣誉学士学位论文（新加坡）　2002年	
BG03274	新加坡闽南话俗语歌谣选　周长楫　周清海　厦门大学出版社　2003年	
BG03275	台湾鹿港谚语的调查与研究——语音、词汇与句式之分析　吕晶晶　新竹师范学院硕士学位论文（中国台湾）　2003年	
BG03276	台湾鹿港方言调查及方言地图之编制　李香仪　台北市立师范学院硕士学位论文（中国台湾）　2003年	
BG03277	台湾河洛话有关查某人谚语之研究　李婉君　彰化师范大学硕士学位论文（中国台湾）　2003年	
BG03278	台湾闽南语结构助词"甲""了""着""去"之研究　林欣仪　新竹师范学院硕士学位论文（中国台湾）　2003年	
BG03279	宜兰腔中/uinn/的消失　林秋宜　清华大学硕士学位论文（中国台湾）　2003年	
BG03280	闽南语的身体譬喻与代喻　林清渊　中正大学硕士学位论文（中国台湾）　2003年	
BG03281	音变的动机与方向：漳泉竞争与台湾普通腔的形成　洪惟仁　清华大学硕士学位论文（中国台湾）　2003年	
BG03282	儿童闽南语语尾助词的个案研究　洪嘉馡　中正大学硕士学位论文（中国台湾）　2003年	
BG03283	泰雅语赛考利克方言的词尾喉塞音　唐宜杰　台湾大学硕士学位论文（中国台湾）　2003年	
BG03284	赛德克语太鲁阁方言多媒体超文本雏议　胡震伟　辅仁大学硕士学位论文（中国台湾）　2003年	
BG03285	台中县闽南语民间故事之研究　梁雅惠　台东大学硕士学位论文（中国台湾）　2003年	
BG03286	台湾闽南谚语修辞研究　许筱萍　玄奘人文社会学院硕士学位论文（中国台湾）　2003年	
BG03287	台湾台中县新里里台语常用词汇调查与词频之初步研究——与台中市何仁里做比较研究　陈锦增　新竹师范学院硕士学位论文（中国台湾）　2003年	

BG03288 台湾闽南语及客语量词系统比较研究　陈韵予　中正大学硕士学位论文（中国台湾）2003年
BG03289 台湾永靖腔的调查与研究　陈嬿庄　新竹师范学院硕士学位论文（中国台湾）2003年
BG03290 金门谚语研究　陈文识　台北市立师范学院硕士学位论文（中国台湾）2003年
BG03291 "着"在台闽语中的语法化现象　陈淑青　台湾师范大学硕士学位论文（中国台湾）2003年
BG03292 闽南语变调分界处的停顿对语言理解的影响及其声学上的表现　游政燕　新竹师范学院硕士学位论文（中国台湾）2003年
BG03293 闽南语鼻音习得之研究　杨文兰　高雄师范大学硕士学位论文（中国台湾）2003年
BG03294 台湾台南闽南语入声韵尾消失问题之研究　杨孝敏　新竹师范学院硕士学位论文（中国台湾）2003年
BG03295 台湾闽南语颜色形容词ABB形式之语意探索　刘沛慈　新竹师范学院硕士学位论文（中国台湾）2003年
BG03296 台湾闽南语故事之命运观　蔡月娥　台北大学硕士学位论文（中国台湾）2003年
BG03297 优选理论看马公地区闽南语音节结构　蔡志光　高雄师范大学硕士学位论文（中国台湾）2003年
BG03298 从整体性看日语的"声调词组"与台语的"变调组"——以名词组之内心结构为探讨对象　李淑凤　东吴大学硕士学位论文（中国台湾）2003年
BG03299 《客英大辞典》音韵研究　黄诗惠　彰化师范大学硕士学位论文（中国台湾）2003年
BG03300 台湾南投县埔里镇"国语"第四声社会语言变异之研究　吴淑娟　静宜大学硕士学位论文（中国台湾）2003年
BG03301 阿美语的日语借词　许文文　清华大学硕士学位论文（中国台湾）2003年
BG03302 台湾闽南语化去中国化　新明日报　联合早报（新加坡）2003-10-3
BG04303 一种方言在两地三代间的变异：文昌话和漳州话在本土与海外的时地差异　云惟利　厦门大学出版社　2004年
BG04304 1826—2004：海峡两岸的闽南语歌仔册　汪毅夫　台湾研究集刊　2004年第3期
BG04305 关于厦门市学生、幼儿说闽南话情况的调查　徐睿渊　侯小英　台湾及东南亚华文华语研究　李如龙　苏新春　霭明出版社（中国香港）2004年第241—248页
BG04306 泉州市中小学生说闽南话情况调查报告　林天送　郑娜　台湾及东南亚华文华语研究　李如龙　苏新春　霭明出版社（中国香港）2004年第249—255页
BG04307 实行方言——普通话双语制刍议　林寒生　台湾及东南亚华文华语研究　李如龙　苏新春　霭明出版社（中国香港）2004年第263—268页
BG04308 台湾话声调的变化　谢沛谕　中正大学硕士学位论文（中国台湾）2004年
BG04309 台湾闽南语连谓结构　颜秀珊　新竹师范学院硕士学位论文（中国台湾）2004年
BG04310 台语质词啦的核心语义　王永树　辅仁大学硕士学位论文（中国台湾）2004年
BG04311 畲族语言研究　吴中杰　清华大学硕士学位论文（中国台湾）2004年
BG04312 "开台""过台"台语歌仔册之用韵与词汇研究　李兰馨　新竹师范学院硕士学位论文（中国台湾）2004年
BG04313 简上仁与台湾囡仔歌　李金霞　台东大学硕士学位论文（中国台湾）2004年

BG04314	王金选闽南语儿歌研究　林美云　台东大学硕士学位论文（中国台湾）　2004年
BG04315	客家移民文化与俗信研究——以性别语汇所反映之原始信仰为探讨中心　林惠玲　花莲师范学院硕士学位论文（中国台湾）　2004年
BG04316	战后台语的发展与论述　林瑞祥　世新大学硕士学位论文（中国台湾）　2004年
BG04317	台湾高屏六堆客家传统婚礼之研究　邱晓玲　铭传大学硕士学位论文（中国台湾）　2004年
BG04318	客语肩肘手指动作词的语音词义探讨　邱燕美　新竹师范学院硕士学位论文（中国台湾）　2004年
BG04319	有关新闻事件之台湾歌仔册研究　柯荣三　成功大学硕士学位论文（中国台湾）　2004年
BG04320	台湾闽南语中词干与词缀之间双同子音的真实性　高诗婷　清华大学硕士学位论文（中国台湾）　2004年
BG04321	《汇集雅俗通十五音》研究　张耀文　台北市立师范学院硕士学位论文（中国台湾）　2004年
BG04322	台湾天主教台语圣歌之缘起与发展：以屏东万金圣母圣殿为例　许丽秋　中国文化大学硕士学位论文（中国台湾）　2004年
BG04323	澎湖居民之闽南语的语言使用形态　许源亨　高雄师范大学硕士学位论文（中国台湾）　2004年
BG04324	美浓地区幼儿在家客语使用现况调查暨其国客双语能力与智力之相关探讨　郭珍妦　台南师范学院硕士学位论文（中国台湾）　2004年
BG04325	台闽语歇后语：认知语意学之分析　陈宜伶　政治大学硕士学位论文（中国台湾）　2004年
BG04326	台湾客家《渡台悲歌》研究　曾学奎　新竹师范学院硕士学位论文（中国台湾）　2004年
BG04327	客家话声调的声学研究　黄耀煌　高雄师范大学硕士学位论文（中国台湾）　2004年
BG04328	台湾东势客语表性状词的语义分析　黄佳文　新竹师范学院硕士学位论文（中国台湾）　2004年
BG04329	从闽南歌谣探讨台湾早期的妇女婚姻生活　黄佳蓉　花莲师范学院硕士学位论文（中国台湾）　2004年
BG04330	《台语大成》词汇研究　杨蕙菁　台北市立师范学院硕士学位论文（中国台湾）　2004年
BG04331	语言演变与历史地理因素——莆仙方言：闽东与闽南的汇集　刘秀雪　清华大学硕士学位论文（中国台湾）　2004年
BG04332	台湾地区福佬与客家童谣比较研究　蔡玉媚　清华大学硕士学位论文（中国台湾）　2004年
BG04333	河佬语入声字的分析与识别　赖淑芬　高雄师范大学硕士学位论文（中国台湾）　2004年
BG04334	从社会语言学看台湾的方言使用情形（并与日本比较）　太田智惠　东吴大学硕士学位论文（中国台湾）　2004年
BG04335	闽南语名词与动词的习得　林姵君　中正大学硕士学位论文（中国台湾）　2004年

BG04336　台湾囡仔歌之词汇与句式分析——兼论文学语言分析在语文教学上的应用　叶秋凰　台湾语言与语文教育研究所硕士学位论文（中国台湾）　2004年

BG05337　以政府的权威规范闽南话的用字　一舟　政协天地　2005年第7期

BG05338　从语言学角度分析树木名称之客语词汇——以新竹县竹东地区为例　范静玉　新竹师范学院硕士学位论文（中国台湾）　2005年

BG05339　台湾不同语族教养文化语用比较——以泰雅语族和闽南语族为例　张玉英　新竹师范学院硕士学位论文（中国台湾）　2005年

BG05340　关西客家话混同关系研究　张素玲　新竹师范学院硕士学位论文（中国台湾）　2005年

3　境外方言之粤语

BG69341　香港粤语阴平调及变调问题　张日升　香港中文大学中国文化研究所学报（中国香港）　1969年第1期

BG70342　"国语"乎？粤语乎？　柳存仁　香港中文大学中国语文教学研讨会报告书（中国香港）　1970年第49—56页

BG72343　香港粤语词类和构词的研究　廖国辉　香港中文大学出版社（中国香港）　1972年

BG72344　香港粤语语法的研究　张洪年　香港中文大学出版社（中国香港）　1972年

BG77345　潮读反切、音标两用正音表　林莲仙　香港沙田中文大学中国语言文学系（中国香港）　1977年

BG79346　香港粤语阴平调及变调的演变规律与历史性质　余棋永　香港浸会学院学报（中国香港）　1979年第6期

BG80347　香港粤语的语助词（英文）　游顺钊　方言　1980年第1期

BG83348　谈香港话　陈耀南　明报月刊（中国香港）　1983年第2期

BG85349　香港广州话教学的字音文白异读问题　余乃永　香港语文教育学院第一届国际研究会论文集（中国香港）　1985年第71—78页

BG88350　香港粤语语法三题　徐嘉慧　辅仁大学语言研究所（中国台湾）　1988年

BG89351　香港广东语会话　千岛英一　东方书店（日本）　1989年

BG92352　谈谈港澳书面粤语的一些小问题　郑伟聪　语丛（澳门中国语言文化学会会刊）　邓景滨主编（中国澳门）　1992年

BG92353　香港粤语语助词的研究　梁仲森　香港理工学院硕士学位论文　1992年

BG92354　香港粤语通俗小说的书写系统　陆镜光　语丛　邓景滨主编（中国澳门）　1992年

BG92355　谈谈港澳书面粤语的一些小问题　郑伟聪　语丛　邓景滨主编（中国澳门）　1992年

BG94356　次文化语言·香港新方言概论　彭志铭　次文化有限公司（中国香港）　1994年

BG94357　俗文化语言·港式广府话面面观　吴昊　次文化有限公司（中国香港）　1994年

BG94358　俗文化语言·港式广府话研究（1）　吴昊　次文化有限公司（中国香港）　1994年

BG94359　俗文化语言·港式广府话研究（2）　吴昊　次文化有限公司（中国香港）　1994年

BG94360　大陆粤方言区与香港地区使用外来词之区别——粤方言外来语三探　谭海生　广东教育学院学报　1994年第1期

BG94361　香港粤语词词库条选刊（1—2）　游社媛　张励妍　词库建设通讯（中国香港）　1994年第5期

BG94362　香港广州话变调调查研究　林建平　华文世界（中国台湾）1994年第12期
BG94363　香港粤语字音存在的一些问题　张赛洋　第一届粤方言国际研讨会论文集　单周尧编　香港现代教育研究社（中国香港）1994年
BG94364　香港粤语及其现状　缪锦安　第一届粤方言国际研讨会论文集　单周尧编　香港现代教育研究社（中国香港）1994年
BG95365　国内语言文化变异与香港方言前途　陈建民　普通话（中国香港）1995年第2期
BG96366　香港口语学　张捷川编著　广州出版社　1996年
BG96367　香港粤语的体　张双庆　动词的体　张双庆编　香港中文大学中国文化研究所、吴多泰中国语文研究中心（中国香港）1996年
BG97368　香港粤语词典　郑定欧编著　江苏教育出版社　1997年
BG97369　香港粤语与香港文化的关系　梁莉莉　方言　1997年第3期
BG97370　香港粤语的动词谓语句　张双庆　动词谓语句　李如龙　张双庆主编　暨南大学出版社　1997年第247—262页
BG97371　重新考虑广州和香港粤语阴上调值和高升变调调查　包睿舜　第五届国际粤方言研讨会论文集　詹伯慧编　暨南大学出版社　1997年第12—18页
BG97372　香港粤语O-N变异研究　林建平　第五届国际粤方言研讨会论文集　詹伯慧编　暨南大学出版社　1997年第48—56页
BG97373　现代汉语共同语语篇使用粤方言变体的制约因素　陶原珂　第五届国际粤方言研讨会论文集　詹伯慧主编　暨南大学出版社　1997年第121—124页
BG97374　粤港澳地区粤方言词语进入共同语书面语的现象　何科根　第五届国际粤方言研讨会论文集　詹伯慧主编　暨南大学出版社　1997年第129—134页
BG97375　港式中文以粤语入文平议　李家树　陈远止　谢耀基　第五届国际粤方言研讨会论文集　詹伯慧主编　暨南大学出版社　1997年第288—294页
BG98376　香港话：最洋化的方言　庄泽义　普通话季刊（中国香港）1998年第3期
BG99377　英东话否定句和普通话否定句的比较　胡性初　双语双方言与现代中国（汉语语言学世纪丛书）陈恩泉主编　北京语言文化大学出版社　1999年第118—127页
BG99378　"怀疑"及"有人"：试论香港粤语新闻语篇中语法和语用之间的两种冲突　李楚成　现代外语　1999年第1期
BG99379　香港沙头角新村的福佬话记略　李如龙　张双庆　第五届国际闽方言研讨会论文集　詹伯慧　王建设等编　暨南大学出版社　1999年
BG99380　趣怪香港话　阿丁　香港周刊出版社（中国香港）1999年
BG99381　港式广州话词典　张励妍　倪列怀　香港万里书店（中国香港）1999年
BG99382　香港粤语的代词　张双庆　代词　李如龙　张双庆主编　暨南大学出版社　1999年
BG00383　香港方言外来词比较研究　邵敬敏　语言文字应用　2000年第3期
BG00384　香港粤语阴平调值商榷　林建平　第七届粤方言国际研讨会论文集　单周尧　陆镜光主编　商务印书馆　2000年
BG00385　闽粤方言的不同文化特征　李如龙　第七届粤方言国际研讨会论文集　单周尧　陆镜光主编　商务印书馆　2000年
BG00386　粤语带宾语的形容词　石定栩　第七届粤方言国际研讨会论文集　单周尧　陆镜光主

编　商务印书馆　2000年

BG00387　香港原居民哭歌子的非汉语成分——一个语言底层研究的案例　廖国辉　第七届粤方言国际研讨会论文集　单周尧　陆镜光主编　商务印书馆　2000年

BG00388　香港粤语的词语缩略形式　陆镜光　林家乐　第七届粤方言国际研讨会论文集　单周尧　陆镜光主编　商务印书馆　2000年

BG00389　香港粤语词语的口语化及其成因　汤志祥　第七届粤方言国际研讨会论文集　单周尧　陆镜光主编　商务印书馆　2000年

BG00390　香港粤语基本颜色词汇调查简介　远藤雅裕　第七届粤方言国际研讨会论文集　单周尧　陆镜光主编　商务印书馆　2000年

BG00391　港式粤语"好＋单音节词"探析　李雄溪　第七届国际粤方言研讨会论文集　单周尧　陆镜光主编　商务印书馆　2000年第434—437页

BG01392　香港客粤方言比较研究　刘镇发　暨南大学出版社　2001年

BG01393　现代粤方言源于宋末移民说　刘镇发　香港客粤方言比较研究　刘镇发　暨南大学出版社　2001年第188—200页

BG01394　粤语象声词和重叠词中的"边缘音节"　刘镇发　香港客粤方言比较研究　刘镇发　暨南大学出版社　2001年第201—213页

BG01395　澳门土生葡人广州话语音研究　温慧媛　暨南大学硕士学位论文　2001年

BG02396　新加坡粤语汇总的人称代词　洪燕燕　新加坡国立大学中文系荣誉学士学位论文（新加坡）　2002年

BG03397　马来西亚华语口语中的粤语成分　洪丽芬　吴文芯　第八届国际粤方言研讨会论文集　詹伯慧主编　中国社会科学出版社　2003年第121—128页

BG03398　香港成人漫画的书面粤语惯例　包睿舜　莫庆麟　第八届国际粤方言研讨会论文集　詹伯慧主编　中国社会科学出版社　2003年第622—631页

BG03399　香港粤方言的阴平调类的高降和高平调形的关系　包睿舜　第六届国际粤方言研讨会论文集　邓景滨　澳门中国语文学会（中国澳门）　2003年第135—147页

BG03400　香港粤语入声变调初析　林建平　第六届国际粤方言研讨会论文集　邓景滨　澳门中国语文学会（中国澳门）　2003年第148—152页

BG03401　香港粤语的程度补语结构"V死"、"A死"　吉川雅之　第六届国际粤方言研讨会论文集　邓景滨　澳门中国语文学会（中国澳门）　2003年第216—223页

BG03402　近四十年香港方言词词义转变现象　王晋光　中国语文研究（中国香港）　2003年第2期

BG04403　从广州话到香港话——香港粤语词汇的形成　刘镇发　台湾及东南亚华文华语研究　李如龙　苏新春编　霭明出版社（中国香港）　2004年第144—165页

BG05404　香港粤语的一种特殊句调　林建平　第九届粤方言国际研讨会论文集　邓景滨　汤翠兰　澳门中国语文学会（中国澳门）　2005年第143—153页

BG05405　香港粤语词语的俗化问题剖析——香港粤语的"四化"现象透视之三　汤志祥　第九届粤方言国际研讨会论文集　邓景滨　汤翠兰　澳门中国语文学会（中国澳门）　2005年第180—191页

BG05406　探讨香港粤语中的日语词汇　千岛英一　第九届粤方言国际研讨会论文集　邓景滨

汤翠兰　澳门中国语文学会（中国澳门）2005年第214—227页
BG05407　香港粤语惯用语的类型和功能初探　曾子凡　第九届粤方言国际研讨会论文集　邓景滨　汤翠兰　澳门中国语文学会（中国澳门）2005年第228—241页
BG05408　香港粤语的特点　甘于恩　七彩方言——方言与文化趣谈　甘于恩主编　华南理工大学出版社　2005年第199页
BG05409　至in香港粤语　刘倩　七彩方言——方言与文化趣谈　甘于恩主编　华南理工大学出版社　2005年第202—203页

4　境外方言之客语

BG90410　台湾的客家话　罗肇锦　台湾的客家话　台原出版社（中国台湾）1990年第74—78页
BG95411　香港的客方言地名　刘镇发　客家研究辑刊　1995年第2期（总第7期）　黄绿清主编　嘉应大学客家研究中心　1995年
BG97412　香港新界的客家村　赖想祥　中学地理教学参考　1997年第6期
BG98413　香港客家话向粤语转移的因素和趋势　周柏胜　刘镇发　方言　1998年3期
BG99414　香港的客家人和客家话　刘镇发　客家文化研究通讯（中国台湾）1999年第2期
BG00415　台湾闽南话、客家话及"国语"常用词汇的对译研究　姚荣松　罗肇锦　第三届客方言研讨会论文集　林立芳主编　韶关大学学报（增刊）2000年
BG00416　南洋客家人的语言和文化　李如龙　东南亚华人语言研究　李如龙主编　北京语言文化大学出版社　2000年第195—205页
BG00417　印尼苏门答腊北部客家话记略　李如龙　东南亚华人语言研究　李如龙主编　北京语言文化大学出版社　2000年第214—224页
BG00418　马来西亚柔佛州新山市士乃镇的客家方言　练春招　东南亚华人语言研究　李如龙主编　北京语言文化大学出版社　2000年第225—261页
BG01419　香港的客家人和客家话　刘镇发　香港客粤方言比较研究　刘镇发　暨南大学出版社　2001年第1—15页
BG01420　香港的客方言地名　刘镇发　香港客粤方言比较研究　刘镇发　暨南大学出版社　2001年第16—24页
BG01421　香港客家人的语言态度与客家向粤语转移的因素和趋势　刘镇发　香港客粤方言比较研究　刘镇发　暨南大学出版社　2001年第25—38页
BG01422　客家：从他称到自称　刘镇发　香港客粤方言比较研究　刘镇发　暨南大学出版社　2001年第53—68页
BG01423　一套能在计算机上运用的客语拼音　刘镇发　香港客粤方言比较研究　刘镇发　暨南大学出版社　2001年第69—91页
BG01424　嘉应方言使用者与客家认同——过去、现在与将来　刘镇发　香港客粤方言比较研究　刘镇发　暨南大学出版社　2001年第92—110页
BG01425　印尼加里曼丹岛西部的海陆腔客家话　刘镇发　香港客粤方言比较研究　刘镇发　暨南大学出版社　2001年第111—118页
BG01426　客语的非入声字声调发展　刘镇发　香港客粤方言比较研究　刘镇发　暨南大学出版社　2001年第119—126页

BG01427 带性别后缀"公、婆、哥、牯、嬷"的客方言词 刘镇发 香港客粤方言比较研究 刘镇发 暨南大学出版社 2001年第127—133页

BG01428 粤客方言文白异读的比较 刘镇发 香港客粤方言比较研究 刘镇发 暨南大学出版社 2001年第134—147页

BG01429 粤客方言与邻近民族语言的共同词 刘镇发 香港客粤方言比较研究 刘镇发 暨南大学出版社 2001年第148—159页

BG01430 客方言与粤方言单音节词汇比较 刘镇发 香港客粤方言比较研究 刘镇发 暨南大学出版社 2001年第160—173页

BG01431 潮州话广州话客家话的方言共同词 刘镇发 香港客粤方言比较研究 刘镇发 暨南大学出版社 2001年第174—187页

BG01432 中古浊上字的演变与粤客赣方言 刘镇发 香港客粤方言比较研究 刘镇发 暨南大学出版社 2001年第214—222页

BG01433 香港客粤方言比较研究 刘镇发 暨南大学出版社 2001年

BG02434 客家母语运动的语艺历程(1987—2001) 谢文华 辅仁大学硕士学位论文(中国台湾) 2002年

BG02435 台湾东势客家话的派生词研究 江俊龙 客家方言研究：第四届客方言研讨会论文集 谢栋元编 暨南大学出版社 2002年第241—256页

BG02436 台湾客语表"手动作行为"的词意分析 徐贵荣 客家方言研究：第四届客方言研讨会论文集 谢栋元主编 暨南大学出版社 2002年第305—320页

BG03437 一百多年前新界客家方言的反复问句 庄初升 中国语文研究(中国香港) 2003年第2期

BG04438 语言易位过程中的方言移借变异 吴英成 许小颖 语言接触论集 邹嘉彦 游汝杰主编 上海教育出版社 2004年第395—418页

BG04439 台湾漳州客家与客语 吴中杰 客家方言研究：第四届客方言研讨会论文集 谢栋元主编 暨南大学出版社 2004年第475—488页

BG05440 四川客家话与亚文化圈研究 程世平 张雪山 成都大学学报(社会科学版) 2005年第5期

BG05441 香港的客家话 刘镇发 香港客家 刘义章主编 广西师范大学出版社 2005年第99—125页

BG06442 台湾客家与闽南族群杂居环境的语言互动空间 郑锦全 山高水长：丁邦新先生七秩寿庆论文集 中研院语言学研究所(中国台湾) 2006年第251—260页

5 境外方言之"东干语"

BG90443 30年代苏联(东干)回族扫盲之成功经验——60年来用拼音文字书写汉语北方话的一个方言的卓越实践 吕恒力 语文建设 1990年第2期

BG98444 试论东干人语言使用特点——兼论东干语与东干文化传承 丁宏 民族研究 1998年第4期

BG99445 东干文与东干语 丁宏 西北民族研究 1999年第2期

BG00446 东干话词语概论 王森 王蕊 王晓煜 宁夏社会科学 2000年第4期

BG00447　东干话的若干语法现象　王森　语言研究　2000 年第 4 期
BG02448　也谈东干族族名　司庸之　中央民族大学学报　2002 年第 1 期
BG03449　中亚东干民歌的传承方式　赵塔里木　音乐研究　2003 年第 1 期
BG03450　中亚东干民歌的唱词格律　赵塔里木　新疆艺术学院学报　2003 年第 3 期
BG03451　中亚东干双语国际研讨会综述　海峰　回族研究　2003 年第 4 期
BG04452　中亚东干族的双语化进程及其民族语言观的形成　海峰　新疆大学学报（社会科学版）　2004 年第 1 期
BG04453　关于"东干"、"东干语"、"东干人的双语"和"东干学"　胡振华　语言与翻译　2004 年第 1 期
BG04454　中亚东干双语国际研讨会在京召开　苗冬霞　西北民族研究　2004 年第 2 期
BG04455　亚斯尔·十娃子——东干书面文学的创始人　M.伊马佐夫　李凤双　丝绸之路　2004 年第 2 期
BG05456　东干文——汉语拼音文字的成功尝试　林涛　西北第二民族学院学报（哲学社会科学版）　2005 年第 4 期
BG06457　中亚文化语境中的东干口歌口溜　常文昌　西北师大学报（社会科学版）　2006 年第 1 期
BG06458　"东干语"音素文字及其词式书写的启发——汉语语言规划在中国境外的成功范例　彭泽润　曾宝芬　北华大学学报（社会科学版）　2006 年第 2 期

BH　华语比较

1　概论

BH69001　新加坡华语的殊异部分　谢云飞　新社学报（新加坡）　1969 年第 3 期
BH72002　"国语"跟方言的关系　何容　中国语文（中国台湾）　1972 年第 6 期
BH82003　方言与标准华语　林水檺　马来西亚留台校友会联合总会（中国台湾）　1982 年
BH83004　"国语"与方言　陈企丹　中国语文（中国台湾）　1983 年第 2 期
BH84005　从应用角度对比分析"国语"与粤语方言　刘铭　华文世界（中国台湾）　1984 年
BH85006　台湾话、台湾"国语"和北京话的比较　陈恩泉　语言（Language）（美国）　1985 年第 2 期
BH88007　"华语文与方言"对比分析（之一）　姚荣松　华文世界（中国台湾）　1988 年第 7 期
BH88008　"华语文与方言"对比分析（之二）　姚荣松　华文世界（中国台湾）　1988 年第 9 期
BH88009　"华语文与方言"对比分析（之三）　姚荣松　华文世界（中国台湾）　1988 年第 12 期
BH88010　方言与"国语"对比分析的类型及其教学运用　姚荣松　华文世界（中国台湾）　1988 年第 12 期
BH88011　"国语"与北平话的异同　邰树蕙　华文世界（中国台湾）　1988 年第 12 期
BH89012　"华语文与方言"对比分析（之四）　姚荣松　华文世界（中国台湾）　1989 年第 9 期
BH89013　"华语文与方言"对比分析（之五）　姚荣松　华文世界（中国台湾）　1989 年第 12 期
BH89014　谈谈台湾话与普通话的区别　邹石溪　中学语文教学参考　1989 年第 11 期

BH92015 台湾华语文与大陆华语文的差异　游汝杰　华文世界（中国台湾）1992年第6期

BH92016 "一国两语"？从对外华语教学看两岸的语音差异　佟秉正　华文世界（中国台湾）1992年第6期

BH93017 互济与存菁——谈两岸语言规范歧异的整合　姚荣松　华文世界（中国台湾）1993年第6期

BH96018 从两岸语文整理谈台湾语区资料整理的重要　曾荣汾　华文世界（中国台湾）1996年第9期

BH96019 《普通话》与《台湾"国语"》的对照研究　佐藤圭司　东吴大学硕士学位论文（中国台湾）1996年

BH97020 海峡两岸语文说略　苏金智　两岸关系　1997年第4期

BH97021 从华语文谈起——海峡两岸"国语"（1）对比　王淇　华文世界（中国台湾）1997年第12期

BH98022 海峡两岸语言差异研究之我见　刁晏斌　华文世界（中国台湾）1998年第6期

BH98023 两岸"国语"在商业社会方面的用语　丁琪　沪港商务普通话学术研讨会论文 1998年

BH00024 东亚地区（新加坡）语文使用与教学现况之比较研究　叶德明　国科会研究计划（中国台湾）2000年

BH00025 港穗粤语差异问题探讨　饶秉才　第七届粤方言国际研讨会论文集　单周尧　陆镜光主编　商务印书馆　2000年

BH00026 同文同种的中国幻想曲：中、台、新中华语言文化比较研究　吴英成　第九届社会与文化国际学术研讨会淡江大学（中国台湾）2000-5-25、26

BH01027 同文同种的中国幻想曲：中、台、新中华语言文化比较研究　吴英成　卢国屏　文化密码——语言解码（第九届社会与文化国际学术研讨会论文集）学生书局（中国台湾）2001年第367—383页

BH06028 中、港、新三地汉英语言政策与教育比较　吴英成　两岸四地第三届国际语言政策研讨会　香港理工大学　2006年第11—13页

BH06029 从北京话、上海话、香港话看语言渐变的走势　邵敬敏　汉语广视角研究　邵敬敏　东北师范大学出版社　2006年第68—79页

BH06030 三语趣谈　孙爱玲　印尼新雅学院出版（印度尼西亚）2006年

BH06031 两岸四地闽南方言比较　周长楫　汉语文走向世界　谭慧敏编　南大中华语言文化中心、八方文化创作室（新加坡）2006年

BH07032 新加坡闽南话与华语　周清海　全球化环境下的华语文教学（南洋大学学术论丛1）周清海　新加坡青年书局（新加坡）2007年第25—32页

BH07033 新加坡华语和普通话的差异与处理差异的对策　周清海　全球化环境下的华语文教学（南洋大学学术论丛1）周清海　新加坡青年书局（新加坡）2007年第53—66页

2　语音

BH84034 从社会语音学和语言教育的观点看北平口语和台湾话之间轻重音的异同　郑良伟　华文世界（中国台湾）1984年第12期

BH87035　北京话和台湾话轻声出现的异同、历史由来和台湾新生代"国语"的形成　郑良伟　语言研究　1987年第1期

BH91036　汉语——香港粤语　徐云扬　国际语音学会学报（英国）　1991年第21期

BH92037　海峡两岸字音比较　李青梅　语言文字应用　1992年第3期

BH92038　海峡两岸闽南语"口音"与"字音"差异初探　郑启平　集美师专学报　1992年第3期

BH92039　从海峡两岸辞典看字音的差异　林以通　华文世界（中国台湾）　1992年第6期

BH94040　两岸对海外电视新闻广播中的语音对比分析　蔺荪　史湄　华文世界（中国台湾）　1994年第12期

BH95041　海峡两岸审音比较　潘礼美　语文建设通讯（中国香港）　1995年第3期

BH98042　海峡两岸汉字多音字审音比较——兼论审音标准问题　鲁启华　铁道师院学报　1998年第3期

BH99043　祖国大陆与台湾的语音差异辨析　任晓敏　北京邮电大学学报（社会科学版）　1999年第4期

BH01044　国台语"多音字"比较研究　高明诚　中国语文（中国台湾）　2001年第4期

BH07045　汉语基础教材的字频统计与跨区域比较——兼论全球华语区划与汉字教育问题　王惠　余桂林　长江学术　2007年第2期

3　词汇

BH85046　大同中的小异——大陆、台湾社会日常用语歧异例释　阳照　中国建设（现今日中国）　1985年第11期

BH86047　"国语"的"有著"和闽南语的"有著"　何大安　大陆杂志（中国台湾）　1986年第10期

BH88048　中港台成语习用形式的差异　袁燕萍　中国语文通讯（中国香港）　1988年第3期

BH88049　不同华人社区词语差异浅论　张维耿　语言教学与研究　1988年第4期

BH88050　大陆、港澳台以及海外华人姓名用字的比较分析　钱奠香　中国语文通讯（中国香港）　1988年第6期

BH89051　海峡两岸用语差异初探　郑启五　台湾研究集刊　1989年第1期

BH89052　中国大陆和台湾地区电脑术语语言学分析　乔伟　语文建设　1989年第6期

BH89053　大陆、台湾的词语异化现象　姜佐楹　语文学习　1989年第11期

BH90054　谈我国大陆地区与港台书面词语的分合　张维耿　语文建设通讯（中国香港）　1990年第1期

BH90055　台湾"国语"词汇与普通话的主要差异　朱景松　周维网　安徽师大学报（人文社会科学版）　1990年第1期

BH90056　海峡两岸的语文建设　许长安　台湾研究集刊　1990年第21期

BH90057　汉语词汇在海峡两岸　王寿椿　世界汉语教学　1990年第2期

BH90058　海峡两岸用语差异再探　郑启五　台湾研究集刊　1990年第21期

BH90059　港台语词的一些特点　黄丽丽　语文建设　1990年第3期

BH90060　海峡两岸新词语的比较分析　姚荣松　台湾师范大学国文学报（中国台湾）　1990年第12期

BH90061　台湾俗谚与大陆俗谚的关系　林仁川　大陆与台湾的历史渊源　文汇出版社　1990 年
BH91062　谈台湾"国语"词汇与普通话的一些差异　万星　内江师范学院学报（社会科学版）
　　　　　1991 年第 1 期
BH92063　台湾"国语"词汇与大陆普通话词汇的比较　严奉强　暨南学报（哲学社会科学版）
　　　　　1992 年第 2 期
BH92064　台湾"国语"词汇与现代汉语普通话词汇的对比及几个有关问题　周志远　玉溪师范
　　　　　学院学报　1992 年第 3 期
BH92065　海峡两岸科技译名初探　周光父　中国科技翻译　1992 年第 4 期
BH92066　两岸用语的差异现象探讨　周纯一　国文天地（中国台湾）1992 年第 6 期
BH92067　海峡两岸新词语构词法的比较分析　姚荣松　华文世界（中国台湾）1992 年第 6 期
BH92068　海峡两岸用语比较　周纯一　台湾源流（中国台湾）1992 年第 7 期
BH93069　试论海峡两岸汉语差异的起源　郭熙　语言学通讯　1993 年第 1、2 期
BH93070　海峡两岸修辞学研究的比较　蔡宗阳　华文世界（中国台湾）1993 年第 12 期
BH94071　海峡两岸词语研究　苏金智　普通话（中国香港）1994 年第 1 期
BH94072　大陆粤方言区与香港地区使用外来词之区别：粤方言外来语三探　谭海生　广东教育
　　　　　学院学报（社会科学版）1994 年第 1 期
BH94073　大陆台湾词语的差别及造成原因　刁晏斌　文史杂志　1994 年第 2 期
BH94074　海峡两岸在一些中东名词上的差异　肖宪　阿拉伯世界　1994 年第 2 期
BH94075　台港和大陆词语差异的原因、模式及其对策　苏金智　语言文字应用　1994 年第 4 期
BH94076　海外华语与现代汉语的异同　田惠刚　湖北大学学报（哲学社会科学版）1994 年第 4 期
BH94077　马来西亚与海峡两岸词汇的比较　谢增英　华文世界（中国台湾）1994 年第 4 期
BH94078　国台语中动物字词隐喻之研究　陈昱修　辅仁大学硕士学位论文（中国台湾）1994 年
BH94079　从"大员"谈起——海峡两岸词语研究之一　苏金智　中国教育报　1994-6-30
BH94080　台湾、大陆形同义异的词语——海峡两岸词语研究之二　苏金智　中国教育报　1994-
　　　　　7-30
BH94081　台湾借词的本土化倾向——海峡两岸词语研究之三　苏金智　中国教育报　1994-8-24
BH95082　大陆、台湾构词比较——海峡两岸词语研究之四　苏金智　中国教育报　1995-1-30
BH95083　台港与大陆词语差异的原因、模式及其对策　苏金智　语言文字应用研究论文集
　　　　　国家语言文字工作委员会　语言文字应用研究所编　语文出版社　1995 年第 200—
　　　　　206 页
BH95084　中国大陆、台湾、香港、新加坡汉语词汇方面若干差异举例　汤志祥　徐州师范大学（学
　　　　　院）学报（哲学社会科学版）1995 年第 1 期
BH95085　海峡两岸同形异义词研究　苏金智　中国语文（中国台湾）1995 年第 2 期
BH96086　官话和台湾话问句否定词的比较研究　李英哲著　陈瑶译　江汉大学学报　1996 年第
　　　　　1 期
BH05087　当代海峡两岸术语差异分析　李平　哈尔滨工业大学学报（社会科学版）2005 年第 4 期
BH96088　海峡两岸外来语比较研究　谢米纳斯　赣南师范学院学报　1996 年第 1 期
BH96089　两岸外来词的翻译问题　竺家宁　华文世界（中国台湾）1996 年第 9 期
BH96090　两岸词汇比较研究管见　李行健　王铁琨　华文世界（中国台湾）1996 年第 9 期

BH96091	海峡两岸缩略词比较初论　姚荣松　华文世界（中国台湾）　1996年第9期
BH96092	两岸语汇对比研究中值得注意的问题　侯精一　华文世界（中国台湾）　1996年第9期
BH96093	海峡两岸关于外国国名的译名差异　赵晓阳　中国地名　1996年第6期
BH96094	海峡两岸　同实异名　石茅　天涯　1996年第5期
BH97095	海峡两岸同源异形电脑术语辨析（之九）　盛玉麒　术语标准化与信息技术　1997年第1期
BH97096	海峡两岸同源异形电脑术语辨析（之十）　盛玉麒　术语标准化与信息技术　1997年第2期
BH97097	海峡两岸同源异形电脑术语辨析（之十一）　盛玉麒　术语标准化与信息技术　1997年第3期
BH97098	海峡两岸同源异形电脑术语辨析（之十二）　盛玉麒　术语标准化与信息技术　1997年第4期
BH97099	大陆与港台词语差异研究中的若干问题　苏金智　语文建设通讯（中国香港）　1997年第3期第36—43页
BH97100	海峡两岸双音节互释词语的词法学考察　肖双荣　娄底师专学报　1997年第3期
BH97101	北京、香港、台湾口语里的同形词比较　朱永锴　方言　1997年第4期
BH97102	汉语方言与共同语的双向吸收　邓骏捷　澳门语言学刊（中国澳门）　1997年第4期
BH97103	华台语词汇化类型及语意延伸——分离动词的比较研究　连金发　华文世界（中国台湾）　1997年第12期
BH97104	论两岸词汇差异中的反向拉力　姚荣松　华文世界（中国台湾）　1997年第12期
BH97105	论两岸新词的衍生　何孳乳　竺家宁　华文世界（中国台湾）　1997年第12期
BH98106	海峡两岸同源异形电脑术语辨析（之十五）　盛玉麒　术语标准化与信息技术　1998年第3期
BH98107	海峡两岸同源异形电脑术语辨析（之十六）　盛玉麒　术语标准化与信息技术　1998年第4期
BH98108	习惯互异形成的词语对应——海峡两岸新闻用语对比研究　杨必胜　语文建设　1998年第5期
BH98109	语言间的相互影响与汉语新词语新语法的产生　张卓夫　澳门语言学刊（中国澳门）　1998年第6期
BH99110	海峡两岸间人名地名翻译的差异及统一规范化的必要性和意义　方梦立　北方论丛　1999年第1期
BH99111	海峡两岸同源异形电脑术语辨析（之十七）　盛玉麒　术语标准化与信息技术　1999年第1期
BH99112	从几个例子看新加坡华语和普通话的词义差别　周烈婷　语言文字应用　1999年第1期
BH99113	英语在香港的使用特点　王守元　外语与外语教学　1999年第2期
BH99114	九十年代汉语词汇地域分布的定量研究　陈瑞端　汤志祥　语言文字应用　1999年第3期
BH99115	试谈海峡两岸的同义异形词语　侯昌硕　湛江师范学院学报　1999年第4期
BH99116	海峡两岸渔业科技名词术语对照（8）　陆忠康　现代渔业信息　1999年第11期

BH00117　海峡两岸同源异形电脑术语辨析（之二十一）　盛玉麒　术语标准化与信息技术　2000年第 1 期

BH00118　大陆汉语与港台汉语词汇差异比较　吕书之　理论观察　2000 年第 2 期

BH00119　海峡两岸同源异形电脑术语辨析（之二十三）　盛玉麒　术语标准化与信息技术　2000年第 3 期

BH00120　海峡两岸同源异形电脑术语辨析（之二十四）　盛玉麒　术语标准化与信息技术　2000年第 4 期

BH00121　海峡两岸词语差异的政治文化因素　於贤德　顾向欣　汕头大学学报（人文科学版）2000 年第 4 期

BH00122　下世纪通用语言——华、英、西　慕宝宝　消防月刊　2000 年第 10 期

BH00123　台湾华语"说 shuo"与闽南语"讲 kong"的对比分析　杨蕙慈　华文世界（中国台湾）2000 年第 12 期

BH00124　港台中国语文科课堂语言对比研究　郑佩芳　华文世界（中国台湾）2000 年第 12 期

BH00125　台华词汇对比研究——以台南善化镇自然事物基本词为例　吴玫芳　新竹师范学院硕士学位论文（中国台湾）2000 年

BH02126　海峡两岸渔业科技名词术语对照（13）　陆忠康　现代渔业信息　2002 年第 1 期

BH02127　海峡两岸渔业科技名词术语对照（14）　陆忠康　现代渔业信息　2002 年第 2 期

BH02128　中国海峡两岸外来词对比研究　朴贞姬　山东教育学院学报　2002 年第 2 期

BH02129　两岸三地外语影片片名的翻译比较　毛发生　西安外国语学院学报　2002 年第 4 期

BH02130　英汉翻译的影响与香港书面汉语的语义结构变异——以"机会"一词为例　朱志瑜　傅勇林　外语与外语教学　2002 年第 10 期

BH02131　海峡两岸语词状况的分析与展望　马相武　学术研究　2002 年第 12 期

BH02132　新加坡华语词汇和中国普通话词汇比较　李临定　新加坡华语词汇与语法（南洋理工大学中华语言文化丛书）　周清海　新加坡玲子传媒私人有限公司（新加坡）2002 年第 149—331 页

BH02133　华语、普通话词汇比较　周清海　李临定　联合早报（新加坡）2002-4-21

BH03134　当代汉语新词的多元化趋向和地区竞争　邹嘉彦　游汝杰　语言教学与研究　2003 年第 2 期

BH04135　海峡两岸词语比较　杨艳丽　大庆高等专科学校学报　2004 年第 3 期

BH04136　海峡两岸同源异形电脑术语辨析（之三十九）　盛玉麒　术语标准化与信息技术　2004年第 3 期

BH04137　海峡两岸同源异形电脑术语辨析（之四十）　盛玉麒　术语标准化与信息技术　2004年第 4 期

BH04138　动词的使动与起动交替：汉、日语的对照研究　望月圭子　清华大学硕士学位论文（中国台湾）2004 年

BH05139　略论海峡两岸科技术语的对照和统一　周其焕　中国民航学院学报　2005 年第 1 期

BH05140　海峡两岸同形异义词语　谭汝为　世界中学生文摘　2005 年第 2 期

BH05141　从《两岸现代汉语常用词典》看两岸的同实异名词语　李慧　修辞学习　2005 年第 2 期

BH05142　海峡两岸同源异形电脑术语辨析（之四十二）　盛玉麒　术语标准化与信息技术　2005

BH05143　海峡两岸同源异形电脑术语辨析（之四十三）　盛玉麒　术语标准化与信息技术　2005年第3期

BH05144　当代海峡两岸术语差异分析　李平　哈尔滨工业大学学报（社会科学版）　2005年第4期

BH05145　海峡两岸词语对释　谭汝为　阅读与写作　2005年第5期

BH05146　海峡两岸词语三谈　谭汝为　阅读与写作　2005年第5期

BH05147　香港词语比较研究　邵敬敏　第九届粤方言国际研讨会论文集　邓景滨　汤翠兰　澳门中国语文学会（中国澳门）　2005年第240—247页

BH05148　香港粤语与泉、漳俗谚比对说略　王晋光　第九届粤方言国际研讨会论文集　邓景滨　汤翠兰　澳门中国语文学会（中国澳门）　2005年第248—262页

BH06149　中国内地和香港地区词汇之比较　田小琳　田小琳语言学论文集　田小琳　东北师范大学出版社　2006年第295—304页

BH06150　浅谈台湾词语同大陆的差异　余桂林　词汇学理论与应用（三）《词汇学理论与应用》编委会　商务印书馆　2006年第255—265页

BH07151　两岸新词对比研究　王玥雯　武汉科技大学学报（社会科学版）　2007年第1期

4　语法

BH82152　"国语"语法与广州话语法之比较研究　近藤和夫　台湾师范大学国文研究所（中国台湾）　1982年

BH84153　官话与台语中"就"和"才"之间的逻辑关系　郑良伟　台湾风物（中国台湾）　1984年第1期

BH88154　从英日语看北平话跟现代中文、台湾"国语"的语法差异　郑良伟　华文世界（中国台湾）　1988年第12期

BH89155　香港和中国大陆的一些语言现象　邹嘉彦　中国语文通讯（中国香港）　1989年第4期

BH90156　"原则及参数语法"与英华对比分析　汤廷池　世界汉语教学　1990年第2期

BH90157　台湾"国语"与大陆普通话的差异　黄佩文　语文知识（现汉字汉语研究）　1990年第8期

BH92158　两岸用语生态不同　郑志明　台湾源流（中国台湾）　1992年第7期

BH92159　台湾与大陆华语文书面语的差异　游汝杰　语文建设　1992年第11期

BH94160　语言学有啥吸引人的研究：从句法与音韵的"两岸关系"谈起　萧宇超　政治大学研究通讯（中国台湾）　1994年第6期

BH94161　国台语动词组内某些结构的对比分析　曹逢甫　台湾闽南语论文集　曹逢甫　蔡美慧　文鹤出版社（中国台湾）　1994年

BH95162　散文语言的艺术考察——海峡两岸散文比较　倪金华　华侨大学学报（哲学社会科学版）　1995年第1期

BH95163　"两岸语文问题比较研究"计划简介　竺家宁　语文建设　1995年第11期

BH95164　论两岸词汇的比较和词典的编纂　竺家宁　中国术语网通讯　1995年第2期

BH95165　"国语"与闽南语的名词组结构　王文锦　清华大学硕士学位论文（中国台湾）　1995年

BH97166　族群语言政策——海峡两岸的比较　曹逢甫　文鹤出版有限公司（中国台湾）　1997年

BH97167　大陆、港台应用文的文体差异及融合策略　金振邦　东北师大学报（哲学社会科学版）1997年第4期

BH99168　台湾小说单音形容词的重叠形式——海峡两岸词的重叠形式的对比研究　廖礼平　徐州师范大学学报（哲学社会科学版）1999年第3期

BH99169　祖国大陆与台湾的语言差异辨析　任晓敏　北京邮电大学学报（社会科学版）1999年第4期

BH01170　两岸四地公文语体、语汇的差异　柴俊星　汉语学习　2001年第2期

BH02171　论闽台两省方言和文化的共同特点——兼评台湾的乡土语言教育　钱奠香　李如龙　语言文字应用　2002年第2期

BH02172　"去"字句在台湾"国语"及闽南语中的使用对比　颜秀珊　台湾语言与语文教育（中国台湾）2002年第4期

BH03173　翻译与语言对比论丛　谭慧敏　林万菁　南洋理工大学中华语言文化中心（新加坡）2003年

BH03174　试论大陆、台湾、香港公函的异同　张仲慧　开封教育学院学报　2003年第1期

BH04175　中日两国语言之认知歧义表现——以数量表现为中心　蔡丰琪　东吴大学硕士学位论文（中国台湾）2004年

BH04176　华闽语情绪譬喻之比较研究　陈彤曲　新竹师范学院硕士学位论文（中国台湾）2004年

5　文字

BH89177　海峡两岸语言文字异同初析　彭小明　语文建设　1989年第2期

BH90178　海峡两岸的"通文"是极为重要的　萧乾　瞭望周刊　1990年第53期

BH91179　海峡两岸统一用字的思考　颜逸明　语文建设　1991年第2期

BH92180　海峡两岸用字比较　许长安　语文建设　1992年第1期

BH92181　大陆地区社会用字的现况　黄沛荣　华文世界（中国台湾）1992年第12期

BH93182　海峡两岸现行汉字字形的比较分析　费锦昌　语言文字应用　1993年第1期

BH93183　海峡两岸用字异同议　胡双宝　汉字文化　1993年第3期

BH94184　海峡两岸的语文差异与统一　朱广祁　山东大学学报（哲学社会科学版）1994年第1期

BH95185　论海峡两岸汉字的现状与前景　孙剑艺　山东大学学报（哲学社会科学版）1995年第4期

BH95186　海峡两岸现行汉字字形出现差异之原因探析　费锦昌　语言文字应用研究论文集　国家语言文字工作委员会　语言文字应用研究所编　语文出版社　1995年第37—45页

BH95187　汉字文化圈的书同文问题　魏励　语言文字应用研究论文集　国家语言文字工作委员会　语言文字应用研究所编　语文出版社　1995年第61—64页

BH98188　海峡两岸现行汉字字形出现差异之原因探析　利来友　广西大学学报（哲学社会科学版）1998年第1期

BH99189　海峡两岸汉字笔顺的规范　高更生　语文建设　1999年第3期

BH00190　海峡两岸汉字的"书同文字"　周胜鸿　海内与海外　2000年第5期

BH04191　海峡两岸笔顺规范比较　许长安　现代语文（理论研究版）2004年第3期

C 第三部分　华语与华人社会

CA　语言变异

CA80001　香港粤语语音变异的一些情况　杨淑华　香港大学硕士学位论文　1980年
CA81002　显赫形式与香港粤语语音之变体　潘彼得　香港大学硕士学位论文　1981年
CA85003　外来语的台湾化　洪惟仁　自立晚报（中国台湾）　1985年
CA89004　中国大陆和台湾地区电脑术语语言学分析　乔伟　语文建设　1989年第6期
CA90005　台湾与大陆汉语词汇差异比较　芮月英　江苏大学学报（高教研究版）　1990年第2期
CA90006　现代汉语的欧化现象　吕玉端　新加坡国立大学中文系荣誉学士学位论文（新加坡）　1990年
CA92007　海峡两岸词语对释　语文建设　1992年第9期
CA92008　台湾"国语"词汇与大陆普通话词汇的比较　严奉强　暨南学报（人文科学与社会科学版）　1992年第2期
CA92009　台湾汉语变异漫谈　林文金　修辞学习　1992年第3期
CA92010　港台词语在大陆的使用情况　李明　汉语学习　1992年第3期
CA92011　台湾与大陆华语文书面语的差异　游汝杰　语文建设　1992年第11期
CA93012　菲律宾汉语变异浅谈　张绍滔　修辞学习　1993年第3期
CA94013　浅谈"港澳台词语"在大陆的现状和走势　孟守介　铁道师范学院学报　1994年第4期
CA94014　海外华语与现代汉语的异同　田惠刚　湖北大学学报（哲学社会科学版）　1994年第4期
CA94015　港台与大陆书面语语法差异　张宁　山东大学学报（哲学社会科学版）　1994年第4期
CA94016　香港文化词汇是如何融入普通话的　陈建民　语文建设　1994年第7期
CA95017　国内语言文化变异与香港方言前途　陈建民　普通话（中国香港）　1995年第2期
CA95018　"港式中文"的一斑　于君明　语文建设通讯（中国香港）　1995年第3期
CA96019　"港式中文"初探　张振江　当代港澳　1996年第2期
CA96020　普通话在台湾的发展与变化　曾德兴　李实学术研讨会文集　遂宁市文化局编　语文出版社　1996年
CA97021　北京、香港、台湾口语里的同形词比较　朱永锴　方言　1997年第4期
CA97022　简论世界汉语文化圈的语言变异研究　林杏光　世界汉语教学　1997年第4期
CA97023　语言的文化特性例谈——从普通话与香港话对比说起　朱永锴　谭成珠　语文建设　1997年第10期
CA98024　努力求大同　允许存小异——对香港与内地译名差异现象的浅析及其解决办法初探　鲍世修　中国翻译　1998年第4期
CA98025　香港接受外来语的几点启示　谢之君　语文建设　1998年第7期
CA99026　中国语言和中国社会　陈建民　广东教育出版社　1999年
CA99027　从几个例子看新加坡华语和普通话的词义差别　周烈婷　语言文字应用　1999年第1期

CA99028　香港与内地社会媒体语用变异分析　何自然　吴东英　陈瑞端　黄子程　学术研究　1999年第3期

CA99029　祖国大陆与台湾的语言差异辨析　任晓敏　北京邮电大学学报（社会科学版）　1999年第4期

CA99030　内地与香港的语言变异和发展　何自然　吴东英　语言文字应用　1999年第4期

CA99031　英语对香港书面汉语句法的影响——语言接触引起的语言变化　石定栩　朱志瑜　外国语（上海外国语大学学报）　1999年第4期

CA99032　"胴体"应是大陆原创　崔山佳　咬文嚼字　1999年第6期

CA99033　试论海峡两岸汉语差异的起源　郭熙　双语双方言与现代中国（汉语语言学世纪丛书）　陈恩泉主编　北京语言文化大学出版社　1999年第102—114页

CA99034　双语环境下的新加坡华语词汇异化问题　林万菁　双语双方言与现代中国（汉语语言学世纪丛书）　陈恩泉主编　北京语言文化大学出版社　1999年第183—189页

CA00035　大陆汉语与港台汉语词汇差异比较　吕书之　理论观察　2000年第2期

CA00036　多语制下香港普通话教材的"语言偏离"现象　汤志祥　谭成珠　韩萱　世界汉语教学　2000年第3期

CA00037　印尼华人的多元语言及其特征　迪德·吴托摩　东南亚华人语言研究　李如龙主编　北京语言文化大学出版社　2000年第154—162页

CA01038　澳门中文行政公文的撰写准则建议　龙裕琛　澳门理工学院和行政公职局联合出版（中国澳门）　2001年

CA01039　澳门公文与内地公文的比较研究　陈合宜　陈满祥　澳门大学中文学院语言学硕士学位论文　2001年

CA02040　新加坡华语变异概说　周清海　中国语文（中国台湾）　2002年第6期

CA02041　新加坡华语域化现象研究　王会俊　南京大学硕士学位论文　2002年

CA02042　开放中国属性：海外华人圈华语变体切片　吴英成　联合早报（新加坡）　2002-12-15

CA03043　澳门粤方言［ŋ］音节渐变研究　邵朝阳　中国社会语言学　2003年第1期

CA03044　试论大陆、台湾、香港公函的异同　张仲慧　开封教育学院学报　2003年第1期

CA03045　台湾词汇流行大陆的探考　黄国春　广西民族学院学报（哲学社会科学版）　2003年第S1期

CA03046　海峡两岸语词差异的回顾与前瞻　郑启五　现代化（中国台湾）　2003年第1期

CA03047　香港中文报刊语言变异研究——以《大公报》为例　苏金智　中国语言学报　第11期　商务印书馆　2003年

CA03048　泰国华语书面语词汇变异研究　张淑娟　河北师范大学硕士学位论文　2003年

CA04049　香港地区报刊港式中文与内地同形词语的差异分析　杨蔚　求索　2004年第2期

CA04050　当下台湾与大陆语言表达的若干差异及其成因　张会森　修辞学习　2004年第4期

CA04051　词汇语意地域变异的资讯处理问题　谭慧敏　语言、文学与资讯　罗凤珠　清华大学出版社（中国台湾）　2004年第135—163页

CA05052　台湾的字母词语及其与大陆的差异　原新梅　河南大学学报（社会科学版）　2005年第6期

CA06053　港式中文的变异特点及其形成机制　邵敬敏　石定栩　山高水长：丁邦新先生七秩寿

庆论文集　中研院语言学研究所（中国台湾）　2006年第625—644页

CA07054　新加坡华语变异概说　周清海　全球化环境下的华语文教学（南洋大学学术论丛1）　周清海　新加坡青年书局（新加坡）　2007年第11—24页

CA07055　语言变体产生的因素　周清海　全球化环境下的华语文教学（南洋大学学术论丛1）　周清海　新加坡青年书局（新加坡）　2007年第33—53页

CA07056　语言变体、文言、字词与对外汉语教学　周清海　全球化环境下的华语文教学（南洋大学学术论丛1）　周清海　新加坡青年书局（新加坡）　2007年第89—104页

CA07057　语言变异和语言教育　周清海　全球化环境下的华语文教学（南洋大学学术论丛1）　周清海　新加坡青年书局（新加坡）　2007年第131—138页

CA10058　基于语料库的新加坡单字词变异研究　曾若媛　新加坡国立大学中文系荣誉学士学位论文（新加坡）　2010年

CB　语言接触

CB72001　闽方言"有无句"对华语的影响　周清海　星洲日报（新加坡）　1972-10-10

CB73002　非对称双语现象：从社会语言学研究粤语移民　邹嘉彦　中国语文教师学会学报（美国）　1973年第3期

CB78003　新加坡华语的外来成分　曾忆蕊　新加坡国立大学中文系荣誉学士学位论文（新加坡）　1978年

CB81004　台语与官话转换准则　Lee Yenling　语言科学研究（美国）　1981年

CB82005　泛论本地华语的外来词问题　李清荣　中教学报（新加坡）　1982年第8期

CB86006　中国非"国语"区原方言对于学习"国语"语法的干扰　顾百里　王维周　淮北煤师院学报（社科版）　1986年第3期

CB86007　"香港话"还是"普通话"？　许志荣　信报（中国香港）　1986年第11期

CB87008　"盒巴"的孕育——新加坡华语借词的特殊迹象　吴英成　源（新加坡）　1987年第3期

CB88009　香港话中受欢迎的数字　肖正芳　中国语文天地　1988年第2期

CB88010　"罗惹华语"——新加坡华语讯码转换分析　吴英成　华语研究（新加坡）　1988年第2期

CB88011　彰化、云林地区客家人的语言转换　杨名暖　辅仁大学硕士学位论文（中国台湾）　1988年

CB88012　国、台语语言变换使用的句法初探　程玉秀　台湾师范大学硕士学位论文（中国台湾）　1988年

CB89013　台港与大陆的词语理解　徐幼军　语文建设　1989年第3期

CB89014　闽南语在当代文学作品中的出现方式及对北方方言的若干影响　林良　华文世界（中国台湾）　1989年第3期

CB89015　闽南方言在台湾文学作品中的应用　李瑞腾　华文世界（中国台湾）　1989年第3期

CB89016　桃园地区之语言行为和语族活力调查研究　温念梅　台湾师范大学硕士学位论文（中国台湾）　1989年

CB90017　闽南语在当代文学作品中的出现方式及对北方方言的若干影响　林良　华文世界（中

国台湾）1990 年第 3 期

CB90018　闽南方言在台湾文学作品中的运用——以现代新诗为例　李瑞腾　华文世界（中国台湾）　1990 年第 3 期

CB90019　现代汉语的欧化现象　吕玉端　新加坡国立大学中文系荣誉学士学位论文（新加坡）1990 年

CB91020　新加坡潮州话的外语借词和特殊词语　李永明　方言　1991 年第 1 期

CB91021　葡萄牙话对澳门话的影响　胡培周　方言　1991 年第 4 期

CB91022　深究华语"杂化"的因素　刘培芳　联合早报（新加坡）1991-3-17

CB91023　没有纯正的华语　谢名平　联合早报（新加坡）1991-3-17

CB91024　"混同语"会长期存在　汪惠迪　联合早报（新加坡）1991-3-27

CB91025　台湾语与日语同化反同化斗争的回顾　张振兴　语言·文化·社会　中国社会科学院语言文字应用研究所社会语言学研究室　语文出版社　1991 年

CB92026　台湾现行外来语言的问题　姚荣松　台湾师大学报（中国台湾）1992 年第 6 期

CB92027　新加坡舆论关注中国大陆的语文生活　语文建设　1992 年第 8 期

CB92028　论汉语词汇的丰富和贫乏杂乱和欠缺——并建议各地区设立"语词观测站"　姚德怀　语文建设通讯（中国香港）1992 年第 9 期

CB93029　论新加坡华语及方言中的语码选择的问题　许佩娟　新加坡国立大学中文系荣誉学士学位论文（新加坡）1993 年

CB93030　从社会语言学的观点看"国语"中的台语借词　谢菁玉　辅仁大学硕士学位论文（中国台湾）1993 年

CB93031　台湾地区"国语"代号转换现象之研究　苏正造　师范大学硕士学位论文（中国台湾）1993 年

CB94032　论新加坡标准英语的建立原则和语言特点　朱跃　现代外语　1994 年第 4 期

CB94033　谈两岸语言文字的统一　王兴佳　科技文萃　1994 年第 6 期

CB94034　香港文化词汇是如何融入普通话的　陈建民　语文建设　1994 年第 7 期

CB94035　广州话对新加坡华语的影响　张楚浩　第一届国际粤方言研讨会论文集　单周尧　香港现代教育研究社　1994 年第 51—64 页

CB94036　国、台语夹杂现象之研究：移借、附加与语符转换　廖月珍　静宜大学硕士学位论文（中国台湾）1994 年

CB95037　美加地区华语方言的教育、保持与消长　李英哲　华文世界（中国台湾）1995 年第 3 期

CB95038　台语说辞中夹用"国语"词汇之现象分析　施玉惠　第一届台湾语言国际研讨会论文选集（中国台湾）1995 年

CB95039　"拉长"与"科文"——英语对香港词语的影响　苏金智　中国教育报　1995-5-22

CB96040　西方语言文化对现代汉语词汇的影响——《现代汉语词汇的形成及向"国语"的进化：1840—1898》评介　赵艳芳　国外语言学（现当代语言学）1996 年第 1 期

CB96041　许嘉璐谈两岸语言文字学术交流　宝刚忠贤　台声　1996 年第 11 期

CB96042　竞争中的语言——以台语和"国语"为个案研究　蔡淑仪　辅仁大学硕士学位论文（中国台湾）1996 年

CB96043	文字混用局面何时才能结束？ 汪惠迪 联合早报（新加坡）1996-12-10
CB97044	台、华语的接触与同义语的互动 郑良伟 远流出版社（中国台湾） 1997年
CB97045	多文化语言交际中的新加坡英语 陶莉 沈阳师范学院学报（社会科学版）1997年第1期
CB97046	香港粤语里的英语词语 汤志祥 方言 1997年第3期
CB97047	英语对香港语言使用的影响 苏金智 中国语文（中国台湾）1997年第3期
CB97048	港台"国语"与大陆普通话复合构词的差异 伍和忠 广西师院学报（哲学社会科学版） 1997年第3期
CB97049	汉语方言与共同语的双向吸收 邓骏捷 澳门语言学刊（中国澳门）1997年第4期
CB97050	香港作家作品中的文言因素 卢卓群 双语双方言（五）陈恩泉编 香港汉学出版社 1997年第62—74页
CB97051	马来西亚粤语中的借词问题初探 千岛英一 樋口靖 第五届国际粤方言研讨会论文集 詹伯慧主编 暨南大学出版社 1997年第113—120页
CB98052	香港语文的一些"白中夹文"现象 卢卓群 语文建设通讯（中国香港）1998年第4期
CB98053	香港接受外来语的几点启示 谢之君 语文建设 1998年第7期
CB98054	新加坡华语中的语码夹杂现象 陈美玲 语文建设 1998年第10期
CB98055	汉语方言接触的几个类型——并论"国语"声调及闽语唇音声母演变的两个问题 丁邦新 语言学论丛（第20辑） 北京大学中文系《语言学论丛》编委会编 北京大学出版社 1998年
CB98056	多语社会与语码转换——澳门语言状况的分析与思考 黄翊 澳门：语言博物馆 黄翊 龙裕琛等 和平图书·海峰出版社（中国香港） 1998年第1—48页
CB98057	"国语"、台语、客语三语语码转换 林杏嫔 静宜大学硕士学位论文（中国台湾）1998年
CB98058	语者调适在台湾方言辨识之研究 杨万兴 交通大学硕士学位论文（中国台湾）1998年
CB98059	欢迎新"同志" 汪惠迪 联合早报（新加坡）1998-1-24
CB99060	浅谈港台和大陆词语的差异模式 李文斌 南平师专学报 1999年第1期
CB99061	新加坡华人英语、华语语码转换策略的研究 王晓梅 南洋理工大学中华语言文化中心硕士学位论文（新加坡） 1999年
CB99062	本土杂烩语：烧不尽的野草 吴英成 联合早报（新加坡）1999-8-31
CB99063	澳门言语社会在语际交流中的语码转换 黄翊 中国语文（中国台湾）1999年第1期
CB00064	香港媒体语言中的语码夹杂现象 王静 常熟高专学报 2000年第5期
CB00065	语言接触国际圆桌学术会议在香港举行 罗美珍 民族语文 2000年第6期
CB00066	台式日语与台湾"国语"：百年来在台湾发生的两个语言接触的实例 曹逢甫 汉学研究（中国台湾） 2000年第12期
CB00067	台语教学政策之我见 黄美兰 华文世界（中国台湾）2000年第95期
CB00068	广州话与普通话互动的新趋势 曾子凡 第七届国际粤方言国际研讨会论文集 单周尧、陆镜光编 商务印书馆 2000年第28—33页

CB00069　英语借词对现代粤语及汉语词法的影响　吴东英　第七届国际粤方言研讨会论文集　单周尧　陆镜光编　商务印书馆　2000年第307—314页

CB00070　语言的接触和趋同——论粤语对新加坡通俗华语及英语的影响　陈玉珊　第七届国际粤方言研讨会论文集　单周尧　陆镜光编　商务印书馆　2000年第47—54页

CB00071　《华夷通语》研究　李如龙　东南亚华人语言研究　李如龙主编　北京语言文化大学出版社　2000年第109—124页

CB00072　新加坡华语会话中语码夹杂模式的研究　张永慧　新加坡国立大学中文系荣誉学士学位论文（新加坡）　2000年

CB01073　香港与新加坡大专学生繁简字认读能力调查　万波　语言文字应用　2001年第2期

CB01074　澳门戏剧作家笔下的双语现象　陈淑梅　第三届国际华文教育研讨会论文集　中国海外交流协会文教部编　华语教学出版社　2001年第61—74页

CB01075　闽南语对鹿港学生英语发音之影响　戴孜妤　高雄师范大学硕士学位论文（中国台湾）　2001年

CB01076　"国语"言谈中英语与闽南语的夹用　张淑贞　台湾师范大学硕士学位论文（中国台湾）　2001年

CB01077　从"词汇定义工作"探索台北地区双语儿童的语言能力台湾双语及多语研究　李佩芬　台湾大学硕士学位论文（中国台湾）　2001年

CB01078　新加坡话语语码夹杂中的单词　张淑娟　新加坡国立大学中文系荣誉学士学位论文（新加坡）　2001年

CB02079　歪风卑格·中英夹杂——鸡尾文体的检讨　陈耀南　语言风格论集　程祥徽　黎运汉主编　南京大学出版社　2002年

CB02080　台湾"国语"中的方言借词　汤志祥　第六届闽方言国际研讨会会议论文集（中国香港）　2002年

CB02081　澳门土生葡语粤语借用词语初探　陈力志　暨南大学硕士学位论文　2002年

CB02082　澳门粤语中的葡语借词研究　孙锡亮　暨南大学硕士学位论文　2002年

CB02083　桃园大牛栏台闽语、客语接触之语音变化与语言转移　陈淑娟　台湾大学硕士学位论文　2002年

CB02084　"阿里峇峇"遭遇"阿里巴巴"　钟天祥　联合早报（新加坡）　2002-12-23

CB03085　语言学：社会的使命　张建华　邵朝阳　澳门语言学会·中国社会语言学会（中国澳门）　2003年

CB03086　新加坡英语的几个语法特点　包智明　外语教学与研究　2003年第1期

CB03087　香港粤语与英语的语码转换　李楚成　外语教学与研究　2003年第1期

CB03088　从台湾当代小说看海峡两岸汉语的语法差异——兼析两岸语言融合的态势　侯昌硕　延安大学学报（社会科学版）　2003年第4期

CB03089　20年来英语对中国大陆现代汉语词法和句法的影响　郭鸿杰　周国强　外语教学　2003年第5期

CB03090　台湾中文词汇之新日语借词研究：日本流行文化影响之下产生的新借词　王国龄　东吴大学硕士学位论文（中国台湾）　2003年

CB04091　谈香港影评中的语码转换　杨振兴　中山大学学报论丛　2004年第2期

CB04092　香港、新加坡、马来西亚华人语言中的语码转换现象　黄敏　新疆教育学院学报　2004年第2期
CB04093　试析台湾平埔族语言转用问题　杨梅　中央民族大学学报　2004年第2期
CB04094　从港澳台等地的语言使用情况看普通话的推广　童小娥　南华大学学报（社会科学版）2004年第4期
CB04095　中文报纸夹用台语及英语现象探讨之社会语言学研究　李淑雅　高雄第一科技大学硕士学位论文（中国台湾）2004年
CB04096　台湾报纸广告中国台语的夹用现象　陈冠雅　台湾师范大学硕士学位论文（中国台湾）2004年
CB04097　汉英语言混用研究——以香港国际学校为例　张絮茵　台湾师范大学硕士学位论文（中国台湾）2004年
CB05098　英语对现代汉语的影响——语言认知研究法　郭鸿杰　上海交通大学出版社　2005年
CB05099　汉语对新加坡英语的影响　高海燕　宜宾学院学报　2005年第3期
CB05100　香港社区英文词语夹用现象剖析　邵敬敏　吴立红　语言文字应用　2005年第4期
CB05101　从方言杂处到广府话为主——1949—1971年间香港社会语言转型的初步探讨　刘镇发　苏咏昌　中国社会语言学　2005年第5期
CB05102　略嫌咯牙的黄米饭（1）——管窥台湾日文汉译与大陆之不同　陈岩　日语知识　2005年第6期
CB05103　新加坡小说语篇中的语码转换　杨汝福　河南教育学院学报（哲学社会科学版）2005年第6期
CB05104　新加坡闽南语对"华语"的影响　刘倩　七彩方言——方言与文化趣谈　甘于恩主编　华南理工大学出版社　2005年第69—70页
CB05105　马来西亚吉隆坡粤语之马来语借词研究　冼伟国　暨南大学硕士学位论文　2005年
CB05106　新中语言南来北上　张从兴　联合早报（新加坡）2005-10-1
CB06107　汉语与外语：两百年来汉语演化进程剪影　姚德怀　汉语文走向世界　谭慧敏编　南大中华语言文化中心、八方文化创作室（新加坡）2006年第101—116页
CB06108　马来西亚华语与方言的竞争　王晓梅　汉语文走向世界　谭慧敏编　南大中华语言文化中心、八方文化创作室（新加坡）2006年第163—184页
CB06109　从语言接触看汉语影响新加坡英语　何子石　华中师范大学硕士学位论文　2006年

CC　语言态度

CC85001　香港的权势、团结、奢侈：社会语言学上的研究　张日昇　人类语言学（中国香港）1985年第2期
CC87002　台湾地区语言态度、语言使用及族类认同之调查研究　吕丽蓉　辅仁大学硕士学位论文（中国台湾）1987年
CC88003　香港地区的语言态度和语言应用——对普通话的考察　潘道生　中国语文（中国台湾）1988年第6期
CC88004　方言族群语言认同与大众媒介使用之关联性研究——以闽南语语族为例　方念萱

政治大学硕士学位论文（中国台湾）1988年

CC90005　我们怎样看待华文　卢绍昌　华语论集续集　卢绍昌　新加坡国立大学华语研究中心（新加坡）1990年第161—165页

CC92006　台湾语言危机　洪惟仁　前卫出版社（中国台湾）1992年

CC92007　大台北地区民众对电视节目国台语并用的看法　民意月刊（中国台湾）1992年第2期

CC92008　新加坡推广华语运动今年进入第14个年头　蔡丽　八桂侨史（现八桂侨刊）1992年第3期

CC94009　从语言问题看台湾的认同危机（上）　张保民　国魂（中国台湾）1994年第3期

CC96010　语言与群体意识及认同　谢国平　台湾语言发展学术研讨会论文集　1996年第6期

CC98011　回归前香港、北京、广州的语言态度　高一虹　苏新春　周雷　外语教学与研究　1998年第2期

CC98012　留住方言留住根——杂议新加坡推广华语与汉语方言　詹伯慧　岭南文史　1998年第2期

CC98013　欢聚在华语之桥上——马来西亚散记（上）　冯春富　江海侨声（现华人时刊）1998年第2期

CC98014　欢聚在华语之桥上——马来西亚散记（下）　冯春富　江海侨声（现华人时刊）1998年第3期

CC98015　香港转变中的语言态度　龙惠珠　华文世界（中国台湾）1998年第6期

CC98016　从语言态度到"国语"教学　龙惠珠　华文世界（中国台湾）1998年第9期

CC99017　母语——打开文化宝库的钥匙　吴元华　SNP综合出版私人有限公司（新加坡）1999年

CC99018　新加坡华人的语言态度及其对语言能力和语言使用的影响　陈松岑　语言教学与研究　1999年第1期

CC99019　两岸架起文字统合金桥　绿水　江海侨声（现华人时刊）1999年第14期

CC99020　母语的问题到底谁会焦虑　张夏惟　源（新加坡）1999年第45期

CC99021　新加坡华语变体语言态度调查研究　陈碧珊　南洋理工大学中国语言文化系荣誉学位论文（新加坡）1999年

CC99022　台语书面语的语言态度的调查　Chiung Wi. Von. Taiffalo　德克萨斯大学硕士学位论文（美国）1999年

CC99023　港式中文与岛民心态　刘伟清　明报（中国香港）1999-8-3

CC99024　海外华裔学生立志寻回自己的"根"　王贵南　联合早报（新加坡）1999-12-29

CC00025　母族文化与民族自尊　杜珠成　华文世界（中国台湾）2000年第12期

CC00026　进一步提升中文水准　重新认识方言的价值　甘于恩　东南亚华人语言研究　李如龙主编　北京语言文化大学出版社　2000年第16—32页

CC00027　新加坡华人的语言态度和语言使用情况的研究报告　陈松岑　徐大明　谭慧敏　东南亚华人语言研究　李如龙主编　北京语言文化大学出版社　2000年第48—90页

CC00028　新加坡的语言使用和语言态度的调查　陈松岑　徐大明　谭慧敏　二十一世纪的挑战——新加坡华语文的现状与未来（南洋理工大学丛书）陈照明主编　联邦出版社（新加坡）2000年第19—37页

CC00029	新加坡中学生语言使用与语言态度调查　吴英成　林惜莱　二十一世纪的挑战——新加坡华语文的现状与未来（南洋理工大学丛书）　陈照明主编　联邦出版社（新加坡）2000年第55—72页
CC00030	试论华人马来语的历史作用　许友年　东南亚华人语言研究　李如龙主编　北京语言文化大学出版社　2000年第91—108页
CC00031	讲华语运动与新加坡华人的文化认同　庄致彤　新加坡国立大学硕士学位论文（新加坡）2000年
CC00032	母语是安身立命的助缘　杜维明　联合早报（新加坡）2000-1-4
CC00033	让本土认同、国际接轨巧妙平衡　吴英成　中国时报（中国台湾）2000-11-29
CC00034	精通华语能保留自身饭碗——泰国华人掀起学习华文热　东南亚纵横　2000年第1期
CC01035	新加坡推广华语运动的进程及启示　彭志红　语文建设　2001年第2期
CC01036	泰国曼谷华人的华语观　刘岩　民族教育研究　2001年第4期
CC01037	影响香港人方言和普通话态度的因素　刘镇发　傅康德　香港客粤方言比较研究　刘镇发　暨南大学出版社　2001年第39—52页
CC01038	新加坡华人英校生的文化认同（1979—1999）　潘秋华　新加坡国立大学中文系荣誉学士学位论文（新加坡）2001年
CC01039	不健康的华文恐惧心态　蔡深江　联合早报（新加坡）2001-4-29
CC01040	来自讲华语家庭的自豪感　李美贤　联合早报（新加坡）2001-5-5
CC01041	新加坡人不会永远缺席　李昀　联合早报（新加坡）2001-8-29
CC01042	先贤办学艰难　后人应爱母语　区如柏　联合早报（新加坡）2001-9-3
CC01043	新加坡华人的中文——情归何处　刘学敏　联合早报（新加坡）2001-9-30
CC01044	以新角度看待华文　李伟　联合早报（新加坡）2001-10-6
CC02045	大陆与香港语词融合社会心理透视　王静　徐雪平　常熟高专学报　2002年第1期
CC02046	新加坡华人身份认同意识的转变　李元瑾　新马华人：传统与现代对话　李元瑾　南洋理工大学中华语言文化中心（新加坡）2002年第55—76页
CC02047	客语课程与教学之行动研究——从台北县国小客家籍学生的认同与理解出发　陈锦田　台北师范学院硕士学位论文（中国台湾）2002年
CC03048	学生对于国、客语语码混合之教学语言的态度调查研究　罗晖玲　新竹师范学院硕士学位论文（中国台湾）2003年
CC03049	台湾地区民众对目前语言教育政策所持之态度及其语言族群忠诚度之研究　鄂贞君　高雄师范大学硕士学位论文（中国台湾）2003年
CC03050	屏东县国小学童乡土语言态度调查研究　施任芳　屏东师范学院硕士学位论文（中国台湾）2003年
CC03051	周清海：双语教育引人深思问题"华语是不成功人士语言"　潘星华　联合早报（新加坡）2003-11-30
CC04052	日据台湾的语言殖民和语言运动　计璧瑞　中国现代文学研究丛刊　2004年第1期
CC04053	从台湾语言意识与外语观调查看台湾语言文字使用情况　苏金智　台湾及东南亚华文华语研究　华人地区语文生活与语文计划国际学术研讨会编　2004年第27—38页
CC05054	语言、认同与去殖民　蒋为文　成功大学出版社（中国台湾）2005年

CC05055　美国语境里的中国文化：华裔文化　徐颖果　南开学报（哲学社会科学版）2005年第4期

CC06056　新加坡华族族群认同的变迁及对中国的启示　许小颖　毛力群　语言规划的理论与实践：第四届全国社会语言学学术研讨会论文集　教育部语用所社会语言学与媒体语言研究室编　语文出版社　2006年

CC06057　探讨汉语文作为二十一世纪东亚共同语文之一的可能性　钟志邦　汉语文走向世界　谭慧敏　南大中华语言文化中心、八方文化创作室（新加坡）2006年第117—128页

CC06058　工人党主席林瑞莲：懂华文对政治人物是一种优势　周殊钦　联合早报（新加坡）2006-10-28

CC06059　新加坡华语与民族认同——浅析新加坡儿童华语特色　吴福焕　赵春生　刘永兵　第五届中国社会语言学国际学术研讨会暨第五届全国社会语言学学术研讨会　2006年

CC07060　现代华人社会中称说汉语方式多样性的再考察　郭熙　南开语言学刊　2007年第1期

CC07061　以"国、中、汉、华、唐"为上字的词与社会认同建构　郭熙　语言教学与研究　2007年第4期

CC07062　新加坡学前儿童华语使用与国家认同　吴福焕　赵春生　刘永兵　中国社会语言学　2007年第1期

CD　语言运动

CD34001　国语运动史纲　黎锦熙　商务印书馆　1934年
CD68002　新加坡"国语"运动　南洋文摘社　南洋文摘　1968年第2期
CD75003　中国"国语"运动　李壬癸　华文世界（中国台湾）1975年第4期
CD79004　台湾文字改革运动史略　廖毓文　文献资料选集　1979年
CD79005　新加坡全国开展推广华语运动　人民日报　1979-9-10
CD80006　新加坡推广华语（普通话）运动　袁惠慈　华侨问题资料　1980年第1期
CD80007　新加坡推广华语（普通话）运动资料选辑（五篇）　尚手　语文现代化（第3辑）知识出版社　1980年
CD80008　新加坡大力推广汉语普通话　良知　国外语言学（现当代语言学）1980年第6期
CD81009　李光耀为什么要推广华语运动　陈烈甫　艺文志（中国台湾）1981年第5期
CD81010　为新加坡推广华语献言　张孝裕　中国语文（中国台湾）1981年第6期
CD81011　新加坡和香港的语文改革　李乐毅　语文现代化（第5辑）知识出版社　1981年第174—188页
CD82012　如何使"国语"运动往下扎根　王孟武　中国语文（中国台湾）1982年第1期
CD82013　新加坡政府大力推广标准华语近况　语文建设　1982年第1期
CD82014　菲宗联会推行"国语"运动　潘肇英　华文世界（中国台湾）1982年第3期
CD82015　我国"国语"运动之发展及其重要政策　杨国赐　社教系列（中国台湾）1982年第6期
CD82016　中国近代知识普及化之自觉及"国语"运动　王尔敏　近代史研究所集刊（中国台湾）1982年第7期

CD82017	民国初期的"国语"运动　卓文义　编译馆馆刊（中国台湾）1982年第12期
CD83018	台湾地区"国语"运动史料　张博宇　台湾学生书局（中国台湾）1983年
CD84019	新加坡是怎样推广华语（即普通话）的　李建安　光明日报　1984-2-4
CD84020	新加坡推广华语　郭振羽　明报月刊（中国香港）1984年第12期
CD85021	新加坡推广华语运动　烽林　世界知识　1985年第1期
CD85022	台湾推行"国语"的历史和现状　何景贤　语文建设通讯（中国香港）1985年第17期
CD86023	台湾乡土话文运动　李献璋　台湾文艺（中国台湾）1986年第9期
CD88024	推广华语运动：昂然进入第10年　新加坡交通及新闻部推广华语秘书处（新加坡）1988年
CD88025	新加坡的推行华语运动　詹伯慧　语文建设　1988年第6期
CD89026	十年华语：1979—1989　新加坡交通及新闻部推广华语秘书处（新加坡）1989年
CD89027	推广华语运动开幕演讲专集（1979—1989）李成业　新加坡交通及新闻部（新加坡）1989年
CD89028	新加坡的推广华语运动　冯成豹　广东民族学院学报（社会科学版）1989年第2期
CD90029	"国语"运动的缘起与民国的"国语"运动（1）田哲益　中国语文（中国台湾）1990年第6期
CD90030	"国语"运动的缘起与民国的"国语"运动（2）田哲益　中国语文（中国台湾）1990年第7期
CD90031	"国语"运动的缘起与民国的"国语"运动（3）田哲益　中国语文（中国台湾）1990年第8期
CD90032	新加坡华语运动须更上一层楼　亚洲周刊（中国香港）1990-10-28、43
CD90033	讲华语运动是沙文主义　WeeHanKim　联合早报（新加坡）1990-11-13
CD90034	新加坡讲华语运动引发大论战　亚洲周刊（中国香港）1990-11-25、41
CD91035	台湾话与日语同化反同化斗争的回顾　张振兴　语言·社会·文化　语言文字应用研究所社会语言学研究室编　语文出版社　1991年
CD92036	我对澳门推广普通话工作的认识　于根元　澳门语言论集　澳门社会科学学会出版　1992年
CD92037	寻找民族的根，经济的动力，新加坡华语运动再进阶　刘蕴芳　工商世界　1992年第3期
CD92038	著名音乐家黎锦晖先生对"国语"运动的贡献　黎泽渝　首都师范大学学报（社会科学版）1992年第6期
CD94039	台湾推行"国语"的历史和现状　仇志群　台湾研究　1994年第4期
CD95040	语言、社会与族群意识　黄宣范　文鹤出版有限公司（中国台湾）1995年
CD95041	"国语"运动与日语运动：比较的研究　黄宣范　语言、社会与族群意识　文鹤出版有限公司（中国台湾）1995年第88—126页
CD95042	台湾的语言战争及战略分析　洪惟仁　第一届台湾本土文化学术研讨会论文集（上）台湾师范大学（中国台湾）1995年
CD96043	黎锦熙先生与"国语"运动　梁容若　文史精华　1996年第4期
CD96044	华语运动：前因后果　张楚浩　新加坡社会和语言　云惟利　南洋理工大学中华语言文

化中心（新加坡）1996 年第 125—137 页

CD96045　华语运动：成就与问题　谢世涯　新加坡社会和语言　云惟利　南洋理工大学中华语言文化中心（新加坡）1996 年第 139—157 页

CD98046　留住方言留住根：杂议新加坡推广华语与汉语方言　詹伯慧　岭南文史　1998 年第 2 期

CD98047　新加坡的推广华语运动　卢绍昌　语言文字应用　1998 年第 3 期

CD98048　日本华侨学校教育的发展历程——以神户中华同文学校为典例的研究　三滨成太　厦门大学南洋研究院硕士学位论文　1998 年

CD98049　短刃与长剑齐舞：第 20 届讲华语运动的新起点　周清海　吴英成　联合早报（新加坡）1998-9-21

CD98050　讲华语运动进入 20 年——旧瓶装醇酒　郭振羽　联合早报（新加坡）1998-10-4

CD00051　新加坡讲华语运动：第 20 年的新起点　吴英成　周清海　立说传薪风雨人——庆祝詹伯慧教授从教 45 周年　詹伯慧主编　暨南大学出版社　2000 年第 192—199 页

CD00052　历史重演？新加坡两场跨世纪的华语运动　李元瑾　二十一世纪的挑战——新加坡华语文的现状与未来（南洋理工大学丛书）　陈照明　联邦出版社（新加坡）2000 年第 98—125 页

CD00053　马来西亚华族争取民族母语教育的抗争　周聿峨　东南亚研究　2000 年第 4 期

CD00054　台湾客家运动之研究（1987—2000）　曾金玉　台湾师范大学硕士学位论文（中国台湾）2000 年

CD02055　日据时期台湾话文运动述论　陈小冲　台湾研究集刊　2002 年第 2 期

CD02056　魏建功先生在朝鲜教汉语和在台湾推广"国语"的贡献　赵金铭　世界汉语教学　2002 年第 3 期

CD02057　魏建功等"语文学术专家"与光复初期台湾的"国语"运动　汪毅夫　东南学术　2002 年第 6 期

CD02058　客家母语运动的语艺历程（1987—2001）　谢文华　辅仁大学硕士学位论文（中国台湾）2002 年

CD03059　新加坡推广华语的一些经验　谢泽文　新加坡华文教学论文三集　谢泽文编　新加坡华文研究会（新加坡）2003 年第 10—17 页

CD04060　台湾光复后的"国语"推行运动和《国音标准汇编》　鲁国尧　语文研究　2004 年第 4 期

CE　语言政策

CE66001　新加坡教育调查委员会报告书　林溪若等九人　学生书局（新加坡）1966 年

CE72002　从政治环境的变迁看华校学潮与政府政策（一九五四——九五六）　林菊英　南洋大学历史系学士学位论文（新加坡）1972 年

CE76003　海洋东南亚各国的语言政策　陈达生　新加坡语言学会（创刊号）语文论集　新加坡教育出版社（新加坡）1976 年

CE77004　华文应用文改革研讨会报告书　卢绍昌　李成业　南洋大学华语研究中心（新加坡）1977 年

CE79005	全国华文小学教育研讨会报告书　杨伟群　教育出版社（新加坡）　1979 年
CE81006	光复以来台湾"国语"国文教育概观（1945—1981）　梁容若　语文现代化（总第五辑）　1981 年第 150—153 页
CE81007	台湾省光复后的"国语"推行工作　俞敏　语文现代化（总第五辑）（美国）　1981 年第 172—174 页
CE88008	印尼消灭华文、华语的新措施　L.哈山　华人（美国）　1988 年第 1 期
CE88009	谈谈方言和普通话——在新加坡华文研究会的讲话　詹伯慧　暨南学报（哲学社会科学版）　1988 年第 4 期
CE89010	澳大利亚的语言政策和汉语状况　刘宁生　汉声（中国台湾）　1989 年第 26 期
CE92011	中文官方地位的提出与实现　程祥徽　行政（中国澳门）　1992 年总第 16 期
CE92012	新加坡华文的命运　史靖　华人　1992 年第 1 期
CE92013	澳门的双语制与汉语文的规范化　陆世光　澳门语言论集　澳门社会科学学会　1992 年
CE92014	香港 1997 之后的语言政策　游顺钊　香港语言教育论文集：21 世纪的展望　陆镜光　香港语言学学会　1992 年第 15—29 页
CE92015	台湾的语言政策与语言问题　洪惟仁　台湾语言危机　前卫出版社（中国台湾）　1992 年
CE93016	普通话在未来香港的地位　史有为　普通话　1993 年第 2 期
CE94017	新加坡共和国的语文政策与华语华文教育　胡瑞昌　河北师院学报（社会科学版）　1994 年第 1 期
CE96018	包青天解禁小龙女放行——东南亚地区华语政策有所调整　邵燕君　华声（新加坡）　1996 年第 1 期
CE96019	试论 1997 与香港中国语文政策　田小琳　中国人民大学学报　1996 年第 4 期
CE96020	语言政策和语言计划　郭振羽　新加坡社会和语言　云惟利编　南洋理工大学中华语言文化中心（新加坡）　1996 年第 57—73 页
CE96021	香港语言政策探讨：普通话教学如何推行？　梁仲森　第五届国际汉语教学讨论会论文选　《第五届国际汉语教学讨论会论文选》编辑委员会　北京大学出版社　1996 年
CE97022	香港未来语文政策刍议　陈浩海　广东民族学院学报　1997 年第 2 期
CE97023	论新加坡华语文的政治价值　吴元华　南大语言文化学报（新加坡）　1997 年第 2 期
CE98024	台湾地区语言政策述论　黄顺益　中山中文学刊（中国台湾）　1998 年第 4 期
CE98025	在地的文学研究——台湾的语言政策　黄琼华　台湾文艺（新生版）（中国台湾）　1998 年第 8 期
CE98026	台湾和新加坡近二三十年来的语言政策与华族母语的兴衰　云惟利　台湾语言及其教学国际研讨会论文集　台湾语文学会编　1998 年
CE99027	务实的决策：人民行动党与政府的华文政策研究 1954—1965　吴元华　联邦出版社（新加坡）　1999 年
CE99028	中、港、新三地汉英语言政策与语言教育人民行动党与政府的华文政策研究 1954—1965　吴元华　联邦出版社（新加坡）　1999 年
CE99029	澳门中文官方地位的提出与实现　程祥徽　澳门政府行政杂志（中国澳门）　1999 年第 16 期
CE99030	论双语交融过程中词语的规范　陈恩泉　双语双方言与现代中国（汉语语言学世纪

	丛书）陈恩泉主编　北京语言文化大学出版社　1999年第20—35页
CE99031	香港回归后语言生活走向刍议　傅雨贤　双语双方言与现代中国（汉语语言学世纪丛书）陈恩泉主编　北京语言文化大学出版社　1999年第94—10页
CE99032	1956年新加坡学潮——政治环境与华文教育政策　黄建基　新加坡国立大学中文系荣誉学士学位论文（新加坡）　1999年
CE99033	政府宣布培养华文精英政策　让更多学生修读高级华文　联合早报（新加坡）　1999-1-21
CE00034	影响新加坡双语教育政策的若干因素分析　李阳琇　江西师范大学学报　2000年第4期
CE00035	新加坡汉字规范的回顾与前瞻　谢世涯　二十一世纪的挑战——新加坡华语文的现状与未来（南洋理工大学丛书）陈照明编　联邦出版社（新加坡）　2000年第138—143页
CE00036	国族主义影响下的语言政策及华语教学　李惠敏　台湾师范大学硕士学位论文（中国台湾）　2000年
CE01037	试论香港回归中国后的语文教育政策　田小琳　语言文字应用　2001年第1期
CE02038	各国语言政策：多元文化与族群平等　施正锋　前卫出版社（中国台湾）　2002年
CE02039	新加坡语文政策的调整　韦红　高等函授学报（哲学社会科学版）　2002年第5期
CE02040	台湾母语教育之问题与前景　施宣甫　静宜大学硕士学位论文（中国台湾）　2002年
CE02041	台湾母语教育政策之研究——以闽南语教育为例　蔡真宜　台湾师范大学硕士学位论文（中国台湾）　2002年
CE02042	解严以来（1987～）台湾母语教育政策制定过程之研究　陈宏宾　台湾师范大学硕士学位论文（中国台湾）　2002年
CE02043	香港三语两文政策值得参考　杨聪荣　中国时报（中国台湾）　2002-3-13
CE03044	新世纪的澳门语言策略　程祥徽　语言文字应用　2003年第1期
CE03045	论台湾新拟"国家语言"的语言身份和地位——从《"国语"推行办法》的废止和语言立法说起　金美　厦门大学学报（哲学社会科学版）　2003年第6期
CE03046	语言政策及指定"语言公平法"之研究　施正锋　张学谦　前卫出版社（中国台湾）　2003年
CE03047	多语共存：新加坡语言政策研究　徐大明　李岿　国家、民族与语言——语言政策国别研究　中国社会科学院民族研究所"少数民族语言政策比较研究"课题组　国家语言文字工作委员会政策法规室编　语文出版社　2003年
CE04048	华人地区语言生活和语文政策研究　李如龙　厦门大学学报（哲学社会科学版）　2004年第3期
CE04049	新加坡双语教育政策下的华文处境　郝洪梅　国外外语教学　2004年第3期
CE04050	新加坡语言状况及语言政策研究　刘汝山　鲁艳芳　中国海洋大学学报（社会科学版）　2004年第3期
CE04051	新西兰与中国语言政策对比研究及启示　李桂南　广西师范学院学报　2004年第4期
CE04052	论新加坡语言政策规划的政治考量　阮岳湘　学术论坛　2004年第5期
CE04053	新加坡的语言政策：多语制和双语制　刘满堂　语言规划与语言政策：理论与国别研究　周玉忠编　中国社会科学出版社　2004年第302—308页
CE04054	试论香港回归中国后的语文教育政策　田小琳　田小琳语言学论文集　田小琳　商务

印书馆（香港）有限公司（中国香港） 2004 年第 12—26 页

CE04055 两岸语言文化政策的主要差异及其得失经验评议　钱奠香　台湾及东南亚华文华语研究　李如龙　苏新春编　霭明出版社（中国香港） 2004 年第 6—26 页

CE04056 李显龙总理有关华语文政策的语录　吴元华　华语文在新加坡的现状与前景　吴元华　创意圈出版社（新加坡） 2004 年

CE04057 《海峡时报》访作者谈新加坡的华语文政策　吴元华　华语文在新加坡的现状与前景　吴元华　创意圈出版社（新加坡） 2004 年

CE04058 台湾多元语言教育政策之发展　方文霞　佛光人文社会学院硕士学位论文（中国台湾） 2004 年

CE04059 吴总理：政府将努力维护母语教育　华文优势若拱手让人将是愚蠢做法　联合早报（新加坡） 2004-3-22

CE04060 强国的语言与语言的强国　李宇明　光明日报 2004-7-28

CE04061 李资政南大演讲及答问　英文仍是主要用语 50 年后也不会改变　联合早报（新加坡） 2004-6-24

CE05062 香港语言政策及思考　许光烈　广州大学学报（社会科学版） 2005 年第 7 期

CE05063 语言强国的教育使命　罗阳佳　上海教育 2005 年第 19 期

CE05064 中文官方地位具不可侵犯性　程祥徽　中文变迁在澳门　程祥徽　三联书店（香港）有限公司（中国香港） 2005 年

CE05065 中国语言文字的现状和对策——兼论 1997 年后的香港语文　许嘉璐　语言文字学论文集　许嘉璐　商务印书馆 2005 年

CE05066 再论中文是澳门特别行政区的主要正式语文　王禹　澳门日报（中国澳门） 2005-6-5

CE06067 台湾地区的语文政策及其论争　许长安　语言规划的理论与实践：第四届全国社会语言学学术研讨会论文集　教育部语用所社会语言学与媒体语言研究室编　语文出版社 2006 年

CE06068 华文教育政策讨论中的概念隐喻　杨承荣　新加坡国立大学中文系荣誉学士学位论文（新加坡） 2006 年

CE07069 声誉语言规划视域的新加坡家庭语言迁移与语言政策研究　赵守辉　刘永兵　亚太教育研究（Asia-Pacific Education Researcher）（中国香港） 2007 年第 2 期

CF　语言环境

CF64001 香港中国人的语言现象概况　林莲仙　崇基学报（中国香港） 1964 年第 3 期

CF74002 华裔青年余伯英与"国语"日报语文中心　蔡雅琳　华文世界（中国台湾） 1974 年第 6 期

CF74003 华侨的"国语"　明珠　华文世界（中国台湾） 1974 年第 10 期

CF74004 "华侨的'国语'"读后感　新子　华文世界（中国台湾） 1974 年第 10 期

CF75005 海外特殊环境与侨教的关系　钟辅臣　华文世界（中国台湾） 1975 年第 3 期

CF79006 语言环境的改变与适应——南大华文源流学生语言适应性能的调查研究　谢顺祥　南洋大学中国语言文学系（新加坡） 1979 年

CF79007	海峡时报双语丛书　吴元华主编　联邦出版社（新加坡）1979年
CF80008	华语语言学导论　汤廷池　华文世界（中国台湾）1980年第4期
CF83009	新加坡的语言与国民识字概况　翁世华　中英语文教学（中国香港）1983年第2期
CF85010	语言作为香港族群刻板印象的载体　彭迈克　社会心理学报　1985年第125期
CF87011	香港的语言：从双语到三语　刘靖之　语言学家　1987年第1期
CF88012	台湾的社会语言环境　郑良伟　黄宣范　现代台湾话研究论文集　1988年
CF88013	海外华侨社会方言分布与华文教育初探　邹嘉彦　华文世界（中国台湾）1988年第12期
CF88014	新加坡华语方言群体的居住分布　山下清海　集美师专学报　1988年第3期
CF88015	应是"多语"不止"双语"　洪惟仁　客家风云（中国台湾）1988年第6期
CF90016	从民族学研究世界最大的跨境民族——华人　姜永兴　东南亚研究　1990年第4期
CF90017	台湾化"国语"之现象与影响　叶德明　华文世界（中国台湾）1990年第61期
CF90018	从历史的角度看海外华人的社会变革　颜清湟　战后海外华人变化国际学术研讨会论文集　郭梁编　中国华侨出版社　1990年
CF90019	战后东南亚华侨、华人变化发展的特点　郭梁　战后海外华人变化国际学术研讨会论文集　郭梁编　中国华侨出版社　1990年
CF90020	近三十年新加坡华人社会结构及其社会意识形态的变化　陈寿仁　战后海外华人变化国际学术研讨会论文集　郭梁编　中国华侨出版社　1990年
CF90021	战后经济动荡中的东南亚华人、华侨社会　董孟雄　陈庆德　战后海外华人变化国际学术研讨会论文集　郭梁编　中国华侨出版社　1990年
CF90022	澳门的三语流通与中文的健康发展——兼评CHINGLISH　程祥徽　刘羡冰　第三届国际汉语教学讨论会论文选　第三届国际汉语教学讨论会会务工作委员会编　北京语言学院出版社　1990年
CF91023	澳门的三语流通与中文的健康发展　程祥徽　刘羡冰　中国语文（中国台湾）1991年第1期
CF91024	从语文规范看台湾当前的语文现象　亓婷婷　华文世界（中国台湾）1991年第12期
CF92025	关于泰国华人社会（三篇）　邓深元　八桂侨史（现八桂侨刊）1992年第4期
CF93026	华人・华文与新加坡　黄孟文　炎黄春秋　1993年第4期
CF94027	谈双语——多语现象　田惠刚　语言教学与研究　1994年第1期
CF94028	回归之前目前香港的语言状况　千岛英一　言语（中国香港）1994年第5期
CF94029	从社会语言学的角度探讨现代中国文字的变迁与整合问题　李振清　华文世界（中国台湾）1994年第9期
CF94030	美加地区华语方言的教育、保持与消长　李英哲　华文世界（中国台湾）1994年第12期
CF94031	注重华语语言现象的所以然　徐时仪　华文世界（中国台湾）1994年第12期
CF95032	印尼华人的多元语言和种族性征　迪德・吴托摩　杨启光　八桂侨史（现八桂侨刊）1995年第1期
CF95033	港澳回归与双语问题　潘家懿　汕头大学学报（人文科学版）1995年第1期
CF95034	毛里求斯的华人世界　夜明珠　中州统战　1995年第9期

CF96035	澳门的双语环境与双语培训　张卓夫　澳门语言学刊（中国澳门）1996年第2期	
CF96036	巴西华人社会葡中双语现象会消失吗？　徐捷源　华文世界（中国台湾）1996年第9期	
CF96037	中学生的双语背景和书写能力　梁容基　新加坡社会和语言　云惟利　南洋理工大学中华语言文化中心（新加坡）1996年第113—123页	
CF96038	语言环境　云惟利　新加坡社会和语言　云惟利　南洋理工大学中华语言文化中心（新加坡）1996年第1—41页	
CF97039	香港语文面面观　费锦昌主编　语文出版社　1997年	
CF97040	"三言、两语"说香港　邹嘉彦　中国语言学报　1997年第2期	
CF97041	香港的多文化现象与港式中文　谢耀基　方言　1997年第3期	
CF97042	澳门文化与多语制　魏美昌　澳门语言学刊（中国澳门）1997年第4期	
CF97043	文化认同与文化资本：印度尼西亚华语文问题的新发展　杨聪荣　华文世界（中国台湾）1997年第12期	
CF97044	从华裔新加坡人的立场论中华文化在新加坡的前景　周清海　华语教学应走的路向　周清海　南洋理工大学中华语言文化中心（新加坡）1997年第75—84页	
CF97045	读写能力测试与社会文化　李学铭　中文教育论文集（第四辑）　欧阳汝颖　香港大学课程系出版　1997年	
CF98046	锐变中的香港语文　黄耀坤　香港青文书局　1998年	
CF98047	澳门的三语流通与中文的健康发展　程祥徽　刘羡冰　澳门：语言博物馆　黄翊　龙裕琛等　和平图书·海峰出版社（中国香港）1998年第49—61页	
CF98048	双语释义与澳门双语　程祥徽　澳门：语言博物馆　黄翊　龙裕琛等　和平图书·海峰出版社（中国香港）1998年第62—65页	
CF98049	澳门的双语环境与双语培训　张卓夫　澳门：语言博物馆　黄翊　龙裕琛等　和平图书·海峰出版社（中国香港）1998年第66—68页	
CF99050	新加坡华社双语调查——变项规则分析法在宏观社会语言学中的应用　徐大明　当代语言学　1999年第3期	
CF99051	新加坡的双语现象　全鸿翎　新疆师范大学学报（哲学社会科学版）1999年第3期	
CF99052	华文在马来西亚　李光耀　前线　1999年第12期	
CF00053	论双语人代码变换的功能　陈恩泉　华文世界（中国台湾）2000年第12期	
CF01054	华语在泰国　黄艳梅　语文建设　2001年第1期	
CF01055	新加坡华语生存环境探微　李兴　八桂侨刊　2001年第3期	
CF01056	《香港语文教学反思》序　邓仕梁　中国语文通讯（中国香港）2001年第57期	
CF01057	澳门多语现象研究　张卓夫　澳门写作协会出版（中国澳门）2001年	
CF02058	香港三及第文体流变史　黄仲鸣　香港作家协会　2002年	
CF02059	80年代初至今新加坡华语使用状况分析及展望　刘丽宁　东南亚研究　2002年第5期	
CF02060	澳大利亚：华语成为第一大外语　沃新　课程·教材·教法　2002年第9期	
CF03061	"新经济"时代新加坡华语生存环境及前景展望　胡光明　东南亚　2003年第4期	
CF04062	新加坡华语生存环境及前景展望　胡光明　黄昆章　云南民族大学学报（哲学社会科学版）2004年第2期	

CF04063 英文土壤也能培养出华文精英 吴元华 华语文在新加坡的现状与前景 吴元华 创意圈出版社（新加坡） 2004年

CF05064 马来西亚：多语言多文化背景下官方语言的推行与华语的拼争 郭熙 暨南学报（人文科学与社会科学版） 2005年第3期

CF05065 新加坡华语路在何方？ 晓佳 21世纪 2005年第6期

CF05066 新加坡华语文与新加坡政治 刘培栋 东南亚纵横 2005年第8期

CF05067 香港语言环境与母语教学 张志刚 文汇报（中国香港） 2005-2-23

CF07068 加统计报告：华语成为加拿大的第三大语言 章君宇 国际日报（美国） 2007-12-4

CG 语言问题

CG81001 试论语言资源的开发——兼论汉语面向世界问题 邱质朴 语言教学与研究 1981年第3期

CG82002 试论语言资源的开发——兼论汉语面向世界问题 邱质朴 语文建设通讯（中国香港） 1982年第4期

CG83003 台湾语言问题论集 林进辉 台湾文艺（中国台湾） 1983年

CG83004 香港人的华语问题 林良 华文世界（中国台湾） 1983年第11期

CG83005 "国语"妨碍语言自由 刘福增 台湾语言问题论集（中国台湾） 1983年

CG83006 加强沟通、"国语"台语都该学 林香葵 台湾语言问题论集（中国台湾） 1983年

CG83007 "国语"歌仔戏不伦不类 李安和等 台湾语言问题论集（中国台湾） 1983年

CG83008 "国语"与方言之间 黄宣范 台湾语言问题论集（中国台湾） 1983年

CG83009 蕃薯仔讲"国语" 陈文雄 台湾语言问题论集（中国台湾） 1983年

CG84010 以踏实的态度正视语文问题（《联合早报（新加坡）》丛书） 邝摄治 新加坡新闻与出版有限公司（新加坡） 1984年

CG92011 香港地区的语言文字规范问题 田小琳 中国语文（中国台湾） 1992年第2期

CG93012 香港的不便语言 王元敬 瞭望周刊 1993年第30期

CG96013 对香港语言问题的几点思考 詹伯慧 中国语文（中国台湾） 1996年第2期

CG96014 "英文为准"与"中文为准"？——香港中文的一个难题 姚德怀 中国语文（中国台湾） 1996年第2期

CG97015 谈谈香港的语言文字问题 张志公 中学语文教学 1997年第8期

CG97016 论双语社会香港的语言问题 王德春 外国语（上海外国语学院学报） 1997年第3期

CG98017 "国语"政治言谈问题规避研究 胡玉萦 台湾师范大学硕士学位论文（中国台湾） 1998年

CG99018 我们的华文为何达不到水平？ 叶桂馥 联合早报（新加坡） 1999-11-6

CG00019 中国话：未来的世界语言 杨学仑 21世纪 2000年第1期

CG00020 香港公文中的语言问题 李炜 中山大学学报（社会科学版） 2000年第5期

CG00021 华语的困境 张苇 联合早报（新加坡） 2000-2-28

CG00022 华文命运恐龙化 蔡深江 联合早报（新加坡） 2000-8-13

CG00023 华文会灭绝吗？ 李慧敏 联合早报（新加坡） 2000-8-18

CG00024	华文前景令人担忧　严丽珍　联合早报（新加坡）2000-9-4	
CG00025	华文在新加坡不会消失　凡心　联合早报（新加坡）2000-9-4	
CG00026	语言与社会阶级挂钩　母语将更难有号召力　联合早报（新加坡）2000-12-28	
CG01027	试论华文的自赎问题　卢绍昌　新加坡华文教学论文二集　谢泽文　泛太平洋出版私人有限公司（新加坡）2001年	
CG02028	正在消失的词语　蒋蓝　上海远东出版社　2002年	
CG02029	香港双语庭审中的若干问题　吴瑞萍　语言与法律研究的新视野——语言与法律首届学术研讨会论文集　2002年	
CG02030	华文的微弱新生命　陈怀亮　联合早报（新加坡）2002-4-20	
CG03031	信息时代的中国语言问题　李宇明　语言文字应用　2003年第1期	
CG03032	汉语会消亡吗？　王乾荣　传媒　2003年第6期	
CG03033	台湾"语文台独"述评　许长安　中国语文现代化学会2003年年度会议论文集　2003年	
CG03034	母语往何处去？　韩山元　联合早报（新加坡）2003-4-5	
CG04035	英语热潮下对汉语的冷思考　李芳　武汉大学学报（人文科学版）2004年第4期	
CG05036	我国的语言生活问题——在中国修辞学会第12届年会上的讲话　李宇明　渤海大学学报（哲学社会科学版）2005年第1期	
CG05037	论英语帝国主义背景下的汉语纯洁性　任荣　山西农业大学学报（社会科学版）2005年第2期	
CG05038	新加坡的语言问题　班弨　唐叶　东南亚研究　2005年第6期	
CG05039	还母语"主人"地位　于漪　检察风云　2005年第10期	
CG05040	禁止主持人"港台腔"引发争议　俞亮鑫　新民晚报　2005-9-27	
CG05041	香港也有中文隐忧　筱筠　世界日报（菲律宾）2005-5-30	
CG06042	整合华语，方言危乎？　月会　民族论坛　2006年第1期	
CG06043	中文能成国际语言老大？　魏城　华人时刊　2006年第5期	
CG06044	新加坡的华文前途　联合早报（新加坡）2006-9-5	
CG06045	新加坡的语言环境堪忧　联合早报（新加坡）2006-9-8	
CG06046	新加坡的华语问题在哪里　联合早报（新加坡）2006-9-12	

CH　语言状况

1　台湾

CH80001	台湾的语言文字：中国的台湾　丁邦新　台北"中央文物供应社"（中国台湾）1980年
CH88002	消失中的台湾语言　陈金次　自立晚报（中国台湾）1988-6-11
CH88003	瑞士模式和台湾语文现况　郑良伟　自立晚报（中国台湾）1988-8-10
CH90004	演变中的台湾社会语文：多语社会及双语教育　郑良伟　自立晚报文化出版部（中国台湾）1990年
CH92005	台湾语言危机　洪惟仁　前卫出版社（中国台湾）1992年
CH94006	台湾语言现状的初步研究　仇志群　范登堡　中国语文（中国台湾）1994年第4期

CH95007　母语建国　胡民祥　台湾评论（中国台湾）1995年第23期
CH96008　1997台湾公共场所使用语言调查　洪惟仁　台湾语言发展学术研讨会论文集　董忠司编　新竹全民书局（中国台湾）1996年第6期
CH96009　台北社会变迁之语言现象　叶德明　奥克兰大学中文教学研讨会（新西兰）1996年
CH98010　语言转换之社会语用动机：以台湾地区为例　施玉惠　台湾语言及其教学国际研讨会论文集（中国台湾）1998年
CH98011　教育部推荐音标方案与台湾语文教育的发展　董忠司　台湾语言与语文竞赛研讨会文集（中国台湾）1998年
CH98012　台湾国客用词上的一些异同现象　詹满福　台湾语言及其教学国际研讨会论文集（中国台湾）1998年
CH99013　台湾语言的历史及其目前的状态与地位　曹逢甫　汉学研究（中国台湾）1999年第12期
CH04014　跨越疆界：华语媒体的区域竞争　刘现成　亚太图书出版社（中国台湾）2004年
CH05015　两岸三地一中文　陈冠中　万象　2005年第10期
CH05016　台英语和乡土语言课挤压"国文"　张勇　新华每日电讯　2005-1-15
CH05017　台湾人的困惑：中文何去何从？　陈晓星　人民日报（海外版）2005-1-17
CH07018　台湾南投闽南语、"国语"语言活力的消长——南投学童的语言能力及语言使用的调查研究　陈淑娟　莱顿大学：中国和欧洲的工业化、语言接触和身份形成研讨会（荷兰）2007年

2　港澳

CH85019　香港社会语言调查：研究及方法问题的背景　陆镜光　国际社会语言学报（中国香港）1985年总第55期
CH91020　论港台大陆语文现状——访中国名语言学家张斌　钟蕴晴　大公报　1991-3-4
CH92021　澳门多语现象研究　张卓夫　澳门语言论集　澳门社会科学学会（中国澳门）1992年
CH94022　试论澳门语言现状及其发展趋势　盛炎　中国语文（中国台湾）1994年第1期
CH94023　澳门开埠前后的语言状况与中外的沟通　刘羡冰　中国语文（中国台湾）1994年第1期
CH94024　谈谈香港社会语言现象及英语教学　吴潜龙　中山大学学报论丛　1994年第2期
CH94025　回归之前目前香港的语言状况　千岛英一　言语　1994年第5期
CH94026　中文在香港的使用情况：社会语言学的探索　陈荣石　语文教师的认识　李学铭　香港政府印务局　1994年第26—29页
CH95027　中文应用文在香港双语社会的体制问题　陈荣石　上海大学学报（社会科学版）1995年第6期
CH96028　一九九七年香港语文的现况与展望　黄坤尧　台湾语言发展学术研讨会论文集（中国台湾）1996年第6期
CH97029　中国语文的时代演进　周有光　清华大学出版社　1997年
CH97030　试论香港语言社会"三语并存"的现实性　但绍彬　咸宁师专学报　1997年第2期
CH97031　论香港的双语现象和双语的发展　杜金榜　广州师院学报（社会科学版）1997年第

3 期

CH97032　香港回归话语言　浦东开发　1997 年第 3 期

CH01033　再谈中文公文中的语言问题　盛炎　澳门语言学刊（中国澳门）　2001 年第 14、15 期

CH05034　"国语"、官方语文和正式语文　程祥徽　澳门语言学刊（中国澳门）　2005 年第 29 期

CH05035　方言的离合与汉语在澳门的走向　程祥徽　中文变迁在澳门　程祥徽　三联书店（香港）有限公司（中国香港）　2005 年第 109—120 页

CH05036　"国语"、官方语文和正式语文　程祥徽　中文变迁在澳门　程祥徽　三联书店（香港）有限公司（中国香港）　2005 年第 199—204 页

CH05037　什么样的中文才是官方地位的中文——在澳门总督主持的澳门语言状况关注委员会上的发言　程祥徽　中文变迁在澳门　程祥徽　三联书店（香港）有限公司（中国香港）　2005 年第 61—62 页

CH05038　双语释义与澳门双语　程祥徽　中文变迁在澳门　程祥徽　三联书店（香港）有限公司（中国香港）　2005 年第 63—66 页

CH05039　澳门中文官方地位之顾往瞻前　程祥徽　中文变迁在澳门　程祥徽　三联书店（香港）有限公司（中国香港）　2005 年第 67—72 页

CH05040　中文在澳门后过渡期　程祥徽　中文变迁在澳门　程祥徽　三联书店（香港）有限公司（中国香港）　2005 年第 73—80 页

CH05041　中文也该回归　程祥徽　中文变迁在澳门　程祥徽　三联书店（香港）有限公司（中国香港）　2005 年第 81—84 页

CH05042　回归后澳门语文的前景　程祥徽　中文变迁在澳门　程祥徽　三联书店（香港）有限公司（中国香港）　2005 年第 85—88 页

CH05043　澳门语言状况与语言规则研究　黄翊　北京语言大学博士学位论文　2005 年

CH06044　香港语文评述五则　邵敬敏　汉语广视角研究　邵敬敏　东北师范大学出版社　2006 年第 83—89 页

3　东南亚

CH76045　从社会学的观点论新加坡的语言　郭振羽　华语研究中心学术讲演汇录（1975—1976）　南洋大学中华语言文化中心（新加坡）　1976 年

CH78046　新加坡的社会语言　吴元华　教育出版社（新加坡）　1978 年

CH80047　新加坡语言现状　田砥　国外语言学（现当代语言学）　1980 年第 6 期

CH83048　新加坡的语言与国民识字概观　翁世华　新加坡国立大学中文系（新加坡）　1983 年

CH85049　新加坡的语言与社会　郭振羽　正中书局（中国台湾）　1985 年

CH87050　马来西亚华裔的语言概况　陈应德　星洲日报（马来西亚）　1987-7-28

CH88051　联合早报（新加坡）用字用词调查报告书（1988）　汪惠迪　胜利出版社（新加坡）　1988 年

CH88052　方言与华人社会　冯原　光华日报（马来西亚）　1988-7-28

CH90053　联合早报（新加坡）·中小学华文课本用词调查报告　汪惠迪　联合报有限公司（新加坡）　1990 年

CH90054　新加坡华人语言模式的特稿　周清海　世界华文教学研讨会论文集　新加坡华文研究

会（新加坡） 1990 年
CH90055　英文为用，母语为体　吴元华　联合早报（新加坡） 1990-10-3
CH91056　新马华人是"语言大师"　余贵方　华夏　1991 年第 5 期
CH91057　对新加坡华语的一点观感　谢名平　联合早报（新加坡） 1991-10-3
CH92058　也谈方言与华人的团结　哲凡　星洲日报（马来西亚） 1992-7-31
CH92059　谈华语与方言　李林　星洲日报（马来西亚） 1992-8-24
CH92060　保留方言，推广华语　陈亚才　新明日报（新加坡） 1992-10-11
CH93061　谁主宰本邦华文的命运　古城公羽　南洋商报（马来西亚） 1993-1-27
CH93062　首相鼓励国人学习华语　社评　诗华日报（马来西亚） 1993-6-28
CH93063　华文华语，爱国爱家　何登健　诗华日报（马来西亚） 1993-9-28
CH94064　母语最重要的价值应在于传承文化　黄明　星洲日报（马来西亚） 1994-1-17
CH94065　华语和方言能共存吗？　林义明　联合早报（新加坡） 1994-4-6
CH94066　华语怎能说是没根的语言？　李慧敏　联合早报（新加坡） 1994-4-7
CH94067　新马华人是"语言大师"　余贵方　联合早报（新加坡） 1994-4-17
CH94068　有趣的新加坡华语　小荷　联合早报（新加坡） 1994-7-17
CH95069　华语仍不准在印尼公开自由使用　邵燕君　侨务工作研究　1995 年第 3 期
CH95070　新加坡语言的竞争和教育的发展　周清海　总会十年新加坡宗乡会馆联合总会　1995 年第 70—72 页
CH96071　新加坡社会和语言　云惟利　南洋理工大学中华语言文化中心（新加坡） 1996 年
CH96072　新加坡社会语言的变迁　云惟利　台湾语言发展学术研讨会论文集（中国台湾） 1996 年第 6 期
CH98073　新加坡华语发展的历史动因和华语形态透视　萧国政　语文建设　1998 年第 12 期
CH99074　新加坡的双语现象　全鸿翎　新疆师范大学学报（哲学社会科学版） 1999 年第 3 期
CH00075　东南亚华人语言研究后记　李如龙　东南亚华人语言研究　李如龙主编　北京语言文化大学出版社　2000 年第 262 页
CH00076　新马华社与马来语文近况　杨贵谊　东南亚华人语言研究　李如龙主编　北京语言文化大学出版社　2000 年第 33—47 页
CH00077　东南亚华人语言研究　李如龙主编　北京语言文化大学出版社　2000 年
CH00078　二十一世纪的挑战——新加坡华语文的现状与未来（南洋理工大学丛书）　陈照明　联邦出版社（新加坡） 2000 年
CH00079　二十一世纪的挑战——新加坡华语文的现状与未来·导论　陈照明　二十一世纪的挑战——新加坡华语文的现状与未来（南洋理工大学丛书）　陈照明　联邦出版社（新加坡） 2000 年第 V—XII 页
CH00080　新加坡培养新一代华文精英的挑战　吴元华　二十一世纪的挑战——新加坡华语文的现状与未来（南洋理工大学丛书）　陈照明　联邦出版社（新加坡） 2000 年第 158—171 页
CH00081　启蒙小学就不谙华语校长一事已向有关部长及政党反映　国际时报（马来西亚） 2000-3-11
CH00082　李宗明：中港台游客渐增缺乏华语导游需解决　张忠民　国际时报（马来西亚） 2000-3-28

CH00083	华语是未来的厨房语言？ 周维介 联合早报（新加坡） 2000-9-6
CH00084	母语将成新加坡华人的外语 谢仲贤 联合早报（新加坡） 2000-9-24
CH01085	缅人报考为找工作 学华语非关民族文化 星洲日报（马来西亚） 2001-4-4
CH02086	80年代初至今新加坡华语使用状况分析及展望 刘丽宁 东南亚研究 2002年第5期
CH02087	新加坡福建社群社会语言研究 许小颖 南洋理工大学中华语言文化中心博士学位论文（新加坡）2002年
CH02088	从九一一事件看华语华文评论文化危机 都人 联合早报（新加坡） 2002-1-8
CH02089	英语代替华语 大马华教忧心 亚洲周刊（中国香港） 2002-8-7
CH02090	印尼对使用华文禁令虽解除 华文报纸却陆续停刊 侨讯（中国台湾） 2002-8-16
CH02091	说华语华人和说英语华人 华人两极化董教总造成 星洲日报（柬博寨） 2002-11-19
CH02092	南大教育学院吴英成博士：新加坡中英兼通者只占人口二成 潘星华 联合早报（新加坡） 2002-12-16
CH03093	华社仍有语文危机 张汉泉 联合早报（新加坡） 2003-7-1
CH03094	注重马华本土语言群 刘永山 南洋商报（马来西亚） 2003-8-1
CH03095	郭全强：华语在国际炙手可热 东南亚华教露曙光 星洲日报（马来西亚） 2003-12-8
CH03096	玛拉工大：对华语兴趣浓厚学生不因汉字难退缩 星洲日报（马来西亚） 2003-12-8
CH04097	马来西亚拟为华青增设华语电台 光华日报（马来西亚） 2004-2-10
CH04098	扭转学生学习华语的心愿 世界日报（菲律宾） 2004-10-4
CH04099	华语文在新加坡的现状与前景 吴元华 创意圈出版社（新加坡） 2004年
CH04100	论新加坡华语文的政治价值 吴元华 华语文在新加坡的现状与前景 吴元华 创意圈出版社（新加坡） 2004年
CH04101	春风吹拂，乔木抽芽——华语文在新加坡的现状与前景 吴元华 华语文在新加坡的现状与前景 吴元华 创意圈出版社（新加坡） 2004年
CH04102	《海峡时报》报道作者谈华文的现状 吴元华 华语文在新加坡的现状与前景 吴元华 创意圈出版社（新加坡） 2004年
CH04103	南洋大学与新加坡华社的语言分化 黄坚立 南洋理工大学"国家疆界与文化图像国际学术会议"（新加坡） 2004年
CH04104	语言的社会层化现象浅析 徐大明 南洋理工大学"国家疆界与文化图像国际学术会议"（新加坡） 2004年
CH04105	论新加坡华语文的现状与前景 吴元华 南洋理工大学"国家疆界与文化图像国际学术会议"（新加坡） 2004年
CH05106	泰南三省回教区华人多说普通话 亚洲周刊（中国香港） 2005-8-15
CH06107	汉语文走向世界 谭慧敏 南大中华语言文化中心、八方文化创作室（新加坡） 2006年
CH07108	新加坡经济之外的华文前途 翁德生 联合早报（新加坡） 2007-5-17
CH07109	年轻人华语多掺杂英语而非方言 翁敦琚 联合早报（新加坡） 2007-6-26

4 其他地区

CH90110	海外华人社区汉语使用情况 苏金智 普通话（中国香港） 1990年第2期

CH91111　东亚语文的新生　刘涌泉　中文信息　1991年第2期
CH00112　加拿大说华语人口增长最快　联合早报（新加坡）2000-10-1
CH02113　最新统计出炉：华语跃升为澳洲最大外语　华文教学通讯（新加坡）2002-12-15
CH02114　南加州华语电视：24小时竞播　世界日报（美国）2002-6-5
CH02115　澳洲华人达55万　华语成第一外语　星岛日报（澳洲版）2002-6-18
CH02116　全加拿大87万人母语为华语　星岛日报（加拿大版）2002-12-11
CH02117　温哥华地区华语人口逼近30万　世界日报（美国）2002-12-12
CH03118　与时俱进中语言的生存与发展　张孔彰　山西农业大学学报（社会科学版）2003年第4期
CH03119　全球华语的崛起与挑战　吴英成　新加坡华文教学论文三集　谢泽文编　新加坡华文研究会（新加坡）2003年第18—32页
CH03120　加拿大华语移民近年人增　华人社区采取新服务措施　中华日报（泰国）2003-4-26
CH03121　电视中文节目？80%华语20%方言　社团领袖：有助华人团结　星洲日报（马来西亚）2003-9-2
CH04122　加拿大普通话联会新届理事出炉　董洪亮　星岛日报（北美版）2004-8-1
CH04123　加拿大华人已达120万　普通话已成流行语　欧洲时报（法国）2004-7-8
CH05124　纽约童勤学华语　中国保姆吃香　新明日报（新加坡）2005-4-4
CH05125　温哥华华语扶轮社获国际认证　世界日报（美国）2005-12-10
CH05126　全球"汉语热"彰显中国软力量　鞠殿明　思想政治课教学　2005年第10期
CH05127　全球汉语热：中国软实力的提升　肖可　中国社会导刊　2005年第14期
CH05128　透视全球汉语热　肖可　中国社会导刊　2005年第14期
CH06129　导论：汉语文走向世界　谭慧敏　汉语文走向世界　谭慧敏　南大中华语言文化中心、八方文化创作室（新加坡）2006年第1—12页
CH06130　汉语走向世界的一些思考　陆俭明　汉语文走向世界　谭慧敏　南大中华语言文化中心、八方文化创作室（新加坡）2006年第13—26页

CI　语言生活

CI88001　华人社团：宗乡会馆会议上使用华语抽样调查报告书　新加坡交通及新闻部推广华语秘书处编（新加坡）1988年
CI90002　华裔小一学生家中最常用语分布情况　新加坡教育部　世界华文教学研讨会论文集　新加坡华文研究会（新加坡）1990年
CI91003　香港语文生活杂感　王凡　语文建设　1991年第8期
CI95004　华人华语里的新马泰：新马泰之旅13日记　王怀让　莽原　1995年第6期
CI00005　异域听华语　孙建江　树上的风铃　孙建江　云南教育出版社　2000年
CI96006　在新的适应中改善——97后香港语文生活展望　李如龙　1997与香港中国语文国际研讨会论文集　香港中文大学（中国香港）1996年
CI99007　略谈澳门地名的演变　杨继波　澳门研究（中国澳门）1999年第11期
CI96008　香港工作第一关：语言关　张健　报林　1996年第5期

CI96009	澳门街道标帜及其名称　傅玉兰　澳门研究（中国澳门）1996年第5期
CI97010	关于华语小说　肖克凡　青年文学　1997年第8期
CI97011	香港的共同语与交际语　凌德祥　汉语学习　1997年第1期
CI97012	香港的多文化现象与港式中文　谢耀基　方言　1997年第3期
CI97013	访京过港语文杂记　张钊贻　语文建设通讯（中国香港）1997年第6期
CI97014	香港近年来语文生活的变化　田小琳　语文建设　1997年第7期
CI97015	香港语言生活趣事　于君明　语文建设　1997年第7期
CI97016	香港应用文的现状和展望　洪威雷　秘书　1997年第10期
CI98017	新加坡华族青年与华语　合田美穗　八桂侨史（现八桂侨刊）1998年第3期
CI98018	澳门：语言博物馆　黄翊　龙裕琛等　和平图书·海峰出版社（中国香港）1998年
CI98019	澳门：语言博物馆·后记　程祥徽　邓景滨　澳门：语言博物馆　黄翊　龙裕琛等　和平图书·海峰出版社（中国香港）1998年第285—286页
CI99020	华语特有词语：新加坡社会与真　汪惠迪　扬州大学学报　1999年第4期
CI00021	华语社团继承华族传统　刘惠霞　联合早报（新加坡）2000-11-16
CI00022	马来西亚华人的语言生活及其历史背景　李如龙　东南亚华人语言研究　李如龙主编　北京语言文化大学出版社　2000年第1—15页
CI00023	香港一些地名用字考　王培光　方言　2000年第2期
CI00024	新加坡：七拼八凑创"新语"　杨建明　语文建设　2000年第3期
CI00025	从社交常用语的使用看新加坡华族的语言选择及其趋势　萧国政　徐大明　语言文字应用　2000年第3期
CI00026	澳门"莲"系地名考　邓景滨　岭南文史　2000年第1期
CI01027	公务员本地化应跳出旧框框——读程祥徽教授《语言与沟通》有感　盛炎　双语双方言（六）　陈恩泉主编　汉学出版社　2001年第237—258页
CI01028	从局外看澳门的语言生活　张振兴　双语双方言（七）　陈恩泉主编　汉学出版社　2001年第446—471页
CI01029	新加坡华语字母词语用简论　汪惠迪　新加坡华文教学论文二集　谢泽文　泛太平洋出版私人有限公司（新加坡）2001年
CI02030	澳门社会的语言生活　程祥徽　语文研究　2002年第1期
CI02031	从台湾"语言意识与外语观"调查看台湾语言文字使用情况　苏金智　华人地区语文生活与语文计划国际学术研讨会论文　2002年
CI02032	澳门街道名称的文化内涵　祝秉耀　中外文化交流与澳门语言文化国际研讨会论文集　澳门理工学院（中国澳门）2002年
CI02033	澳门街道名探析　林洁贞　暨南大学硕士学位论文　2002年
CI02034	澳门水上居民话调查报告　郭淑华　暨南大学硕士学位论文　2002年
CI02035	澳门商号用语探讨　岑慧雯　暨南大学硕士学位论文　2002年
CI03036	华语圈"身份"占优　汪贡　咬文嚼字　2003年第2期
CI03037	马来西亚槟城华人社会的语言生活　郭熙　中国社会语言学（创刊号）2003年
CI03038	从命名看澳门土生葡人的文化特征　黄翊　中国社会语言学　2003年第1期
CI03039	澳门博彩语研究　邵朝阳　北京语言大学博士学位论文　2003年

CI03040　华语社团优频道《人人有话说》观众有话说虽不够专业　但值得支持　钟雁龄　联合早报（新加坡）2003-5-2

CI04041　香港两百年来的语言生活演变　刘镇发　台湾与东南亚华人地区语文生活研讨会论文集　2004年第128—143页

CI04042　香港近年来语文生活的变化　田小琳　田小琳语言学论文集　田小琳　商务印书馆（香港）有限公司（中国香港）2004年第2—11页

CI05043　多语社会中母语和共同语的互动——夏威夷、新加坡、台湾和香港　李英哲　双语双方言（八）汉学出版社（中国香港）2005年

CI05044　马来西亚：多语言多文化背景下官方语言的推行与华语的拼争　郭熙　暨南学报（人文科学与社会科学版）2005年第3期

CI05045　中文运动我之参与在澳门　程祥徽　中文变迁在澳门　程祥徽　三联书店（香港）有限公司（中国香港）2005年第11—20页

CI05046　澳门社会的语言生活　程祥徽　中文变迁在澳门　程祥徽　三联书店（香港）有限公司（中国香港）2005年第21—32页

CI07047　多语环境里语言规划所思考的重点与面对的难题——兼谈香港可以借鉴些什么　周清海　全球化环境下的华语文教学（南洋大学学术论丛1）　周清海　新加坡青年书局（新加坡）2007年第105—114页

CI08048　新加坡华族社群家庭用语的社会语言学分析　赵守辉　刘永兵　社会科学战线　2008年第8期

CI08049　对香港多元文化语言生活的思考　詹伯慧　詹伯慧语文评论集　邓景滨　刘新中编　暨南大学出版社　2008年

CJ　语言规划

CJ75001　台湾语文计划草案　台湾语文研究会（中国台湾）1975年

CJ84002　十年来新加坡在华语方面所做的几件规划化的工作　卢绍昌　华语论集　卢绍昌　新加坡国立大学华语研究中心（新加坡）1984年

CJ90003　新中打开对华文华语规范化的渠道　卢绍昌　华语论集续集　卢绍昌　新加坡国立大学华语研究中心（新加坡）1990年第169—171页

CJ92004　从汉语发展史看澳门过渡期应采取的一项语言措施　唐作藩　澳门语言论集　澳门社会科学学会出版　1992年

CJ92005　海峡两岸语文的统一刍议　吕作昕　语文建设通讯（中国香港）1992年总第35期

CJ94006　新加坡的华语规范化和华语教学　田惠刚　语文建设　1994年第1期

CJ95007　维护本土语言文化的刍议：一个社会语言学的观点　曹逢甫　第一届台湾本土文化学术研讨会论文集　台湾师范大学（中国台湾）1995年

CJ96008　再论香港地区的语言文字规范问题　田小琳　语文建设　1996年第3期

CJ97009　多元文化社会中语言规划理论的研究　邓晓华　语言教学与研究　1997年第3期

CJ98010　香港语言规划：从重英轻中到中英并重　柴改英　王爱华　太原师范学院学报（社会科学版）1998年第1期

CJ98011	香港语言的特点与规范　李国正　厦门大学学报（哲学社会科学版）　1998年第4期
CJ98012	澳门的语言规划　程祥徽　澳门：语言博物馆　黄翊　龙裕琛等　和平图书·海峰出版社（中国香港）　1998年第88—93页
CJ98013	澳门之推普策略种种　程祥徽　澳门：语言博物馆　黄翊　龙裕琛等　和平图书·海峰出版社（中国香港）　1998年第94—101页
CJ99014	澳门语言现状与语言规划　盛炎　方言　1999年第4期
CJ00015	教师语文能力等级说明及评核纲要（普通话）　香港特别行政区政府　2000年
CJ00016	建国方略与语文规划——新加坡制定语文政策的考量　吴元华　二十一世纪的挑战——新加坡华语文的现状与未来（南洋理工大学丛书）　陈照明　联邦出版社（新加坡）　2000年第73—97页
CJ01017	中国现代的语言规划——附论汉字的未来　李宇明　汉语学习　2001年第5期
CJ02018	域内外汉语协调问题刍议　郭熙　语言文字应用　2002年第3期
CJ03019	新世纪的澳门语言策略　程祥徽　语言文字应用　2003年第1期
CJ03020	汉语新词语规范问题再议　卢士彦　华文学刊（新加坡）　2003年第2期
CJ03021	华文的简化、规范化和实用化　谢世涯　教学与测试　新加坡华文教师总会出版（新加坡）　2003年第106—109页
CJ03022	多语环境里语言规划所思考的重点与面对的难题——兼论新港的双语优势　周清海　新加坡华文教学论文三集　谢泽文编　新加坡华文研究会（新加坡）　2003年第1—9页
CJ04023	中国历史上的语言规划　吴静　安徽教育学院学报　2004年第5期
CJ04024	建国方略与语文规划——新加坡政府制定语文政策的考量　吴元华　华语文在新加坡的现状与前景　吴元华　创意圈出版社（新加坡）　2004年
CJ04025	从"书同文"到"译同名"谈我国语言文字规范化的方向　杨欣儒　星洲日报（马来西亚）　2004-5-27
CJ04026	质疑现代汉语规范化　钱乃荣　上海文学　2004年第4期
CJ05027	论语言的多样性和"规范化"　钱乃荣　语言教学与研究　2005年第2期
CJ05028	中国语言规划的历史演变　孟万春　青海民族学院学报　2005年第2期
CJ05029	近20年来中国的语言文字规范化工作　郭熙　修辞学习　2005年第5期
CJ05030	域内外汉语协调问题刍议　郭熙　汉字书同文研究（第6辑）　陈明然　周胜鸿　鹭达文化出版公司（中国香港）　2005年第14—32页
CJ06031	论华语视角下的中国语言规划　郭熙　语文研究　2006年第1期
CJ06032	中国语言规划论　李宇明　现代语文（语言研究版）　2006年第2期

CK　语言传播

CK81001	台湾官话传播导论　范登堡　莱登大学（荷兰）　1981年
CK94002	广州话对新加坡华语的影响　张楚浩　第一届国际粤方言研讨会论文集　单周尧编　现代教育研究社（中国香港）　1994年
CK94003	华语的远播　杨庆华　云南侨务　1994年第2期
CK96004	英语在新加坡的传播与演变　关汪昭　新加坡社会和语言　云惟利　南洋理工大学中

华语言文化中心（新加坡）1996年第159—187页
CK96005 　大众传播和语言　郭振羽　新加坡社会和语言　云惟利　南洋理工大学中华语言文化中心（新加坡）1996年第75—90页
CK97006 　港台话"北上"琐议　朱永锴　林伦伦　语文建设通讯（中国香港）1997年第3期
CK01007 　唐朝的对外汉语传播简介　高霞　楚雄师专学报　2001年第2期
CK03008 　从对外汉语教学到国际汉语教学——全球化时代的汉语传播趋势　王路江　世界汉语教学　2003年第3期
CK03009 　从当代中国广告语言看语言扩散　曾祥喜　湖北大学学报（哲学社会科学版）2003年第6期
CK03010 　巴克礼在台湾的传教研究　黄招荣　台南师范学院硕士学位论文（中国台湾）2003年
CK06011 　海外华语传播概况　郭熙　中国语言生活状况报告（2005）"中国语言生活状况报告"课题组编　商务印书馆　2006年
CK06012 　语言跨国界传播：以新加坡、马来西亚边界为例　王晓梅　中国社会语言学　2006年第1期
CK06013 　汉语的国际化及传播与维护　王玲玲　语言文字应用　2006年第3期
CK07014 　海外华语传播与《中国语言生活状况报告》　郭熙　祝晓宏　语言文字应用　2007年第1期

D 第四部分 华语应用

DA 华语教学

1 概论

DA68001　中文科教学研究委员会报告书　中文科教学研究委员会　香港政府印务局印行　1968年
DA68002　华语笔记　陈梅怡　英华图书　1968年
DA71003　小学华语教学问题　魏维贤　新加坡大学校外进修系（新加坡）　1971年
DA74004　谈华语教学　张孝裕　华文世界（中国台湾）　1974年第10期
DA76005　语文与教学　卢绍昌　南洋大学华语研究中心（新加坡）　1976年
DA77006　语文与教学　吴元华　教育出版社（新加坡）　1977年
DA78007　华文应用文改革大纲　吴元华　新加坡文化部（新加坡）　1978年
DA78008　现代华语教学论丛　黄荣辉　教育出版社（新加坡）　1978年
DA81009　华语文教学特点试析（一）　高润　徐金海　教学通讯（文科版）　1981年第7期
DA81010　华语文教学特点试析（二）　高润　徐金海　教学通讯（文科版）　1981年第8期
DA81011　当代的华语教学与教学法研究　李振清　华文世界（中国台湾）　1981年第11期
DA84012　父母和学华文　王锦堂　华文世界（中国台湾）　1984年第8期
DA84013　外籍学童学习华语面面观　陆林继君　华文世界（中国台湾）　1984年第12期
DA84014　如何加强阅读教学与写作教学的关系　梁荣基　华文世界（中国台湾）　1984年第12期
DA84015　如何建立一个理想的海外社区中文学校　夏友平　华文世界（中国台湾）　1984年第12期
DA84016　华语与英语对比分析在华文教学上的功能　徐凌志韫　华文世界（中国台湾）　1984年第12期
DA84017　近年来语文教学法之发展和演变及其在汉语教学中的应用　蓝安东　华文世界（中国台湾）　1984年第12期
DA85018　我的华语教学经验谈　赵静　华文世界（中国台湾）　1985年第4期
DA85019　华语教学——说话教学举例　蔡雅琳　华文世界（中国台湾）　1985年第4期
DA85020　道与艺之间——从语文教学的几个特性谈华文教师的角色　姚荣松　华文世界（中国台湾）　1985年第11期
DA85021　期望中的华文教师　吴国贤　华文世界（中国台湾）　1985年第11期
DA85022　教外国学生学唐诗　方慕廉　华文世界（中国台湾）　1985年第11期
DA85023　从社会语言学的观点探讨华文教学　李振清　华文世界（中国台湾）　1985年第11期
DA86024　海外教华语　陈齐瑞　华文世界（中国台湾）　1986年第1期
DA86025　华文教学研习班园地　编者　华文世界（中国台湾）　1986年第4期
DA86026　从认知心理学看华文的学习　郑昭明　华文世界（中国台湾）　1986年第4期
DA87027　给华语教师与学生的入门介绍（一）谈语言与语言教学　何景贤　华文世界（中国

台湾） 1987年第9期

DA87028　给华语教师与学生的入门介绍（二）谈句型练习　何景贤　华文世界（中国台湾）1987年第9期

DA87029　给华语教师与学生的入门介绍（三）学习中文为第二语文的认知　何景贤　华文世界（中国台湾） 1987年第9期

DA87030　文化活动与华语教学——由"选后记"谈起　谢美娜　华文世界（中国台湾） 1987年第9期

DA87031　华文小学的困境　康子　侨联动态　1987年第12期

DA88032　华文是"违禁品"　刘振廷　华人　1988年第6期

DA88033　对外华语文教学刍议　马静恒　华文世界（中国台湾） 1988年第12期

DA88034　海外教习华语的一点困惑　杨沂　华文世界（中国台湾） 1988年第12期

DA88035　海外华语文教学与侨社关系的探讨　王福权　华文世界（中国台湾） 1988年第12期

DA88036　双语或多语环境里华人的华语教学问题　周清海　华文世界（中国台湾） 1988年第12期

DA88037　华文的教与学：历程的探讨　郑昭明　华文世界（中国台湾） 1988年第12期

DA88038　文化价值取向与语言：兼谈海外华语文教学　陈国明　华文世界（中国台湾） 1988年第12期

DA88039　华语教学中抽象语言学假设作用及应用　沈德思　华文世界（中国台湾） 1988年第12期

DA88040　阅读华文和英文涉及相同的认知历程吗？　李玮玲　华文世界（中国台湾） 1988年第12期

DA88041　"国语"词序对理解的影响　张欣戊　华文世界（中国台湾） 1988年第12期

DA90042　世界华文教学研讨会开幕词　李光耀　世界华文教学研讨会论文集　新加坡华文研究会（新加坡） 1990年

DA90043　温馨而充实的盛会——参加国内华语文教学研讨会后话　味之　华文世界（中国台湾） 1990年第9期

DA90044　喜见国内华语教学的新契机——首次校际大整合　叶德明　华文世界（中国台湾） 1990年第9期

DA90045　华文教学经验的检讨　张鹤琴　华文世界（中国台湾） 1990年第12期

DA90046　短期华语教学浅谈　宋如瑜　华文世界（中国台湾） 1990年第12期

DA90047　教华语的经验谈　翁玲玲　华文世界（中国台湾） 1990年第12期

DA91048　华语教学中教师扮演的角色　韩英华　华文世界（中国台湾） 1991年第6期

DA91049　目标、趣味与文化传统——华文教学心得　金振邦　华文世界（中国台湾） 1991年第6期

DA92050　华语教学讲习　吕必松　北京语言学院出版社　1992年

DA92051　还是称"华语教学"好　关文新　汉语学习　1992年第1期

DA93052　利用汉语优势，搞好华裔的汉语教学——华大华裔汉语教学情况初探　陈法今　华侨大学学报　1993年第1期

DA94053　海外教学经验谈　吴月云　华文世界（中国台湾）1994年第3期

DA97054　华语教学应走的路向　周清海　南洋理工大学中华语言文化中心（新加坡）　1997年
DA97055　谈对华裔儿童的华语教学　罗庆铭　世界汉语教学　1997年第3期
DA97056　关于华语教学的一些想法　刘咪咪　华文世界（中国台湾）　1997年第3期
DA97057　华文教学观测站　王蕙珊　华文世界（中国台湾）　1997年第6期
DA97058　汉语口语能力的构成因素及其相对重要性———项对美国汉语老师和学生的意见调查　崔颂人　华文世界（中国台湾）　1997年第12期
DA98059　语文教学与学生素质培养——对中学华文教学中实施素质教育的思考　林国安　课程·教材·教法　1998年第1期
DA98060　近代华侨学校的"国语"教学　别必亮　中学语文教学参考　1998年第3期
DA98061　华语教学的语用学思考　刘正文　暨南学报（哲学社会科学版）　1998年第4期
DA98062　华文教学的现实与理想　周清海　香港中国语文教学论文集　邓仕梁编　香港中文大学中国语言及文学系　1998年
DA99063　关于华文教学方法的三个问题　蔡振翔　八桂侨史（现八桂侨刊）　1999年第4期
DA99064　汉语双方言教育、双文制度及教育现代化　李英哲　双语双方言与现代中国　陈恩泉主编　北京语言文化大学出版社　1999年第164—173页
DA00065　21世纪海外华文教学思想初探　周京宁　第六届国际汉语教学讨论会论文选　《第六届国际汉语教学讨论会论文选》编辑委员会　北京大学出版社　2000年
DA00066　华文教学论文集　任启亮主编　暨南大学出版社　2000年
DA00067　全球经济和科技一体化趋势与来华留学生教育展望　詹心丽　海外华文教育　2000年第1期
DA00068　试论"短期华文教学"　李金钞　华侨大学学报（哲学社会科学版）　2000年第2期
DA00069　把实用性放在第一位　周健　海外华文教育　2000年第4期
DA00070　汉语述宾结构在罗语中的表述　董原　海外华文教育　2000年第4期
DA00071　法语区留学生学习汉语语音的难点及其对策　朱芳华　海外华文教育　2000年第4期
DA00072　港台语言环境对语文科教学语言运用成效的影响　唐秀玲　华文世界（中国台湾）　2000年第12期
DA00073　对提高华语教学质量的探索　刘国强　华文世界（中国台湾）　2000年第12期
DA00074　全球化华语的崛起与华语教学的新方向　吴英成　国际汉语教学研讨会论文集　华中理工大学　2000年第111—117页
DA01075　第二语言教学的可喜成果——侨中学院作文观摩课述评　蒋守谦　赵敏成　海外华文教育　2001年第3期
DA01076　西方人早期汉语学习史的研究初论　张西平　海外华文教育　2001年第4期
DA05077　课堂中英混合语初探　傅健雄　关智豪　汉语双方言（八）　汉学出版社（中国香港）　2005年第88—93页
DA01078　21世纪的华文教学　洪孟珠　新加坡华文教学论文二集　谢泽文编　泛太平洋出版私人有限公司（新加坡）　2001年
DA01079　华文教学的五化　梁春芳　新加坡华文教学论文二集　谢泽文编　泛太平洋出版私人有限公司（新加坡）　2001年
DA01080　论华语教学中处理语言变异的一些实际问题　林万菁　新加坡华文教学论文二集

	谢泽文编　泛太平洋出版私人有限公司（新加坡）2001年
DA01081	越来越多的华裔选民讲"国语"　常虹　侨报（美国）2001-2-24
DA01082	"汉语热"全球升温　邓树林　今日中国　2001-12-3
DA02083	年龄对第二语言习得的影响　唐燕儿　甘露　于正平　海外华文教育　2002年第4期
DA02084	华裔学生的汉语口语教学及其相关因素　李善邦　华侨大学学报（哲学社会科学版）2002年第4期
DA03085	对外汉语教学论文集（海外华文教育研究丛书）　厦门大学海外华文教育研究所海外教育学院编　厦门大学出版社　2003年
DA03086	回顾与前瞻：国际化环境下的华文教学　周清海　华文学刊（新加坡）2003年第2期
DA04087	海外华人社会汉语（华语）教学的若干问题——以新加坡为例　郭熙　世界汉语教学　2004年第2期
DA04088	闽南方言语音对东南亚学生学习普通话语音的影响及教师的对策　连志丹　海外华文教育　2004年第2期
DA04089	论华语语感培养的原则与方法　周健　暨南大学华文学院学报　2004年第4期
DA04090	中国中央视全球教汉语　侨报（美国）2004-12-21
DA05091	海外华文教学　台湾科学教育馆（中国台湾）2005年
DA05092	国家汉语战略初探　张艺　湖南师范大学社会科学学报　2005年第4期
DA05093	华语教学的内在动机诱导及教学策略　章石芳　云南师范大学学报（对外汉语教学与研究版）2005年第6期
DA06094	民族语言世界推广概述　黄鸣奋　海外华文教育　2006年第2期
DA06095	汉语教学的全球化推进探析　王际平　云南师范大学学报（对外汉语教学与研究版）2006年第2期
DA06096	两岸四地语言文字使用现状与汉语国际推广　陈荣岚　海外华文教育　2006年第4期
DA06097	华语教学的中国结：全球语言视角　吴英成　马来亚大学：第一届马来西亚国际汉语语言学会议（马来西亚）2006年第4—5页
DA07098	华文教学概论　郭熙主编　商务印书馆　2007年
DA08099	关于华文教学当地化的若干问题　郭熙　世界汉语教学　2008年第2期

2　语音教学

DA76100	我参加了"国语"正音班　涂顺从　华文世界（中国台湾）1976年第10期
DA81101	华语教学应采用何种发音符号　叶德明　华文世界（中国台湾）1981年第11期
DA84102	有关华语发音的一些问题　吴国贤　华文世界（中国台湾）1984年第12期
DA84103	注音符号之理论基础与教学实践　薛凤生　华文世界（中国台湾）1984年第12期
DA84104	"国语"声调语调教学的研究　张周慧强　华文世界（中国台湾）1984年第12期
DA84105	华英语音比较和两种语文学习　卢绍昌　华语论集　卢绍昌　华语研究中心　1984年
DA84106	汉语拼音与华语语音教学　卢绍昌　华语论集　卢绍昌　华语研究中心　1984年
DA84107	教学中的华语语音实践问题　卢绍昌　华语论集　卢绍昌　华语研究中心　1984年
DA85108	华文教学报告——语音组　编者　华文世界（中国台湾）1985年第4期
DA85109	注音符号在华语教学上的功能　王天昌　华文世界（中国台湾）1985年总第85期

DA86110	从"注音二式"谈到华语教学与研究　屈承熹　华文世界（中国台湾）　1986年第10期
DA87111	汉语拼音教音原则　吴英成　华文老师（新加坡）1987年第2期
DA87112	"国语"注音符号第二式专题报告　李鍌　华文世界（中国台湾）1987年第2期
DA87113	"国语"注音符号第二式教学实验报告之一　黄家定　华文世界（中国台湾）1987年第2期
DA87114	"国语"注音符号第二式教学实验报告之二　张正男　华文世界（中国台湾）1987年第2期
DA87115	"国语"注音符号第二式教学实验报告之三　王淑华　华文世界（中国台湾）1987年第2期
DA87116	"国语"注音符号第二式教学实验报告之四　马昭华　华文世界（中国台湾）1987年第2期
DA87117	"国语"注音符号第二式教学实验报告之五　王孙元平　华文世界（中国台湾）1987年第2期
DA87118	对标准华语发音之看法与探讨（上）　吴国贤　华文世界（中国台湾）1987年第2期
DA87119	对标准华语发音之看法与探讨（下）　吴国贤　华文世界（中国台湾）1987年第5期
DA87120	注音符号教学研究报告　柯华葳　华文世界（中国台湾）1987年第5期
DA87121	国文教学的读音问题　魏子云　中国国学（中国台湾）1987年第9期
DA88122	注音符号与发音教学（上）　吴国贤　华文世界（中国台湾）1988年第9期
DA88123	注音符号与发音教学（下）　吴国贤　华文世界（中国台湾）1988年第12期
DA88124	注音符号的视听教学　林武宪　华文世界（中国台湾）1988年第12期
DA88125	注音符号教学实验偶思　赵镇洲　华文世界（中国台湾）1988年第12期
DA88126	"注音符号第二式"教学　吴国贤　华文世界（中国台湾）1988年第12期
DA88127	"国语"中"卷舌"音教学的研究　周慧强　华文世界（中国台湾）1988年第12期
DA88128	中国语文的音乐特质及教学上的运用　颜文雄　华文世界（中国台湾）1988年第12期
DA90129	注音符号是华文教学的利器——ㄅㄆㄇㄈ岂能以罗马字母代替　顾大我　华文世界（中国台湾）1990年第12期
DA90130	"国语"的抵辅调——及教学上的适用性　殷允美　华文世界（中国台湾）1990年第12期
DA90131	The Role of Syllabus and Instructional Materials in Effective Chinese Language Teaching at the Tertiary Level　卢绍昌　华语论集续集　卢绍昌　新加坡国立大学华语研究中心（新加坡）　1990年第110—120页
DA91132	声韵学在华文教学上的效用　林炯阳　华文世界（中国台湾）1991年总第91期
DA94133	注音符号教学法　张书玲　华文世界（中国台湾）1994年第12期
DA94134	外籍学生如何学习华语声调　陈希奇　华文世界（中国台湾）1994年总第94期
DA94135	在新加坡与马来西亚地区教学汉语拼音方案的经验　卢绍昌　新加坡华文教学论文集　谢泽文编　北京语言学院出版社　1994年第105—110页
DA94136	华英语音比较和两种语文学习　卢绍昌　新加坡华文教学论文集　谢泽文编　北京语言学院出版社　1994年第38—49页
DA94137	汉语拼音与华语语音教学　卢绍昌　新加坡华文教学论文集　谢泽文编　北京语言学

院出版社　1994年第78—104页

DA94138　教学中的华语语音实践问题　卢绍昌　新加坡华文教学论文集　谢泽文编　北京语言学院出版社　1994年第89—104页

DA96139　如何学好中文的声调　黄丽仪　华文世界（中国台湾）1996年第9期

DA96140　注音符号不宜轻言放弃　亓婷婷　华文世界（中国台湾）1996年第12期

DA96141　由"国语"注音符号与古文字的关系谈识字教育于中文教学的重要性　余乃永　华文世界（中国台湾）1996年第12期

DA96142　注音的迷失　郑昭明　华文世界（中国台湾）1996年第12期

DA96143　从中文教学立场谈ㄅㄆㄇㄈ与ABCD——标音符号问题　叶德明　华文世界（中国台湾）1996年第12期

DA96144　从语言学家与外语教学家的观点看中文的记音符号　黄丽仪　华文世界（中国台湾）1996年第12期

DA97145　印尼华裔学生学习普通话语音的难点及其克服办法　董琳莉　汕头大学学报　1997年第2期

DA97146　变调、标音与构词之间的三角关系——华语文教学上的观点　钟荣富　华文世界（中国台湾）1997年第12期

DA97147　"国语""拼音"教学方法探讨　朱素英　华文世界（中国台湾）1997年第12期

DA98148　如何向不同背景的学生教华语拼音　谢云飞　华文世界（中国台湾）1998年第12期

DA98149　华语一字多音与教学　张孝裕　华文世界（中国台湾）1998年第12期

DA98150　利用拼音学好华文　李昀　联合早报（新加坡）1998-6-13

DA99151　广州话普通话语音对应规律对香港普通话教学的意义　何国祥　中文教育论文集第六辑：语文与评估（一九九八年国际语文教育研讨会论文集）　何国祥编　香港教育学院出版（中国香港）1999年第218—234页

DA00152　关于印尼华裔学生汉语语音的调查及相应的教学对策　倪伟曼　林明贤　华侨大学学报（哲学社会科学版）2000年第2期

DA00153　华语教学中几组重要音位与其他语言之对比　许长谟　华文世界（中国台湾）2000年第12期

DA01154　以平常心看汉语拼音与华语教学　卢绍昌　新加坡华文教学论文二集　谢泽文编　泛太平洋出版私人有限公司（新加坡）2001年

DA02155　以汉语为母语者日语发音中的音长特征——台湾的日语学习者和东京人的发音资料比较研究　藤田守　东吴大学硕士学位论文（中国台湾）2002年

DA03156　汉语拼音在国际汉语教学中的地位和运用　柯彼德　世界汉语教学　2003年第3期

DA03157　现代汉语普通话在语音教学中的对比　黄翊　澳门语言学刊（中国澳门）2003年第22/23期

DA03158　什么是"注音识字、提前读写"　谢世涯　教学与测试　谢世涯　新加坡华文教师总会出版　2003年第110—116页

DA03159　掌握拼音学好华文　谢世涯　教学与测试　谢世涯　新加坡华文教师总会出版（新加坡）2003年第117—121页

DA03160　汉语拼音的语言教学功能　胡林生　新加坡华文教学论文三集　谢泽文编　新加坡华

DA04161　音高与声调的相互关系及其在华语文教学上的启示　陈彩娥　李思恩　钟荣富　华语文教学研究（中国台湾）2004年第1期

DA05162　华语语音教学说论　陈耀泉　创意圈出版社（新加坡）2005年

3　词汇教学

DA73163　论华文教学中的词义问题　周清海　中国语文散论　周清海　世界书局有限公司（新加坡）1973年

DA73164　华文教学中应该如何解释词义　周清海　中国语文散论　周清海　世界书局有限公司（新加坡）1973年

DA73165　文言文教学的语释问题　周清海　中国语文散论　周清海　世界书局有限公司（新加坡）1973年

DA90166　《联合早报（新加坡）与新加坡中小学华文课本用词调查报告》简评　卢绍昌　华语论集续集　卢绍昌　新加坡国立大学华语研究中心（新加坡）1990年第18—29页

DA90167　华语词汇的习得与课外阅读活动　卢绍昌　华语论集续集　卢绍昌　新加坡国立大学华语研究中心（新加坡）1990年第37—43页

DA93168　构词能力与偏误分析　谢世涯　苏启祯　语言文字应用　1993年第2期

DA94169　华语文反转词结构与教学　叶德明　第三届汉语教学研讨会（中国香港）1994年

DA94170　华语词汇的习得与课外阅读活动　卢绍昌　新加坡华文教学论文集　谢泽文编　北京语言学院出版社　1994年第121—124页

DA94171　说词与写词的比较——以小学五年级学生为例　梁荣基　新加坡华文教学论文集　谢泽文编　北京语言学院出版社　1994年第125—133页

DA94172　词汇教学的层面　胡林生　新加坡华文教学论文集　谢泽文编　北京语言学院出版社　1994年第134—142页

DA94173　以词汇为中心的活动教学　周清海　新加坡华文教学论文集　谢泽文编　北京语言学院出版社　1994年第143—147页

DA97174　以词汇为中心的活动教学　周清海　华语教学应走的路向　周清海　南洋理工大学中华语言文化中心（新加坡）1997年第113—120页

DA98175　华语教学中词语的释义问题　陈荣岚　海外华文教育　1998年第2期

DA98176　从选举词汇看华语文教学　蔡智敏　华文世界（中国台湾）1998年第6期

DA00177　谈汉语综合课的词汇教学　李善邦　海外华文教育　2000年第4期

DA00178　华语文教材词汇教学探讨　蔡美智　华文世界（中国台湾）2000年第12期

DA00179　世纪之交华语文新词汇教学的思考　朱靖华　刘彩霞　华文世界（中国台湾）2000年第12期

DA01180　世纪之交华语文新词汇教学的思考　朱靖华　井冈山师范学院学报　2001年第3期

DA01181　华文教学不应太偏重词语学习　吴瞻淘　联合早报（新加坡）2001-9-6

DA03182　从教学的观点看华文词汇的变异与规范　林万菁　新加坡华文教学论文三集　谢泽文编　新加坡华文研究会（新加坡）2003年第179—185页

DA03183　华文教学中扩大词汇量的一些方法　林万菁　新加坡华文教学论文三集　谢泽文编

新加坡华文研究会（新加坡） 2003 年第 186—192 页

DA03184　华语教学中词语的释义问题　陈荣岚　对外汉语教学论文集　厦门大学海外华文教育研究所、海外教育学院编　厦门大学出版社　2003 年第 431—440 页

DA05185　论词汇分级在语文教学中的重要意义　林万菁　炎黄文化（新加坡） 2005 年第 4 期

DA06186　论词汇分级在语文教学中的重要意义　林万菁　新加坡华文教学论文四集　谢泽文编　新加坡华文研究会（新加坡） 2006 年第 106—112 页

DA06187　华文教学中扩大词汇量的一些方法　林万菁　汉语研究与华文教学论集　林万菁　新华文化事业有限公司（新加坡） 2006 年第 42—49 页

DA06188　汉英对比在词汇教学中的应用问题　林万菁　汉语研究与华文教学论集　林万菁　新华文化事业有限公司（新加坡） 2006 年第 58—72 页

DA06189　华文词汇教学的国际视野　汪惠迪　联合早报（新加坡） 2006-7-25

4　语法教学

DA54190　苏联《华语课本》中的汉语语法理论　伊三克等　明扬选译　中国语文（中国台湾） 1954 年第 11 期

DA73191　比较语法学与第二语文教学　周清海　中国语文散论　周清海　世界书局有限公司（新加坡） 1973 年

DA73192　句型与文言文教学　周清海　中国语文散论　周清海　世界书局有限公司（新加坡） 1973 年

DA80193　新加坡华语教学的特殊性与语法研究　周清海　中英语文学研究（新加坡） 1980 年第 1 期

DA84194　华语教学与语法理论（上）　李壬癸　华文世界（中国台湾） 1984 年第 1 期

DA84195　华语教学与语法理论（下）　李壬癸　华文世界（中国台湾） 1984 年第 4 期

DA84196　外籍学生学习华语句法之困难研究　赵德麟　华文世界（中国台湾） 1984 年第 12 期

DA84197　美国学生学华语的几个语法上的问题　张一峰　华文世界（中国台湾） 1984 年第 12 期

DA84198　语法研究与语法教学　周清海　华文世界（中国台湾） 1984 年第 12 期

DA84199　华文谓（述）语的时态、情态、语态及其教学　铁鸿业　华文世界（中国台湾） 1984 年第 12 期

DA84200　"动—名"格构词之种类、词性、规律与其教学方法之探讨　齐德立　华文世界（中国台湾） 1984 年第 12 期

DA84201　语法教学之理论与实际——动词词尾"- 了"与语气助词"了"之教学　佟秉正　华文世界（中国台湾） 1984 年第 12 期

DA84202　华语的照应词与华语教学　黄运骅　华文世界（中国台湾） 1984 年第 12 期

DA84203　语用学与华文教学——句尾虚字"呢"跟"嚜"的研究　屈承熹　华文世界（中国台湾） 1984 年第 12 期

DA85204　华文教育综合报告——语法组　编者　华文世界（中国台湾） 1985 年第 4 期

DA85205　华语语法教学基本书目探讨　汤廷池　华文世界（中国台湾） 1985 年第 7 期

DA85206　华语研究成果在华文教学上的推广：兼介李樱对华语中"人、事、物"的复指　屈承熹　华文世界（中国台湾） 1985 年第 11 期

DA86207	华语语法与功用解释（上）　汤廷池　华文世界（中国台湾）　1986年第1期	
DA86208	华语语法与功用解释（中）　汤廷池　华文世界（中国台湾）　1986年第4期	
DA86209	华语语法与功用解释（下）　汤廷池　华文世界（中国台湾）　1986年第7期	
DA87210	现代语法理论与华语语法教学　黄居仁　华文世界（中国台湾）　1987年第11期	
DA87211	谈华语教学中的语法问题　李振清　华文世界（中国台湾）　1987年第11期	
DA87212	语法在小学华语教学活动中的角色　姚荣松　华文世界（中国台湾）　1987年第11期	
DA87213	句型教学与语文教育的关系——聆听"国小'国语'课本句型分析"有感　苏宗德　华文世界（中国台湾）　1987年第11期	
DA87214	关于中学华语语法教学问题　吴英成　Seminar on Innovative Approaches to the Teaching of Chinese in Secondary Schools and Junior Colleges（新加坡）　1987年第71—75页	
DA88215	华文老师怎样跟中学生讲语法　吴英成　华文老师（新加坡）　1988年第1期	
DA88216	关于华语语法教学问题　吴英成　语言教学与研究　1988年第3期	
DA88217	以语法为基础的中文教材教法　叶德明　华文世界（中国台湾）　1988年第7期	
DA88218	对比分析与错误分析在华语教学中所应扮演的角色　严棉　华文世界（中国台湾）　1988年第12期	
DA88219	"功能语法"与"形式语法"在华语教学上的应用　屈承熹　华文世界（中国台湾）　1988年第12期	
DA88220	华语四个基本语意句型的教学法研讨　李宗宓　华文世界（中国台湾）　1988年第12期	
DA90221	华语教学语法方案的实验比较研究　王培光　华文世界（中国台湾）　1990年第12期	
DA90222	论华语否定结构与其教学　黄美金　华文世界（中国台湾）　1990年第90期	
DA92223	从历史语法的观点比较"国语"和闽南语的持续貌——兼论未来完成貌　杨秀芳　华文世界（中国台湾）　1992年第9期	
DA94224	有关华语中"了"字系统化教学之具体实现　董洁芬　华文世界（中国台湾）　1994年第12期	
DA94225	从广义的语言能力论华语语法教学　王培光　华文世界（中国台湾）　1994年第12期	
DA94226	对比分析与华语语法教学　曹逢甫　华文世界（中国台湾）　1994年第12期	
DA94227	华语语法教学之探讨　陈希奇　华文世界（中国台湾）　1994年第12期	
DA94228	语法研究与语法教学　周清海　新加坡华文教学论文集　谢泽文编　北京语言学院出版社　1994年第148—155页	
DA94229	如何进行语法教学　周清海　新加坡华文教学论文集　谢泽文编　北京语言学院出版社　1994年第156—159页	
DA94230	漫谈句型教学　洪孟珠　新加坡华文教学论文集　谢泽文编　北京语言学院出版社　1994年第160—163页	
DA94231	语法与长文缩短　胡林生　新加坡华文教学论文集　谢泽文编　北京语言学院出版社　1994年第182—186页	
DA94232	长文缩短与语意　胡林生　新加坡华文教学论文集　谢泽文编　北京语言学院出版社　1994年第187—191页	
DA97233	从语言教学观点论台湾中学的教学语法　王培光　语言文字应用　1997年第4期	
DA97234	日本人学华语时的困难点——以动名词为中心　望月八十吉　华文世界（中国台湾）	

1997 年第 12 期

DA97235　从粤方言的角度来看香港大专院校初级阶段普通话词法 / 句法教学　梁莉莉　华文世界（中国台湾）1997 年第 12 期

DA97236　语法研究与语法教学　周清海　华语教学应走的路向　周清海　南洋理工大学中华语言文化中心（新加坡）1997 年第 121—134 页

DA97237　如何进行语法教学　周清海　华语教学应走的路向　周清海　南洋理工大学中华语言文化中心（新加坡）1997 年第 135—140 页

DA98238　语法教学的设定和推行　谢耀基　第 3 届中文科课程教材教法国际研讨会论文选　欧阳汝颖编　香港中文教育学会、香港大学课程学系、香港教育署课程发展处联合出版（中国香港）1998 年第 23—38 页

DA99239　华语语法对华语教学的启示　陈纯音　华文世界（中国台湾）1999 年第 3 期

DA00240　华语虚字的研究与教学——以"呢"字为例　曹逢甫　华文世界（中国台湾）2000 年第 12 期

DA00241　认知功能语法华语教学："原型""像似性""连绵性"等概念在语法教学上的应用　屈承熹　华文世界（中国台湾）2000 年第 12 期

DA01242　文言语法教学评议　周清海　南大学人　李元瑾主编　南洋理工大学中华语言文化丛书（新加坡）2001 年第 91—108 页

DA01243　汉语"有"的语义分析与教学语法　赵恒玉　台湾师范大学硕士学位论文（中国台湾）2001 年

DA02244　中学教学语法研究　林士敦　彰化师范大学硕士学位论文（中国台湾）2002 年

DA03245　华语语法课问题琐谈　欧阳国泰　海外华文教育　2003 年第 4 期

DA03246　汉语句末助词"啊"之教学语法初探　林钦惠　台湾师范大学硕士学位论文（中国台湾）2003 年

DA03247　现代汉语副词"才"与"就"的教学语法　陈立芬　台湾师范大学硕士学位论文（中国台湾）2003 年

DA04248　汉语语尾助词"呢"之教学语法初探　梁晓云　台湾师范大学硕士学位论文（中国台湾）2004 年

DA06249　母语会影响吗？从外籍学生习得华语"把"字句和"被"字句谈起　陈纯音　吴致华　许素玲　华语文教学研究（中国台湾）2006 年第 2 期

DA06250　异序词研究与对外汉语教学　周玟慧　华语文教学研究（中国台湾）2006 年第 2 期

DA06251　略论汉语中渐趋普遍的一些特殊表达方式　林万菁　新加坡华文教学论文四集　谢泽文编　新加坡华文研究会（新加坡）2006 年第 113—118 页

DA06252　谈句型和句型教学　胡林生　新加坡华文教学论文四集　谢泽文编　新加坡华文研究会（新加坡）2006 年第 159—168 页

5　篇章教学

DA77253　华文应用文改革大纲　吴元华　新加坡文化部（新加坡）1977 年

DA84254　非标准"国语"之能力训练　顾百里　华文世界（中国台湾）1984 年第 12 期

DA85255　新闻阅读与理解　吴元华　联邦出版社（新加坡）1985 年

DA85256	香港中学的叶圣陶作品教学　郭国英　语文教学与研究　1985 年第 7 期
DA85257	配合华语课本作文　华霞菱　华文世界（中国台湾）　1985 年第 7 期
DA88258	学生华文作文的偏误与其学习策略的关系　吴英成　华文老师（新加坡）　1988 年第 3 期
DA88259	用录影带教华文　伍淑子　华文世界（中国台湾）　1988 年第 12 期
DA88260	华校视听教学与华文推广　黄玉芬　华文世界（中国台湾）　1988 年第 12 期
DA88261	作文与应用文　吴元华　新亚出版（新加坡）1988 年
DA90262	提高学生读报能力的途径　新闻研究组　联合早报（新加坡）　1990-7-7
DA92263	篇章研究与华语教学　屈承熹　华文世界（中国台湾）　1992 年第 6 期
DA92264	阅读教学：理论与实践　梁荣源　仙人掌出版社（新加坡）　1992 年
DA94265	修辞学在华语文教学上的应用　蔡宗阳　华文世界（中国台湾）　1994 年第 93 期
DA94266	小学作文教学应注意的几件事　洪孟珠　新加坡华文教学论文集　谢泽文编　北京语言学院出版社　1994 年第 164—174 页
DA95267	阅读课引导性问题的设计及其应用　梁荣源　第一届小学语文课程教材教法国际学术研讨会论文集　台东师范学院语文教育系（中国台湾）　1995 年第 6 期
DA97268	句子的连接和学生的中文写作　胡明亮　华文世界（中国台湾）　1997 年第 12 期
DA97269	香港中四学生说明文主题句的推论与理解策略　谢锡金　吴凤平　华文世界（中国台湾）　1997 年第 12 期
DA97270	香港小学低年级学生写作句子的初步研究　关之英　华文世界（中国台湾）　1997 年第 12 期
DA97271	粤方言转换书面语的表现：香港新移民与本土小学生的初步比较　傅健雄　叶海滨　华文世界（中国台湾）　1997 年第 12 期
DA98272	粤语、现代标准汉语和写作教学　石定栩　大专写作教学研究集刊　李学铭主编　香港理工大学中文及双语学系（中国香港）　1998 年第 358—368 页
DA98273	阅读指导：研究与应用　郑雅丽　莱佛士书社（新加坡）　1998 年
DA98274	《阅读指导：研究与应用》前言　郑雅丽　阅读指导：研究与应用　郑雅丽编　莱佛士书社（新加坡）　1998 年
DA98275	阅读指导：目的、策略、过程　梁荣源　阅读指导：研究与应用　郑雅丽编　莱佛士书社（新加坡）　1998 年第 1—27 页
DA98276	潜存知识在阅读理解中的作用　吴英成　梁荣源　阅读指导：研究与应用　郑雅丽编　莱佛士书社（新加坡）　1998 年第 27—36 页
DA98277	文言散文阅读教学　周清海　阅读指导：研究与应用　郑雅丽编　莱佛士书社（新加坡）　1998 年第 37—45 页
DA98278	古典诗歌阅读教学　张爱东　阅读指导：研究与应用　郑雅丽编　莱佛士书社（新加坡）　1998 年第 46—58 页
DA98279	微型小说阅读教学　郑雅丽　阅读指导：研究与应用　郑雅丽编　莱佛士书社（新加坡）　1998 年第 59—78 页
DA98280	剧本阅读教学　王永炳　阅读指导：研究与应用　郑雅丽编　莱佛士书社（新加坡）　1998 年第 79—97 页

DA98281	儿童文学阅读教学　孙爱玲　阅读指导：研究与应用　郑雅丽编　莱佛士书社（新加坡）　1998年第98—114页
DA98282	神话阅读教学　李中华　阅读指导：研究与应用　郑雅丽编　莱佛士书社（新加坡）　1998年第115—133页
DA98283	《阅读指导：研究与应用》后记　郑雅丽　阅读指导：研究与应用　郑雅丽编　莱佛士书社（新加坡）　1998年第134页
DA99284	读者构系与华语文本阅读理解　吴英成　梁荣源　语言教学与研究　1999年第3期
DA99285	跨课程写作训练的理论与实践　张永德　中文教育论文集第六辑：语文与评估（一九九八年国际语文教育研讨会论文集）　何国祥编　香港教育学院出版（中国香港）　1999年第134—144页
DA99286	香港小学低年级学生写作语误分析　潘建忠　中文教育论文集第六辑：语文与评估（一九九八年国际语文教育研讨会论文集）　何国祥编　香港教育学院出版（中国香港）　1999年第340—354页
DA99287	大专院校写作课程教学体系设置　董小玉　中文教育论文集第六辑：语文与评估（一九九八年国际语文教育研讨会论文集）　何国祥编　香港教育学院出版（中国香港）　1999年第43—52页
DA99288	香港小学中国语文科习作评估　区婉仪　廖佩莉　何志恒　中文教育论文集第六辑：语文与评估（一九九八年国际语文教育研讨会论文集）　何国祥编　香港教育学院出版（中国香港）　1999年第554—575页
DA99289	克服词汇贫乏的写作教学方法　梁荣基　语文教学与测试　莱佛士书社（新加坡）　1999年
DA00290	香港大专公文写作教学的一点意见　郭鹏飞　第七届粤方言国际研讨会论文集　单周尧　陆镜光编　商务印书馆　2000年
DA00291	中文公文写作教程　李向玉　语体与文体　澳门语言学会、澳门写作学会（中国澳门）　2000年
DA00292	香港小学写作教学的改革——理念与实践　关之英　华文世界（中国台湾）　2000年第12期
DA00293	商业华语密集课程设计　林雪芬　华文世界（中国台湾）　2000年第12期
DA01294	华语语法课语段教学刍议　彭小川　中国海外交流协会文教部编　华文教育出版社　2001年
DA01295	克服词汇贫乏的写作教学方法　梁荣基　新加坡华文教学论文二集　谢泽文编　泛太平洋出版私人有限公司（新加坡）　2001年
DA01296	信息与经济时代华语区所面对的应用文改革问题　周清海　谭慧敏　第五届现代应用文国际研讨会论文集　澳门理工学院、行政暨公职局（中国澳门）　2001年第68—77页
DA01297	小学第二语文阅读教学的原理与实践：新加坡的经验分享　吴英成　浙江省教学学会实验学校研究会：语言教学论坛演讲词　2001-9-11
DA03298	知识经济时代小学高年级作文教学新模式初探　陈之权　华文学刊（新加坡）　2003年第1期
DA03299	比喻：富有创意的写作技巧　苏启祯　新加坡华文教学论文三集　谢泽文编　新加坡

DA03300　海外华文写作教学法初探　张桃　对外汉语教学论文集　厦门大学海外华文教育研究所、海外教育学院编　厦门大学出版社　2003年第568—574页

DA04301　运用"全语文"写作教学策略进行造句教学的初步探索　高月华　华文学刊（新加坡）2004年第1期

DA04302　语感与写作能力的相关研究　王培光　华语文教学研究（中国台湾）2004年第1期

DA06303　标点符号在阅读中扮演的角色　宋如瑜　华语文教学研究（中国台湾）2006年第2期

DA06304　中文应用写作与语言问题　邵敬敏　汉语广视角研究　邵敬敏　东北师范大学出版社　2006年第15—22页

DA06305　华语作为第二语言阅读探索　吴英成　德惠中学：华文独立阅读会议（新加坡）2006年第22—29页

DA06306　写作教程与多元只能　许福吉　新加坡华文教学论文四集　谢泽文编　新加坡华文研究会（新加坡）2006年第247—268页

DA06307　作文批改与讲评——批什么？评什么？　符传丰　新加坡华文教学论文四集　谢泽文编　新加坡华文研究会（新加坡）2006年第269—286页

DA06308　谈新加坡中学华文作文教学的设计及其内容　陈家骏　新加坡华文教学论文四集　谢泽文编　新加坡华文研究会（新加坡）2006年第287—292页

DA06309　中学现代文阅读试题存在的问题及改进刍议　祝新华　高慕莲　新加坡华文教学论文四集　谢泽文编　新加坡华文研究会（新加坡）2006年第358—371页

6　文字教学

DA80310　评小学分级字表　卢绍昌　南洋大学华语研究中心（新加坡）1980年

DA84311　新加坡中学生用字错误抽样　卢绍昌　华语论集　卢绍昌　南洋大学华语研究中心（新加坡）1984年

DA87312　以集中识字为基础的小学语文教学改革试验研究　田本娜　双语或多语环境中的语文教育　香港教育学院（中国香港）1987年第200—207页

DA90313　中文字比英文字容易：对外汉字教学新探　汪有序　华文世界（中国台湾）1990年第12期

DA90314　小学低年级识字遗忘率的研究　陈兆华　黄玉才　世界华文教学研讨会论文集　新加坡华文研究会（新加坡）1990年第279—292页

DA90315　三千字不宜削减　戚仁潭　联合早报（新加坡）1990-3-27

DA90316　精益求精　修订字表　戚仁潭　联合早报（新加坡）1990-4-5

DA90317　识字与读报　戚仁潭　联合早报（新加坡）1990-4-10

DA91318　学生汉字偏误及其学习策略的关系　吴英成　第三届国际汉语教学讨论会论文选　第三届国际汉语教学讨论会会务工作委员会编　北京语言学院　1991年第147—152页

DA94319　从心理实验谈华文字词的记忆　苏启祯　新加坡华文教学论文集　谢泽文编　北京语言学院出版社　1994年第111—114页

DA94320　对外汉语教学中汉字教学的新尝试　卢绍昌　新加坡华文教学论文集　谢泽文编　北京语言学院出版社　1994年第115—120页

DA99321　仓颉取码原则与汉字结构的一些问题　马显慈　中文教育论文集第六辑：语文与评估（一九九八年国际语文教育研讨会论文集）　何国祥主编　香港教育学院出版　1999年第170—189页

DA99322　手写汉字识别在识字教学的应用　吴英成　中文教育论文集第六辑：语文与评估（一九九八年国际语文教育研讨会论文集）　何国祥主编　香港教育学院出版　1999年第199—209页

DA99323　关于偏旁和偏旁教学　李大遂　中文教育论文集第六辑：语文与评估（一九九八年国际语文教育研讨会论文集）　何国祥主编　香港教育学院出版　1999年第272—283页

DA99324　关于语文教学中的识字教学　袁晓波　中文教育论文集第六辑：语文与评估（一九九八年国际语文教育研讨会论文集）　何国祥主编　香港教育学院出版　1999年第284—295页

DA99325　中文一般字汇知识教学法在增进国小识字困难学生识字学习成效之探讨　陈秀芳　中文教育论文集第六辑：语文与评估（一九九八年国际语文教育研讨会论文集）　何国祥主编　香港教育学院出版　1999年第453—472页

DA01326　关于当前国内华文教育汉字教学的几点思考　蔡丽　八桂侨刊　2001年第1期

DA01327　华文教学的基本字集中教学法刍议　李如龙　海外华文教育　2001年第2期

DA01328　汉字课教学技法初探　邓小琴　海外华文教育　2001年第3期

DA01329　高频率汉字教学试验　何先赞　新加坡华文教学论文二集　谢泽文编　泛太平洋出版私人有限公司（新加坡）2001年

DA03330　儿童、童谣、绕口令和古诗在识字教学的功用　林保圣　新加坡华文教学论文三集　谢泽文编　新加坡华文研究会（新加坡）　2003年第163—172页

DA04331　华语教学应"以汉字为本位"　李润新　海外华文教育　2004年第4期

DA04332　华裔学生的汉字教学　欧阳国泰　台湾及东南亚华文华语研究　李如龙　苏新春　霭明出版社（中国香港）　2004年第110—116页

DA05333　变革中的进退——新加坡小学汉字教学探讨　陈佩如　新加坡国立大学中文系荣誉学士学位论文（新加坡）2005年

DA06334　新加坡小学华文课本之汉字分析　新平　新加坡国立大学中文系荣誉学士学位论文（新加坡）2006年

7　文化教学

DA88335　从文化差异到文化共识，谈华语教学的落实　崔成萍　华文世界（中国台湾）　1988年第12期

DA91336　中、港、台中文应用文之比较研究与香港应用文教学面临的问题　吴尚智　何去何从？关于九十年代语文教学，培训课程的策划、管理与执行问题（李学铭、何国祥）　香港教育署（中国香港）1991年第260页

DA94337　浅谈中国大陆、台湾、新加坡中学华文课本里语文知识的教学　胡林生　新加坡华文教学论文集　谢泽文编　北京语言学院出版社　1994年第61—64页

DA94338　关于华裔学生文化教学的若干探讨　金宁　华侨大学学报（哲学社会科学版）1994年第3期

DA94339	华侨学生之文化冲击与适应　周萍　华文世界（中国台湾）1994 年第 12 期
DA95340	法律中文教学举隅——从《联合声明》到《基本法》　吴尚智　中文教育论文集（一九九四国际语文教育研究会论文集）　香港大学课程学系（中国香港）1995 年第 242—260 页
DA97341	文化与华文教学　陈桂德　华侨大学学报（哲学社会科学版）1997 年第 3 期
DA97342	华语文教学中的文化因素教学　王永炳　华文世界（中国台湾）1997 年第 12 期
DA99343	语文教学中的美观、思辩、文化因素　王晋光　中文教育论文集第六辑：语文与评估（一九九八年国际语文教育研讨会论文集）　何国祥主编　香港教育学院出版（中国香港）1999 年第 145—158 页
DA99344	刍议香港普通话教学和文化语言学的关系　周燕语　中文教育论文集第六辑：语文与评估（一九九八年国际语文教育研讨会论文集）　何国祥主编　香港教育学院出版（中国香港）1999 年第 246—261 页
DA99345	第二语言（汉语）教学中的汉文化教学　邓佑玲　中文教育论文集第六辑：语文与评估（一九九八年国际语文教育研讨会论文集）　何国祥主编　香港教育学院出版（中国香港）1999 年第 326—339 页
DA99346	华文教学与传统文化　梁春芳　中文教育论文集第六辑：语文与评估（一九九八年国际语文教育研讨会论文集）　何国祥主编　香港教育学院出版（中国香港）1999 年第 61—64 页
DA00347	对华语教学中"语、文、道"的再认识　陈荣岚　海外华文教育　2000 年第 3 期
DA00348	浅谈华文教育的"语、文、道"　翟汛　海外华文教育　2000 年第 3 期
DA00349	对外汉语教学（华文教学）中语、文、道三者关系与教学　王景萍　海外华文教育　2000 年第 3 期
DA00350	把语、文、道整合于教学中　王景萍　海外华文教育　2000 年第 3 期
DA01351	东南亚华裔学生语言与文化背景调查刍议　王爱平　华侨大学学报（人文社会科学版）2001 年第 3 期
DA02352	对华文教育中文化问题的几点认识　李嘉郁　海外华文教育　2002 年第 1 期
DA02353	量化方法与现代统计分析技术在东南亚华裔学生语言与文化背景调查研究中的应用　方绍峰　王爱平　华侨大学学报（哲学社会科学版）2002 年第 3 期
DA02354	以借用古语词为例论修辞与文化的关系　林万菁　语文研究论集　林万菁　泛太平洋出版私人有限公司（新加坡）2002 年
DA02355	以华文为例略说语言与文化的关系　林万菁　语文研究论集　林万菁　泛太平洋出版私人有限公司（新加坡）2002 年
DA02356	论周有光的语文观　林万菁　语文研究论集　林万菁　泛太平洋出版私人有限公司（新加坡）2002 年
DA02357	关于欧化　林万菁　语文研究论集　林万菁　泛太平洋出版私人有限公司（新加坡）2002 年
DA02358	语文研究论集　林万菁　语文研究论集　林万菁　泛太平洋出版私人有限公司（新加坡）2002 年
DA03359	简议传统文化教育在华语教学中的渗透　王贤森　九江师专学报　2003 年第 1 期

DA03360	中国文化三字经与华文教育　常大群　海外华文教育　2003年第2期	
DA04361	文化载体的互动转换关系——谈中华文化东南亚传播链　耿虎　方明　海外华文教育 2004年第1期	
DA04362	中国文化战略：全球化视野中的对外汉语教学　常大群　海外华文教育　2004年第2期	
DA05363	香港国际学校华裔子弟学习汉语汉文化个案研究　黄婉芬　梁长城　语言教学与研究 2005年第1期	
DA05364	《华语官话语法》中文化教学观念的启示　来静青　海外华文教育　2005年第1期	
DA06365	语文研究论集·后记　林万菁　语文研究论集　新华文化事业有限公司（新加坡） 2006年	

8　课程

DA80366	小学普通课程华文课程纲要　新加坡教育部（新加坡）1980年
DA84367	华文课本的课程标准　王方宇　华文世界（中国台湾）1984年第12期
DA84368	海外中文教学课程探讨　谭王筱蕙　华文世界（中国台湾）1984年第12期
DA87369	新加坡国立大学华文第二语文进修班的课程设计与教学实践　林徐典　新加坡国立大学（新加坡）1987年
DA94370	双语社会中华文课程内容设计的几点讨论　陈重瑜　华文世界（中国台湾）1994年第9期
DA94371	电影录影带与华语视听说——电影视听说课在海大汉学系的发展　李素贤　华文世界（中国台湾）1994年第12期
DA95372	新加坡小学华文课程标准简介　符明东　小学语文教学　1995年第9期
DA95373	推广小学语文科"目标为本"课程（TOC）的困惑　王晋江　中国语文通讯（中国香港） 1995年第35期
DA97374	小学普通话科课程纲要　香港课程发展议会编订（中国香港）1997年
DA97375	菲律宾华校华语课堂教学组织的几个问题　李坤　八桂侨史（现八桂侨刊）1997年第4期
DA97376	菲律宾华语课堂教学探讨：兼论海外华校的华语教学　王燕燕　汉语学习　1997年第6期
DA97377	香港普通话课程的设计与实施　施仲谋　华文世界（中国台湾）1997年第12期
DA97378	商业中文：开创对外华语教学新机　林雪芬　华文世界（中国台湾）1997年第12期
DA98379	华语教学的语用学思考　刘正文　暨南学报（哲学社会科学版）1998年第4期
DA98380	菲律宾华校华语课堂教学组织的几个问题　李坤　汉语学习　1998年第5期
DA00381	四年全日制语文教育荣誉学士课程送审文件　香港课程发展议会　香港教育学院（中国香港）2000年
DA00382	华文B课程的实施与加强华文教学　杜珠成　海外华文教育　2000年第1期
DA00383	关于华语课堂教学的过程　陈桂德　华侨大学学报（哲学社会科学版）2000年第3期
DA00384	对外汉语教学法与课程设置　赵伊露　华文世界（中国台湾）2000年第12期
DA01385	中学华文课程标准　新加坡教育部课程规划与发展署（新加坡）2001年
DA02386	学会学习：中国语文教育领域课程指引　香港课程发展议会　香港教育学院（中国香

港）2002年

DA02387　管窥当前台湾语文课程发展　韩艳梅　辽宁师范大学学报　2002年第5期

DA02388　九年一贯课程中的乡土教育——新旧课程之比较研究　陈玲月　台东师范学院硕士学位论文（中国台湾）　2002年

DA03389　中小学华文（第二语文）课程的发展　谢世涯　教学与测试　新加坡华文教师总会出版（新加坡）　2003年第18—33页

DA03390　海外远程华文教育课程改革刍议　黄香山　对外汉语教学论文集　厦门大学海外华文教育研究所、海外教育学院　厦门大学出版社　2003年第510—517页

DA03391　九年一贯台语课程试办与实施之研究　郭媛玲　台北师范学院硕士学位论文（中国台湾）　2003年

DA03392　九年一贯课程实施初期闽南语课程多元评量研究　陈淑娟　台南师范学院硕士学位论文（中国台湾）　2003年

DA04393　华文教师面对双语教学的考验　杜珠成　海外华文教育　2004年第1期

DA04394　关于香港教育学院中国语言文化沉浸课程设计的思考　唐秀玲　国际汉学集刊（1）　陈学超主编　中国社会科学出版社　2004年第263—289页

DA05395　休学区拟开设双学分高中，提供华语课程　世界日报（美国）　2005-11-6

DA06396　马来西亚独中教材《华文》：文化传承性与工具性的统一　宋婧婧　海外华文教育　2006年第1期

DA06397　国外汉语师资培训网上考试系统设计　卢伟　刘慧　海外华文教育　2006年第4期

DA06398　新加坡华文课程改革的背景、单元模式特点与相关思考　陈之权　课程教学的本土化与全球化　陈之权　复文图书出版社（中国台湾）　2006年第213—230页

DA07399　建国以来新加坡语文教育与华文课程发展历程概览　陈之权　对美汉语教学论集　程爱民　何文潮　牟岭主编　外语教学与研究出版社　2007年第19—22页

9　教材与教材研究

DA05400　初级华语（共三册）　陈德恒　（印度尼西亚）1905年

DA16401　华语萃编（1—4集）　上海东亚同文书院　1916年

DA24402　华文释义　F.W.Baller　上海长老会　1924年

DA27403　适用新中华语　芮德义　上海Kelly and Walsh Ltd　1927年

DA31404　华语须知　奥瑞德等　北平法文图书馆　1931年

DA47405　初级华语课本　王诏九　上海美国学堂　1947年

DA48406　医语会话　北平华文学校　北平　1948年

DA75407　海外侨校小学华语教材编辑方法之研究　吴鼎　华文世界（中国台湾）　1975年第4期

DA76408　现代华语拼音百日通　陈初荣　凤行出版社（马来西亚）　1976年

DA78409　中学华语语法教材　新加坡文化事业（新加坡）1978年

DA79410　台湾"国语"和大陆普通话教材的一些差别　魏岫明　中文教师学会学报（美国）　1979年第3期

DA81411　有声教材"初级华语会话"新书简介　叶德明　华文世界（中国台湾）　1981年第3期

DA81412　双桥式侨教"国语"文教材新构想　刘秉南　中国语文（中国台湾）　1981年第8期

DA82413	一套新的有声华语教材——"初级华语课本"　黄敬质　华文世界（中国台湾）　1982年第7期
DA83414	华裔儿童学华语——"初级华语十句"的构想　林良　华文世界（中国台湾）　1983年第6期
DA83415	试拟海外青少年回国研习华文教材　华霞菱　华文世界（中国台湾）　1983年第11期
DA84416	带有"方音"的华语听力理解教材之需要及编录　赵智超　华文世界（中国台湾）　1984年第12期
DA84417	说广东方言的学生在中文班上的问题及补充教材的编写　陈月虹　华文世界（中国台湾）　1984年第12期
DA85418	自由中国台湾华语教材之现况与展望　叶德明　华文世界（中国台湾）　1985年第7期
DA85419	"国语"语音学的重要参考书　张孝裕　华文世界（中国台湾）　1985年第7期
DA85420	华语教材何处觅　宋力行　华文世界（中国台湾）　1985年第7期
DA86421	台湾地区儿童读物的出版方向分析　李换　江慧珠　华文世界（中国台湾）　1986年第7期
DA86422	台湾地区有关道德方面的儿童读物之内容分析　林惠雅　华文世界（中国台湾）　1986年第7期
DA85423	中学华文教材的构架——新加坡的经验　胡林生　第一届国际汉语教学讨论会论文选　第一届国际汉语教学讨论会组织委员会编　北京语言学院出版社　1985年第456—467页
DA85424	新加坡小学华文教材的设计与推行　洪孟珠　第一届国际汉语教学讨论会论文选　第一届国际汉语教学讨论会组织委员会编　北京语言学院出版社　1985年第468—473页
DA87425	对编写华侨、华裔学生古文教材的意见　吴世明　对外汉语教学研究会第二次学术讨论会论文选　中国高等教育学会对外汉语教学研究会编　北京语言学院出版社　1987年第132—135页
DA88426	有关"带有'方音'之华语听力理解教材"编录进展现况之报告　赵智超　华文世界（中国台湾）　1988年第12期
DA88427	编纂报纸资料作为华文教材的理论与实际　李振清　华文世界（中国台湾）　1988年第12期
DA88428	编纂小学华语课本的范见（摘要）　张祖堂　华文世界（中国台湾）　1988年第12期
DA88429	华语汉语教学教材编订（摘要）　刘小梅　华文世界（中国台湾）　1988年第12期
DA88430	华语教学语法的编写原则　王培光　华文世界（中国台湾）　1988年第12期
DA89431	"台湾新电影"——海外华语教学的新教材　宋力行　华文世界（中国台湾）　1989年第9期
DA89432	简介史丹福华语中心的教材　那宗懿　华文世界（中国台湾）　1989年第9期
DA89433	试谈国内华语及闽南语教材之编辑目的及编写重点——中华语文研习所三十三年来编辑之心路历程　王孙元平　华文世界（中国台湾）　1989年第9期
DA89434	华语学校华文教材　吴建英　华文世界（中国台湾）　1989年第9期
DA89435	新编美洲儿童华语课本述要　宋静如　华文世界（中国台湾）　1989年总第89期

DA90436　华校语文教材的探讨与改进　钟毓民　华文世界（中国台湾）1990年第12期
DA90437　适当运用当地文化于华语文教学与教材之中　张渝役　华文世界（中国台湾）1990年第12期
DA91438　华人汉语速成教材：中级　饶秉才主编　国际文化出版公司　1991年
DA92439　香港举行第二届中文课程教材教法研讨会　J.B.　世界汉语教学　1992年第4期
DA92440　国民小学所编"'国语'习作"的走向　黄声仪　华文世界（中国台湾）1992年总第92期
DA92441　国民小学"国语"科低年级教科书用字研究　苏琇敏　华文世界（中国台湾）1992年总第92期
DA93442　国民小学"国语"习作内容探讨　郑蕤　华文世界（中国台湾）1993年总第93期
DA93443　以沟通为导向，为成年人编写初级华语教材并设计教学　陆林继君　华文世界（中国台湾）1993年总第93期
DA93444　台湾地区现行国中国文教科书的特色与检讨　董金裕　华文世界（中国台湾）1993年总第93期
DA94445　如何编写香港小学语文课本范文（一）　方祖荣　华文世界（中国台湾）1994年第6期
DA94446　听说读写单元式教材的结构与编制——兼谈马来西亚华文独立中学初中华文教学革新　林国安　华文世界（中国台湾）1994年第12期
DA94447　澳大利亚维多利亚州中文教学及教材发展　吴坚立　华文世界（中国台湾）1994年第12期
DA94448　小学"国语"教材改进之我见　陈新雄　曹逢甫　黄美　华文世界（中国台湾）1994年第12期
DA94449　小学预备班华文教材的设计与编写　梁春芳　新加坡华文教学论文集　谢泽文编　北京语言学院出版社　1994年第65—72页
DA94450　小学华文教材的阅读教学　梁春芳　新加坡华文教学论文集　谢泽文编　北京语言学院出版社　1994年第73—77页
DA95451　如何编写香港小学语文课本范文（二）　方祖荣　华文世界（中国台湾）1995年第3期
DA95452　台湾地区本土语言教材编辑现况之探讨　黄美金　华文世界（中国台湾）1995年第3期
DA95453　实用视听华语教材评论　叶德明　华文世界（中国台湾）1995年总第95期
DA96454　从几本有特色的书来谈编辑华语教材的新方向　林继君　华文世界（中国台湾）1996年第3期
DA96455　华语文教材规范　叶德明　华文世界（中国台湾）1996年第3期
DA96456　华语教材分级初探　陈惠玲　华文世界（中国台湾）1996年第3期
DA96457　华文教材与课程标准　陈希奇　华文世界（中国台湾）1996年第3期
DA96458　小学华文教材与华文政策　陈照明　新加坡社会和语言　云惟利编　南洋理工大学中华语言文化中心（新加坡）1996年第91—111页
DA97459　从外国学生的认知模式看华文教材的编写原则　王晓钧　华文世界（中国台湾）1997年第12期
DA97460　香港地区专用普通话教材编制浅谈　史湄　华文世界（中国台湾）1997年第12期

DA97461	关于中文教材语法的编写　刘月华　华文世界（中国台湾）1997年第12期	
DA97462	如何有效地利用真实的材料（电视新闻）来教对外华语？　朱小密　华文世界（中国台湾）1997年总第12期	
DA97463	海外华文教材中的真实性与交际性　陈申　华文世界（中国台湾）1997年总第12期	
DA97464	两岸中文讲义　戚桐欣　华文世界（中国台湾）1997年第12期	
DA97465	华语文教学课本的语用学分析　郑舒　华文世界（中国台湾）1997年总第12期	
DA97466	从语言教学观点评论马来西亚一套初中华文课本中的语法教材　王培光　华文世界（中国台湾）1997年总第12期	
DA97467	北加州中文学校联合会幼稚园至十二年级教材整合资料汇编源起、做法及内容概要总报告　杜丽玉　华文世界（中国台湾）1997年总第12期	
DA97468	为周末华校编写教材所想到的若干问题　张洪宇　华文世界（中国台湾）1997年第12期	
DA97469	从修辞学观点论华语文教材的编纂　崔成宗　华文世界（中国台湾）1997年总第97期	
DA98470	如何增强华裔子弟中文语法能力——中文学校华语句型教材制作研究　李汉雯　华文世界（中国台湾）1998年第9期	
DA98471	海外中文学校的补充教材制作　王仁慈　华文世界（中国台湾）1998年第9期	
DA99472	教学语法与语法教材——试论新加坡《高级华文》的语法教材　王培光　第六届国际汉语教学讨论会论文选《第六届国际汉语教学讨论会论文选》编辑委员会　北京大学出版社　1999年	
DA99473	香港小学普通话教学中教材的重要性　黄月圆　杨素英　李蒸　香港教育研究学会第16届周年研讨会的发言（中国香港）1999年第20—21页	
DA99474	小学中国语文科教材：学生课程经验的初步探究　李子建　梁振威　杨炽均　中文教育论文集第六辑：语文与评估（一九九八年国际语文教育研讨会论文集）何国祥主编　香港教育学院出版（中国香港）1999年第28—42页	
DA99475	香港小学普通话科新教材分析　林汉成　中文教育论文集第六辑：语文与评估（一九九八年国际语文教育研讨会论文集）何国祥主编　香港教育学院出版（中国香港）1999年第100—114页	
DA00476	独中华文课程教材改革的素质教育导向　林国安　海外华文教育　2000年第1期	
DA00477	谈海外华文教师培训教材的编写　李金钞　海外华文教育　2000年第4期	
DA00478	海外华裔儿童汉语教材编写的原则和方法　赵新燕　海外华文教育　2000年第4期	
DA00479	编写海外古文教材的若干思路　邱思耀　李建国　海外华文教育　2000年第4期	
DA00480	快乐学中文——以沟通性和趣味性为主之华语基础会话教材编写　王姿人　华文世界（中国台湾）2000年第12期	
DA00481	关于编写适合海外学生使用的基础汉语课本的构想和实践　徐家桢　华文世界（中国台湾）2000年第12期	
DA00482	基础华语教材语法项的选择与排序　蔡美智　华文世界（中国台湾）2000年第12期	
DA00483	高年级中文教材的编制及教学法　马盛采恒　华文世界（中国台湾）2000年第12期	
DA00484	对外华语教学"注音符号"教材的编写　林庆勋　黄凯筠　华文世界（中国台湾）2000年第12期	

DA00485	海外华文教材的设计　郑惠芬　华文世界（中国台湾）2000年第12期
DA00486	"以能力训练为编制体系的初中中国语文实验教科书"的编写与教学实验计划　何文胜　华文世界（中国台湾）2000年第12期
DA00487	由两岸语文差异谈海外华语文教学　黄沛荣　华文世界（中国台湾）2000年第12期
DA00488	华文教科书的现有问题与应对之道　卢毓文　华文世界（中国台湾）2000年第12期
DA00489	海外华语教材之介绍——华文学校以华语作为第二语或外语的教材　李汉雯　华文世界（中国台湾）2000年第12期
DA00490	从句型教学看国小"国语"教材之编写　白丽娜　华文世界（中国台湾）2000年第12期
DA00491	华语教材中的语法用语　张莉萍　华文世界（中国台湾）2000年第12期
DA00492	小学普通话课程的意义与教材的选择　程祥徽　中文回归集　程祥徽　和平图书·海峰出版社（中国香港）2000年第58—63页
DA01493	我国传统启蒙教材研究——以台湾地区为观察重心　宋健行　花莲师范学院硕士学位论文（中国台湾）2001年
DA01494	国小台、华语教材词汇之研究　黄琼华　新竹师范学院硕士学位论文（中国台湾）2001年
DA02495	华文教材编写的四原则　陈珺　万莹　海外华文教育　2002年第1期
DA02496	华语教材编写的理论导向及教学解决方案的比较　王建勤　海外华文教育　2002年第2期
DA02497	论华文教材练习编写的原则　肖菲　零陵学院学报　2002年第S1期
DA02498	海外华语教材词汇分析研究　蔡丽　暨南大学硕士学位论文　2002年
DA02499	华语文教材发展研究——以系列式教材为例　詹秀娴　台湾师范大学硕士学位论文（中国台湾）2002年
DA02500	全美中文学院编制华语教材　世界日报（美国）2002-3-13
DA02501	台"侨委会"为海外编制华语文教材教具者提供补助　星岛日报（加拿大）2002-9-10
DA03502	对外汉语教材再评述　齐沛　语言教学与研究　2003年第1期
DA03503	海外华语教材选词特点分析研究　蔡丽　暨南大学华文学院学报　2003年第3期
DA03504	面向东南亚短期汉语教材的编写设计　陈昕　海外华文教育　2003年第3期
DA03505	海外远程华文教育的专业设置及教材编写　耿虎　海外华文教育　2003年第4期
DA03506	我国义务教育初中语文实验教材与新加坡中学华文教材比较研究　郑玉财　辽宁教育研究（现代教育管理）2003年第10期
DA03507	华语教材编写的理论导向及教学解决方案的比较　王建勤　对外汉语教学论文集　厦门大学海外华文教育研究所、海外教育学院编　厦门大学出版社　2003年第321—333页
DA03508	独中华文课程教材改革的素质教育导向　林国安　对外汉语教学论文集　厦门大学海外华文教育研究所、海外教育学院编　厦门大学出版社　2003年第334—343页
DA03509	香港普通话教材研究　方红珊　教学与测试　新加坡华文教师总会出版（新加坡）2003年第18—33页
DA03510	新加坡华文第一语文的课程设计　谢泽文　教学与测试　新加坡华文教师总会出版

	（新加坡）2003 年第 34—50 页
DA03511	小学华语课本的编写问题　谢世涯　教学与测试　新加坡华文教师总会出版（新加坡）2003 年第 122—139 页
DA03512	谈谈中学华文的教材　谢世涯　教学与测试　新加坡华文教师总会出版（新加坡）2003 年第 140—145 页
DA03513	《基础汉语》介评　谢世涯　教学与测试　新加坡华文教师总会出版（新加坡）2003 年第 146—150 页
DA03514	新加坡华文第一语文的课程设计　谢泽文　新加坡华文教学论文三集　谢泽文编　新加坡华文研究会（新加坡）2003 年第 95—114 页
DA03515	商业华文课程的编制与教学　谢世涯　新加坡华文教学论文三集　谢泽文编　新加坡华文研究会（新加坡）2003 年第 115—140 页
DA03516	小学华文教材与诗歌教学　许福吉　新加坡华文教学论文三集　谢泽文编　新加坡华文研究会（新加坡）2003 年第 151—162 页
DA03517	海外华文教材练习设计与编排分析研究　肖菲　暨南大学硕士学位论文　2003 年
DA03518	华文教材课文研究　陈小红　暨南大学硕士学位论文　2003 年
DA03519	总编辑林任君：早报将尽力协助　把教材编得更生动　潘星华　联合早报（新加坡）2003-10-25
DA04520	面向 21 世纪的中国语文课程改革　雷实　华文学刊（新加坡）2004 年第 1 期
DA04521	单元教学、校本教材编选与多元的语文教学——落实新加坡新编《中学华文课程标准》基本精神方法的建议　何文胜　华文学刊（新加坡）2004 年第 1 期
DA04522	双语环境下的华文教学——从教材教法谈起　邹文莉　林文韵　华文学刊（新加坡）2004 年第 1 期
DA04523	从学习者的交际需要和习得特点看华文教材的编写内容和方法　王晓均　华文学刊（新加坡）2004 年第 1 期
DA04524	儿童文学教材编写新尝试　曾慧君　华文学刊（新加坡）2004 年第 1 期
DA04525	华文教学里的教材与语言问题　周清海　华语文教学研究（中国台湾）2004 年第 1 期
DA04526	海外华语教材选词共性分析　蔡丽　贾益民　暨南学报（人文科学与社会科学版）2004 年第 2 期
DA04527	香港普通话教材研究　方红珊　淮北煤炭师范学院学报（哲学社会科学版）2004 年第 4 期
DA04528	华文教材汉字研究　郭楚江　暨南大学硕士学位论文　2004 年
DA04529	华语教材偏向中国？"侨委会"称要改进　东森新闻报（中国台湾）2004-2-10
DA05530	新马印华校教科书发展回顾　叶钟铃　黄佟葆编　新加坡华裔馆（新加坡）2005 年
DA05531	六套海外华文教材练习题型数量的统计分析　刘潇潇　肖菲　云南师范大学学报（对外汉语教学与研究版）2005 年第 3 期
DA05532	1970 年代新加坡华文中学华文课本研究　杨培联　新马印华校教科书发展回顾　叶钟铃　黄佟葆编　新加坡华裔馆（新加坡）2005 年第 115—160 页
DA05533	西马中学华文课本比较研究　郑良树　新马印华校教科书发展回顾　叶钟铃　黄佟葆编　新加坡华裔馆（新加坡）2005 年第 161—182 页

DA05534　新加坡、马来西亚和印尼华校教科书出版概况（1903—1965）　叶伟征　新马印华校教科书发展回顾　叶钟铃　黄佟葆编　新加坡华裔馆（新加坡）2005年第53—66页

DA05535　从"中国化"走向"马来亚化"——新加坡华文教科书的嬗变（1946—1965）　崔贵强　新马印华校教科书发展回顾　叶钟铃　黄佟葆编　新加坡华裔馆（新加坡）2005年第67—90页

DA05536　新马政府重编华校教科书始末（1951—1956）　叶钟铃　新马印华校教科书发展回顾　叶钟铃　黄佟葆编　新加坡华裔馆（新加坡）2005年第91—114页

DA05537　师生创意变商品　华文教材大家玩　游润恬　联合早报（新加坡）2005-2-15

DA05538　《实用华语》获美国高中中文班采用　世界日报（美国）2005-8-12

DA06539　论远程华文师资函授教材的编写　唐燕儿　教育导刊　2006年第1期

DA07540　从两岸三地教材词汇差异看海外华语教育　王惠　汉语教学学刊第3辑　李晓琪主编　北京大学出版社　2007年

DA07541　华文教学里的教材和语文问题　周清海　全球化环境下的华语文教学（南洋大学学术论丛1）　周清海　新加坡青年书局　2007年第119—130页

DA07542　解开中学华文教材的中国结　吴英成　新加坡南洋女中：中国文化的诠释和教学新视野国际论坛（新加坡）2007-3-29

10　教法

DA75543　怎样教柳永的"雨霖铃"词　彭学如　华文世界（中国台湾）1975年第7期

DA79544　简介"国语"科混合教学法　黄定贤　华文世界（中国台湾）1979年第9期

DA79545　华文教学法新论　彭震球　黎明文化事业公司（中国台湾）1979年

DA81546　小学低年级"国语"科教学法示例　华霞菱　华文世界（中国台湾）1981年第3期

DA81547　从海外中国儿童的语文教育说起　李振清　华文世界（中国台湾）1981年第7期

DA81548　小学中年级"国语"科教学法示例　华霞菱　华文世界（中国台湾）1981年第7期

DA81549　华语示意教学法　忆华　华文世界（中国台湾）1981年第7期

DA81550　小学高年级"国语"科教学法示例　华霞菱　华文世界（中国台湾）1981年第11期

DA82551　小学低年级"国语"科教学法示例二　华霞菱　华文世界（中国台湾）1982年第3期

DA82552　海外儿童中文班之教学经验——谈怎样教生字　黄渝生　华文世界（中国台湾）1982年第3期

DA82553　小学中年级"国语"科教学法例二　华霞菱　华文世界（中国台湾）1982年第7期

DA82554　美洲版华语课本第五册教学法示例之一　华霞菱　华文世界（中国台湾）1982年第10期

DA83555　美洲版华语课本第五册教学法示例之二　华霞菱　华文世界（中国台湾）1983年第6期

DA84556　华语诗歌教学后记　华霞菱　华文世界（中国台湾）1984年第8期

DA84557　辅导课在华文教学上的作用设计与实施　皮述民　华文世界（中国台湾）1984年第12期

DA84558　华文整理作业之研究与加强"国语"文教学的方向问题　鲍雨林　华文世界（中国台湾）1984年第12期

DA84559　华侨与非华侨"听""说""读""写"教学之比较研究　严棉　华文世界（中国台湾）1984年第12期

DA85560　华文教育报告——教材教法组　编者　华文世界（中国台湾）1985年第4期

DA85561　功能取向的华语教学　李振清　华文世界（中国台湾）1985年总第85期

DA88562　整体行动反映法在华语教学上的应用　叶德明　华文世界（中国台湾）1988年第3期

DA88563　学生华文作文的偏误与其学习策略关系的初探性研究　吴英成　华文世界（中国台湾）1988年第12期

DA88564　鸡三足——中西文化背景与华语教学的关系　姜允明　华文世界（中国台湾）1988年第12期

DA88565　"国语"聆听理解教学初探——从香港华文听力教学谈起　陈德鸿　肖正芳　华文世界（中国台湾）1988年第12期

DA88566　"The Lipson Method"在华语教学中之运用与价值　陆林继君　华文世界（中国台湾）1988年第12期

DA88567　语言经验教学法与华文教学　张立礼　华文世界（中国台湾）1988年第12期

DA88568　说话教学原理和设计　吴英成　新加坡中学华文教师会刊（新加坡）1988年第14期

DA89569　双语或多语环境里华人的华语文教学问题　周清海　世界汉语教学　1989年第2期

DA90570　"国语"拼音学习的基本能力　吴敏而　华文世界（中国台湾）1990年第6期

DA90571　儿童朗读国字与注音符号的错误分析　吴敏而　华文世界（中国台湾）1990年第6期

DA90572　华语教学两年的一些感想和心得　包世中　华文世界（中国台湾）1990年第9期

DA90573　华语教学偶得　柯作青　华文世界（中国台湾）1990年第9期

DA90574　华文工作的省思　陆林继君　华文世界（中国台湾）1990年第9期

DA90575　语言学习与文化知识：海外华语文教学的理论与实际　陈国明　华文世界（中国台湾）1990年第12期

DA90576　中文侨校之价值观教育：课程模式上的探讨与呼吁　李戈北　华文世界（中国台湾）1990年第12期

DA90577　用手势教初学者说华语　余光雄　华文世界（中国台湾）1990年第12期

DA90578　学习海峡两岸的华文和在海峡两岸学习　凌志韫　华文世界（中国台湾）1990年第12期

DA90579　华校华语文教学之研讨及海外十五年华语文教学心得报告　张菡青　华文世界（中国台湾）1990年第12期

DA90580　个别教学法与华语文教学　林伯英　华文世界（中国台湾）1990年第12期

DA91581　"国语"科的完全学习　林淑华　华文世界（中国台湾）1991年第12期

DA94582　海外侨校中文教学之探讨：中文课程设计　石增琨　华文世界（中国台湾）1994年第12期

DA94583　"华语能力诊疗室"之实验研究　林伯英　华文世界（中国台湾）1994年第12期

DA94584　谈华语教学法　黄丽仪　华文世界（中国台湾）1994年第12期

DA94585　海峡两岸语文教学法改革初探　施仲谋　唐秀玲　莫淑仪　华文世界（中国台湾）1994年第13期

DA94586　从内容和形式的特点来谈新闻教学的深化与专化　胡林生　新加坡华文教学论文集

　　　　　　谢泽文编　北京语言学院出版社　1994年第192—200页

DA94587　什么是有效的教学　洪孟珠　新加坡华文教学论文集　谢泽文编　北京语言学院出版社　1994年第50—57页

DA97588　对香港外籍儿童学习汉语的心理分析和教学策略　蔡琇如　华文世界（中国台湾）1997年第12期

DA97589　探讨"主题循环式教学法"在海外中文课程和教材教法设计上的应用　张稚美　李小丽　华文世界（中国台湾）1997年第12期

DA97590　无笔华文教学之探讨　任长慧　徐平　华文世界（中国台湾）1997年第12期

DA97591　应用"主持会议方法"理论的华语教学　吴淑雄　华文世界（中国台湾）1997年第12期

DA99592　汉语的动力：学历与教学　胡希明　中文教育论文集第六辑：语文与评估（一九九八年国际语文教育研讨会论文集）　何国祥主编　香港教育学院出版（中国香港）1999年第159—169页

DA99593　语言教学理论与普通话教学　孙爱玲　中文教育论文集第六辑：语文与评估（一九九八年国际语文教育研讨会论文集）　何国祥主编　香港教育学院出版（中国香港）1999年第190—198页

DA99594　中国语文教学口语个案研究——新任教师与经验教师之比较　文英玲　霍玉英　中文教育论文集第六辑：语文与评估（一九九八年国际语文教育研讨会论文集）　何国祥主编　香港教育学院出版（中国香港）1999年第207—524页

DA99595　思维训练与口语教学　朱川　中文教育论文集第六辑：语文与评估（一九九八年国际语文教育研讨会论文集）　何国祥主编　香港教育学院出版（中国香港）1999年第210—217页

DA99596　中国语文科教师提问技巧研究　邝锐强　中文教育论文集第六辑：语文与评估（一九九八年国际语文教育研讨会论文集）　何国祥主编　香港教育学院出版（中国香港）1999年第355—364页

DA99597　以务实方式教导第二语文　曾若恩　联合早报（新加坡）1999-9-3

DA00598　小学华语教师在国际语言课程教学上的挑战　区健美　华文世界（中国台湾）2000年第12期

DA00599　幼教在加拿大发展的前景及潜力　叶宪年　华文世界（中国台湾）2000年第12期

DA00600　美国大学华裔子女汉语课程教学探讨　何宝璋　华文世界（中国台湾）2000年第12期

DA00601　跨中英两文化（语言）差异的词汇学习法比较：华文教学的拓展方向　沈薇薇　华文世界（中国台湾）2000年第12期

DA00602　全语言教学观在华语文教学的应用与实践　李希奇　华文世界（中国台湾）2000年第12期

DA00603　听障教学和华语教学的共通性与华语教学设计　吴霓虹　华文世界（中国台湾）2000年第12期

DA00604　话里与话外——华语教学中的语境与背景　李恺　华文世界（中国台湾）2000年第12期

DA01605　用普通话教中文——回顾与前瞻　何伟杰　林建平　小学中文教师（中国香港）2001

年第 12 期

DA01606　小组讨论与线上活动的双结合：中华文史知识科的教学构想　陈之权　新加坡华文教学论文二集　泛太平洋出版私人有限公司（新加坡）2001 年

DA01607　华语文教学－整合式教学法　叶德明　东南亚华文教学研讨会（泰国）2001-12-1

DA01608　借助辩论提高学习华文热忱　李醍醐　联合早报（新加坡）2001-9-6

DA02609　试论对外初级汉语快节奏教学　郝敏　海外华文教育　2002 年第 1 期

DA02610　汉语词语教学应导入中华文化的辨证思维方式　林宝卿　海外华文教育　2002 年第 1 期

DA02611　如何提高华裔子弟学习华文的兴趣　彭小川　暨南大学华文学院学报　2002 年第 1 期

DA02612　二语习得与语言哲学——谈汤富华的语感训练模式　伍世文　惠州学院学报（社会科学版）2002 年第 1 期

DA02613　华裔学生的听力教学探析　罗平立　长沙大学学报　2002 年第 1 期

DA03614　语文游戏的作用与教学实践　谢世涯　华文学刊（新加坡）2003 年第 1 期

DA03615　互动性教学策略在华文教学上的应用　许益丽　华文学刊（新加坡）2003 年第 1 期

DA03616　华文教学与中介　陶黎铭　对外汉语教学论文集　厦门大学海外华文教育研究所、海外教育学院编　厦门大学出版社　2003 年第 396—406 页

DA03617　华文教学中的基本字集中教学法刍议　李如龙　对外汉语教学论文集　厦门大学海外华文教育研究所、海外教育学院编　厦门大学出版社　2003 年第 415—420 页

DA03618　创意教学：新加坡经验鸟瞰　苏启祯　新加坡华文教学论文三集　谢泽文编　新加坡华文研究会（新加坡）2003 年第 71—86 页

DA03619　关于文学教学的几点想法　梁春芳　新加坡华文教学论文三集　谢泽文编　新加坡华文研究会（新加坡）2003 年第 141—150 页

DA03620　美学与教学　黄嘉豪　新加坡华文教学论文三集　谢泽文编　新加坡华文研究会（新加坡）2003 年第 173—178 页

DA04621　华文课程与教学法检讨委员会报告书　新加坡教育部（新加坡）2004 年

DA04622　结构、功能、篇章：语法循序教学　屈承熹　华语文教学研究（中国台湾）2004 年第 1 期

DA04623　试探打油诗在对外汉语教学中的运用　洪玮　华语文教学研究（中国台湾）2004 年第 1 期

DA04624　谈中介语与母语的交互影响　陈纯音　华语文教学研究（中国台湾）2004 年第 1 期

DA04625　语言分析在语文教学上之应用　叶秋凰　新竹师范学院硕士学位论文（中国台湾）2004 年

DA05626　从引导中生成——儿童文学主体性阅读教学初探　陈之权　有效教学，快乐探究　汤姆森学习出版集团（新加坡）2005 年第 33—54 页

DA06627　吴资政：可向中国学习　用学外文方式教成人华语　叶鹏飞　联合早报（新加坡）2006-4-14

DA06628　小学华文课堂教学观察研究　刘永兵　张东波　新加坡华文教学论文四集　谢泽文编　新加坡华文研究会（新加坡）2006 年第 169—184 页

DA06629　语文游戏的作用与教学实践　谢世涯　新加坡华文教学论文四集　谢泽文编　新加坡华文研究会（新加坡）2006 年第 185—215 页

DA06630 文学作品的复述教学——以小说作品为例　谢世涯　新加坡华文教学论文四集　谢泽文编　新加坡华文研究会（新加坡）　2006年第216—246页

DA06631 建立以功能点为核心的普通话三维教学系统　邵敬敏　汉语广视角研究　邵敬敏　东北师范大学出版社　2006年第338—343页

DA06632 借用广告语　巧学普通话　邵敬敏　汉语广视角研究　邵敬敏　东北师范大学出版社　2006年第353—360页

DA07633 以词汇为中心的活动教学法　周清海　全球化环境下的华语文教学（南洋大学学术论丛1）　周清海　新加坡青年书局（新加坡）　2007年第199—206页

DA07634 何国祥等著《用普通话教中文的问与答》　周清海　全球化环境下的华语文教学（南洋大学学术论丛1）　周清海　新加坡青年书局（新加坡）　2007年第235—236页

11　习得

DA46635 从台湾话学习"国语"（"国语"问题小丛书第四种）　魏建功　何容　台湾"国语"会编辑　1946年

DA75636 怎样学好"国语"　徐克昉　华文世界（中国台湾）　1975年第3期

DA75637 中国小学生在国外的语言问题　乐以纯　华文世界（中国台湾）　1975年第3期

DA77638 闽南语音结构对于学习"国语"的影响　林双福　中国语言学论集　林双福　幼狮文化事业公司（中国台湾）　1977年

DA78639 外籍人士说华语常见的错误语法　禾其　华文世界（中国台湾）　1978年第8期

DA78640 外籍人士说华语常见的错误语法　禾其　华文世界（中国台湾）　1978年第11期

DA79641 外籍人士说华语常见的错误语法　禾其　华文世界（中国台湾）　1979年第2期

DA79642 外籍人士说华语常见的错误语法　禾其　华文世界（中国台湾）　1979年第5期

DA84643 在新加坡环境之下学语文　卢绍昌　华语论集　卢绍昌　华语研究中心　1984年

DA84644 "国语"发音在台湾目前趋势与一般错误之探讨　吴国贤　华文世界（中国台湾）　1984年第12期

DA85645 汉字认读之心理过程　叶德明　台北世界华文教学研讨会（中国台湾）　1985年

DA87646 国小学生学习写中文字错误之分析　刘兴汉　华文世界（中国台湾）　1987年第2期

DA87647 国小学生学习写中文字错误与分析：个案研究　刘兴汉　教育与心理研究（中国台湾）　1987年第10期

DA87648 幼儿习得母语过程中的一些现象初探　郑秋豫　台湾中研院史语所集刊第58本第4分册（中国台湾）　1987年

DA89649 学前儿童"国语"句型结构之分析研究　陈玫秀　彰化师范大学硕士学位论文（中国台湾）　1989年

DA90650 学生华文作文的偏误及其学习策略关系的初探性研究　吴英成　语言教学与研究　1990年第2期

DA90651 华裔学生学习华文时常见用词造句错误之分析　徐家桢　华文世界（中国台湾）　1990年第12期

DA90652 学生形声字的偏误与其学习策略的关系　吴英成　华文世界（中国台湾）　1990年第12期

DA90653　影响高才班学生华文成绩的因素　蔡志礼　世界华文教学研讨会论文集世界华文协进会（新加坡）　1990年第433—443页

DA91654　以自然教学观创造适当的华语教学情境　李玉芬　华文世界（中国台湾）　1991年第9期

DA93655　一些"国语"的自然语误及其分类　陈振宇　华文世界（中国台湾）　1993年第9期

DA93656　城乡地区学前儿童亲子互动与语言能力之比较研究　黄菁芳　台湾师范大学硕士学位论文（中国台湾）　1993年

DA94657　华人社区学生语文应用能力调查　施仲谋　语言教学与研究　1994年第1期

DA94658　学生的语言背景、心理特点与小学华文教学　周清海　新加坡华文教学论文集　谢泽文编　北京语言学院出版社　1994年第1—8页

DA94659　第二语文学习的心理因素：对华文教学的寓意　苏启祯　新加坡华文教学论文集　谢泽文编　北京语言学院出版社　1994年第26—30页

DA94660　如何培养读书习惯　洪孟珠　新加坡华文教学论文集　谢泽文编　北京语言学院出版社　1994年第58—60页

DA94661　文化、智力、性别与双语能力——以新加坡双语教学为例　周清海　新加坡华文教学论文集　谢泽文编　北京语言学院出版社　1994年第9—20页

DA95662　字词频率与语文学习成效的相关研究　周清海　梁荣基　第四届国际汉语教学讨论会论文选　《第四届国际汉语教学讨论会论文选》编辑委员会　北京语言学院出版社　1995年第87—93页

DA96663　对一百名华裔学生语言文化情况的调查报告　吴建玲　语言教学与研究　1996年第4期

DA96664　华语教学的教案设计　陈惠玲　华文世界（中国台湾）　1996年第12期

DA96665　以闽南语为母语的幼儿入学后语言使用情形——个案研究　林明香　台湾师范大学硕士学位论文（中国台湾）　1996年

DA97666　华语文教材的文化走向　曾金金　华文世界（中国台湾）　1997年第6期

DA97667　学生的语言背景、心理特点与小学华文教学　周清海　华语教学应走的路向　周清海　南洋理工大学中华语言文化中心（新加坡）　1997年第85—94页

DA97668　字词频率与语文学习成效的相关研究　周清海　梁荣基　华语教学应走的路向　周清海　南洋理工大学中华语言文化中心（新加坡）　1997年第147—156页

DA97669　渗透性语言教学中的香港小学生普通话习得　黄月圆　孙方中　中文教育论文集（第四辑）　黎欧阳汝颖　香港大学课程学系　1997年第196—208页

DA98670　华语文学习者分析考虑面向　袁筱青　华文世界（中国台湾）　1998年第9期

DA98671　台湾地区双语儿童的词汇学习策略　彭淑贞　台湾大学硕士学位论文（中国台湾）　1998年

DA98672　双语儿童同义词获得的现象：规则限制论或社会实用线索论之探讨　陈冠铭　中正大学硕士学位论文（中国台湾）　1998年

DA98673　国台语双语失语症病人的研究　黄春侦　静宜大学硕士学位论文（中国台湾）　1998年

DA99674　母语教学的实施：困难与支持　徐碧美　香港大学课程学系母语教学教师支持中心（中国香港）　1999年

DA99675　话语结构对聆听记忆的影响：小学生忆述表现的初步研究　傅健雄　黄兆云　中文教育

论文集第六辑：语文与评估（一九九八年国际语文教育研讨会论文集） 何国祥主编 香港教育学院出版（中国香港） 1999年第365—378页

DA99676 国小低成就学生之汉字视知觉能力相关研究——三年之纵观研究 洪俪瑜 中文教育论文集第六辑：语文与评估（一九九八年国际语文教育研讨会论文集） 何国祥主编 香港教育学院出版（中国香港） 1999年第379—396页

DA99677 近20年内地阅读能力研究与阅读教学模式的发展 王云峰 中文教育论文集第六辑：语文与评估（一九九八年国际语文教育研讨会论文集） 何国祥主编 香港教育学院出版（中国香港） 1999年第397—411页

DA99678 中大学生对规范书面语的认知和运用 杨利成 中文教育论文集第六辑：语文与评估（一九九八年国际语文教育研讨会论文集） 何国祥主编 香港教育学院出版（中国香港） 1999年第412—423页

DA99679 国小学童口语理解与阅读理解能力之关系：一个发展性研究 陈美芳 中文教育论文集第六辑：语文与评估（一九九八年国际语文教育研讨会论文集） 何国祥主编 香港教育学院出版（中国香港） 1999年第424—441页

DA99680 阅读教学中的创造能力培养 甘其勋 中文教育论文集第六辑：语文与评估（一九九八年国际语文教育研讨会论文集） 何国祥主编 香港教育学院出版（中国香港） 1999年第442—452页

DA99681 香港小六学生普通话能力初探 张寿洪 卢兴翘 唐秀玲 吴淑仪 林汉成 中文教育论文集第六辑：语文与评估（一九九八年国际语文教育研讨会论文集） 何国祥主编 香港教育学院出版（中国香港） 1999年第473—490页

DA99682 让知识与实践结合———一个过程导向的教师培训模式 李孝听 中文教育论文集第六辑：语文与评估（一九九八年国际语文教育研讨会论文集） 何国祥主编 香港教育学院出版（中国香港） 1999年第499—506页

DA99683 了解普通话习得和教学的特点——香港普通话师资培训的要素之一 黄月圆 杨素英 教师教育国际学术会议论文集 香港教育学院（中国香港） 1999年

DA00684 香港小一学童普通话能力的发展 黄月圆 杨素英 Language and Education in Post Colonial HongKong 2000年

DA00685 印度尼西亚（印尼）学生汉语学习二题 欧阳国泰 海外华文教育 2000年第1期

DA00686 影响非汉字圈汉语学习者汉字学习因素的分析 崔永华 陈小荷 海外华文教育 2000年第1期

DA00687 编写华语教材的几个问题 杨石泉 海外华文教育 2000年第1期

DA00688 多重码华语文认知和语言节律 吴洁敏 海外华文教育 2000年第3期

DA00689 留学生学习汉语关联词常见错误的原因及相关问题 董琳莉 林伦伦 海外华文教育 2000年第3期

DA00690 从语文教学向语言教学的转变 杨美美 海外华文教育 2000年第3期

DA00691 谈对华裔儿童进行汉语教学的若干问题 赵新燕 海外华文教育 2000年第3期

DA00692 华裔学生的汉语写作训练初探 王俭 海外华文教育 2000年第3期

DA00693 印尼学生学习汉语中常见语序偏误分析 陈延河 华文世界（中国台湾） 2000年第12期

DA00694　日语学生的华语语音偏误成因及教学研究　孟子敏　华文世界（中国台湾）　2000年第12期

DA00695　建立"华语为第二语言习得资料库"的基本构想　曾金金　华文世界（中国台湾）2000年第12期

DA00696　标音符号对华文阅读字汇习得的影响　吴惠敏　华文世界（中国台湾）2000年第12期

DA00697　华语补语句之习得研究　王晓钧　华文世界（中国台湾）2000年第12期

DA00698　学习华语文三部曲　韦惠英　华文世界（中国台湾）2000年第12期

DA01699　学会学习：学习领域中国语文教育（咨询文件）　中华人民共和国香港特别行政区课程发展会议　政府印书局（中国香港）2001年

DA01700　菲华幼儿华语听说训练的有效途径　陈嘉静　海外华文教育　2001年第3期

DA01701　菲华广告语文对华语学习的正负迁移作用　刘中泰　海外华文教育　2001年第3期

DA01702　泰国、印尼华裔学生声母发音特点研究　朱湘燕　海外华文教育　2001年第4期

DA01703　华裔学生初级阅读理解课程的调查与分析　乔印伟　海外华文教育　2001年第4期

DA01704　研究儿童早期语言发展的得力工具——香港儿童粤语语料库项目概览　黄大网　陈明瑶　解放军外国语学院学报　2001年第5期

DA01705　第二语言课堂焦虑对香港学生普通话学习的影响　鄢秀　王培光　语言教学与研究　2001年第6期

DA01706　背诵与积淀　蔡向荣　新加坡华文教学论文二集　谢泽文编　泛太平洋出版私人有限公司（新加坡）2001年

DA01707　学生的双语背景和书写能力　梁荣基　新加坡华文教学论文二集　谢泽文编　泛太平洋出版私人有限公司（新加坡）2001年

DA01708　汉语词典微型结构的革新：学习者视角　吴英成　新加坡华文教学论文三集　谢泽文编　新加坡华文研究会（新加坡）2001年

DA02709　以汉语为母语者日语发音中的音长特征——台湾的日语学习者和东京人的发音资料比较研究　藤田守　东吴大学硕士学位论文（中国台湾）2002年

DA02710　中国香港双语儿童初步阅读能力与语音、文字加工关系的研究　钟毅平　Catherine Mcbride-Chang　Connie Suk-ho　心理科学　2002年第2期

DA02711　语言文化背景与汉语学习——对东南亚华裔学生的调查与思考　王爱平　乔印伟　朱蓉玲　海外华文教育　2002年第3期

DA03712　华裔学生汉语学习动机分析　夏明菊　乌鲁木齐成人教育学院学报　2003年第4期

DA03713　华裔学生汉语学习动机研究与对策　夏明菊　金宁主编　华文教育论文集　暨南大学出版社　2003年

DA03714　在中西文化的双重熏陶下成长——荷兰华裔青少年习作剖析　李明欢　对外汉语教学论文集　厦门大学海外华文教育研究所、海外教育学院编　厦门大学出版社　2003年第276—287页

DA03715　华裔学生的特殊语言背景在汉语学习初级阶段的中介语现象及处理意见　韩臻　对外汉语教学论文集　厦门大学海外华文教育研究所、海外教育学院编　厦门大学出版社　2003年第596—603页

DA03716　一篇有关双语能力模式的研究论文　谢泽文　新加坡华文教学论文三集　谢泽文编

新加坡华文研究会（新加坡）2003年第87—94页

DA03717　改革华文启蒙教学：缓解心理压力　谭瑞荣　新加坡华文教学论文三集　谢泽文编　新加坡华文研究会（新加坡）2003年第255—261页

DA03718　谈背书默写　谢世涯　教学与测试　谢世涯　新加坡华文教师总会出版（新加坡）2003年第90—93页

DA03719　学习层次图的拟构　谢世涯　教学与测试　谢世涯　新加坡华文教师总会出版（新加坡）2003年第94—99页

DA03720　一篇有关双语能力模式的研究论文　谢世涯　教学与测试　谢世涯　新加坡华文教师总会出版（新加坡）2003年第196—202页

DA04721　双语环境下学生的元语言意识、元认知知识及自我调控在华文教学中的潜在作用　张军　华文学刊（新加坡）2004年第1期

DA04722　泰国学生初学汉语的偏误分析　吉娜　简启贤　云南师范大学学报（对外汉语教学与研究版）2004年第3期

DA04723　影响亚洲留学生会话学习的不利因素及教学对策　孙立峰　海外华文教育　2004年第3期

DA04724　汉语拒绝言语行为及东南亚华裔留学生习得情况分析　唐玲　暨南大学华文学院学报　2004年第2期

DA04725　印尼华裔留学生汉语普通话双音节上上连读调偏误实验研究　王功平　暨南大学华文学院学报　2004年第4期

DA04726　韩童在台双语学习师生互动情况——台湾双语及多语研究　金兑珍　台湾师范大学硕士学位论文（中国台湾）2004年

DA05727　学语致用：李光耀华语学习心得　蔡志礼　世界科技出版公司八方文化创作室（新加坡）2005年

DA05728　印尼学生汉语语音教学难点及对策　欧阳国泰　海外华文教育　2005年第3期

DA05729　印尼语语音对汉语普通话语音学习的影响　高惠敏　海外华文教育　2005年第4期

DA05730　菲律宾华裔青少年汉语进修团学习评估报告　刘朝晖　俞云平　陈奕容　海外华文教育　2005年第4期

DA06731　谈华裔学生汉字习得特点　李嘉郁　海外华文教育　2006年第1期

DA06732　方言习得规律与港澳侨生普通话学习　邵宜　语言文字应用　2006年第2期

DA06733　教华裔学生学习汉语有感　董波　国际人才交流　2006年第2期

DA06734　传承与嬗变：族群背景对华裔留学生学习汉语的正迁移作用　戴萍萍　海外华文教育　2006年第3期

DA06735　理智与情感：东南亚华裔学生来华留学动机解读　陈奕容　海外华文教育　2006年第3期

DA06736　菲律宾华校学生汉语普通话听说能力分析与提高对策　夏明菊　海外华文教育　2006年第3期

DA06737　新加坡华族儿童华语口语语言能力研究：课题设计　刘永兵　吴福焕　新加坡华文教学论文四集　谢泽文编　新加坡华文研究会（新加坡）2006年第119—130页

DA06738　"多层面的学习"理论架构与核心思维技能的整合关系　陈之权　新加坡华文教学论

文四集　谢泽文编　新加坡华文研究会（新加坡）2006年第131—146页
DA07739　家庭语言背景与华语口语能力的关系——对多语环境儿童华文教育的启示　吴福焕　刘永兵　赵春生　台湾华语文教学（中国台湾）2007年第1期
DA07740　新加坡华族儿童华语语言能力研究　赵守辉　刘永兵　洪华清　语言政策（Language Policy）2007年第1期
DA07741　新加坡华族学前儿童口语语料库的生成　赵守辉　刘永兵　世界汉语教学　2007年第2期
DA07742　走进新加坡华语课堂：建构还是阻碍　刘永兵　赵守辉　海外华文教育　2007年第3期
DA07743　一场瑰宝的盛宴，古典语言学革命性的创新——王士元院士"语言习得与关键年龄的问题"专题演讲纪要　李佩师　华文世界（中国台湾）2007年第6期

12　测试

DA85744　香港六单位将举办普通话教学与测试研讨会　H.Y　汉语学习　1985年第2期
DA86745　香港语文标准化测试例说　郭国英　中学语文　1986年第5期
DA86746　谈教育政策与语文测试　吴忠强　中国语文通讯（中国香港）1986年第12期
DA87747　新加坡小学毕业班华文考试内容和题型　符明东　小学语文教学　1987年第12期
DA88748　华语测试与教学　贺上贤　华文世界（中国台湾）1988年第12期
DA88749　从分立测试看学生的语文问题　陈月红　中国语文通讯（中国香港）1988年第9期
DA88750　香港大学普通话课程在成绩测试方面出现的一些问题　刘泰和　普通话测试论文集　香港中国语文学会（中国香港）1988年第111—120页
DA89751　台湾地区中国学生学习英文的成就分析与评鉴　李振清　华文世界（中国台湾）1989年总第89期
DA94752　一个以本科为中心的"国语"课程——怎样评估学生的语文能力　梁燕冰　柯华葳　张郁雯　华文世界（中国台湾）1994年第12期
DA94753　华语文能力测验编制的考虑　陈俊文　华文世界（中国台湾）1994年第12期
DA94754　外籍学生中文口试及笔试的句法结构分析　钟荣富　林秀春　华文世界（中国台湾）1994年第12期
DA94755　从认知层次看语文测试的形式和作用　梁荣基　新加坡华文教学论文集　谢泽文编　北京语言学院出版社　1994年第201—211页
DA94756　利用多项选择题来测定学生语文能力的利弊　梁荣基　新加坡华文教学论文集　谢泽文编　北京语言学院出版社　1994年第212—217页
DA94757　从语文与文化的观点探讨华语测试的设计　苏启祯　新加坡华文教学论文集　谢泽文编　北京语言学院出版社　1994年第218—227页
DA94758　新加坡中学华文（第二语文）考试　谢泽文　新加坡华文教学论文集　谢泽文编　北京语言学院出版社　1994年第228—234页
DA94759　填字测验在语文教学上的功用　谢泽文　新加坡华文教学论文集　谢泽文编　北京语言学院出版社　1994年第235—239页
DA94760　阅读难度的测量　谢泽文　新加坡华文教学论文集　谢泽文编　北京语言学院出版社　1994年第240—245页

DA94761　华文阅读难度的测定　苏启祯　新加坡华文教学论文集　谢泽文编　北京语言学院出版社　1994年第246—251页
DA94762　语文测验应注意的几件事　洪孟珠　新加坡华文教学论文集　谢泽文编　北京语言学院出版社　1994年第252—256页
DA95763　华语文能力测验编制初探——以现有的测验为例　柯华葳　华文世界（中国台湾）1995年第3期
DA97764　华语文能力测验编制研究工作报告　柯华葳等　华文世界（中国台湾）1997年第9期
DA97765　华语文能力测验试题编制的相关研究　张郁雯等　华文世界（中国台湾）1997年第9期
DA97766　华语文常用词汇频率等级统整研究　叶德明　华文世界（中国台湾）1997年第9期
DA97767　华语文能力测验编制——语法结构的考虑　钟荣富等　华文世界（中国台湾）1997年第9期
DA97768　澳洲维省高考中文科测试述要　岑绍基　华文世界（中国台湾）1997年第9期
DA97769　效度、测试质量的保证——香港大专院校普通话测试试题分析　韩萱　华文世界（中国台湾）1997年第9期
DA97770　对香港地区普通话测试的一些看法　胡维尧等　华文世界（中国台湾）1997年第9期
DA97771　国小中低年级"国语"文标准参照测验题库建立之研究　洪碧霞　邱上真　林素薇　叶千绮　华文世界（中国台湾）1997年第12期
DA97772　"国语"文成就低下学生后设认知能力发展之研究　胡永崇　华文世界（中国台湾）1997年第12期
DA97773　华语水平测试的设计："做"和"不做"的原则　李英哲　华文世界（中国台湾）1997年第12期
DA97774　试论普通话水平测试能否测定香港普通话科教师的普通话水平　郑崇楷　华文世界（中国台湾）1997年第12期
DA97775　香港小六学生普通话水平调查研究——第一阶段研究报告　莫淑仪　卢兴翘　张寿洪　林汉成　华文世界（中国台湾）1997年第12期
DA97776　香港的普通话测试　苏金智　中国教育报　1997年3月1日
DA98777　普通话测试论文集　香港普通话研习社、香港中国语文学会编辑出版（中国香港）1998年
DA98778　华语文能力测验的信效度研究　张郁雯　华文世界（中国台湾）1998年总第98期
DA98779　华语文能力测验编制研究报告　柯华葳　华文世界（中国台湾）1998年总第98期
DA98780　书面汉语水平考试的设计与实施　李学铭　香港中国语文教学论文集　邓仕梁主编　香港中文大学中国语言及文学系（中国香港）1998年
DA99781　香港通用普通话常用字拼音表　何国祥　和平图书·海峰出版社（中国香港）1999年
DA99782　语文与评估（一九九八年国际语文教育研讨会论文集）　何国祥主编　香港教育学院出版（中国香港）1999年
DA99783　识字测定研究概述　李志强　中文教育论文集第六辑：语文与评估（一九九八年国际语文教育研讨会论文集）　何国祥主编　香港教育学院出版（中国香港）1999年第525—534页

DA99784　香港教育学院普通话选科生离校水平试验测试分析报告　吴丽萍　何国祥　郭思豪　中文教育论文集第六辑：语文与评估（一九九八年国际语文教育研讨会论文集）　何国祥主编　香港教育学院出版（中国香港）　1999年第625—641页

DA00785　从《香港高等学校中文水平测试研究》探讨语文能力的结构　陈月红　华文世界（中国台湾）　2000年第12期

DA00786　阅读试题的种类与分析——华裔子弟之需求　毕念平　华文世界（中国台湾）　2000年第12期

DA00787　澳大利亚维多利亚州新制中文会考　吴坚立　华文世界（中国台湾）　2000年第12期

DA01788　中国内地与香港特区普通话水平测试之比较研究　田小琳　中国语文（中国台湾）　2001年第1期

DA01789　语文测试里的语文问题　周清海　中国语文（中国台湾）　2001年第1期

DA01790　论汉语水平考试的海外影响　张亚群　海外华文教育　2001年第3期

DA01791　基准来自何处——香港教师普通话基准测试计划之理论探讨　缪锦安　语文测试的理论和实践　商务印书馆（香港）有限公司（中国香港）　2001年第409—418页

DA01792　中国内地与香港特区普通话水平测试之比较研究　田小琳　语文测试的理论和实践　商务印书馆（香港）有限公司（中国香港）　2001年第435—437页

DA01793　论香港普通话科教师语文能力评核的准则　田小琳　2001年香港国际语文教育研讨会论文集　香港教育学院（中国香港）　2001年

DA01794　听力测试的探讨与编制　何子煌　新加坡华文教师总会出版（新加坡）　2001年

DA01795　探讨华文听力测试的改革　何子煌　新加坡华文教学论文二集　谢泽文编　泛太平洋出版私人有限公司（新加坡）　2001年

DA01796　语文测试里的语文问题　周清海　新加坡华文教学论文二集　谢泽文编　泛太平洋出版私人有限公司（新加坡）　2001年

DA01797　奥勒尔教授的语文测试观　谢泽文　新加坡华文教学论文二集　谢泽文编　泛太平洋出版私人有限公司（新加坡）　2001年

DA01798　短句测试里的多元推理方式　胡林生　新加坡华文教学论文二集　谢泽文编　泛太平洋出版私人有限公司（新加坡）　2001年

DA02799　香港普通话水平测试面面观　田小琳　澳门语言学刊（中国澳门）　2002年第10期

DA02800　香港岭南大学中文离校试笔试等级标准与题型研究　田小琳　清风明月八十秋——庆贺王均先生八十诞辰语言学论文集　曹澄方　苏培成　孙宏开　刘照雄（执行）主编　吉林人民出版社　2002年

DA03801　教学与测试一体化：学生自建进程档案　祝新华　华文学刊（新加坡）　2003年第1期

DA03802　教学与测试　谢世涯　新加坡华文教师总会出版（新加坡）　2003年

DA03803　测验分数的处理和解释　谢世涯　教学与测试　谢世涯　新加坡华文教师总会出版（新加坡）　2003年第151—157页

DA03804　填字测验在语文教学上的功用　谢世涯　教学与测试　谢世涯　新加坡华文教师总会出版（新加坡）　2003年第158—164页

DA03805　阅读理解能力的测量　谢世涯　教学与测试　谢世涯　新加坡华文教师总会出版（新加坡）　2003年第65—176页

DA03806　阅读难度的测量　谢世涯　教学与测试　谢世涯　新加坡华文教师总会出版（新加坡）2003年第177—184页

DA03807　作文评分研究　谢世涯　教学与测试　谢世涯　新加坡华文教师总会出版（新加坡）2003年第185—195页

DA03808　奥勒尔教授的语文测试观　谢世涯　教学与测试　谢世涯　新加坡华文教师总会出版（新加坡）2003年第203—206页

DA03809　新加坡中学华文（第二语文）考试　谢世涯　教学与测试　谢世涯　新加坡华文教师总会出版（新加坡）2003年第207—213页

DA03810　新加坡中一学生实用识字能力的测量　谢世涯　教学与测试　谢世涯　新加坡华文教师总会出版（新加坡）2003年第214—218页

DA03811　Measuring Functional Literacy among Secondary One Pupils in Singapore　谢世涯　教学与测试　谢世涯　新加坡华文教师总会出版（新加坡）2003年第219—236页

DA03812　测试分数和等级的模糊地带　梁荣基　新加坡华文教学论文三集　谢泽文编　新加坡华文研究会（新加坡）2003年第208—220页

DA03813　发展"赞赏—建议"型的评估方式——以华文科写作评估为例　祝新华　新加坡华文教学论文三集　谢泽文编　新加坡华文研究会（新加坡）2003年第221—238页

DA03814　华文科专题研习三个基本问题的探讨——发展之中的华文教学与评估模式　祝新华　新加坡华文教学论文三集　谢泽文编　新加坡华文研究会（新加坡）2003年第239—254页

DA04815　华语文能力测验编制　柯华葳　台北远流出版事业股份有限公司（中国台湾）2004年

DA04816　中国内地与香港特区普通话水平测试之比较研究　田小琳　田小琳语言学论文集　田小琳　商务印书馆（香港）有限公司（中国香港）2004年第33—42页

DA04817　语音面貌——粤方言区普通话水平测试的核心　田小琳　田小琳语言学论文集　田小琳　商务印书馆（香港）有限公司（中国香港）2004年第64—71页

DA04818　从中学高级华文会考看新加坡华文科的教学与评价　倪文锦　华文学刊（新加坡）2004年第1期

DA04819　侨生"国语"听与读理解能力测验编制报告　柯华葳　宋如瑜　张郁雯　华语文教学研究（中国台湾）2004年第1期

DA06820　香港考生在普通话水平测试"说话"中几种常见的偏误分析　韩玉华　语言文字应用　2006年第3期

DA07821　普通话水平测试与我　郑雅雯　华文世界（中国台湾）2007年第6期

DA07822　新加坡小学生华语文读写能力研究　孙碧娴　新加坡国立大学中文系荣誉学士学位论文（新加坡）2007年

13　教学手段

DA81823　视听教具与语言教学——兼论海外中文教材制作的新构想　李振清　华文世界（中国台湾）1981年第3期

DA84824　"国语"字、词、音属性资料之电脑化　吴瑞屯　华文世界（中国台湾）1984年第12期

DA87825　视听教材在华语教学中所扮演的角色　冯以坚　华文世界（中国台湾）1987年第2期

DA87826	论视听教学在新闻选读上的教学效果　李敬宜　华文世界（中国台湾）　1987年第5期	
DA88827	语言实验室与华语口语教学　佟秉正　华文世界（中国台湾）　1988年第12期	
DA88828	录影带在高级华语教学上的功用及应用　马静恒　华文世界（中国台湾）　1988年第7期	
DA89829	学生可以和电脑交际吗？——华语电脑辅助教学简介　吴英成　华文老师（新加坡）　1989年第3期	
DA90830	电脑在华语文教学上之应用与研究　杨新芳　华文世界（中国台湾）　1990年第12期	
DA90831	电脑辅助教学在华语文教学上的应用家族　葛亦愚　高豫　施朝正　华文世界（中国台湾）　1990年第12期	
DA91832	华语文教学软体的制作与应用——以"家庭"侨幼教软体为例　施朝正　华文世界（中国台湾）　1991年第91期	
DA93833	电脑辅助教学在注音符号学习的应用　高豫　华文世界（中国台湾）　1993年总第93期	
DA94834	电脑科技在华语文电子书之应用　高豫　沈易达　世界华语文教学研讨会论文集（中国台湾）　1994年第2期	
DA94835	电脑辅助写作在华语文之应用　高豫　沈易达　世界华语文教学研讨会论文集（中国台湾）　1994年第2期	
DA94836	电脑科技在华语文教学应用的新方向　高豫　华文世界（中国台湾）　1994年第12期	
DA94837	视听媒体在华语文教学上的应用　张霄亭　华文世界（中国台湾）　1994年第12期	
DA94838	多媒体电脑软体在中文教学中的应用　靳洪刚　许德宝　华文世界（中国台湾）　1994年第12期	
DA95839	美国中文电脑辅助教学简介　姚道中　华文世界（中国台湾）　1995年第12期	
DA95840	视窗程式及华语教学　邓守信　华文世界（中国台湾）　1995年第95期	
DA96841	远距教学与华语文电脑网路教材之发展　信世昌　华文世界（中国台湾）　1996年总第83期	
DA96842	电脑游戏式软体在华语文教学上的应用　高豫　华文世界（中国台湾）　1996年总第96期	
DA97843	网际网络上的新华文教育机会　邹景平　华文世界（中国台湾）　1997年第3期	
DA97844	谈目前Internet上的中文学习网站　江立立　华文世界（中国台湾）　1997年第3期	
DA97845	香港多媒体电脑辅助语言学习系统的设计　蔺荪　语文建设　1997年第7期	
DA97846	双轨雷射磁碟与对外华语文教学　马盛静恒　华文世界（中国台湾）　1997年第12期	
DA97847	电脑辅助教学在华语文阅读教学上的应用　高豫　华文世界（中国台湾）　1997年第12期	
DA97848	资讯科技约全方位应用——二十一世纪新加坡中文教学的新理念　蔡志礼　华文世界（中国台湾）　1997年第12期	
DA97849	略谈网际网络的中文教学资源　姚道中　华文世界（中国台湾）　1997年第12期	
DA97850	将电脑与课程结合的多样化华语文教室　吕中瑛　华文世界（中国台湾）　1997年第12期	
DA97851	华语聆听电脑课程的新尝试：由太阳工作站到个人电脑和网络　李英哲　王国维　华文世界（中国台湾）　1997年第12期	

DA97852	孔夫子华语文多媒体软体的"资讯内容介绍"　高豫　华文世界（中国台湾）1997年第12期
DA97853	华语文教学的电脑资源　王韵龄　游美月　华文世界（中国台湾）1997年第12期
DA97854	华语文教学的重要途径——多种媒体教学　何绵山　华文世界（中国台湾）1997年第12期
DA97855	华语情境式多媒体教学课程软体发展需求　张霄亨　信世昌　华文世界（中国台湾）1997年第12期
DA97856	网路上的华语文教与学　高豫　华文世界（中国台湾）1997年总第97期
DA99857	中港台初中中国语文教科书信息库的比较研究　何文胜　中文教育论文集第六辑：语文与评估（一九九八年国际语文教育研讨会论文集）何国祥主编　香港教育学院出版　1999年第17—27页
DA99858	小学中国语文科教育电视的功能：回顾与前瞻　黄生明　梁振威　李子建　中文教育论文集第六辑：语文与评估（一九九八年国际语文教育研讨会论文集）何国祥主编　香港教育学院出版　1999年第53—67页
DA99859	电脑辅助中国语文教学：目标、实践、困难与方向　陈志明　中文教育论文集第六辑：语文与评估（一九九八年国际语文教育研讨会论文集）何国祥主编　香港教育学院出版　1999年第115—133页
DA99860	在学校情境下推动多媒体式教学软体的模式——以英语科为例　杨家兴　中文教育论文集第六辑：语文与评估（一九九八年国际语文教育研讨会论文集）何国祥主编　香港教育学院出版　1999年第305—325页
DA99861	一个网路的中文词汇教学系统　颜国伟　郑雅丽　华文世界（中国台湾）1999年第6期
DA99862	国际网路、多媒体与中文教学刍议　傅鸿楚　华文世界（中国台湾）1999年第6期
DA99863	面向跨世纪的革命：信息高速公路建设与新加坡中小学的华语教学　钱颖　李亚　外国中小学教育　1999年第6期
DA00864	略论华文现代远程教学网站的建设　卢伟　海外华文教育　2000年第1期
DA00865	独中华文课程教材改革的素质教育导向　林国安　海外华文教育　2000年第1期
DA00866	基于INTERNET的多媒体技术应用于中文海外函授教学的探讨　连志丹　海外华文教育　2000年第3期
DA00867	美国中文教学网站之分类与评估　李延风　华文世界（中国台湾）2000年第12期
DA00868	知网中文信息结构与中文教学初探　谭慧敏　华文世界（中国台湾）2000年第12期
DA00869	网上中文阅读与写作课程教学模式　唐润　昌中瑛　华文世界（中国台湾）2000年第12期
DA00870	虚拟社群间关系转移之研究——以华文学会与中原大学网站经营研究中心合作经营"网站"为例　蔡义昌　林明澔　华文世界（中国台湾）2000年第12期
DA00871	"文国寻宝"与"搜文解字"——为华语文教学设计的两个数位博物馆网站　黄居仁等　华文世界（中国台湾）2000年第12期
DA00872	多媒体交互式课室在华语文教学上作用浅析　唐燕儿　华文世界（中国台湾）2000年第12期
DA00873	传统华文教学与华文结合资讯科技教学的差异　吴大顺　外国教育资料　2000年第5期

DA00874　数码时代的文化新工程——二十一世纪华文教学的使命与挑战　蔡志礼　二十一世纪的挑战——新加坡华语文的现状与未来（南洋理工大学丛书）　陈照明主编　联邦出版社（新加坡）2000年第179—191页

DA00875　论海外华语教学：无笔自然拼音软件与有笔自然书法　江文渝　任长慧　余伯泉　李清泽　汉字拼音系统研讨会（第二次会议）　薛碧霜　王芳芸编　台湾：中研院语言所筹备处（中国台湾）2000-5-27

DA01876　资讯科技在语文教学中所扮演的角色　杜珠成　海外华文教育　2001年第3期

DA01877　资讯科技在新加坡华文教学中的应用：三年来的回顾　黄再源　姚梦桐　新加坡华文教学论文二集　泛太平洋出版私人有限公司（新加坡）2001年

DA01878　影视语言与语文教学　陈耀泉　新加坡华文教学论文二集　谢泽文编　泛太平洋出版私人有限公司（新加坡）2001年

DA01879　多媒体文学教学新姿态——资讯科技与文学教学　林保圣　新加坡华文教学论文二集　谢泽文编　泛太平洋出版私人有限公司（新加坡）2001年

DA01880　如何从网络上获取华语文教学资源？　南洋商报（马来西亚）2001-6-20

DA02881　网络时代的汉语教学　凌德祥　广州华苑　2002年第2期

DA02882　华文HW-2K018型多媒体微格教学系统　中国现代教育装备　2002年第4期

DA03883　华文老师与资讯科技　林保圣　华文学刊（新加坡）2003年第1期

DA03884　信息技术与华文教育课程整合的探索　熊玉珍　信息技术教育　2003年第3期

DA03885　利用互联网资源辅助华文教学　尉万传　海外华文教育　2003年第4期

DA03886　苹果分享教学模型的设计与实践　樊荣　新加坡华文教学论文三集　谢泽文编　新加坡华文研究会（新加坡）2003年第199—207页

DA04887　全球化语境下华语疆界的模糊与身份的重构　王宁　甘肃社会科学　2004年第5期

DA05888　利用多媒体软件激发英国华裔儿童学习中文的兴趣　许栋杰　海外华文教育　2005年第1期

DA06889　创新？错失？"网络语言"与教学　谢家浩　新加坡华文研究会（新加坡）2006年第279—290页

DA06890　数码时代的华文教学　林保圣　新加坡华文教学论文四集　谢泽文编　新加坡华文研究会（新加坡）2006年第293—310页

DA06891　语言科技与华文教学　蔡志礼　新加坡华文教学论文四集　谢泽文编　新加坡华文研究会（新加坡）2006年第311—324页

DA06892　在网络上进行作文多元评改的初步实践　祝新华　石玉珍　汪晔　新加坡华文教学论文四集　谢泽文编　新加坡华文研究会（新加坡）2006年第325—336页

DA07893　即时聊天工具MSN在对外汉语教学中的应用　陈艳艺　海外华文教育　2007年第1期

DB　地区教学

1　台湾

DB73001　方言学与语文教学　周清海　中国语文散论　周清海　世界书局有限公司（新加坡）

1973 年

DB75002　在海外推广台湾语言的种种问题及解决办法　李丰明　海外台湾基督教徒联合通讯（美国）　1975 年第 34 期

DB77003　推动海外华语教学——华文教学研习班第一期纪要　董鹏程　华文世界（中国台湾）1977 年第 8 期

DB81004　台湾光复之初的"国语"教学实验　蔡雅琳　华文世界（中国台湾）　1981 年第 11 期

DB84005　台湾注意推广普通话　骆毅　人民日报　1984-11-26

DB85006　中华民国（台湾）的华语文教学　董鹏程　华文世界（中国台湾）　1985 年第 11 期

DB85007　首届师范大学"国语"教学中心华语师资训练班实况　叶德明　华文世界（中国台湾）1985 年第 11 期

DB86008　台湾国文教学中的口语训练　郭国英　语文教学之友　1986 年第 1 期

DB88009　从现代语言教学的观点谈小学"国语"教学与外籍学生华语教学（一）　汤廷池　华文世界（中国台湾）　1988 年第 12 期

DB89010　台湾的拼音教学　尹斌庸　语文建设　1989 年第 2 期

DB89011　从现代语言教学的观点谈小学"国语"教学与外籍学生华语教学（二）　汤廷池　华文世界（中国台湾）　1989 年第 3 期

DB89012　从现代语言教学的观点谈小学"国语"教学与外籍学生华语教学（三）　汤廷池　华文世界（中国台湾）　1989 年第 6 期

DB92013　国民小学实施外语、方言或母语教学问题面面观　万家春　庄志明　教育研究（中国台湾）　1992 年第 2 期

DB92014　华语文教学展开了新页　编者　华文世界（中国台湾）　1992 年第 12 期

DB92015　海峡两岸的华语教学与语言学研究　曹逢甫　华文世界（中国台湾）　1992 年第 12 期

DB93016　侨生怎样学好标准"国语"　黄家定　华文世界（中国台湾）　1993 年第 6 期

DB94017　客话教学在台湾　罗肇锦　华文世界（中国台湾）　1994 年第 12 期

DB94018　外国人在台湾学习中文及实用中文之情境分析　幸曼玲　华文世界（中国台湾）　1994 年第 12 期

DB94019　华语为第二语言教学咨议　叶德明　华文世界（中国台湾）　1994 年第 12 期

DB94020　母语教育的政治社会意涵　黄宣范　华文世界（中国台湾）　1994 年第 12 期

DB95021　本土语言教学的规划与省思　尹廉荣　华文世界（中国台湾）1995 年第 9 期

DB96022　华语教学在台湾之现况与未来　叶德明　国际文化交流研讨会（中国台湾）　1996 年

DB96023　华校应重视教学闽南话、华语　陈法今　联合报（菲律宾）　1996-1-11

DB96024　华校应重视教学闽南话、华语　陈法今　世界日报（美国）　1996-1-20

DB97025　试以"完全语言"概念谈华语的教与学　陈希奇　华文世界（中国台湾）　1997 年第 3 期

DB97026　华语文教学之"领域"思考　信世昌　华文世界（中国台湾）1997 年第 6 期

DB97027　如何迈向新世纪华语文教学　马昭华　华文世界（中国台湾）1997 年第 6 期

DB97028　台湾对外华语教学未来的趋势与展望　陈惠玲　华文世界（中国台湾）1997 年第 6 期

DB97029　国小儿童口语语言理解与记忆能力的发展性研究（1）　陈美芳　华文世界（中国台湾）1997 年第 12 期

DB97030 两岸国小语文教育之比较，以台湾和北京为例　王琼珠　华文世界（中国台湾）1997年第 12 期
DB97031 教外籍人士华文应注意的问题　顾百里　华文世界（中国台湾）1997年第 12 期
DB97032 从 Whole Language 理念谈华语文的教与学　陈希奇　华文世界（中国台湾）1997年第 12 期
DB98033 华语文的学习何去何从　郑昭明　华文世界（中国台湾）1998年第 3 期
DB99034 由双语教学理论来看台湾原住民母语教学　白中琤　台湾原住民教育　洪泉湖、吴学燕主编　师大书苑有限公司（中国台湾）1999年
DB99035 华语文教学规范与理论基础　叶德明　师大书苑有限公司（中国台湾）1999年
DB01036 "国语"、客语、闽南语词汇对应转换及教学（上下）　张美煜　国文天地（中国台湾）2001年第 6、7 期
DB01037 国小低年级客家歌谣教学实施之行动研究　李雪燕　台北师范学院硕士学位论文（中国台湾）2001年
DB01038 儿童母语教学活动与社会支持之研究——以台北县国小客语教学为例　林雅雯　中国文化大学硕士学位论文（中国台湾）2001年
DB01039 台侨委会受理制作华语文教材申请补助　世界日报（美国）2001-12-14
DB01040 张富美谈华语文教育网络　台湾中央社（中国台湾）2001-12-21
DB02041 学校推行母语教学之研究——以台东县康乐国小河洛语教学为例　陈清正　台东师范学院硕士学位论文（中国台湾）2002年
DB02042 原住民族语言教学成效与推展模式之相关研究——以乌来乡泰雅语教学为例　陈胜荣　政治大学硕士学位论文（中国台湾）2002年
DB02043 小学教师实施闽南语课程之个案研究　杨岚智　台北师范学院硕士学位论文（中国台湾）2002年
DB02044 对外闽南语教学研究——以台湾师范大学"国语"文教学中心为例　萧惠茹　台湾师范大学硕士学位论文（中国台湾）2002年
DB02045 客家人对客语及客语教学的态度——以台湾四个地区为例　黄雅榆　新竹师范学院硕士学位论文（中国台湾）2002年
DB02046 台"教部"将成立华语文发展政策委员会　台湾中央社（中国台湾）2002-1-29
DB02047 台华语研习营改名并推动课程本土化　星岛日报（美国）2002-4-18
DB03048 乡土语言在国中教学的困境与展望——以闽南语为例　江佩芳　高雄师范大学硕士学位论文（中国台湾）2003年
DB03049 族语教学之行动研究——以一个排湾族族语兼课教师为例　林志光　台东师范学院硕士学位论文（中国台湾）2003年
DB03050 我国国小乡土语言课程实施之研究——以三所国民小学为例　杨智颖　台湾师范大学硕士学位论文（中国台湾）2003年
DB03051 国小一年级实施闽南语拼音直接教学之个案研究　高培伦　台北师范学院硕士学位论文（中国台湾）2003年
DB03052 国小学生学习以罗马字拼读闽南语之实证研究：针对是否与英语拼音混淆做探讨　林雅雯　新竹师范学院硕士学位论文（中国台湾）2003年

DB03053　国小语文领域台华教学用语研究　许幸华　新竹师范学院硕士学位论文（中国台湾）2003年

DB03054　国小海陆客家话语音教学研究　黄得祥　新竹师范学院硕士学位论文（中国台湾）2003年

DB03055　九年一贯课程国小一年级客语教材之比较分析　詹美玲　新竹师范学院硕士学位论文（中国台湾）2003年

DB03056　屏东县国小闽南语乡土语言教科书使用现况之调查研究　陈淑蕙　屏东师范学院硕士学位论文（中国台湾）2003年

DB03057　高雄市国小教师闽南语教学态度与教师自我效能感之研究　陈惠萍　屏东师范学院硕士学位论文（中国台湾）2003年

DB04058　国小教师实施乡土语言教学之个案研究——以客家语教学为例　李慧娟　台北师范学院硕士学位论文（中国台湾）2004年

DB04059　澎湖县国小实施闽南语教学现况与困境之研究　许素艳　台南大学硕士学位论文（中国台湾）2004年

DB04060　乡土语言教学现况之研究——以台北县双和区国民小学闽南语教学为例　陈绍洁　花莲师范学院硕士学位论文（中国台湾）2004年

DB04061　国小教师实施客语教学之个案研究　黄秋香　新竹师范学院硕士学位论文（中国台湾）2004年

DB04062　多语教学之行动研究——以某小区小学为例　欧淑玲　东华大学硕士学位论文（中国台湾）2004年

DB04063　乡土语言教学满意度之研究——以国小台语为例　赖幸冠　中华大学硕士学位论文（中国台湾）2004年

DB04064　乡土语言教学之KANO二维质量研究　萧淑君　中华大学硕士学位论文（中国台湾）2004年

DB04065　应用儿歌于乡土语言教学之研究——以闽南语为例　谢宛真　新竹师范学院硕士学位论文（中国台湾）2004年

DB05066　台湾组织华裔专家学者探讨"AP华语文教学计划"　世界日报（美国）2005-11-12

DB07067　跟新教师谈华语教学——字体与拼音　宋如瑜　华文世界（中国台湾）2007年第6期

DB07068　我如何准备教育部对外华语教学能力认证考试　潘美智　华文世界（中国台湾）2007年第6期

DB07069　语文问答　张孝裕　华文世界（中国台湾）2007年第6期

DB07070　立足台湾，放眼世界——华语教学的深耕与播种　陈怀萱　华文世界（中国台湾）2007年第6期

DB07071　从华语教学研究谈华语师资培训工作——专访邓守信老师　编辑部　华文世界（中国台湾）2007年第6期

DB07072　第八届华语文教学研讨会纪要　李佩师　华文世界（中国台湾）2007年第6期

DB07073　现代汉语缩略语之分析模式——以"华语教学研究所"为例　徐明德　华文世界（中国台湾）2007年第6期

DB07074　访问对外华语工作小组迟耀宗执行秘书　编辑部　华文世界（中国台湾）2007年第

6期

DB07075　浅谈对外华语文之教学实践——对谈式日记写作与阅读　李和舫　华文世界（中国台湾）2007年第6期

2　港澳

DB84076　香港语文教学研讨会观感　丁往道　外语教学与研究　1984年第4期
DB84077　关于香港中文科教学语言问题的刍议　许国三　华文世界（中国台湾）1984年第12期
DB87078　香港中等教育里的汉语教学　柳存仁　中国语文通讯（中国香港）1987年第12期
DB87079　香港中学中国语文科教学中的词语教学初探　田小琳　双语和多语环境中的语文教育论文集　香港政务印务局（中国香港）1987年
DB88080　《普通话教学通讯》创刊词　田小琳　普通话教学通讯　香港普通话学会出版（中国香港）1988年
DB89081　香港广东语会话　千岛英一　东方书店（日本）1989年
DB89082　普通话词汇教学议　田小琳　香港普通话教学通讯（中国香港）1989年第9期
DB90083　香港中学中文课程设置述评　田小琳　课程·教材·教法　1990年第12期
DB90084　在香港教学普通话的几项原则　缪锦安　语言文字论集　中山大学中文系本书编委会　广东人民出版社　1990年第150—158页
DB91085　香港中文教学探讨　孔玫　第三届国际汉语教学讨论会论文选　第三届国际汉语教学讨论会会务工作委员会编　北京语言学院出版社　1991年
DB91086　香港中学教学普通话的重要性、必要性、迫切性　田小琳　普通话（中国香港）1991年第1期
DB92087　香港中国语文科新教材篇目介绍　何贵初　苏州教育学院学报　1992年第4期
DB92088　试论香港小学普通话教师语文基准之厘定　田小琳　语文与评估　田小琳　香港教育学院出版　1992年第618—624页
DB93089　普通话科教师的基本要求与普通话师资培训课程及教材编写指引报告　何国祥　唐秀玲　香港教育署语文教育学院（中国香港）1993年
DB94090　香港高中生遣词造句的通病　庄泽义　语文建设通讯（中国香港）1994年第3期
DB94091　香港中文大学（新雅）中国语文研习所的汉语教学　李海鸥　世界汉语教学　1994年第4期
DB94092　香港普通话科课堂教学话语及教学行为分析　郑崇凯　华文世界（中国台湾）1994年第12期
DB94093　香港中国文化协会推广"国语"教学经验报告　朱素英　华文世界（中国台湾）1994年第12期
DB94094　一个葡籍公务员中文班的教学探讨　林淑霞　华文世界（中国台湾）1994年第12期
DB95095　香港普通话教学今后的任务　田小琳　云梦学刊　1995年第1期
DB95096　提高香港中文教学水准之我见——兼顾语文教学质量之评估　詹伯慧　中国语文通讯（中国香港）1995年第4期
DB95097　香港普通话科教师能力系统研究　莫淑仪　郑崇楷　中文教育论文集（第二辑）　唐秀玲主编　香港教育学院中文系（中国香港）1995年第119—136页

DB96098	香港口语学　张捷川编著　广州出版社　1996年	
DB96099	小学教学之普通话，单元一　林建平　香港公开大学（中国香港）1996年	
DB96100	香港普通话教师的培训问题　田小琳　中文教育论文集（第三辑）　香港教育学院出版（中国香港）　1996年	
DB97101	24小时教会普通话——在香港推广普通话的设想　丁迪蒙　上海大学学报（社会科学版）　1997年第3期	
DB97102	香港中文教育和普通话教学论集　田小琳　人民教育出版社　1997年	
DB97103	港澳地区的语言文化现象与汉语普通话教学　程相文　世界汉语教学　1997年第2期	
DB97104	香港汉语言文字教学的现状与展望　施仲谋　语言文字应用　1997年第2期	
DB97105	体制·特点·方法——香港学龄儿童普通话教学刍议　李白坚　上海大学学报（社会科学版）　1997年第3期	
DB97106	香港大专中国语文教学的一些问题　张双庆　万波　语文建设　1997年第7期	
DB97107	功能法在香港小学普通话科课堂教学的实践问题　唐秀玲　华文世界（中国台湾）　1997年第12期	
DB97108	21世纪香港中文教育展望　田小琳　中文教育论文集第四辑（1996年国际语文教育研讨会论文集）　香港大学课程学系出版（中国香港）　1997年	
DB98109	香港中国语文教学论文集　邓仕梁　香港中文大学中国语言及文学系（中国香港）　1998年	
DB98110	第3届中文科课程教材教法国际研讨会论文选　欧阳汝颖　香港中文教育学会　香港大学课程学系　香港教育署课程发展处联合出版（中国香港）　1998年	
DB98111	母语教学政策：家长意见调查报告　九龙明爱小区中心　香港九龙明爱小区中心（中国香港）　1998年	
DB98112	母语教学政策下中一学生意见调查报告　九龙明爱小区中心　香港九龙明爱小区中心（中国香港）　1998年	
DB98113	港人对广东话及普通话态度的定量与定质的研究　龙惠珠　中国语文（中国台湾）　1998年第1期	
DB98114	澳门之推普策略种种　程祥徽　澳门理工学报（中国澳门）　1998年第2期	
DB98115	香港语文教学与标准汉语　石定栩　语言教学与研究　1998年第3期	
DB98116	试论华文教学的深入浅出问题　彭小川　暨南学报（哲学社会科学版）　1998年第4期	
DB98117	1998年香港中小学的普通话教学剖析　何国祥　语文建设　1998年第9期	
DB98118	在中语文科推行广发阅读计划的有关问题　欧阳汝颖　第3届中文科课程教材教法国际研讨会论文选　欧阳汝颖主编　香港中文教育学会　香港大学课程学系　香港教育署课程发展处联合出版（中国香港）　1998年第15—22页	
DB98119	香港教学语言的回顾与前瞻　贺国强　母语教学的理论与实践　郭康健　陈城礼　香港教师会（中国香港）　1998年第16—33页	
DB98120	母语教学与母语的纵横观　苏咏昌　母语教学的理论与实践　郭康健　陈城礼　香港教师会（中国香港）　1998年第36—53页	
DB98121	"自以为是"地去说普通话　彭嘉强　新民晚报　1998-12-14	
DB99122	香港通用普通话常用字拼音表　何国祥　和平图书·海峰出版社（中国香港）　1999年	

DB99123	中文教育论文集第六辑：语文与评估（一九九八年国际语文教育研讨会论文集） 何国祥主编 香港教育学院出版（中国香港） 1999年
DB99124	香港小六学生普通话水平调查研究 林汉成 唐秀玲等 香港教育学院（中国香港） 1999年
DB99125	面向21世纪的香港中文教学 周汉光 香港中文大学教育学院课程与教学学系（中国香港） 1999年
DB99126	教学语言政策改变下的学生经历个案研究报告 锺绮萍 香港小童群益会（中国香港） 1999年
DB99127	对香港推广普通话问题的思考 胡吉成 江苏广播电视大学学报 1999年第2期
DB99128	香港学生普通话教学中的几个问题 冯惟钢 世界汉语教学 1999年第2期
DB99129	回归后的香港语文问题及其对策 宣力 语文建设 1999年第4期
DB99130	对穗港澳地区普通话教学的思考 伍巍 语文建设 1999年第6期
DB99131	香港地区国际学校的普通话教学 何丽芳 中文教育论文集第六辑：语文与评估（一九九八年国际语文教育研讨会论文集） 何国祥主编 香港教育学院出版（中国香港） 1999年第296—304页
DB99132	全面评估对中国语文学习所含的意义 郭懿芬 中文教育论文集第六辑：语文与评估（一九九八年国际语文教育研讨会论文集） 何国祥主编 香港教育学院出版（中国香港） 1999年第576—595页
DB99133	中文教学与道德教育 周汉光 中文教育论文集第六辑：语文与评估（一九九八年国际语文教育研讨会论文集） 何国祥主编 香港教育学院出版（中国香港） 1999年第68—86页
DB99134	香港推行母语教学的困难和解决方法 伍慧珠 中文教育论文集第六辑：语文与评估（一九九八年国际语文教育研讨会论文集） 何国祥主编 香港教育学院出版（中国香港） 1999年第87—99页
DB99135	香港中学中国语文教学的现在和未来 何文胜 面向21世纪的香港中文教学 周汉光编 香港中文大学教育学院课程与教学学系（中国香港） 1999年第7—17页
DB99136	论香港商贸普通话教学 田小琳 沪港商务普通话学术研讨会论文集 邵敬敏 唐世陶主编 上海华东师范大学出版社 1999年
DB99137	试论香港小学普通话科教师语文基准的厘定 田小琳 香港中文教育论文集（第五辑） 香港教育学院出版（中国香港） 1999年
DB99138	自以为是与自以为非——谈港澳普通话教学的新挑战 程祥徽 澳门日报（中国澳门） 1999-5-30
DB00139	论香港小学普通话教学 黄月圆 杨素英 李蒸 亚太语文教育学报（中国香港） 2000年第1期
DB00140	试析对澳门公务员普通话教学的特点 甘宗铭 语言教学与研究 2000年第2期
DB00141	香港教学语言的问题及对策 陈立中 语言文字应用 2000年第3期
DB00142	自以为是与自以为非——论香港普通话教学的挑战 程祥徽 中文回归集 程祥徽 和平图书·海峰出版社（中国香港） 2000年第33—41页
DB00143	成年人学话要有理论指导 程祥徽 中文回归集 程祥徽 和平图书·海峰出版社

（中国香港） 2000年第42—49页

DB00144　澳门之推普策略种种　程祥徽　中文回归集　程祥徽　和平图书·海峰出版社（中国香港） 2000年第50—57页

DB00145　香港普通话词汇教学研究　田小琳　普通话及中文传意科课程与教学论文集　香港专业进修学院青衣分校（中国香港） 2000年

DB00146　从殖民政策看香港教学语言问题　尤敏韶　香港语言教育论文集：二十一世纪的展望　陆镜光编　香港语言学会（中国香港） 2000年

DB01147　香港世纪之交的普通话教育　何国祥　香港教育学院出版社（中国香港） 2001年

DB01148　第一届亚太地区中文教学研讨工作坊在香港举办　崔希亮　世界汉语教学　2001年第2期

DB01149　对香港地区普通话教学的几点思考　高林波　东疆学刊　2001年第2期

DB01150　第三届普通话教育研讨会在香港举行　林建平　语言教学与研究　2001年第5期

DB01151　香港的母语教学如何继续前进——关键在于对多语多方言方案再做肯定　缪锦安　第三届国际华文教育研讨会论文集　华语教学出版社　2001年第16—21页

DB01152　语文建设与语文教学　姚德怀　双语双方言（七）　陈恩泉主编　汉学出版社（中国香港） 2001年第419—429页

DB03153　提倡用普通话教中国语文　黄翊　澳门语言学刊（中国澳门） 2003年第20、21期

DB04154　现代汉语教学与研究文集　田小琳　商务印书馆（香港）有限公司（中国香港） 2004年

DB04155　香港中小学普通话教学及推广工作之我见　庄莉红　蔡川芸　厦门教育学院学报　2004年第3期

DB04156　《汉语拼音方案》和语文教学　田小琳　现代汉语教学与研究文集　商务印书馆（香港）有限公司（中国香港） 2004年第150—159页

DB04157　《汉语拼音方案》和普通话教学　田小琳　现代汉语教学与研究文集　商务印书馆（香港）有限公司（中国香港） 2004年第160—166页

DB04158　如何面对普通话教学中的困难　田小琳　现代汉语教学与研究文集　商务印书馆（香港）有限公司（中国香港） 2004年第167—170页

DB04159　论香港商贸普通话教学　田小琳　现代汉语教学与研究文集　商务印书馆（香港）有限公司（中国香港） 2004年第171—180页

DB04160　香港地区普通话教学的发展和回顾　田小琳　现代汉语教学与研究文集　商务印书馆（香港）有限公司（中国香港） 2004年第27—32页

DB04161　论香港普通话科教师语文能力评核的准则　田小琳　现代汉语教学与研究文集　商务印书馆（香港）有限公司（中国香港） 2004年第43—54页

DB04162　香港普通话水平测试面面观　田小琳　现代汉语教学与研究文集　商务印书馆（香港）有限公司（中国香港） 2004年第55—63页

DB04163　现代汉语教学与研究文集·前言　田小琳　现代汉语教学与研究文集　商务印书馆（香港）有限公司（中国香港） 2004年

DB05164　香港双语教学尝试的经验教训及启示　顾永琦　董连忠　现代外语　2005年第1期

DB05165　"香港—内地"关系背景下的普通话沉浸式教学简论　胡华　新乡师范高等专科学校

学报　2005年第6期

DB05166　澳门之推普策略种种　程祥徽　中文变迁在澳门　程祥徽　三联书店（香港）有限公司（中国香港）　2005年第110—121页

DB05167　自以为是与自以为非——谈港澳普通话教学的新挑战　程祥徽　中文变迁在澳门　程祥徽　三联书店（香港）有限公司（中国香港）　2005年第129—138页

DB05168　"自以为是"地去说普通话　程祥徽　中文变迁在澳门　程祥徽　三联书店（香港）有限公司（中国香港）　2005年第237—238页

DB06169　田小琳语言学论文集　田小琳　东北师范大学出版社　2006年

DB06170　沪港商务普通话教学探索前言　邵敬敏　汉语广视角研究　邵敬敏　东北师范大学出版社　2006年第221—224页

DB06171　试谈香港地区普通话教学中的"儿化"和"轻声"问题　邵敬敏　汉语广视角研究　邵敬敏　东北师范大学出版社　2006年第344—352页

DB06172　"现代汉语"怎么教——香港城市大学的个案分析　郑定欧　双语双方言（八）　深圳市语言文字工作委员会办公室深港澳语言研究所　香港汉学出版社（中国香港）　2006年第427—432页

DB06173　教学语言在香港的选择和对国际语言的认识　缪锦安　语言规划的理论与实践教育部语用所社会语言学与媒体语言研究室编　语文出版社　2006年

DB08174　提高香港中文教学水准之我见——兼顾语文教学质量之评估　詹伯慧　詹伯慧语文评论集　邓景滨　刘新中主编　暨南大学出版社　2008年

3　新加坡

DB76175　谈谈南大语言中心华语组教外国学生华语文情形以作第二语文的教学参考　尉厚　华语研究中心学术讲演汇录：1975—1976　南洋大学（新加坡）　1976年

DB79176　南大华族英校生的华语学习活动　陈楚湘　南洋大学中国语言文学系（新加坡）　1979年

DB84177　新加坡是怎样推广华语（即普通话）的　李建安　光明日报　1984-2-20

DB85178　我怎样教英语背景的新加坡高等教育华裔学华语　林珊　语文建设通讯（中国香港）　1985年第18期

DB87179　新加坡华文教学的现况与展望　周清海　亚洲地区华人社会教育事业的展望　香港中文大学教育学院（中国香港）　1987年第179—190页

DB87180　以克漏字测验探讨新加坡的华语教学问题　吴英成　第二届国际汉语教学讨论会论文选　1987年

DB90181　华文何去何从？（一）　李国梁　陈育龙　联合早报（新加坡）　1990-11-21

DB90182　华文何去何从？（二）　李国梁　陈育龙　联合早报（新加坡）　1990-11-22

DB91183　华文真的那么难学吗？　刘蕙霞　联合早报（新加坡）　1991-5-27

DB92184　新加坡华文教学的检讨与建议　华文教学检讨委员会　新加坡华文教学检讨委员会（新加坡）　1992年

DB92185　华文教学检讨委员会报告书：新加坡华文教学的检讨与建议　华文教学检讨委员会　新加坡华文教学检讨委员会（新加坡）　1992年第58—61页

DB92186	协作学习法在华文教学上的应用 陈之权 华文老师（新加坡） 1992年第21期
DB92187	新加坡总理吴作栋希望学生学好华语 海内与海外 1992年第6期
DB93188	利用汉语优势，搞好华裔的汉语教学：华大华裔汉语教学情况初探 陈法今 华侨大学学报（哲学社会科学版） 1993年第1期
DB94189	新加坡华文教学论文集 谢泽文编 北京语言学院出版社 1994年
DB94190	新加坡的华语规范化和华语教学 田惠刚 语文建设 1994年第1期
DB94191	从文化与社会语言学的观点论华文课程的改革 周清海 新加坡华文教学论文集 谢泽文编 北京语言学院出版社 1994年第21—25页
DB94192	新加坡华文教学论文集·作者简介 谢泽文 新加坡华文教学论文集 谢泽文编 北京语言学院出版社 1994年第257—258页
DB94193	华文教学研究的第三路线：教学研究的量化 苏启祯 新加坡华文教学论文集 谢泽文编 北京语言学院出版社 1994年第31—37页
DB95194	新加坡汉语教学的始末、目前处境及未来展望 周洛嵩 世界汉语教学 1995年第1期
DB95195	新加坡双语教育政策的推行，成效及影响 崔贵强 亚洲华人教育论文集 屏东师范学院（中国台湾） 1995年
DB96196	加强双语教学是提高少数民族教育质量的关键——新加坡、马来西亚双语教学中的见闻与思考 李君辉 新疆师范大学学报（哲学社会科学版） 1996年第3期
DB96197	对一百名华裔学生语言文化情况的调查报告 吴建玲 语言教学与研究 1996年第4期
DB96198	事务华文的特点及其教学——世界汉语教学新动向 卢绍昌 第五届国际汉语教学讨论会论文选 《第五届国际汉语教学讨论会论文选》编辑委员会 北京大学出版社 1996年
DB97199	附录：我的华文教学观 周清海 华语教学应走的路向 周清海 南洋理工大学中华语言文化中心（新加坡） 1997年第105—112页
DB97200	与华文教学有关的问题 周清海 华语教学应走的路向 周清海 南洋理工大学中华语言文化中心（新加坡） 1997年第141—146页
DB97201	华语教学应走的路向·后记 周清海 华语教学应走的路向 周清海 南洋理工大学中华语言文化中心（新加坡） 1997年第157页
DB97202	从文化与社会语言学的观点论华文课程的改革 周清海 华语教学应走的路向 周清海 南洋理工大学中华语言文化中心（新加坡） 1997年第41—46页
DB97203	学习华语文的过去、现在与未来 周清海 华语教学应走的路向 周清海 南洋理工大学中华语言文化中心（新加坡） 1997年第59—66页
DB97204	华文教学应走的路向 周清海 南洋理工大学中华语言文化中心（新加坡） 1997年第95—104页
DB97205	谈对华裔儿童的华语教学 罗庆铭 世界汉语教学 1997年第3期
DB98206	半桶水？还是左右逢源？：新加坡双语教育的反思 吴英成 源（新加坡） 1998年第2期
DB98207	留住方言留住根：杂议推广华语与汉语方言 詹伯慧 源（新加坡） 1998年第2期
DB98208	文言散文阅读教学 周清海 阅读指导：研究与应用 郑雅丽编 莱佛士书社（新加坡） 1998年

DB98209　扎实的华语，更好的英语　高枫　联合早报（新加坡）1998-5-19
DB98210　为什么要学好华语　林荣福　联合早报（新加坡）1998-6-3
DB98211　华语作为母语的好处　卜锡文　联合早报（新加坡）1998-6-29
DB98212　找出新加坡在全球华语圈的立足点　吴英成　联合早报（新加坡）1998-12-8
DB99213　新加坡中小学的华语教学　钱颖　李亚　外国中小学教育　1999年第6期
DB99214　二十一世纪大都会里的语文教育　周清海　中文教育论文集第六辑：语文与评估（一九九八年国际语文教育研讨会论文集）　何国祥主编　香港教育学院出版（中国香港）1999年第1—16页
DB99215　新加坡华语教师培训　吴英成　第12届世界应用语言学大会（日本）1999年第1—6页
DB99216　告别正统，华语才能百花齐放　吴英成　联合早报（新加坡）1999-1-19
DB99217　从母语教学的立场谈三个问题　周清海　联合早报（新加坡）1999-9-19
DB99218　让华语成为现在进行式语言　吴英成　联合早报（新加坡）1999-10-3
DB99219　语言规划、语言教学与语言研究　周清海　联合早报（新加坡）1999-12-5
DB00220　21世纪大都会的语文教育　周清海　汉语学报　2000年第1期
DB00221　新加坡的华文教学与华文文学　韦西　海内与海外　2000年第6期
DB00222　迈向21世纪的新加坡华语文教学策略　吴英成　二十一世纪的挑战——新加坡华语文的现状与未来（南洋理工大学丛书）　陈照明编　联邦出版社（新加坡）2000年第172—178页
DB00223　华文、传统文化与教学　王永炳　联合早报（新加坡）2000-8-1
DB00224　要攻城略地，先掌握双语　吴英成　联合早报（新加坡）2000-9-9
DB00225　全球华语的崛起与挑战　吴英成　联合早报（新加坡）2000-9-24
DB00226　福州会馆展开活动提高华文华语水平　区如柏　联合早报（新加坡）2000-9-28
DB00227　从人口普查看双语教育成效的喜与忧　吴元华　联合早报（新加坡）2000-12-17
DB00228　双语资源走不出学校"温室"？　吴新慧　联合早报（新加坡）2000-12-28
DB01229　新加坡华文教学论文二集　谢泽文编　泛太平洋出版私人有限公司（新加坡）2001年
DB01230　新加坡的汉语拼音教学　卜兆凤　语文建设　2001年第12期
DB01231　新加坡华语教学的预期与落差　吴英成　南洋教育（新加坡）2001年总第175期
DB01232　汉语教学的一些经验与想法　卢绍昌　新加坡华文教学论文二集　谢泽文编　泛太平洋出版私人有限公司（新加坡）2001年
DB01233　华文B浅白易懂　学生们踊跃开口　潘星华　杨萌　联合早报（新加坡）2001-4-3
DB01234　打开语文学习的自由市场　白士德　联合早报（新加坡）2001-6-4
DB01235　母语教育须折衷平衡　庄永康　联合早报（新加坡）2001-7-10
DB01236　更多学生修读高级华文　联合早报（新加坡）2001-7-13
DB01237　由薄弱的文化氛围谈起　陈哲　联合早报（新加坡）2001-8-2
DB01238　父母应恰当推动孩子学习的动力　叶晓清　联合早报（新加坡）2001-8-17
DB01239　今年华语运动鼓励多接触文化　联合早报（新加坡）2001-9-5
DB01240　李玉全为讲华语运动主持开幕仪式：学华语不应只为了经济效益　谢仲贤　联合早报（新加坡）2001-9-9

DB01241	第四届全国华语演讲大决赛揭晓　林慧慧　联合早报（新加坡）2001-9-17
DB01242	提高华文程度的两个建议　卓德全　联合早报（新加坡）2001-10-6
DB01243	为华文华语的寸步难行付出代价　李慧玲　联合早报（新加坡）2001-10-14
DB02244	40名嘴成立华言社　洪铭铧　联合早报（新加坡）2002-2-27
DB02245	我说华语，而且很有自信　陈企业　联合早报（新加坡）2002-10-12
DB02246	梁智强说"哇佬"遭炮轰　联合早报（新加坡）2002-11-26
DB03247	新加坡华文教学论文三集　谢泽文编　新加坡华文研究会（新加坡）2003年
DB03248	互动性教学策略在华文教学上的应用　陈之权　华文学刊（新加坡）2003年第1期
DB03249	新加坡受英文教育的成年人学习华语的困难　陈桂月　对外汉语教学的跨学科探索　赵金铭主编　北京语言文化大学出版社　2003年第353—362页
DB03250	多重码华语文认知和语言节律　吴洁敏　对外汉语教学论文集　厦门大学海外华文教育研究所、海外教育学院编　厦门大学出版社　2003年第51—66页
DB03251	新加坡华文教学标准化的新思路　吕飞亚　对外汉语教学论文集　厦门大学海外华文教育研究所、海外教育学院编　厦门大学出版社　2003年第518—525页
DB03252	华文课程的修订与教师的在职培训　谢世涯　教学与测试　谢世涯　新加坡华文教师总会出版（新加坡）2003年第57—67页
DB03253	中学华文教学琐谈　谢世涯　教学与测试　谢世涯　新加坡华文教师总会出版（新加坡）2003年第74—79页
DB03254	华文教学的几个问题　谢世涯　教学与测试　谢世涯　新加坡华文教师总会出版（新加坡）2003年第80—89页
DB03255	学生变了，华文教学能不变吗？　吴英　联合早报（新加坡）2003-1-18
DB03256	推广华语理事会制作春节电子贺卡欢迎公众上网取用　联合早报（新加坡）2003-1-25
DB03257	配合环境的双语教学　郭熙　联合早报（新加坡）2003-2-5
DB03258	学华文从情感下手　访新加坡管理大学主席悦榕控股主席何光平　吴庆康　联合早报（新加坡）2003-5-8
DB03259	外国人学华语，新加坡好入门　吴英成　联合早报（新加坡）2003-7-12
DB03260	讲华语其实很"酷"　黄佩玲　联合早报（新加坡）2003-9-19
DB03261	华语不够用　他们曾感到缺憾　黄佩玲　联合早报（新加坡）2003-9-22
DB03262	用"五到"学好华语　李文献　联合早报（新加坡）2003-9-24
DB03263	应该以讲华语自豪　严丽珍　联合早报（新加坡）2003-9-25
DB03264	学好华文　事在人为——精通华文奥地利律师魏约翰　吴新慧　联合早报（新加坡）2003-10-12
DB03265	教育部编定华文新教材　将参考华文报意见　潘星华　联合早报（新加坡）2003-10-25
DB03266	周清海：双语教育引人深思问题"华语是不成功人士语言"　潘星华　联合晚报（中国台湾）2003-11-30
DB04267	华语文在新加坡的现状与前景　吴元华　创意圈出版社（新加坡）2004年
DB04268	语言与语言教学论文集　周清海　泛太平洋出版私人有限公司（新加坡）2004年
DB04269	从语言走向语文——新加坡华文课程改革之路探讨　张建民　华文学刊（新加坡）2004年第1期

DB04270　新加坡的语言环境下的华文教学　包智明　华文学刊（新加坡）2004年第1期
DB04271　建构能力发展导向的语文评估模式——新加坡华文评估问题与改革探讨　祝新华　华文学刊（新加坡）2004年第1期
DB04272　兼收并蓄，优势互补　印京华　华文学刊（新加坡）2004年第1期
DB04273　双语教学环境下学生的元语言意识、元认识知识及自我调控在华文教学中的潜在作用　张军　华文学刊（新加坡）2004年第1期
DB04274　第二语言的学习　郑昭明　华语文教学研究（中国台湾）2004年第1期
DB04275　新加坡华文教学拟"先认字，后写字"　华夏　课程·教材·教法　2004年第2期
DB04276　海外华人社会中汉语（华语）教学的若干问题——以新加坡为例　郭熙　世界汉语教学　2004年第3期
DB04277　海外华人社会中汉语（华语）教学的若干问题——以新加坡为例　郭熙　国际汉学集刊（1）陈学超主编　中国社会科学出版社　2004年第185—200页
DB04278　全球情境下的华语作为第二语言教学　吴英成　汉语教学与习得第一届国际学术研讨会　2004年第26—28页
DB04279　对华语教学重"语、文、道"的再认识　陈荣岚　台湾及东南亚华文华语研究　李如龙　苏新春编　霭明出版社（中国香港）2004年第190—194页
DB04280　信息和经济时代华语区所面对的应用文改革问题　周清海　谭慧敏　语言与语言教学论文集　周清海　泛太平洋出版私人有限公司（新加坡）2004年第109—124页
DB04281　21世纪大都会的语言教学　周清海　语言与语言教学论文集　周清海　泛太平洋出版私人有限公司（新加坡）2004年第1—20页
DB04282　语言规划、语言教学与语言研究　周清海　语言与语言教学论文集　周清海　泛太平洋出版私人有限公司（新加坡）2004年第21—41页
DB04283　社会变迁与语文教育的改革　周清海　语言与语言教学论文集　周清海　泛太平洋出版私人有限公司（新加坡）2004年第125—144页
DB04284　新加坡华文教学的回顾与前瞻　周清海　语言与语言教学论文集　周清海　泛太平洋出版私人有限公司（新加坡）2004年第145—151页
DB04285　汉语走向国际对语言教学者和语言研究者的挑战　周清海　语言与语言教学论文集　周清海　泛太平洋出版私人有限公司（新加坡）2004年第277—288页
DB04286　社会变迁与文化交流　周清海　语言与语言教学论文集　周清海　泛太平洋出版私人有限公司（新加坡）2004年第289—303页
DB04287　从母语教学的立场谈三个问题　周清海　语言与语言教学论文集　周清海　泛太平洋出版私人有限公司（新加坡）2004年第43—60页
DB04288　语文测试里的语言问题　周清海　语言与语言教学论文集　周清海　泛太平洋出版私人有限公司（新加坡）2004年第61—75页
DB04289　文言散文阅读教学　周清海　语言与语言教学论文集　周清海　泛太平洋出版私人有限公司（新加坡）2004年第77—89页
DB04290　文言语法教学评议　周清海　语言与语言教学论文集　周清海　泛太平洋出版私人有限公司（新加坡）2004年第92—108页
DB04291　李显龙总理畅谈对华语文教学的看法　吴元华　华语文在新加坡的现状与前景　吴元华

创意圈出版社（新加坡） 2004年

DB04292　半数以上中学生华文听读说写样样行　林义明　张颂景　联合早报（新加坡） 2004-2-11

DB04293　孩子学华文　父母鼓励不可少　林义明　张颂景　联合早报（新加坡） 2004-2-11

DB04294　"华文难学"被过分夸大　王阳发　张燕青　洪艺菁　蔡孝欣　蔡宝卿　林慧慧　黄佩玲　联合早报（新加坡） 2004-3-9

DB04295　全家共享华语演讲乐趣　李筱玮　联合早报（新加坡） 2004-4-7

DB04296　蔡锦淞：主动负起责任　会馆应积极推广华文　张嘉玲　联合早报（新加坡） 2004-5-24

DB04297　非华人谈学华文　张嘉玲　联合早报（新加坡） 2004-8-23

DB04298　教育专家有高招　让学生抢着说华语　张颂景　联合早报（新加坡） 2004-9-8

DB04299　新加坡华文教学检讨委员会将对华文教学政策进行重大调整　世界日报（美国） 2004-10-13

DB04300　李资政：若只学浅易华文　学生日后代价大　吴新慧　联合早报（新加坡） 2004-11-26

DB04301　讲华语，Cool！　谢仲贤　联合早报（新加坡） 2004-12-7

DB04302　李资政：年轻华族家长应多与子女讲华语　吴新慧　联合早报（新加坡） 2004-12-14

DB05303　新加坡全面推行华文教学改革　刘继文　小学教学研究　2005年第2期

DB05304　新加坡小学实施改革华文教学法　刘继文　小学教学研究　2005年第6期

DB05305　回教堂也掀起学华文热潮　吴汉钧　联合早报（新加坡） 2005-3-28

DB05306　新加坡华语教学的挑战与革新　吴英成　哈佛大学：新英格兰华语文教师教学论坛（美国） 2005-4-16

DB05307　两岸华语教学市场的变化　黎运栋　联合早报（新加坡） 2005-6-11

DB05308　李总理华语演讲：学华文的美好前景　何文欣　联合早报（新加坡） 2005-8-22

DB05309　新加坡学习华语人数创历史新高　中央社（中国台湾） 2005-11-10

DB06310　汉语研究与华文教学论集　林万菁　新华文化事业（新）有限公司　2006年

DB06311　新加坡华文教学论文四集　谢泽文编　新加坡华文研究会（新加坡） 2006年

DB06312　新加坡华语课堂教学初探　刘永兵　吴福焕　张东波　世界汉语教学　2006年第1期

DB06313　海外华语教学研究的现状与展望　郭熙　世界汉语教学　2006年第1期

DB06314　新加坡社会语言土壤下的华语文学习——新加坡国立大学学生华语文问题探讨　陈桂月　语言教学与研究　2006年第1期

DB06315　多元智能与新加坡学校的武侠小说教学　钟国荣　华文学刊（新加坡） 2006年第1期

DB06316　新加坡华语教学的主要特点：课堂观察研究　刘永兵　吴福焕　华文学刊（新加坡） 2006年第2期

DB06317　采用科拉斯霍尔的二维度认知框架检视新加坡《中学华文文学课程标准》的教学目标与教学内容　陈之权　华文学刊（新加坡） 2006年第8期

DB06318　小学华语课堂教学观察研究　刘永兵　张东波　新加坡华文教学论文四集　谢泽文编　新加坡华文研究会（新加坡） 2006年

DB06319　从报告书看近年来新加坡华文教学的改革　谢泽文　新加坡华文教学论文四集　谢泽文编　新加坡华文研究会（新加坡） 2006年第22—58页

DB06320　华文课程改革后的教学策略　林保圣　新加坡华文教学论文四集　谢泽文编　新加坡

华文研究会（新加坡） 2006年第59—72页

DB06321 新加坡华文教学现况的思考 梁荣基 新加坡华文教学论文四集 谢泽文编 新加坡华文研究会（新加坡） 2006年第73—80页

DB06322 语言学习与语言教学 许福吉 冯志伟 新加坡华文教学论文四集 谢泽文编 新加坡华文研究会（新加坡） 2006年第87—105页

DB06323 确定语文教学目标的三个层面 胡林生 新加坡华文教学论文四集 谢泽文编 新加坡华文研究会（新加坡） 2006年第147—158页

DB06324 华文科校内评估的改革：九个策略 祝新华 新加坡华文教学论文四集 谢泽文编 新加坡华文研究会（新加坡） 2006年第337—357页

DB06325 指导专题研习的过程及反思：新加坡的经验 高慕莲 新加坡华文教学论文四集 谢泽文编 新加坡华文研究会（新加坡） 2006年第372—380页

DB06326 武侠小说在新加坡的学校所可能采用的两种教学模式 钟国荣 语文课程改革中的文学教学国际研讨会资料汇编（北京师范大学） 2006年第133—152页

DB06327 茶越冲越淡：海外华语教学的挑战与机遇 吴英成 厦门大学海外教育学院：海外华文教育研讨会编 2006年第17—18页

DB06328 华文在全球发展趋势受关注 韩方明 联合早报（新加坡） 2006-10-3

DB06329 喜闻非华族愿学华语 梁丁尧 联合早报（新加坡） 2006-2-16

DB06330 马炎庆 林伟杰专访 我们只是"双语"候选人 林顺华 联合早报（新加坡） 2006-4-22

DB06331 福建会馆属下五校明年起开办"双文化班" 潘星华 联合早报（新加坡） 2006-6-12

DB06332 新移民教华语 开启文化大门 卢丽珊 联合早报（新加坡） 2006-6-21

DB06333 本地首次推出少儿汉语考试 非华族学生也参加 潘星华 联合早报（新加坡） 2006-11-14

DB07334 全球化环境下的华语文教学（南洋大学学术论丛1） 周清海 新加坡青年书局（新加坡） 2007年

DB07335 理论、实践与反思：新加坡华文教学论文十三篇 陈之权 张连航 国立教育学院中文系（新加坡） 2007年

DB07336 课堂师生问答的话语过程对语言学习的影响——以新加坡华语教学为例 赵守辉 刘永兵 张东波 汉语研究与应用（第五辑） 中国社会科学出版社 2007年

DB07337 回顾与前瞻：国际化环境下的华文教学 周清海 全球化环境下的华语文教学（南洋大学学术论丛1） 新加坡青年书局（新加坡） 2007年第115—118页

DB07338 新加坡华人的语言与教育 周清海 全球化环境下的华语文教学（南洋大学学术论丛1） 新加坡青年书局（新加坡） 2007年第139—150页

DB07339 新加坡地区大学生所受之通识教育 周清海 全球化环境下的华语文教学（南洋大学学术论丛1） 新加坡青年书局（新加坡） 2007年第151—166页

DB07340 语法研究与语法教学 周清海 全球化环境下的华语文教学（南洋大学学术论丛1） 新加坡青年书局（新加坡） 2007年第207—218页

DB07341 九龙会《桥》编辑访谈——双语教育 周清海 全球化环境下的华语文教学（南洋大学学术论丛1） 新加坡青年书局（新加坡） 2007年第219—224页

DB07342　全球化环境下的华语文与华语文教学　周清海　全球化环境下的华语文教学（南洋大学学术论丛1）　新加坡青年书局（新加坡）　2007年第75—88页

DB07343　听说游戏和新加坡小学的华文教学　钟国荣　理论、实践与反思：新加坡华文教学论文十三篇　南洋理工大学国立教育学院中文系（新加坡）　2007年第82—97页

DB07344　新加坡华语教学研究综述：论研究思想与方法的转变　刘永兵　吴福焕　张东波　语言、资本与文化：新加坡语言教育之批评　新加坡概念出版社（新加坡）　2007年

DB07345　华文教学中的专题作业：个案考察　刘永兵　张东波　华文教学研究论文四集　泛太平洋出版私人有限公司（新加坡）　2007年

DB07346　以华语为教学媒介语　莱佛士音乐学院有吸引力　潘星华　联合早报（新加坡）　2007-1-23

DB07347　华语热英校3岁起必修　联合早报（新加坡）　2007-2-13

DB07348　不同华文程度　教师因材施教　黄翠燕　联合早报（新加坡）　2007-3-27

DB07349　巫裔也应学习华语　哀江南　联合早报（新加坡）　2007-4-5

DB08350　新加坡华文课堂的教师提问与师生互动　张东波　赵守辉　刘永兵　语言教学与研究　2008年第3期

DB08351　新加坡华语课堂师生互动：IRF案例分析　刘永兵　亚太教育学刊（Asia-Pacific Journal of Education）（新加坡）　2008年第1期

DB08352　新加坡华语课堂教学观察：比较研究　刘永兵　赵守辉　国际教学理论学刊（Pedagogies, An International Journal）（新加坡）　2008年第3期

DB08353　新加坡的华文教学改革及效果评估　赵守辉　刘永兵　汉语研究与应用（第六辑）　中国社会科学出版社　2008年

4　马来西亚

DB87354　为什么先学拼音文字者要学好华文比较困难——我在马来西亚所观察到的　钟秋生　第二届国际汉语教学讨论会论文选　第二届国际汉语教学讨论会组织委员会编　北京语言学院出版社　1987年

DB88355　马来西亚华文教学全面革新　邓日才　华文世界（中国台湾）　1988年第12期

DB91356　闽南人怎样学好华语　林宝卿　马来西亚教育总会：教育天地（马来西亚）　1991年

DB90357　马来西亚国民中学华文教学调查报告　王品棠　华文世界（中国台湾）　1990年第12期

DB94358　华裔学生学习汉语特点浅析　何子铨　海外华文教育　1994年第2期

DB00359　发展具马国特色的华语　联合早报（新加坡）　南洋商报（马来西亚）　2000-2-8

DB00360　浅淡马国华校之国文教学　联合早报（新加坡）　南洋商报（马来西亚）　2000-2-16

DB01361　马国领导人应重视和鼓励学华文　南洋商报（马来西亚）　2001-7-18

DB01362　马来西亚华社的华教精神　光华日报（马来西亚）　2001-9-13

5　印尼

DB93363　印尼青年华人兴起补习华语热　陈政明　华侨与华人　1993年第2期

DB93364　印尼高官促撤销使用华文华语的禁令　章稼　华人（美国）　1993年第7期

DB96365　雅加达华文教育见闻　乔文　八桂侨史（现八桂侨刊）　1996年第1期

DB99366	印尼的汉语教学　乔文　八桂侨史（现八桂侨刊）1999年第1期
DB01367	印尼聘汉语教育顾问　李卓辉　联合早报（新加坡）2001-2-2
DB02368	印尼兴起"汉语热"　陈秀容　侨务工作研究　2002年第4期
DB04369	印尼40年来第一所以华语教学国民学校　联合晚报（中国台湾）2004-6-17
DB06370	棉兰老地区第三届"华语情"系列比赛举行　世界日报（菲律宾）2006-3-8

6　菲律宾

DB77371	菲华暑期文教研习班学员作品：佳美的乐团——嘉南中学　王翠碧　华文世界（中国台湾）1977年第8期
DB77372	菲华暑期文教研习班学院作品：中西学院　刘铁森　华文世界（中国台湾）1977年第8期
DB82373	在菲律宾马尼拉灵惠中学华文班讲习的观感　余伯玉　华文世界（中国台湾）1982年第10期
DB84374	菲律宾华侨社会华文教学面面观　黄建斌　华文世界（中国台湾）1984年第12期
DB94375	菲律宾华校华语教学透视　吴枚　华文世界（中国台湾）1994年第6期
DB94376	菲律宾首都地区华语文教学实例之研究　周虎林　华文世界（中国台湾）1994年第12期
DB95377	浅谈第二语言教学，绘制华语教学新蓝图　焦叔章　菲律宾华文教育研究中心（菲律宾）1995年
DB96378	菲律宾华语教学探讨　王燕燕　八桂侨史（现八桂侨刊）1996年第2期
DB96379	菲律宾华语教学中的借鉴问题　罗庆铭　八桂侨史（现八桂侨刊）1996年第3期
DB96380	菲律宾华校华语教学评介　王燕燕　南洋问题研究　1996年第3期
DB97381	菲律宾华校华语教学考察　王燕燕　汉语学习　1997年第1期
DB97382	菲律宾华校华文教育之考察　何培基　海外华文教育　1997年第1期
DB97383	菲律宾华校华文教育之考察　何培基　福建高教研究　1997年第1期
DB97384	菲律宾华校华语教学考察　王燕燕　汉语学习　1997年第1期
DB97385	菲律宾华校华语教育改革述评　罗庆铭　八桂侨史（现八桂侨刊）1997年第2期
DB97386	谈对华裔儿童的华语教学　罗庆铭　世界汉语教学　1997年第3期
DB97387	菲律宾华裔学生汉语语音的调查与分析　王燕燕　世界汉语教学　1997年第3期
DB97388	菲律宾华语课堂教学探讨——兼论海外华校的华语教学　王燕燕　汉语学习　1997年第6期
DB97389	菲律宾华校华语教学改革纵横谈　郭金鼓　华文世界（中国台湾）1997年第12期
DB98390	陈永栽与菲律宾华文教育　何培基　海外华文教育　1998年第1期
DB98391	关于菲律宾华语课堂教学的几个问题　李坤　八桂侨史（现八桂侨刊）1998年第2期
DB98392	论菲律宾华校的华语教学　王燕燕　八桂侨史（现八桂侨刊）1998年第3期
DB98393	菲律宾华校课程设置改革述评　杨子菁　八桂侨史（现八桂侨刊）1998年第4期
DB98394	菲律宾华校华语课堂教学组织的几个问题　李坤　汉语学习　1998年第5期
DB00395	菲律宾华语师资队伍及师资培训现状述评　杨子菁　八桂侨刊　2000年第2期
DB03396	菲律宾华语教学面临的两个问题　欧阳国泰　对外汉语教学论文集　厦门大学海外华

文教育研究所、海外教育学院编　厦门大学出版社　2003年

DB04397　浅论菲律宾华语教学的特点　章石芳　漳州职业大学学报　2004年第4期
DB04398　关于菲律宾华校闽南话教学的若干问题　陈荣岚　台湾及东南亚华文华语研究　李如龙　苏新春主编　霭明出版社（中国香港）2004年第180—189页
DB04399　"知己知彼，方可因材施教"，更新教育观念的菲律宾华文教学实践经验谈　陈根娥　台湾及东南亚华文华语研究　李如龙　苏新春主编　霭明出版社（中国香港）2004年第195—198页
DB04400　创造华语学习的语言环境　张龙　世界日报（菲律宾）2004-9-3
DB05401　华语教学呼唤华社关注　孙香琳　世界日报（菲律宾）2005-1-6
DB05402　也谈菲律宾华校华语课堂的有效管理　夏明菊　乌鲁木齐职业大学学报　2005年第1期
DB05403　菲律宾华文教学模式　李奇瑞　余绍霞　广东教育学院学报　2005年第2期
DB05404　菲律宾晋总"华语教学讲习班"举行休业式　世界日报（菲律宾）2005-3-11
DB05405　菲律宾"优秀华校校长与模范华语教师"颁奖礼举行　杨一帆　彩虹　世界日报（菲律宾）2005-3-14

7　亚洲其他地区

DB84406　日本侨校华文教学工作实况报告　张慧琴　华文世界（中国台湾）1984年第12期
DB88407　韩国各级学校中之华语文教学探讨　许璧　华文世界（中国台湾）1988年第12期
DB90408　在韩国华语文教学概况　金相根　华文世界（中国台湾）1990年第12期
DB93409　韩国的汉语研究及汉语教学概述　安熙珍　世界汉语教学　1993年第4期
DB94410　横滨华校华语文教学之现状与展望　杨夫青　华文世界（中国台湾）1994年第12期
DB95411　日本冲绳地区的汉语教学　罗庆铭　世界汉语教学　1995年第2期
DB96412　近百年日本汉语教育管窥　鳟泽彰夫　南大语言文化学报（新加坡）1996年第2期
DB97413　今日横滨中华学院和华文教学概况　陈水发　华文世界（中国台湾）1997年第12期
DB97414　韩国的华文（汉文、中国语）教育现况及展望　张泰河　华文世界（中国台湾）1997年第12期
DB99415　对胡志明市华文教学推展的几点看法　竺家宁　华文世界（中国台湾）1999年第3期
DB03416　日本汉语教育的现状　杨初晓　云南师范大学学报（对外汉语教学与研究版）2003年第3期
DB05417　泰国合艾华文教师联谊会举办"华文教学座谈会"　世界日报（泰国）2005-12-2
DB06418　泰国"合艾讲华语联谊会"成立　杨光治　世界日报（泰国）2006-2-7

8　欧美

DB74419　海外的中国儿童怎样学"国语"　姬剑英　华文世界（中国台湾）1974年第10期
DB74420　美国大学生如何学习华语　马世俊　华文世界（中国台湾）1974年第10期
DB75421　法国人学习华文的热潮　郑鸿志　华文世界（中国台湾）1975年第3期
DB75422　美国掀起学习华语高潮　蓝天　华文世界（中国台湾）1975年第3期
DB75423　海外读者的"华文世界"之反应意见　狄雷　华文世界（中国台湾）1975年第7期
DB76424　澳籍学生勤习中文　张文俊　华文世界（中国台湾）1976年第4期

DB76425	为在美国的中国孩子教中文	郑嘉斌 华文世界（中国台湾） 1976 年第 8 期
DB82426	南美与华文巡回教学一瞥	蓝深渊 华文世界（中国台湾） 1982 年第 3 期
DB82427	在圣泰克鲁斯教中文	刘秀玉 华文世界（中国台湾） 1982 年第 3 期
DB82428	美国大学的中文热	李振清 华文世界（中国台湾） 1982 年第 10 期
DB83429	我看中美洲三国及旧金山屋仑湾区的华文教学	黄贵豪 华文世界（中国台湾） 1983 年第 6 期
DB83430	当代美国第二外国语教学之理论与实用——认知法	叶德明 华文世界（中国台湾） 1983 年第 11 期
DB84431	谈海外华文教学法——复式教学	林海兰 华文世界（中国台湾） 1984 年第 1 期
DB84432	美国近四十年来之中文教学	黄伯飞 华文世界（中国台湾） 1984 年第 12 期
DB84433	美国大专院校中文教学探讨	刘兴汉 华文世界（中国台湾） 1984 年第 12 期
DB84434	鲁汶大学华文教学简介	徐春香 华文世界（中国台湾） 1984 年第 12 期
DB85435	美国大学内一般课程中的华文教学（上）	张鹤琴 华文世界（中国台湾） 1985 年第 4 期
DB85436	美国大学内一般课程中的华文教学（下）	张鹤琴 华文世界（中国台湾） 1985 年第 7 期
DB85437	美国华文教学一瞥：台湾世界华文教学研究会侧记	邓日才 华人（美国） 1985 年第 8 期
DB88438	美国华盛顿州及加拿大温哥华地区华语文教学抽样问卷报告	赵清鹏 华文世界（中国台湾） 1988 年第 12 期
DB88439	美国大学初级华语文教学法——近来趋势和未来需求	王清源 华文世界（中国台湾） 1988 年第 12 期
DB88440	夏威夷大学外国语言实验室与中文教学	谭嘉祥 华文世界（中国台湾） 1988 年第 12 期
DB88441	澳洲维多利亚省中小学华语教学探讨	邱文德 华文世界（中国台湾） 1988 年第 12 期
DB88442	加拿大爱城公立学校中英双语教育学制课程设计	白薛正敏 华文世界（中国台湾） 1988 年第 12 期
DB91443	美国大学的中文教学	屈承熹 华文世界（中国台湾） 1991 年第 12 期
DB92444	埃及汉语教学的现状与前景	王文虎 世界汉语教学 1992 年第 2 期
DB93445	法国汉语教学史浅论	白乐桑 中国文化研究 1993 年第 2 期
DB93446	斐济逸仙中学的汉语教学	罗玉华 世界汉语教学 1993 年第 3 期
DB93447	义素分析法与华语教学	竺家宁 华文世界（中国台湾） 1993 年总第 93 期
DB94448	突尼斯汉语教学改革简况	刘社会 世界汉语教学 1994 年第 2 期
DB94449	麻省理工学院增设中国语文课的经过	台益坚 华文世界（中国台湾） 1994 年第 3 期
DB94450	布朗大学的中文教学	吴伏生 华文世界（中国台湾） 1994 年第 3 期
DB94451	维多利亚省的中文教学与中文会考	陈玉琴 华文世界（中国台湾） 1994 年第 12 期
DB94452	加拿大各级学校之华语文教学探讨兼谈小留学生	张菡青 华文世界（中国台湾） 1994 年第 12 期
DB94453	法国波瓦多第三大学——蒙田大学汉语教学与研究简介	毕戎 华文世界（中国台湾）

1994 年第 12 期

DB94454　法国汉语教学透视　白乐桑　华文世界（中国台湾）　1994 年第 12 期
DB94455　从中文学校、高中中文到大学中文　萧惠媛　华文世界（中国台湾）　1994 年第 12 期
DB95456　波兰汉语教学今昔谈　侯桂岚　世界汉语教学　1995 年第 2 期
DB95457　法国汉语教学透视　白乐桑　华文世界（中国台湾）　1995 年第 3 期
DB95458　华文师资研习班教学有感　黄美金　华文世界（中国台湾）　1995 年第 6 期
DB95459　美籍华裔学生学习中文个案研究　赵怀麟　华文世界（中国台湾）　1995 年第 6 期
DB95460　法国汉语教学透视　王筱蕙　华文世界（中国台湾）　1995 年第 9 期
DB95461　当前美国对外华语文教学的发展与未来趋势　李振清　华文世界（中国台湾）　1995 年第 12 期
DB95462　简介格拉斯哥的中文学校"国语"班　詹秋蕙　华文世界（中国台湾）　1995 年第 12 期
DB96463　记"加州地区华语文教学研习会"　编者　华文世界（中国台湾）　1996 年第 3 期
DB96464　参加"加州地区华语文教学研习会"有感　曾志朗　华文世界（中国台湾）　1996 年第 3 期
DB96465　参加法国巴黎"国际汉语教学学术研讨会"报告　何德华　华文世界（中国台湾）　1996 年第 6 期
DB96466　汉语教学在法国的新趋势　叶德明　华文世界（中国台湾）　1996 年第 6 期
DB96467　外国人在台湾学习中文及实用中文之情境分析　幸曼玲　华文世界（中国台湾）　1996 年第 12 期
DB97468　澳大利亚的华语与华语教学漫谈　沈锡伦　普通话（中国香港）　1997 年第 1 期
DB97469　略谈南加州威尼斯高中中文课概况　宋思羽　华文世界（中国台湾）　1997 年第 3 期
DB97470　华语文教学在雪梨　庄谭如琼　华文世界（中国台湾）　1997 年第 12 期
DB97471　美南地区中文学校华语文教学概况及探讨　石增琨　华文世界（中国台湾）　1997 年第 12 期
DB97472　波兰波兹南大学的华语文教学　李勇　华文世界（中国台湾）　1997 年第 12 期
DB97473　俄罗斯国立远东大学汉语教学概况　哈玛托娃　华文世界（中国台湾）　1997 年第 12 期
DB97474　澳大利亚中文教学近况　吴坚立　华文世界（中国台湾）　1997 年第 12 期
DB97475　美国中文学校发展的阶段及中文教育的走向　金兆泯　华文世界（中国台湾）　1997 年第 12 期
DB97476　试论海外华文教学的理论与实践——兼论西班牙大学的华文教学实践　周敏康　华文世界（中国台湾）　1997 年第 12 期
DB97477　加拿大爱城中英双语学制，课程，教材设计和教法　高伟廉　华文世界（中国台湾）　1997 年第 12 期
DB97478　澳洲中文教学研究：教学法与成果　陈玉琴　华文世界（中国台湾）　1997 年第 12 期
DB97479　海外中英双语中文学校现况（以东门中英双语中文学校为例）　李汉雯　华文世界（中国台湾）　1997 年第 12 期
DB97480　从 Whole Language 理念谈华语文的教与学　陈希奇　华文世界（中国台湾）　1997 年总第 97 期
DB97481　学习动机华语教学探讨　何澍　华文世界（中国台湾）　1997 年总第 97 期

DB00482　澳洲大学初级汉语声调习得探索　谢惠莺　华文世界（中国台湾）2000 年第 12 期
DB00483　英国有了普通话学校　大公报（菲律宾版）2000-7-28
DB01484　浅谈意大利的汉语教学　张胜林　海外华文教育　2001 年第 3 期
DB01485　加汉语教学协会谋改进汉语教学水平　赖碧清　星岛日报（加东版）2001-2-17
DB01486　加拿大中国新移民大力推广普通话　联合早报（新加坡）2001-9-24
DB02487　土耳其掀起汉语热　福建侨报　2002-2-22
DB02488　进军中国　英校教授普通话　星岛日报（中国香港）2002-8-1
DB05489　达拉斯现代汉语学校举办"汉语教学研讨会"　郭丽娟　世界日报（美国）2005-11-16
DB06490　安省华文教育协会举办"第二届华文教育论坛"　世界日报（美国）2006-3-5
DB06491　旧金山 Starr King 小学开设"沉浸式'国语'"课程　世界日报（美国）2006-1-12
DB06492　亚特兰大侨教中心举办"华语教师座谈会"　宏观电子报（中国台湾）2006-3-6
DB06493　华语可列为非考试科目　海峡时报（新加坡）2006-2-8
DB06494　西黑菲华艺联音乐社举办华语演讲独唱比赛　刘伯　世界日报（菲律宾）2006-2-27
DB07495　有朋自中南美洲来，不亦乐乎！——96 年中南美地区华文教师研习班培训记　周静琬　华文世界（中国台湾）2007 年第 6 期
DB07496　林游岚博士"美国 AP 考试的台湾利基"座谈会　编辑部　华文世界（中国台湾）2007 年第 6 期

DC　华文教育

1　概论

DC28001　华侨与平民教育　瞿世英　中华平民教育促进会　1928 年
DC28002　华侨教育年鉴　荷属华侨学务总会编委会（印度尼西亚）1928 年
DC32003　厦门闽南华侨女子中学十二周年刊　闽南华侨女子中学　1932 年
DC46004　华侨教育之改进　钟鲁斋　中山文化教育馆　1946 年
DC47005　侨胞教育　行政院新闻局　南京　1947 年
DC53006　华文教育报告书　方卫廉　南洋印刷社（新加坡）1953 年
DC54007　华侨与语文教育　赵友培　海外出版社（中国台湾）1954 年
DC55008　华侨教育新论　张正藩　文物供应社（中国台湾）1955 年
DC56009　华侨文教发展史略　张正藩　五大印制厂（中国台湾）1956 年
DC59010　华侨教育导论　梁兆康　海外出版社（中国台湾）1959 年
DC63011　华侨文教研究　戴子安　正中书局（中国台湾）1963 年
DC69012　海外华文学校教育　周胜皋　侨务委员会侨务研究室（中国台湾）1969 年
DC70013　华侨教育综论　张正藩　商务印书馆（中国台湾）1970 年
DC72014　华侨教育（上下）　刘真　中华书局（中国台湾）1972 年
DC73015　华侨教育　朱敬先　中华书局（中国台湾）1973 年
DC73016　华文教学论文集　周国灿　新加坡教育出版社（新加坡）1973 年
DC74017　发展海外华文教育之我见　刘炳华　华文世界（中国台湾）1974 年第 6 期

DC74018	海外华文教学者的心愿　潘肇英　华文世界（中国台湾）　1974年第6期	
DC74019	华文教育迈进坦途　卢国祥　华文世界（中国台湾）1974年第6期	
DC74020	世界华文教育协进会海外分会分会组织简则　编者　华文世界（中国台湾）　1974年第10期	
DC75021	如何推展华文教育　李爱琳　华文世界（中国台湾）　1975年第4期	
DC75022	如何迅速推广海外华文教育　刘华权　华文世界（中国台湾）1975年第4期	
DC75023	家庭"侨教"　允纬　华文世界（中国台湾）1975年第7期	
DC75024	海外华文教育简讯　编者　华文世界（中国台湾）　1975年第10期	
DC75025	为了华文教育，我们做了些什么　彭震球　华文世界（中国台湾）　1975年第10期	
DC76026	国内各大专院校学生华文教育座谈会　编者　华文世界（中国台湾）　1976年第8期	
DC76027	谈华裔儿童语文教育　王方宇　华文世界（中国台湾）1976年第8期	
DC76028	海外的义务教育　曹晓云　华文世界（中国台湾）1976年第8期	
DC76029	海外的中文教育　梅恕曾　华文世界（中国台湾）1976年第8期	
DC76030	华文教育在海外各地推广之具体办法　谢海平　华文世界（中国台湾）　1976年第10期	
DC77031	在海外推广华文教育经验　徐捷源　华文世界（中国台湾）1977年第4期	
DC77032	华文教育与华侨文教工作　编者　华文世界（中国台湾）1977年第4期	
DC77033	世界华文教育协进会第四次会员大会　编者　华文世界（中国台湾）　1977年第4期	
DC78034	"推广海外华文教育资料展览"前后　刘竞　华文世界（中国台湾）　1978年第8期	
DC78035	我参加了华文教育研习班　任丽丽　华文世界（中国台湾）1978年第8期	
DC79036	海外华教之我见　胡意秋　华文世界（中国台湾）1979年第2期	
DC79037	参加华文教学研习班心得　史璧人　华文世界（中国台湾）1979年第12期	
DC80038	如何有效的推展华文教育　余济　华文世界（中国台湾）1980年第7期	
DC81039	世界华文教育协进会第八次会员大会纪要　编者　华文世界（中国台湾）　1981年第3期	
DC81040	世界华文教育协进会东南亚华文教育访问团专栏　编者　华文世界（中国台湾）　1981年第11期	
DC81041	谈海外华人子弟的华文教育　李振清　华文世界（中国台湾）1981年第11期	
DC81042	建国七十年来之海外华文教育　啸东　华文世界（中国台湾）1981年第11期	
DC82043	海外华文教育问题漫谈　守白　华文世界（中国台湾）1982年第3期	
DC82044	向世界推广华文　守白　华文世界（中国台湾）1982年第7期	
DC83045	华侨教育（第一辑）　暨南大学华侨研究所　1983年	
DC83046	海外华人子弟的华文教育之道　李振清　华文世界（中国台湾）1983年第11期	
DC84047	华侨教育（第二辑）　暨南大学华侨研究所　1984年	
DC84048	谈海外中文教育（上）　陈大瑞　华文世界（中国台湾）1984年第8期	
DC84049	谈海外中文教育（下）　陈大瑞　华文世界（中国台湾）1984年第8期	
DC85050	华文教育与中华民族文化精神　毛松年　华文世界（中国台湾）1985年第4期	
DC85051	《一个华人社区双语教育问题探究》第五章　Tsang,Sau-Lim　郑懿德译　中国语文（中国台湾）　1985年第6期	
DC86052	世界华文教育协进会第13次会员大会纪要　编者　华文世界（中国台湾）1986年第	

　　　　4 期
DC86053　为华文教育开拓崭新光明的坦途——世界华文教育协进会十二年来重要工作　董鹏程　华文世界（中国台湾）　1986 年第 4 期
DC86054　世界华文教育协进会华文教学研习班简介　汪丽珍　华文世界（中国台湾）　1986 年第 10 期
DC87055　加强海外华侨教育之研究　建设研究委员会（中国台湾）　1987 年
DC87056　给华语教师的一些建议　顾百里　华文世界（中国台湾）　1987 年第 5 期
DC88057　华语文教育迈向新里程　宗亮东　华文世界（中国台湾）　1988 年第 11 期
DC88058　华语教育经验谈　巢志成　华文世界（中国台湾）　1988 年第 12 期
DC89059　当代中国华侨教育　张泉林主编　广东高等教育出版社　1989 年
DC89060　重视华文教育　刘兴汉　华文世界（中国台湾）　1989 年第 6 期
DC90061　转轨中的华文教育　王棠主编　中华文化出版社（中国香港）　1990 年
DC90062　侨校的华文教育　郑昭明　华文世界（中国台湾）　1990 年第 10 期
DC90063　华文教育之我见　李玉芬　华文世界（中国台湾）　1990 年第 11 期
DC90064　从"说得"的中国话和"说不得"的中国话谈如何重视华语教学的师资　王孙元平　华文世界（中国台湾）　1990 年第 12 期
DC91065　关于华文教育工作的回顾和发展设想　黄英湖　林蒲田　华侨大学学报（哲学社会科学版）　1991 年第 1 期
DC92066　海外华语教育一瞥　崔志鹰　侨声　1992 年第 6 期
DC93067　沟通与变化：海外侨校教学的一点经验　张凤　华文世界（中国台湾）　1993 年第 9 期
DC94068　关于海外华文教育的转型问题　蔡振翔　八桂侨史（现八桂侨刊）　1994 年第 4 期
DC94069　文化双向交流：海外华文教育的当务之急　郭誉玫　华文世界（中国台湾）　1994 年第 3 期
DC94070　生根要落地，更要给水：兼论当前海外的华人教育之道　郑昭明　华文世界（中国台湾）　1994 年第 6 期
DC94071　华文教育与华族文化的关联性　杜珠成　华文世界（中国台湾）　1994 年第 7 期
DC94072　海外社区中文教育的隐忧　郭秀慧　华文世界（中国台湾）　1994 年第 12 期
DC94073　海外华语文学校管理之经验及研讨　郑雅敏　华文世界（中国台湾）　1994 年第 12 期
DC94074　华文教育与中华文化　朱荣智　1994 年全美中文教师学会年会论文（美国）　1994 年
DC95075　华侨教育与华文教育概论　林蒲田主编　厦门大学出版社　1995 年
DC95076　海外华文教育文集　中国海外交流协会文教部编　暨南大学出版社　1995 年
DC95077　海外华文教育动态　厦门大学海外汉语言文化教育研究所主办　厦门大学海外语言文化教育研究所　1995 年
DC95078　海外华文教育复兴之原因探析　吴洪芹　八桂侨史（现八桂侨刊）　1995 年第 4 期
DC95079　华文教育大家谈——回首来时路　李李　华文世界（中国台湾）　1995 年第 6 期
DC95080　华文教育大家谈——华语教学经验谈　林文惠　华文世界（中国台湾）　1995 年第 6 期
DC95081　华文教育大家谈——谈专业、求进步、有热忱　袁筱青　华文世界（中国台湾）　1995 年第 6 期
DC95082　华文教育大家谈——华文教学十三年　董洁芬　华文世界（中国台湾）　1995 年第 6 期

DC95083	华文教育大家谈——教华语的甘苦谈　平启媛　华文世界（中国台湾）1995年第6期
DC95084	华文教育大家谈——上课趣闻　张光宇　华文世界（中国台湾）1995年第9期
DC95085	华文教育大家谈——我对华语文教学的看法　许怡贞　华文世界（中国台湾）1995年第9期
DC95086	华文教育大家谈——直接教学法效果的一角　张寰澈　华文世界（中国台湾）1995年第9期
DC95087	华文教育大家谈——华文教育甘苦谈　李佳玲　华文世界（中国台湾）1995年第9期
DC95088	华文教育大家谈——华语文教学甘苦谈　戚其璇　华文世界（中国台湾）1995年第9期
DC95089	双语世界对华语文教育之启示　刘丽容　华文世界（中国台湾）1995年第9期
DC95090	华文教育大家谈——我对华语文教学的心得　陈亮光　华文世界（中国台湾）1995年第12期
DC95091	华文教育大家谈——华语教学和我　小筱　华文世界（中国台湾）1995年第12期
DC95092	华文教育大家谈——教外国人说中国话的一点小心得　张树人　华文世界（中国台湾）1995年第12期
DC95093	中华文化与海外华文教育　李戈北　华文世界（中国台湾）1995年第12期
DC96094	迈向21世纪的海外华文教育　本刊编辑部　华侨与华人　1996年第1期
DC96095	拓展海外华文教育工作之浅见　汤翠英　侨务工作研究　1996年第1期
DC96096	泉籍华侨华人对海外华文教育的贡献　张亚群　华侨华人与侨务　1996年第1期
DC96097	海外华文教育概观及相关问题　丘进　海外华文教育　1996年第1期
DC96098	关于发展海外华文教育的几个问题　林去病　海外华文教育　1996年第2期
DC96099	加强国内华侨教育基地建设之我见　林蒲田　华侨华人与侨务　1996年第2期
DC96100	从华文教育到华语教育　蔡振翔　华侨华人历史研究　1996年第2期
DC96101	新移民子女华文教育问题的思考　韦忠　八桂侨史（现八桂侨刊）1996年第2期
DC96102	海外华文教育发展的趋势　丘进　华人之声　1996年第4期
DC96103	海外移民与近代沿海侨乡教育结构的变迁　郑甫弘　南洋问题研究　1996年第4期
DC96104	海外中文教育的缺失与改进之道　徐捷源　毕节师专学报　1996年第4期
DC96105	海外华侨教育溯源　史永东　侨务工作研究　1996年第6期
DC96106	海外华文教育的现况探讨与发展　张植珊　华文世界（中国台湾）1996年第6期
DC96107	家长在海外中文教育里的角色　李家祺　华文世界（中国台湾）1996年第6期
DC96108	一个家长的经验谈：兼论海外第二代在美国学习中文的历程　王瑞云　华文世界（中国台湾）1996年第6期
DC96109	家长对子女中文教育的影响　陆洁　华文世界（中国台湾）1996年第6期
DC96110	二十一世纪的中文教育　陈曼丽　华文世界（中国台湾）1996年第9期
DC96111	华文教育学是一门科学　贾益民　语言与文化论集　暨南大学华文学院编　暨南大学出版社　1996年
DC97112	东西方文教的桥梁：国际华文教育会议文集　周小兵　谭铭章主编　广东人民出版社　1997年
DC97113	海外华文教育的复兴与展望　廖练迪　罗英祥　嘉应大学学报（社会科学版）1997

年第 1 期

DC97114　海外华文教育之世界观　刘丽容　华文世界（中国台湾）1997 年第 6 期

DC97115　海外华文教育：现状与展望　徐敏毅　华侨华人研究论丛（第二辑）周望森主编　中国华侨出版社　1997 年第 53—67 页

DC98116　华文教育研究与探索　华侨大学（集美）华文学院编　暨南大学出版社　1998 年

DC98117　什么是"华文教育"　卢增绪　华侨华人资料　1998 年第 1 期

DC98118　海外华文教育四议　丘进　汉字文化　1998 年第 2 期

DC98119　面向 21 世纪的海外华文教育　周世雄　林去病　海外华文教育　1998 年第 2 期

DC98120　人才培养与人格铸炼——华文教育特征研究之二　华文教育研究所　华侨大学学报（哲学社会科学版）1998 年第 3 期

DC98121　华文教育与中华优秀传统文化现代价值的彰显　潘懋元　张应强　高等教育研究　1998 年第 3 期

DC98122　海外华文教育的振兴　梅显仁　八桂侨史（现八桂侨刊）1998 年第 3 期

DC98123　含有母语基因的非母语教学——海外华文教育管见　李方　语言文字应用　1998 年第 3 期

DC98124　华文教育学学科建设刍议——再论华文教育学是一门科学　贾益民　暨南学报（哲学社会科学）1998 年第 4 期

DC98125　华文教育：发展的契机与问题　汤翠英　侨务工作研究　1998 年第 6 期

DC98126　海外教中文甘苦谈　李民安　华文世界（中国台湾）1998 年第 6 期

DC98127　就地取材，融入生活——我在海外教青少年中文　薛意梅　华文世界（中国台湾）1998 年第 9 期

DC98128　华文教育新面向——某些观念上的讨论　谭显辉　华文世界（中国台湾）1998 年第 9 期

DC98129　海外华文教育振兴的因素　杨山等　世纪之交的海外华人（上）庄国土主编　福建人民出版社　1998 年第 342—347 页

DC99130　关于华文教学方法的三个问题　蔡振翔　八桂侨史（现八桂侨刊）1999 年第 4 期

DC99131　华侨教育：民族文化传统的全球展望　鲁洁　南京师范大学出版社　1999 年

DC99132　晚清时期的晋江华侨与侨办教育　乔印伟　华侨大学学报（哲学社会科学版）1999 年第 2 期

DC99133　华侨华文教育的回顾与前瞻　马兴中　暨南学报（哲学社会科学版）1999 年第 2 期

DC99134　迈向 21 世纪的海外华文教育　周世雄　林去病　河北外事与侨务　1999 年第 2 期

DC99135　邓小平侨务思想与华侨高等教育　谢荣浩　福建高教研究　1999 年第 4 期

DC99136　海外华文教育：趋势、问题与策略　唐燕儿　清华大学教育研究　1999 年第 4 期

DC00137　华文教学论文集　任启亮主编　暨南大学出版社　2000 年

DC00138　华文教育教学法研究　顾圣皓　金宁主编　暨南大学出版社　2000 年

DC00139　适应海外社会的实际需要　发展独具特色的中文远程教育　海外华文教育　2000 年第 1 期

DC00140　海外华文教育溯源　林蒲田　海外华文教育　2000 年第 1 期

DC00141　开拓理论研究的新局面　促进华文教育的繁荣与发展　潘懋元　海外华文教育　2000

年第1期

DC00142　关于建立华文教育理论体系的思考　唐微文　海外华文教育　2000年第1期
DC00143　上下配合内外联动乘势推进华文教育工作——广东省侨办陈毓铮主任谈华文教育　张渝　侨务工作研究　2000年第2期
DC00144　福建开展海外华文教育面面观　颜杰琪　炎黄纵横　2000年第2期
DC00145　海外华文教育概况　田艳　民族教育研究　2000年第3期
DC00146　论加强未来的华语教育意识　刘鸿涛　韩维栋　西安联合大学学报　2000年第3期
DC00147　网上华文教育资源介绍　蔡虎昌　世界汉语教学　2000年第4期
DC00148　华文功能的扩大与海外华文教育的前景　李天锡　八桂侨刊　2000年第4期
DC00149　论海外华文教育的走向　唐旺　海内与海外　2000年第5期
DC00150　汉语的魅力　林汉文　海内与海外　2000年第10期
DC00151　论邓小平侨务思想及其对发展华侨高等教育事业的指导意义　陈明森　谢荣浩　福建论坛（经济社会版）　2000年第12期
DC00152　论加强未来的华语教育意识　刘鸿涛　韩维栋　西安联合大学学报　2000年第3期
DC01153　第三届国际华文教育研讨会论文集　中国海外交流协会文教部　华语教学出版社　2001年
DC01154　承传与创新：近代华侨教育研究　别必亮　河北教育出版社　2001年
DC01155　华侨教育发展史　郁汉良　编译馆（中国台湾）　2001年
DC01156　利用因特网络手段与资源推进华文教育：机遇与挑战　马跃　暨南大学华文学院学报　2001年第1期
DC01157　发挥整体优势，积极主动开展海外华文教育工作——国务院侨办华文教育基地工作座谈会纪要　蔡丽　暨南大学华文学院学报　2001年第2期
DC01158　海外华文教育发展之困境与对策　唐燕儿　李坚　清华大学教育研究　2001年第2期
DC01159　全球化对海外华文教育的影响　周聿峨　暨南学报（哲学社会科学版）　2001年第3期
DC01160　国际关系变化中的海外华文教育　周聿峨　比较教育研究　2001年第12期
DC01161　华文教育　林宝玲　星洲日报（马来西亚）　2001-3-19
DC02162　新世纪发展海外华工教育的新思考——兼论海外华文学校和人事管理　邵建寅　海外华文教育　2002年第1期
DC02163　华文教育与经济发展　颜长城　海外华文教育　2002年第1期
DC02164　海外远程华文教育生源状况及其相关教学问题　耿虎　黄香山　海外华文教育　2002年第1期
DC02165　信息革命开辟华文教育新空间　刘权　董英华　暨南大学华文学院学报　2002年第2期
DC02166　新时期海外华文教育发展问题的几点思考　余晓　方明　海外华文教育　2002年第3期
DC02167　论华文教育的特征构成　连志丹　唐微文　海外华文教育　2002年第4期
DC02168　试论华文教育中的素质教育　王功平　广西社会科学　2002年第5期
DC03169　华文教育心理学　唐燕儿编著　暨南大学出版社　2003年
DC03170　华文教育论文集　金宁主编　暨南大学出版社　2003年
DC03171　对外汉语教学与中国文化（海外华文教育研究丛书）　常大群　厦门大学出版社　2003年

DC03172	中国古代来华留学生教育的启示　董明　海外华文教育　2003年第1期	
DC03173	亚洲地区华文教育掠影　华夏　课程·教材·教法　2003年第1期	
DC03174	试述海外华文教育的模式及特点　陈震　福建广播电视大学学报　2003年第1期	
DC03175	谈海外华文教学中的中国历史课学习　耿虎　海外华文教育　2003年第2期	
DC03176	周有光先生建议提倡"基础华文"　"基础华文"课题筹备组　语言文字应用　2003年第3期	
DC03177	浅谈文化实践活动在华文教育中的地位和作用　李嘉郁　八桂侨刊　2003年第4期	
DC03178	历史会为华文教育的贡献作见证　董鹏程　暨南大学华文学院学报　2003年第4期	
DC03179	论华文教育的特征构成　连志丹　唐微文　对外汉语教学论文集　厦门大学海外华文教育研究所、海外教育学院编　厦门大学出版社　2003年第243—256页	
DC03180	在华教中拓展中华文化教学可行性探讨　方明　对外汉语教学论文集　厦门大学海外华文教育研究所、海外教育学院编　厦门大学出版社　2003年第298—310页	
DC03181	潘懋元海外华文教育思想述评　苏明明　对外汉语教学论文集　厦门大学海外华文教育研究所、海外教育学院编　厦门大学出版社　2003年第217—227页	
DC03182	海外华文教育应重视华文文学的作用　庄明萱　对外汉语教学论文集　厦门大学海外华文教育研究所、海外教育学院编　厦门大学出版社　2003年第267—275页	
DC03183	浅谈海外华文教育中中国历史文化课的设置及其相关教学问题　耿虎　对外汉语教学论文集　厦门大学海外华文教育研究所、海外教育学院编　厦门大学出版社　2003年第288—297页	
DC04184	海外华侨华文教育办学理念刍议　王焕芝　海外华文教育　2004年第1期	
DC04185	浅议华文教育中的语用文化教学　李静　八桂侨刊　2004年第3期	
DC04186	对当前国内华文教育教学网站的调查与分析　贺文丽　中国电化教育　2004年第3期	
DC04187	论华文教育的定位及其发展趋势　李嘉郁　华侨华人历史研究　2004年第4期	
DC04188	幼儿全语言教育的理论与实践——第一届亚洲华文幼儿教育研讨会综述　张虹　幼儿教育　2004年第5期	
DC04189	论中华文化在华文教育中的地位和作用　苏泽清　八桂侨刊　2004年第5期	
DC04190	华文教育将面临大的发展机遇——访中国华文教育基金会理事长张伟超　姜知然　侨务工作研究　2004年第6期	
DC04191	关于华文学校和华文教育概念的商榷　梁英明　侨务工作研究　2004年第6期	
DC04192	夯实华文教育基础　明确华文教育发展方向——国侨办领导谈推动华文教育事业大发展的思路　梁丁尧　侨务工作研究　2004年第6期	
DC04193	论华文教育体现先进文化的必然性　张灯　长春师范学院学报　2004年第8期	
DC04194	华文教育研究　彭俊　上海师范大学博士学位论文　2004年	
DC05195	汉语走向世界的一些思考　陆俭明　上海财经大学学报　2005年第1期	
DC05196	汉语言远端教育文化圈：一个值得注意的远端教育文化构想　张亚斌　王淑娟　现代远程教育研究　2005年第1期	
DC05197	对华文教育中旅游教学的几点思考　李嘉郁　海外华文教育　2005年第1期	
DC05198	中华文化与华文教育的未来　薛纪达　福建省社会主义学院学报　2005年第2期	
DC05199	二十一世纪海外华文教育的挑战与展望　耿红卫　船山学刊　2005年第3期

DC05200	关于新形势下拓展海外华文教育的几点思考	洪雪辉 八桂侨刊 2005年第3期
DC05201	世界华文教育发展趋势及影响研究	张向前 朱琦环 吕少蓬 云南师范大学学报（对外汉语教学与研究版） 2005年第4期
DC05202	华文教育特色发展与人才培养质量保障多元策略	陈真 云南师范大学学报（对外汉语教学与研究版） 2005年第5期
DC05203	近年来海外华文教育发展状况概述	孙清忠 社会科学家 2005年第6期
DC05204	浅析新时期海外华文教育	赵纯碧 科技创业月刊 2005年第8期
DC05205	华文教育的内涵和特色	庄伟杰 教育发展研究 2005年第9期
DC05206	从华文教育看中华文化源远流长	张向前 乔丽青 黄钢鞭 哈尔滨学院学报 2005年第12期
DC05207	华语地区义务教育母语课程标准听说读写能力指标中母语基本能力比较研究	孙慧玲 当代教育论坛 2005年第16期
DC05208	开垦华文教育 遍播中华文化	李爱华 郑惠国 龚运祥 中国经济周刊 2005年第41期
DC06209	中华母语教育的演进与历史的走向	高星斗 许文秀 滁州学院学报 2006年第1期
DC06210	语言教育中几个问题的思考	金宝芝 湖北社会科学 2006年第1期
DC06211	华文教育中的文化教学	朱晓文 理论界 2006年第1期
DC06212	海外教育学院历史杂忆	潘懋元 海外华文教育 2006年第4期
DC06213	要多为海外学生着想	庄明萱 海外华文教育 2006年第4期
DC06214	华文教育：汉语走向世界的桥梁	张娟 今日中国 2006年第6期
DC06215	社会变迁与母语教育：两岸四地的母语能力指标比较研究	黎欧阳汝颖 梁慧霞 汉语文走向世界 谭慧敏 南大中华语言文化中心、八方文化创作室（新加坡） 2006年第229—252页
DC07216	海外华文教育	孙浩良 上海人民出版社 2007年
DC07217	海外华人的母语教育给我们的启示	郭熙 长江学术 2007年第1期

2 台湾

DC81218	十年来的中华函授学校	中华函授学校（中国台湾） 1981年
DC81219	台湾——学华语的好地方	石明理 华文世界（中国台湾） 1981年第7期
DC83220	在美国教中文	那宗训 幼狮文化事业公司（中国台湾） 1983年
DC83221	语文教育在当前国家建设中所担负的任务	刘兆祐 华文世界（中国台湾） 1983年第11期
DC85222	国内语文中心专访——师范大学"国语"教学中心	林微微 华文世界（中国台湾） 1985年第11期
DC85223	国内语文中心专访——中华语文研习所	林微微 华文世界（中国台湾） 1985年第11期
DC85224	国内语文中心专访——"国语"日报语文中心	林微微 华文世界（中国台湾） 1985年第11期
DC85225	国内语文中心专访——史丹福华语中心	林微微 华文世界（中国台湾） 1985年第

11 期

DC86226　如何向海外推行"国语"注音符号第二式座谈会　编者　华文世界（中国台湾）　1986年第 4 期

DC89227　从"国语"文运动的推行看我国台湾地区"国语"文教育的发展　刘兴汉　华文世界（中国台湾）　1989 年第 6 期

DC89228　师大"国语"教学中心教材简介与展望　叶德明　华文世界（中国台湾）　1989 年第 9 期

DC90229　台湾省"国语"教育的今天与明天　柯剑星　华文世界（中国台湾）　1990 年第 12 期

DC90230　现阶段"母语教育"的可行办法　洪惟仁　台湾春秋（中国台湾）　1990 年第 2 期

DC90231　重视母语文化的语文教育：双语教育台语补充读物编写建议书　郑良伟　台语文摘（中国台湾）　1990 年第 5 期

DC90232　台湾省"国语"教育的今天与明天　柯剑星　一九九〇年全美中文教师学会年会论文　1990 年

DC91233　中研院历史语言研究所语音组研究工作简介　苏宜青　华文世界（中国台湾）　1991 年第 12 期

DC91233　介绍你认识世界华文教育协进会　董鹏程　华文世界（中国台湾）　1991 年第 12 期

DC92235　全民教育与中华文化　贾馥茗　五南图书出版公司（中国台湾）　1992 年

DC92236　最年轻有活力的台北师院语文教育中心　林政华　华文世界（中国台湾）　1992 年第 6 期

DC92237　师大"国语"中心动态报道　陈惠玲　华文世界（中国台湾）　1992 年第 9 期

DC92238　介绍你认识"华侨文教服务中心"　编者　华文世界（中国台湾）　1992 年第 9 期

DC92239　台南师院"国语文教育中心"简介　江中文　华文世界（中国台湾）　1992 年第 12 期

DC92240　双语文教育的合理性　洪惟仁　台湾语言危机　前卫出版社（中国台湾）　1992 年第 79—84 页

DC92241　日本领台期间的台语教育和研究的一个考察　陈恒嘉　东吴大学硕士学位论文（中国台湾）　1992 年

DC93242　以学术研究为经，辅导教学为纬——台中师院"语文教学研究中心"　郑蕤　华文世界（中国台湾）　1993 年第 3 期

DC93243　台湾推行"国语"教育的经验与对外推行华语文的展望　董鹏程　世界华文教育协进会第四届国际汉语教学讨论会论文选（中国台湾）　1993 年

DC94244　华文社会的心理测验：第一届华文社会心理与教育测验学术研讨会论文集　中国测验学会　心理出版社（中国台湾）　1994 年

DC95245　台湾的语言教育——台湾语言教育社会语言学方面问题的回顾　曹逢甫　香港大学（中国香港）　1995 年

DC95246　台湾母语教育现状之探讨　江文瑜　华文世界（中国台湾）　1995 年第 3 期

DC95247　国内语文中心简介——台湾师范大学"国语"教学中心　编者　华文世界（中国台湾）　1995 年第 6 期

DC95248　国内语文中心简介——政治大学语言视听教育中心华语组　编者　华文世界（中国台湾）　1995 年第 6 期

DC95249　国内语文中心简介——逢甲大学"国语"文教学中心　编者　华文世界（中国台湾）1995 年第 6 期

DC95250　国内语文中心简介——成功大学华语中心　编者　华文世界（中国台湾）1995 年第 6 期

DC95251　国内语文中心简介——"国语"日报语文中心　编者　华文世界（中国台湾）1995 年第 6 期

DC95252　国内语文中心简介——语言训练测验中心华语班　编者　华文世界（中国台湾）1995 年第 9 期

DC95253　国内语文中心简介——中国文化大学"国语"研习班　编者　华文世界（中国台湾）1995 年第 9 期

DC95254　国内语文中心简介——淡江大学建教合作中心中华语文研习班　编者　华文世界（中国台湾）1995 年第 9 期

DC95255　国内语文中心简介——侨务委员会华裔青年语文研习中心　编者　华文世界（中国台湾）1995 年第 9 期

DC95256　国内语文中心简介——东华大学华语中心　编者　华文世界（中国台湾）1995 年第 12 期

DC95257　国内语文中心简介——中华语文研习所　编者　华文世界（中国台湾）1995 年第 12 期

DC95258　国内语文中心简介——辅仁大学语言中心　编者　华文世界（中国台湾）1995 年第 12 期

DC95259　国内语文中心简介——东吴大学外籍学生中国文化研习班　编者　华文世界（中国台湾）1995 年第 12 期

DC96260　台湾"侨委会"与华文教育　冯宏光　苗月冬　侨务工作研究　1996 年第 2 期

DC96261　台湾侨教的特点与趋势　王本尊　华侨与华人　1996 年第 2 期

DC96262　台湾师范大学华语文教学研究所成立经过及未来的展望　施玉惠　华文世界（中国台湾）1996 年第 3 期

DC96263　教育部推荐音标方案与台湾语文教育的新展开——推展多语教育，迎接新世纪　董忠司　台湾语言发展学术研讨会论文集　新竹师范学院（中国台湾）1996 年第 6 期

DC97264　母语教育与语文维系　陈淑娇　余光雄　台湾语言发展学术研讨会论文集　新竹师范学院　1997 年第 141—154 页

DC97265　从台湾传播媒介看台湾的华文教育　方明　海外华文教育　1997 年第 1 期

DC97266　台湾的华语教学应强未强　华文世界（中国台湾）1997 年第 6 期

DC97267　响应成立亚太教育中心重视华语文教育　崔成宗　华文世界（中国台湾）1997 年第 6 期

DC97268　台湾海外华文教育工作浅议　夏潮　中央社会主义学院学报　1997 年第 6 期

DC97269　中研院历史语言研究所筹备处成立经过及其回顾与展望　姚荣松　华文世界（中国台湾）1997 年第 12 期

DC97270　台湾的"国语"教育与母语教育　曹逢甫　一九九七与香港中国语文研讨会论文集　香港中国语文学会（中国香港）1997 年

DC98271　当前台湾语文教育的隐忧　亓婷婷　中国语文（中国台湾）1998 年第 1 期

编号	题名	作者	出处
DC98272	台湾在菲律宾发展华文教育述论	王燕燕	台湾研究集刊 1998年第3期
DC98273	中山大学华语教学中心简介	林庆勋	华文世界（中国台湾）1998年第6期
DC98274	台湾推出侨教新举措	李学仁	侨务工作研究 1998年第6期
DC98275	双言双语与台湾的语言教育	曹逢甫	台湾语言及其教学国际研讨会论文集（一）（中国台湾）1998年
DC98276	从双语与双言试论台湾语文教育	曹逢甫	台湾语言及其教学国际研讨会论文集（二）（中国台湾）1998年
DC99277	建构侨务委员会"全球华文网路教育中心"二三事	洪冬桂	华文世界（中国台湾）1999年第6期
DC00278	第六届世界华语文教学研讨会论文集		台湾世界华语文教育学会（中国台湾）2000年
DC00279	试述清代闽台教育的一体化	赵建群	台湾研究 2000年第2期
DC00280	成功湖畔的异国风情——成大华语中心之回顾与前瞻	陈梅香	华文世界（中国台湾）2000年第12期
DC00281	台湾在二十一世纪华语文教学发展中的重要地位	陈曼丽	华文世界（中国台湾）2000年第12期
DC00282	西湾落日映山红——中山大学华语教学中心的现况	林庆勋	华文世界（中国台湾）2000年第12期
DC00283	台湾开展华文教育的措施与特点	陈颖	八桂侨刊 2000年第3期
DC02284	屏东县国小母语教学实施现况及母语师资培训问题之研究	王丽瑛	屏东师范学院硕士学位论文（中国台湾）2002年
DC02285	战后以来台湾台语教育发展之研究（1945—2002）	黄嘉政	台湾师范大学硕士学位论文（中国台湾）2002年
DC03286	现行母语师资培育课程之研究	谢佳雯	台东师范学院硕士学位论文（中国台湾）2003年
DC03287	台湾闽南语母语教育之研究——以台南市为例	朱奕爵	台南师范学院硕士学位论文（中国台湾）2003年
DC03288	提升国小学生"国语"即席演说能力之研究	刘美芬	台中师范学院硕士学位论文（中国台湾）2003年
DC04289	台湾语文发展的歧路：是"母语化"，还是"孤岛化"？	周质平	读书 2004年第2期
DC04290	关于华文教育的学科定位与海外华裔学生的汉语学习特点	李嘉郁	北京地区第三届对外汉语教学学术研讨会论文选 研讨会论文选编委会编 北京大学出版社 2004年 第231—241页
DC04291	台湾二十一世纪以前的语文教育及政策	金美	台湾及东南亚华文华语研究 李如龙 苏新春编 霭明出版社（中国香港）2004年第65—73页
DC04292	对台湾本届政府一些语文政策的考察分析	黄启庆 李扬	台湾及东南亚华文华语研究 李如龙 苏新春编 霭明出版社（中国香港）2004年第74—85页
DC04293	原住民族籍教师族语文化传承信念与族语教学专业素养暨部落族人对族语教学看法之研究	林惠文	屏东师范学院硕士学位论文（中国台湾）2004年
DC05294	实践导向的华语文教育研究	宋如瑜	台湾秀威信息出版（中国台湾）2005年

DC06295	台湾海外华文教育工作的特点及评价　李亚群　海外华文教育　2006年第3期	
DC07296	1949年依赖两岸侨教与华语文教育之回顾　姚兰　华文世界（中国台湾）　2007年第6期	
DC07297	台湾对外华语教育政策与务实扎根　编辑部　华文世界（中国台湾）　2007年第6期	

3　港澳

DC57298	香港华侨教育　马鸿述　陈振名　台北海外文库出版社（中国台湾）　1957年
DC58299	香港华侨教育　马鸿述　陈振名　香港华侨教育丛书编辑委员会　海外出版社（中国台湾）　1958年
DC60300	澳门华侨教育　冯汉树　海外出版社（中国台湾）　1960年
DC64301	澳门华侨学校联合会成立二周年纪念特刊　澳门华侨学校联合会（中国澳门）　1964年
DC79302	香港华人教育之研究　韩剑锋　私立中国文化学院民族与华侨研究所硕士学位论文（中国台湾）　1979年
DC81303	提高本港学生中文程度建议书　香港中国语文学会语文杂志（中国香港）　1981年第8期
DC82304	香港中文教育发展史　王齐乐　波文书局（中国香港）　1982年
DC86305	大专中文自学课程刍议　鲁焕珍　中国语文通讯（中国香港）　1986年第12期
DC87306	香港需要怎样的中文　顾尔言　中国语文通讯（中国香港）　1987年第12期
DC87307	香港中文教育发展概述　欧阳汝颖　陈必祥　中国现代语文教育发展史　陈必祥主编　云南教育出版社　1987年第340—341页
DC87308	香港80年代的汉语教育发展概况　欧阳汝颖　第二届国际汉语教学讨论会论文选　第二届国际汉语教学讨论会组织委员会编　北京语言学院出版社　1987年
DC88309	当前香港的汉语教学　邓仕梁　中国语文通讯（中国香港）　1988年第3期
DC88310	香港中文教育发展近况　欧阳汝颖　语文教育学院学报（中国香港）　1988年第4期
DC88311	粤音与香港母语教学——香港中文大学中国语言及文学系粤音水平测试计划简介　陈雄根　中国语文通讯（中国香港）　1988年第9期
DC88312	迈进二十一世纪的香港语言教育　余霭芹　中国语文通讯（中国香港）　1988年第12期
DC92313	普通话在未来澳门特别行政区的地位　侯精一　澳门语言论集　程祥徽　澳门社会科学学会（中国澳门）　1992年第98—101页
DC92314	"一国两制，一区多语"　罗世贤　澳门语言论集　澳门社会科学学会（中国澳门）　1992年
DC92315	从汉语发展史看澳门过渡期应采取的一项语言措施　唐作藩　澳门语言论集　澳门社会科学学会（中国澳门）　1992年
DC92316	港台文化与海外华文教育　黄皇宗主编　中山大学出版社　1992年
DC92317	教育大辞典　第4卷　民族教育　华侨华文教育　港澳教育　教育大辞典编纂委员会编　上海教育出版社　1992年
DC94318	香港语文教育的思考　黄坤尧　中国语文通讯（中国香港）　1994年第5期
DC94319	香港中文教育发展的机运　施仲谋　华文世界（中国台湾）　1994年第6期
DC94320	香港人学习华语时的弊病　曾子凡　华文世界（中国台湾）　1994年第12期

DC95321	语文教育的分析　潘玉琼　香港教育迈向2000年　黄显华　戴希立编　香港教师会（中国香港）1995年第58—73页
DC96322	香港中文教育发展史　王齐乐　三联书店（香港）有限公司（中国香港）1996年
DC97323	"变"——香港在新科技下的语文教育发展　张国松　陈淑贞　谢家浩　语文建设　1997年第7期
DC97324	二十一世纪香港中文教育展望　田小琳　阅读与写作　1997年第7、8期
DC97325	中文教育论文集（第四辑）　欧阳汝颖　香港大学课程学系（中国香港）1997年
DC98326	论香港双语文化（节选）　刘溟　海外华文教育　1998年第1期
DC99327	澳门教育史　刘羨冰　人民教育出版社　1999年
DC99328	澳门的学前教育　黄艾珍　幼儿教育　1999年第12期
DC00329	中国语文教育（第二、四、六单元）　香港公开大学出版（中国香港）2000年
DC00330	香港在职语文教师学习普通话情意初探　傅健雄　华文世界（中国台湾）2000年第12期
DC01331	试论香港回归中国后的语文教育政策　田小琳　语言文字应用　2001年第1期
DC01332	中国语文及人文素质教育　何文胜等　香港教育学院（中国香港）2001年
DC04333	论香港中文中学没落之原因及未来之出路　张双庆　台湾及东南亚华文华语研究　李如龙　苏新春编　霭明出版社（中国香港）2004年第206—211页
DC04334	香港小学语文教育发展与语文教育政策的关系　姚素珍　台湾及东南亚华文华语研究　李如龙　苏新春编　霭明出版社（中国香港）2004年第212—221页
DC05335	香港两文三语教育架构的沿革　陈立中　文史博览　2005年第12期
DC05336	港、澳、台及新加坡华语教育扫描　潘涌　语文教学通讯　2005年第30期
DC05337	香港中文学校的危机　韩湛恩　香港大公报（中国香港）2005-6-13

4　新加坡

DC49338	新加坡华侨教育全貌　许吾一　新加坡南洋书局（新加坡）1949年
DC56339	南洋大学创校史　蔡建奕　刘群辉　南洋文化出版社（新加坡）1956年
DC64340	新加坡华文教育　唐青　台北华侨出版社（中国台湾）1964年
DC70341	新加坡教育　陈炳武　教育出版社（新加坡）1970年
DC70342	从福建会馆创办南洋大学看新加坡华文教育中"商人，会馆，教育"的连锁关系　陈金土　南洋大学（新加坡）1970年
DC70343	新马教育泛论　王秀南　东南亚研究所（中国香港）1970年
DC71344	新加坡社会变迁与华文教育之改革：1959　顾石宝　南洋大学文学院政府与行政学系（新加坡）1971年
DC72345	华文第二语文教学论丛　翁世华　新加坡教育出版社（新加坡）1972年
DC72346	李光前与战后华文教育　王绮莉　南洋大学文学院荣誉学士学位论文（新加坡）1972年
DC72347	新加坡华校课程及教科书的演进初探（1951—1972）　丁利英　南洋大学文学院历史学系（新加坡）1972年
DC72348	从1887—1911年叻报有关华文教育的资料看当时华文教育的情况　沈孟虹　南洋大

学历史系学士学位论文（新加坡） 1972 年

DC74349　星马教育研究集　宋哲美　东南亚研究所（中国香港） 1974 年
DC74350　华文第二语文教学研讨会报告书　新加坡华文第二语文教师协会　教育出版社（新加坡） 1974 年
DC76351　中国语文散论　周清海　世界书局有限公司（新加坡） 1976 年
DC76352　新加坡华文中学史略　吴华　教育出版社（新加坡） 1976 年
DC77353　第二次世界大战前新加坡华文教育之发展　陈平福　台湾大学教育研究所硕士学位论文（中国台湾） 1977 年
DC79354　新加坡的语文和教育（上）：李光耀致函　吴庆瑞　李光耀　中国语文（中国台湾） 1979 年第 10 期
DC79355　新加坡的语文和教育（下）：李光耀致函　吴庆瑞　李光耀　中国语文（中国台湾） 1979 年第 11 期
DC79356　全国华文小学教育研讨会报告书　教育出版社（新加坡） 1979 年
DC80357　新加坡青年的意识结构　宋明顺　教育出版社（新加坡） 1980 年
DC84358　新加坡推行儒家伦理教育　伍振鷟　华文世界（中国台湾） 1984 年第 1 期
DC84359　新加坡的两种语文教育　黄松赞　东南亚研究 1984 年第 3 期
DC84360　关于两种语文教育的实施问题　卢绍昌　华语论集　卢绍昌　新加坡国立大学华语研究中心（新加坡） 1984 年
DC84361　新马国家建构下华文教育之比较（1957—1983）　李志贤　新加坡国立大学博士学位论文（新加坡） 1984 年
DC84362　新加坡是怎样推广华语的　李建安　光明日报 1984-2-20
DC87363　二十世纪初期新加坡华文教育的发展　陈丽仁　新加坡国立大学中文系荣誉学士学位论文（新加坡） 1987 年
DC87364　华文教学与传统价值观念的培养　林徐典　新加坡国立大学中文系（新加坡） 1987 年
DC90365　南洋大学史料汇编　陈培和　马来西亚南洋大学校友会（马来西亚） 1990 年
DC90366　新加坡世界华文教学研讨会论文集　新加坡华文研究会（新加坡） 1990 年
DC90367　双语或多语环境里华人的华语文教育　周清海　第二届世界华语文教学研讨会论文集　教学与应用世界华文教育协进会编印（上） 1990 年
DC92368　新加坡多语种及多层次分流学制的利弊　何家铿　东南亚 1992 年第 1 期
DC92369　新加坡华文教育再兴的动因和前景　郑甫弘　八桂侨史（现八桂侨刊） 1992 年第 4 期
DC93370　双语教育制度里的母语与文化问题　周清海　华文研究（新加坡） 1993 年第 4 期
DC93371　文化教育与语言教育　周清海　中国文化与世界　耿龙明　江文琦主编　上海外语教育出版社 1993 年第 437—446 页
DC93372　从图示理论看新加坡华人的整体思维方式　张俊文　新加坡国立大学中文系荣誉学士学位论文（新加坡） 1993 年
DC94373　新加坡共和国的语文政策与华语华文教育　胡瑞昌　河北师范大学学报（哲学社会科学版） 1994 年第 1 期
DC94374　新加坡的华文教育　臧慕莲　八桂侨史（现八桂侨刊） 1994 年第 3 期
DC94375　十三年前我在新加坡推行华语的工作报告　张孝裕　华文世界（中国台湾） 1994 年

第 6 期

DC94376　新加坡华文藏书与华语教育点滴　李侃　出版参考　1994 年第 15 期
DC94377　新加坡华文教育变迁下知识分子的保根心态（1959—1987）　李元瑾　杨松年　传统文化与社会变迁　新加坡同安会馆（新加坡）　1994 年
DC95378　新加坡小学教师师范教育课程设置　张文军　比较教育研究　1995 年第 5 期
DC96379　新加坡的语言教育与语言规划　周清海　中国语文（中国台湾）　1996 年第 2 期
DC96380　从华文教育到华语教育　蔡振翔　华侨华人历史研究　1996 年第 2 期
DC96381　新加坡双语教育政策造就一代新人　杜珠成　海外华文教育　1996 年第 2 期
DC96382　新加坡华文教育省思　庄锡福　华侨华人历史研究　1996 年第 4 期
DC96383　论新马早期的私塾教育　郑良树　亚洲文化（新加坡）　1996 年第 20 期
DC96384　语言与教育　周清海　新加坡社会和语言　云惟利编　南洋理工大学中华语言文化中心（新加坡）　1996 年第 43—55 页
DC97385　华文教学的理想和现实　周清海　白雪　世界教育信息　1997 年第 11 期
DC97386　从新加坡中学生作文看现代汉语词汇函数　郑雅丽　华文世界（中国台湾）　1997 年第 12 期
DC97387　文化、智力、性别与双语能力——以新加坡双语教育为例　周清海　华语教学应走的路向　周清海　南洋理工大学中华语言文化中心（新加坡）　1997 年第 25—40 页
DC97388　新加坡的语言教育与语言规划　周清海　华语教学应走的路向　周清海　南洋理工大学中华语言文化中心（新加坡）　1997 年第 3—14 页
DC97389　文化教育与语言教育　周清海　华语教学应走的路向　周清海　南洋理工大学中华语言文化中心（新加坡）　1997 年第 47—58 页
DC98390　论新马早期的私塾教育　郑良树　华侨华人研究论丛（第三辑）　周望森主编　中国华侨出版社　1998 年第 143—158 页
DC98391　关于创办新加坡大学中文学院的几点看法　杜珠成　海外华文教育　1998 年第 2 期
DC98392　论新加坡国民教育（节选）　王会俊　海外华文教育　1998 年第 2 期
DC98393　新加坡双语教育的改革　吴英成　教育革新　1998 年第 2 期
DC98394　文化对话带来丰硕的收获　陈金川　联合早报（新加坡）　1998-7-7
DC99395　九十年代新加坡华文教育的改革方向　吴晓霞　厦门教育学院学报　1999 年第 2 期
DC99396　新加坡的华文教育改革　王友松　东南亚纵横　1999 年第 5、6 期
DC99397　华校生、华文精英与华文知识分子　李气虹　源（新加坡）　1999 年第 44 期
DC99398　新加坡华文知识分子角色的演变　李元瑾　联合早报（新加坡）　1999-3-14
DC99399　华文教育新政策：国大南大反应　张丽苹　郭品玲　联合早报（新加坡）　1999-1-22
DC99400　特选中学挡不住华文精英锐减的潮流　吴英成　联合早报（新加坡）　1999-4-10
DC99401　华文科传文化是神话　吴英成　联合早报（新加坡）　1999-7-6
DC99402　华文劣势不易扭转冰点　联合早报（新加坡）　1999-10-5
DC99403　不懂文化历史，如何了解自己？　黄水源　联合早报（新加坡）　1999-12-18
DC00404　华文 B 课程的实施与加强华文教学　杜珠成　海外华文教育　2000 年第 1 期
DC00405　新加坡福建会馆办华文教育历程　乔史立　炎黄纵横　2000 年第 2 期
DC00406　影响新加坡双语教育政策的若干因素分析　李阳琇　江西师范大学学报　2000 年第 4 期

DC00407	华文教育价几许——关于语文中心的初步考察　钟宏志　周雁飞　源（新加坡）2000年总第50期
DC00408	21世纪大都会里的语文教育　周清海　二十一世纪的挑战——新加坡华语文的现状与未来（南洋理工大学丛书）陈照明编　联邦出版社（新加坡）2000年第144—157页
DC00409	战后新加坡华人女子教育的演变与特征　林启敏　新加坡国立大学中文系荣誉学士学位论文（新加坡）2000年
DC00410	新加坡华文教育的演变（1945—1955）　林琳　新加坡国立大学中文系荣誉学士学位论文（新加坡）2000年
DC00411	硬性加强华文文化功能行不通　陈士铭　联合早报（新加坡）2000-1-3
DC00412	华文教育给你带来什么　联合早报（新加坡）2000-3-1
DC00413	华文教师应多出国考察　王沧潮　联合早报（新加坡）2000-6-28
DC00414	福州会馆展开活动提高华文华语水平　区如柏　联合早报（新加坡）2000-9-28
DC00415	现在是鼓励提升华文的时候了　吴英成　联合早报（新加坡）2000-9-30
DC01416	新加坡华文教育的机遇与困惑　周聿峨　暨南大学华文学院学报　2001年第1期
DC01417	新加坡的语言政策与华文教育　詹伯慧　暨南大学华文学院学报　2001年第3期
DC01418	新加坡华语教育面临的难题　周聿峨　东南亚研究　2001年第3期
DC01419	孜孜追求　成就斐然——介绍新加坡杜珠成先生的业绩　方明　海外华文教育　2001年第4期
DC01420	新加坡的双语教育与华文教学　谢泽文　新加坡华文教学论文二集　谢泽文编　泛太平洋出版私人有限公司（新加坡）2001年
DC01421	华文教育与教学的变迁：回首四十年　陈经源　新加坡华文教学论文二集　谢泽文编　泛太平洋出版私人有限公司（新加坡）2001年
DC01422	新加坡华文教育原始文献叙录初编　李金生　新加坡国立大学中文图书馆（新加坡）2001年
DC01423	本地多数华族年轻人庆传统节日　区如柏　联合早报（新加坡）2001-3-5
DC01424	给华文制造"市场"？——从"词语解释"出局谈起　林义明　联合早报（新加坡）2001-3-17
DC01425	文化薪火代代相传　郑诗慧　联合早报（新加坡）2001-6-2
DC01426	华族文化的隐忧　区如柏　联合早报（新加坡）2001-6-9
DC01427	如何从网络上获取华语文教学资源？　南洋商报（马来西亚）2001-6-20
DC01428	英校生再续中华文化情　莫美颜　联合早报（新加坡）2001-11-3
DC02429	新加坡小学华文教学的特殊性及对策　郭沈青　海外华文教育　2002年第1期
DC02430	战后国际局势对新加坡华文教育演变的影响　周聿峨　曾品元　暨南学报（哲学社会科学版）2002年第1期
DC02431	20世纪80年代以前新加坡华文教育概况　刘丽宁　海外华文教育　2002年第2期
DC02432	浅析新加坡政府的华语政策变迁　董英华　广州广播电视大学学报　2002年第4期
DC02433	为语文教学把脉　苏启祯　莱佛士书社（新加坡）2002年
DC02434	华族学生数学表现佳可能与汉语形象化有关　叶鹏飞　联合早报（新加坡）2002-1-11
DC02435	振兴华文靠民间　蔡深江　联合早报（新加坡）2002-1-12

DC02436　华文精英更深入认识中华文史　张颂景　联合早报（新加坡）2002-8-23
DC03437　儿童文学与小学语文教育　朱自强　华文学刊（新加坡）2003年第2期
DC03438　新加坡举办华文电子专题作业比赛　八桂侨刊　2003年第2期
DC03439　落地生根，与时俱进——新加坡的华文教育　蔡文钢　文教资料（初中版）2003年第4期
DC03440　浅析新加坡的华文教育　周素勤　东南亚纵横　2003年第5期
DC03441　新加坡双语教育课程极准及实施　罗爱梅　课程·教材·教法　2003年第6期
DC03442　新加坡的双语教育与华文　谢世涯　教学与测试　谢泽文　新加坡华文教师总会（新加坡）2003年第7—17页
DC03443　学生变了，华文教学能不变吗？　吴英成　联合早报（新加坡）2003-1-18
DC03444　高水平的华文讨论会不乏听众　韩咏红　联合早报（新加坡）2003-8-16
DC03445　联合早报（新加坡）不会出现读者群渐消失问题　李光耀　联合早报（新加坡）2003-9-7
DC03446　曾士生建议：教育部与早报合作提升本地华文水平　张嘉玲　联合早报（新加坡）2003-9-8
DC03447　深化华文的品牌与定位　联合早报（新加坡）2003-9-20
DC03448　让华文教学走进生活　汪惠迪　联合早报（新加坡）言论版　2003-9-29
DC03449　让华文活起来！　谢宝泉　联合早报（新加坡）2003-10-19
DC03450　华文教学须有创意　有感情　讲实际　潘星华　联合早报（新加坡）2003-10-25
DC03451　华文沦落为新加坡下等语言　专家痛心：教育失败　联合早报（新加坡）2003-12-5
DC04452　新加坡双语教育对我国高校双语教学的启示　李晓娣　现代教育科学　2004年第3期
DC04453　培养华文精英的途径　杜珠成　海外华文教育　2004年第4期
DC04454　新加坡推动华文教学改革　李世宏　上海教育　2004年第24期
DC04455　从华文教科书的发展看新加坡华文教育的演变　曾忆蕊　新马华人社会与文化［新马华人专题研究系列（一）］　黄贤强　新加坡国立大学中文系（新加坡）2004年第179—218页
DC04456　从人口普查看双语教育成效的喜与忧（第四章）　吴元华　华语文在新加坡的现状与前景　吴元华　创意圈出版社（新加坡）2004年
DC04457　教育界老长辈谈新加坡的教育政策（第六章）　吴元华　华语文在新加坡的现状与前景　吴元华　创意圈出版社（新加坡）2004年
DC04458　中学生学习华文的调查报告　吴元华　华语文在新加坡的现状与前景　吴元华　创意圈出版社（新加坡）2004年
DC04459　73%华族学生不放弃华文　吴新慧　联合早报（新加坡）2004-2-11
DC04460　华族文艺的生存、发展和现代化　张曦娜　联合早报（新加坡）2004-2-16
DC04461　破天荒的语文建设工程　汪惠迪　联合早报（新加坡）言论版　2004-7-28
DC04462　培育精通双文化人才　李显龙　星洲日报（新加坡）2004-8-23
DC04463　华社成立两机构推广华语和中华文化　黄秀荣　联合早报（新加坡）2004-12-17
DC05464　华文教员应有的研究意识和研究能力　陆俭明　华文教学通讯（新加坡）2005年第4期

DC05465	论华文教育事业的发展观　于逢春　吉林省教育学院学报　2005年第4期	
DC05466	1900—1941新加坡华文教育的发展　黄佟葆　新马印华校教科书发展回顾　叶钟铃　黄佟葆　新加坡华裔馆（新加坡）　2005年第1—18页	
DC05467	新加坡教育分流下华文课程面对的问题与挑战及改革策略研究　陈之权　华中师范大学博士学位论文　2005年	
DC05468	新山中华公会与华文教育　纪妙芝　新加坡国立大学修课论文（新加坡）　2005年	
DC05469	全国模范华文教师　推荐书超过700份　22人当选模范华文教师　林佩碧　黄慧琳　联合早报（新加坡）　2005-3-15	
DC05470	25所小学小一小二明年试行新华文课程　潘星华　联合早报（新加坡）　2005-7-13	
DC06471	新加坡教育点评　潘星华　创意圈出版社（新加坡）　2006年	
DC06472	新加坡华文教育与中华文化的承传关系　杜珠成　海外华文教育　2006年第2期	
DC06473	从语文能力架构看华文地区的基础语文教育　汤浩坚　汉语文走向世界　谭慧敏编　南大中华语言文化中心、八方文化创作室（新加坡）　2006年第185—228页	
DC06474	新加坡华文教育的焦点之一：汉字　王惠　汉语教学学刊第2辑　北京大学出版社　2006年第242—255页	
DC06475	战后新加坡华文教育研究　刘培栋　暨南大学硕士学位论文　2006年	
DC06476	要有海纳百川的襟怀　汪惠迪　联合早报（新加坡）　2006-1-5	
DC06477	槟21国小明年起　试行将华文纳入正课　联合早报（新加坡）　2006-8-8	
DC06478	韩春锦：解决师资不足问题　拟聘独中生教华文　联合早报（新加坡）　2006-8-26	
DC06479	周清海教授：目前是发展华文教学最好时机　谭德婷　联合早报（新加坡）　2006-8-27	
DC06480	王超群冀教部　落实聘独中生　任华文教师建议允独中生教华文　易龙　联合早报（新加坡）2006-9-7	
DC06481	翁诗杰：职业技术领域崛起　华文教育可与挂钩　联合早报（新加坡）　2006-9-11	
DC06482	华文在全球发展趋势受关注　韩方明　联合早报（新加坡）　2006-10-3	
DC06483	吉董联会庆金禧及新会所开幕宴　叶新田：联办孔子课堂　培训华文师资　联合早报（新加坡）　2006-10-15	
DC06484	让小学华文课堂教学"活"起来　白云　联合早报（新加坡）2006-11-2	
DC06485	翻译——新加坡华文教学的制高点　王臻烨　联合早报（新加坡）2006-11-14	
DC06486	华文新课程明年小一小二推行　潘星华　联合早报（新加坡）　2006-11-16	
DC06487	失语天堂　叶鹏飞　联合早报（新加坡）　2006-12-25	
DC07488	论家庭与学校对新加坡小学生学习华文的影响　翁楚慧　新加坡国立大学中文系荣誉学士学位论文（新加坡）　2007年	
DC07489	华小缺千三国文师资　派华文老师应急　联合早报（新加坡）　2007-1-10	
DC07490	西南区建华文中学　菩提圣心闹"双胞"　联合早报（新加坡）　2007-1-10	
DC07491	双弄国小首办华文班　一年级35新生获学习　联合早报（新加坡）　2007-1-18	
DC07492	何以不报考华文？　宇微　联合早报（新加坡）2007-4-1	
DC07493	北海迟钝儿童中心　欠缺华文老师　联合早报（新加坡）2007-4-18	
DC07494	陈鹏仕：为A1成绩　6千人弃考华文　华教再敲响警钟　联合早报（新加坡）2007-4-22	

DC07495　1987年调派不谙华文教师到华小　安华承认有错　联合早报（新加坡）2007-4-26
DC07496　王超群：教局无须聘中国教师　我国不缺乏华文师资　联合早报（新加坡）2007-4-30
DC07497　森董联、华堂、华校友联记者会反对不谙华文教师任华小辅导　联合早报（新加坡）2007-5-10
DC07498　陈广才：政府将加强素质　提升华文教师造诣　联合早报（新加坡）2007-5-10
DC07499　教育部遴选示范华文独中　董总今召开会议讨论　联合早报（新加坡）2007-5-14
DC07500　杜乾焕捎来华小好消息　不谙华文教师教育部将调走　联合早报（新加坡）2007-5-24
DC07501　中国教育部提供课程及奖学金　助培训我国华文教师　芙蓉　联合早报（新加坡）2007-5-27
DC07502　华人，华文，华小　陈瑜　联合早报（新加坡）2007-6-20
DC07503　兼通双语传承文化特选中学不负使命　潘星华　蔡慧芬　黄翠燕　联合早报（新加坡）2007-7-22

5　马来西亚

DC54504　为联合邦普选吁请支持华教宣言　林连玉　南洋商报（马来西亚）1954-10-26
DC61505　马来亚华校全貌　王植原　摈榔屿康华印务公司（马来西亚）1961年
DC66506　马来西亚华人争取华文地位问题的综合分析　国民党中央委员会第三组编（中国台湾）1966年
DC73507　马来西亚华校近况暨发展史　林有虞　新马华人商业编委会（马来西亚）1973年
DC74508　马来西亚今后华教何去何从　陈初荣　凤行出版社（马来西亚）1974年
DC76509　星岛华文教育　发扬中华文化　编者　华文世界（中国台湾）1976年第10期
DC79510　独大论争辑　独立大学有限公司（马来西亚）1979年
DC83511　向时代负责　黄晶然　马来西亚福州会馆联合会　雪兰莪福建会馆（马来西亚）1983年
DC84512　马来西亚教育政策与华人教育问题之研究　黄冠钦　私立中国文化大学民族与华侨研究所（中国台湾）1984年
DC84513　华教工作22年：1960—1980（1、2、3）　沈玉池　联发公司（马来西亚）1984年
DC84514　教总成立三十三年：华文教育史料　上册　教总教育研究中心　马来西亚华校教师会总会（马来西亚）1984年
DC84515　教总成立三十三年：华文教育史料　中册　教总教育研究中心　马来西亚华校教师会总会（马来西亚）1984年
DC84516　教总成立三十三年：华文教育史料　下册　教总教育研究中心　马来西亚华校教师会总会（马来西亚）1984年
DC84517　马来西亚的华文教育　杨国标　华侨教育　华侨教育论文集　1984年第2辑
DC84518　马来西亚中小学华恩教学之革新　邓日才　华文世界（中国台湾）1984年第12期
DC85519　马来西亚华侨教育研究　陈汝标　私立珠海大学中国历史研究所（中国香港）1985年
DC85520　文教事业论集　林永木豪　雪兰莪中华大会堂（马来西亚）1985年
DC85521　马来西亚的华文小学　资料室　华人（美国）1985年第10期

DC86522	小型华小问题：教总教育研究中心针对"关闭或合并少数稀少小学"建议的研究报告　教育研究中心　华校教师会总会（马来西亚）　1986年
DC86523	华文中学改制专辑　教师会总会教育研究中心（马来西亚）　1986年
DC86524	吴钩集　林连玉　林连玉基金委员会（马来西亚）　1986年
DC88525	林梁公案：林连玉与梁宇皋有关拉曼达立报告书以及华文教育问题的论战文集　教师会总会秘书处　林连玉基金委员会（马来西亚）　1988年
DC90526	检讨马来西亚教育　华社资料研究中心　雪兰莪中华大会堂（马来西亚）　1990年
DC90527	一九九零年教育法案真相　华校教师会总会教育研究中心　马来西亚　1990年
DC90528	一九九零年教育法令内幕　华校教师会总会教育研究中心　马来西亚　1990年
DC91529	华文教育在马来西亚　黄学松　八桂侨史（现八桂侨刊）　1991年第2期
DC91530	马来西亚的华文独立中学　廖小健　八桂侨史（现八桂侨刊）　1991年第4期
DC91531	马来西亚华教奋斗史　柯嘉逊　雪兰莪中华大会堂（马来西亚）　1991年
DC92532	马来西亚教育部副部长冯镇安支持在马推广华语　语文建设　1992年第6期
DC92533	马来西亚的华文教育　董教总全国华文独中工委会咨讯会　华校董事联合会总会（马来西亚）　1992年
DC92534	回顾与反思——1991年教育课题及教育统计资料　华校教师会总会教育研究中心（马来西亚）　1992年
DC93535	大马华文独中与技职教育　黄复生　黄复生出版人（马来西亚）　1993年
DC93536	马来西亚华文教育简史　马来西亚董教总全国华文独中工委会　华校董事联合会总会（马来西亚）　1993年
DC93537	华光永耀：12·19华教盛会华教史料展汇编　马来西亚12·19华教盛会工委会史料展组　华校董事联合会总会（马来西亚）　1993年
DC93538	马来西亚福建人兴学办教史料集　本书工委会　马来西亚福建会馆联合会（马来西亚）　1993年
DC93539	播诗的幼苗——马来西亚华文小学华文学会的一项任务　年红　华文世界（中国台湾）　1993年第3期
DC93540	马来西亚的华文教育　琳达·杰·里德　林彦译　海外华文教育　1993年第3期
DC93541	南方学院与马来西亚华文教育——关于马来西亚华文高等教育研究之二　周聿娥　侨史学报　1993年第12期
DC94542	马来西亚华文教育：回顾与前瞻　邓日才　华文世界（中国台湾）　1994年第6期
DC94543	马来西亚华文独立中学的诞生、成长和展望　李宽荣　华文世界（中国台湾）　1994年第6期
DC94544	马来西亚裔公民应如何维护与发展大马华文教育体系　黄复生　华文世界（中国台湾）　1994年第6期
DC94545	教育指南1994　谢瑞平　华社资料研究中心　1994年
DC95546	凝聚着血泪的大马华文教育　沈慕羽　华人（美国）　1995年第2期
DC95547	马来西亚的华文教育　李德义　世界汉语教学　1995年第3期
DC96548	马华教育的喜与忧　黄昆章　华侨与华人　1996年第1期
DC96549	马来西亚华文教育发展的新景况　高玛莉　海外华文教育　1996年第2期

DC96550　马来西亚华文教育的发展　高玛莉　八桂侨史（现八桂侨刊）1996年第2期
DC96551　当前马来西亚华文教育发展的若干思考　林国安　莫泰熙　华侨华人历史研究　1996年第3期
DC96552　法律突破：马来西亚华文教育发展战略的必行步骤　白晓东　华侨华人历史研究　1996年第3期
DC96553　华文教育的"苦行僧"沈慕羽　周添成　华人　1996年第7期
DC96554　播下春风万里：霹雳州华文独中复兴运动纪实　甄供　华校董事联合会总会（马来西亚）1996年
DC96555　新教育法令与华文教育　马来西亚华校董事联合总会　马来西亚华校教师会总会（马来西亚）1996年
DC96556　华文教育呼吁录　林连玉　林连玉基金委员会（马来西亚）1996年
DC96557　独立后的华文教育——路更远，更艰辛　郑良树　南洋商报（马来西亚）1996年6月30日
DC97558　马来西亚华文教育面临的新挑战及其对策　林去病　海外华文教育　1997年第1期
DC97559　马来西亚初等教育的改革　陈宝武　华文世界（中国台湾）1997年第12期
DC97560　马来西亚华文教育三个突破的意义及其发展的前景　林去病　海外华文教育　1997年第2期
DC97561　论叶氏宗族对马来西亚华文教育事业的贡献　张卫东　深圳大学学报（人文社会科学版）1997年第2期
DC97562　马来西亚的华文教育及其发展前景　张禹东　八桂侨史（现八桂侨刊）1997年第3期
DC97563　马来西亚华文教育的发展前景　张禹东　华侨华人与侨务　1997年第3期
DC98564　马来西亚华文教育三个突破的意义及其发展的前景　林去病　华侨华人历史研究　1998年第2期
DC98565　马来西亚华文教育发展史第1分册　郑良树　马来西亚华校教师会总会（马来西亚）1998年
DC98566　马来西亚华文教育发展史第2分册　郑良树　马来西亚华校教师会总会（马来西亚）1998年
DC99567　马来西亚华文独立中学的发展方向　吴晓霞　东南亚　1999年第1期
DC99568　马来半岛华文教育的发展与困境（1951—1969年）　古鸿廷　华侨华人历史研究　1999年第2期
DC99569　史料与诠释——论我国独立前的华文教育　刘崇汉　华侨华人资料　1999年第2期
DC99570　马来亚独立初期之华文教育　古鸿廷　南洋问题研究　1999年第3期
DC99571　马来西亚华文教育一瞥　思成　华人之声　1999年第4期
DC99572　马来西亚华文教育面临的挑战及对策　詹冠群　教育评论　1999年第6期
DC99573　马来西亚独立初期之华文教育　古鸿廷　改革开放与福建华侨华人　杨学溎主编　厦门大学出版社　1999年第226—245页
DC99574　马来西亚华文教育发展史　郑良树　马来西亚华校教师会总会（马来西亚）1999年
DC99575　马来西亚华文教育的嬗变　利亮时　新加坡国立大学中文系荣誉学士学位论文（新加坡）1999年

DC99576	马来西亚华教奋斗史（第三版） 柯嘉逊 马来西亚董教总教育中心（马来西亚） 1999年
DC99577	马来西亚华文教育发展史第3分册 郑良树 马来西亚华校教师会总会（马来西亚） 1999年
DC99578	马国华校热背后的哀伤 钟天祥 联合早报（新加坡） 1999-10-17
DC00579	马来西亚华文教育的保留与发展 周丰娥 东南亚 2000年第2期
DC00580	马来西亚小型独中的出路 张基兴 海外华文教育 2000年第4期
DC00581	文化乃民族灵魂——华文教育与马来西亚华族的形成 周丰峨 海外华文教育 2000年第4期
DC00582	马来西亚华文小学当前的发展难题 叶翰杰 华文世界（中国台湾） 2000年第12期
DC00583	马来西亚华文高等教育概况——兼谈新纪元学院与南方学院的中文系 詹缘瑞 华文世界（中国台湾） 2000年第12期
DC00584	马来西亚华文学院评析 吴端阳 华文世界（中国台湾） 2000年第12期
DC00585	清廷与大马华文教育 郑良树 华侨华人研究论丛（第四辑） 周望森主编 中国华侨出版社 2000年第145—157页
DC00586	两种歧见下的马来亚华文教育 潘少红 厦门大学南洋研究院硕士学位论文 2000年
DC00587	发展具马国特色的华语 南洋商报（马来西亚） 2000-2-8
DC00588	传统与现代VS中华与马来：年轻娘惹看自身文化 林方伟 联合早报（新加坡） 2000-12-28
DC01589	董教总简介 马来西亚华校董事会联合会总会（马来西亚） 2001年
DC01590	马来西亚的华文教育 林宝卿 海外华文教育 2001年第3期
DC01591	马来西亚华社反对用马来语讲授华小部分课程 联合早报（新加坡） 2001-3-26
DC02592	华教巨星 民权砥柱——记马来西亚华教运动卓越领导人林晃昇先生 林去病 海外华文教育 2002年第3期
DC02593	马来西亚华族的民族母语教育 周丰峨 龙向阳 世界民族 2002年第3期
DC02594	默默付出 华文老师谈华文教育 星洲日报（马来西亚） 2002-10-23
DC03595	教育与认同：马来西亚华文中学教育之研究（1945—2000） 吉鸿廷 厦门大学出版社 2003年
DC03596	林连玉先生言论集（马来西亚华教史料丛刊之一） 郑良树编 林连玉基金出版（马来西亚） 2003年
DC03597	马来西亚中学语文基础知识教学论 林国安 海外华文教育 2003年第1期
DC03598	论在多元文化社会中的马来西亚华文教育 王瑞国 海外华文教育 2003年第2期
DC03599	英文教育回流对马来西亚华文教育的挑战 莫泰熙 暨南大学华文学院学报 2003年第4期
DC03600	海外华文教育的典范：马来西亚华文独立中学 张应龙 比较教育研究 2003年第9期
DC03601	吁请反对华校开办英文班函 林连玉 林连玉先生言论集 郑良树编 林连玉基金出版（马来西亚） 2003年第101—102页
DC03602	吁请华、巫合作反对不合理教育法令 林连玉 林连玉先生言论集 郑良树编 林连玉基金出版 2003年第115页

DC03603　驳《海峡时报》社论曲解华教函　附录：《海峡时报》曲解华校报道　林连玉　林连玉先生言论集　郑良树编　林连玉基金出版　2003年第116—124页

DC03604　第一届华文教育节宣言　林连玉　林连玉先生言论集　郑良树编　林连玉基金出版（马来西亚）　2003年第183—186页

DC03605　与《海峡时报》谈华教问题　林连玉　林连玉先生言论集　郑良树编　林连玉基金出版（马来西亚）2003年第228—229页

DC03606　欢迎各州华校校长出席校长会议致词　林连玉　林连玉先生言论集　郑良树编　林连玉基金出版（马来西亚）　2003年第237—241页

DC03607　教总反对教师特别考试特别会员大会致词　附录：与雪州华校总监杨雅灵答问　林连玉　林连玉先生言论集　郑良树编　林连玉基金出版（马来西亚）　2003年第244—249页

DC03608　在全马华文高师同学会代表大会上致词　附录：新加坡董教联合会抗议原函　林连玉　林连玉先生言论集　郑良树编　林连玉基金出版（马来西亚）　2003年第263—267页

DC03609　在马华华教中委会上致词　林连玉　林连玉先生言论集　郑良树编　林连玉基金出版（马来西亚）　2003年第268—269页

DC03610　柔佛中区华校教师公会首届理事就职礼致词　林连玉　林连玉先生言论集　郑良树编　林连玉基金出版（马来西亚）2003年第289—290页

DC03611　1956年华校教师节庆祝晚会致词　林连玉　林连玉先生言论集　郑良树编　林连玉基金出版（马来西亚）　2003年第292—293页

DC03612　霹雳华校教师联合会会员特别大会演讲　林连玉　林连玉先生言论集　郑良树编　林连玉基金出版（马来西亚）2003年第294—295页

DC03613　反对华文中学改制21条款谈话　林连玉　林连玉先生言论集　郑良树编　林连玉基金出版（马来西亚）2003年第307—308页

DC03614　反对华文中学改制致词　林连玉　林连玉先生言论集　郑良树编　林连玉基金出版（马来西亚）　2003年第309—310页

DC03615　在马华华教中委扩大会议上反对华文中学改制演讲词　林连玉　林连玉先生言论集　郑良树编　林连玉基金出版（马来西亚）2003年第314—316页

DC03616　全马华团争取公民权工委会上致词　林连玉　林连玉先生言论集　郑良树编　林连玉基金出版（马来西亚）　2003年第319—322页

DC03617　霹雳华小校长参观团茶会讲话　林连玉　林连玉先生言论集　郑良树编　林连玉基金出版（马来西亚）2003年第323—325页

DC03618　1957年华校教师节庆祝晚会致词　附录：福利及劳工部长翁毓麟致词　林连玉　林连玉先生言论集　郑良树编　林连玉基金出版（马来西亚）　2003年第336—338页

DC03619　在马华华教中委会扩大会议上讲话　林连玉　林连玉先生言论集　郑良树编　林连玉基金出版（马来西亚）2003年第342—345页

DC03620　尊孔等校参加罢课讲话　林连玉　林连玉先生言论集　郑良树编　林连玉基金出版（马来西亚）　2003年第346—347页

DC03621　怡保各华文中学罢课书面声明　林连玉　林连玉先生言论集　郑良树编　林连玉基金出版（马来西亚）2003年第348页

DC03622	吉隆坡华校教师公会第七届常年代表大会致词　林连玉　林连玉先生言论集　郑良树编　林连玉基金出版（马来西亚）2003年第354—357页
DC03623	华校总监马来亚化谈话　林连玉　林连玉先生言论集　郑良树编　林连玉基金出版（马来西亚）2003年第366—367页
DC03624	华教大会宣言及华教总要求　林连玉　林连玉先生言论集　郑良树编　林连玉基金出版（马来西亚）2003年第435—440页
DC03625	董教总关于华教立场的几点澄清　林连玉　林连玉先生言论集　郑良树编　林连玉基金出版（马来西亚）2003年第454—457页
DC03626	全国华文中学董教代表会议上讲话　林连玉　林连玉先生言论集　郑良树编　林连玉基金出版（马来西亚）2003年第483—488页
DC03627	董教总致各华文中学函　林连玉　林连玉先生言论集　郑良树编　林连玉基金出版（马来西亚）2003年第506—508页
DC03628	关于"方言学校水准低下"的谈话　林连玉　林连玉先生言论集　郑良树编　林连玉基金出版（马来西亚）2003年第87—90页
DC03629	为联合邦普选吁请支持华教宣言　林连玉　林连玉先生言论集　郑良树编　林连玉基金出版（马来西亚）2003年第91—93页
DC03630	文化乃民族灵魂——华文教育与马来西亚华族的形成　周聿峨　对外汉语教学论文集　厦门大学海外华文教育研究所　海外教育学院编　厦门大学出版社　2003年第257—266页
DC04631	庄泽宣与马华教育　叶钟玲　韩江学报（马来西亚）2004年第2期
DC04632	马来西亚华文教育在逆境中开拓前进　倪子仲　闽西职业大学学报　2004年第3期
DC04633	薪火相传　生生不息——马来西亚的华文教育　谭家健　民主　2004年第8期
DC04634	马来西亚华族的文化适应与华文教育　刘以榕　西南民族大学学报（人文社科版）2004年第12期
DC04635	马来西亚的华文教育　王明惠　黄代洪　海外华人社会新观察　吕伟雄编　岭南美术出版社　2004年
DC05636	试析二战后马来西亚华人社团与华文教育发展的关系　石沧金　南洋问题研究　2005年第4期
DC05637	简论马来西亚华文教育的发展　李开慧　西南民族大学学报（人文社科版）2005年第10期
DC05638	福帮人与槟榔屿华文教育　余金珠　槟榔屿华人研究　陈剑虹　黄贤编　马来西亚韩江学院华人文化馆、新加坡国立大学中文系联合出版　2005年第271—306页
DC05639	战后马来（西）亚华文教育发展的困境　曹淑瑶　百年回眸：马华文化与教育　何国忠编　马来西亚华社研究中心（马来西亚）2005年第287—306页
DC05640	马来西亚华文教育发展史略（1819—1965）　叶钟铃　新马印华校教科书发展回顾　叶钟铃　黄佟葆编　新加坡华裔馆（新加坡）2005年第47—51页
DC06641	林连玉与马来西亚华文教育　颜清湟　汉语文走向世界　谭慧敏编　南大中华语言文化中心、八方文化创作室（新加坡）2006年
DC06642	华教事业的经营和管理：马来西亚华文独立中学个案研究　黄贤强　黄循耀　汉语文

走向世界　谭慧敏编　南大中华语言文化中心、八方文化创作室（新加坡）　2006年
DC07643　马来西亚华文教育发展简史　郑良树　外语教学与研究出版社　2007年

6　印尼

DC12644　荷属华侨学务总会大会议案报告书　三宝垄中华商会（印度尼西亚）　1912年
DC25645　爪哇北加浪中华学校二十周年纪念册　北加浪中华学校（印度尼西亚）　1925年
DC31646　苏岛华侨教育丛刊　棉兰振刊印务公司（印度尼西亚）　1931年
DC32647　火水山中华中小学校二十三周年纪念刊　本刊编委会（印度尼西亚）　1932年
DC36648　直葛中华学校三十周年纪念册（1906—1936）　吴直由等　爪哇直葛中华学校（印度尼西亚）　1936年
DC51649　泗水大众学校五周年纪念特刊　本刊编委会（印度尼西亚）　1951年
DC52650　丹那低中华学校新校落成纪念刊　丹那低中华新校筹委会（印度尼西亚）　1952年
DC55651　泗水服务中学复校初中三届联合毕业特刊　泗水服务中学（印度尼西亚）　1955年
DC59652　英属婆罗洲华侨教育　宋哲美　海外出版社（中国台湾）　1959年
DC89653　印尼教育　黄元焕　温北炎　杨安华编著　广东高等教育出版社　1989年
DC94654　印尼华文教育沧桑史　余歌沧　华文世界（中国台湾）　1994年第6期
DC94655　印尼华人教育的过去、现在、未来　江宗仁　华文世界（中国台湾）　1994年第6期
DC95656　喜见印尼推广汉语　小沈　华人（美国）　1995年第1期
DC96657　雅加达华文教育见闻　乔文　八桂侨史（现八桂侨刊）　1996年第1期
DC96658　浅谈印度尼西亚的华文教育　萧频　华侨华人历史研究　1996年第2期
DC96659　雅加达几种不同形式的华文教育　黄钟灵　华人（美国）　1996年第4期
DC97660　印尼地区华文教育现况与挑战　周宪明　华文世界（中国台湾）　1997年第1期
DC97661　印尼华文教育之质变　唐慧　华人（美国）　1997年第1期
DC97662　印尼华文教育前景光明　颜天惠　华人（美国）　1997年第1期
DC97663　印尼华文教育正处乍暖还寒季节　桑妮　华人（美国）　1997年第1期
DC97664　印尼华文教育的现状和前景　林去病　海外华文教育　1997年第2期
DC97665　印尼华文教育现状一瞥——印尼访问观感之一　詹心丽　海外华文教育　1997年第2期
DC97666　印尼华文教育的现状与前瞻　颜天惠　东南亚研究　1997年第2期
DC97667　1967年以来印尼华文教育的沉浮　温广益　华侨华人历史研究　1997年第3期
DC97668　印尼华文教育在逆境中成长　钟若迟　侨情文摘　1997年第8期
DC98669　印尼华文教育的回顾与展望　黄昆章　八桂侨史（现八桂侨刊）　1998年第2期
DC00670　印尼学生汉语学习二题　欧阳国泰　海外华文教育　2000年第1期
DC00671　印尼华文教育的新形势与几点看法　温北炎　东南亚研究　2000年第2期
DC00672　亚洲金融风暴后印尼华文教育展望　陈桂德　海外华文教育　2000年第3期
DC00673　印尼华文教育刍议（上）　蔡仁龙　海外华文教育　2000年第4期
DC00674　泗水将成立华文中学　印尼学者对华人处境乐观　并指更多华文报章亦会发行　世界日报（美国）　2000-6-25
DC01675　印尼华文教育再现新生机　联合早报（新加坡）　2001-7-25

DC01676	印尼华文教育再现新生机	星洲日报（马来西亚）2001-7-25
DC01677	印尼华人对传统中华文化兴趣淡薄 许家	联合早报（新加坡）2001-8-31
DC01678	印尼华文教育的基本方向和任务 陈沂菁	海外华文教育 2001年第3期
DC01679	印尼锡江国立大学访问厦大并商谈合作办学事宜 陈澜 海外华文教育 2001年第4期
DC01680	印尼华文教育的过去、现状和前景 温北炎 暨南学报（哲学社会科学版）2001年第4期
DC01681	印尼华文教育的新发展 颜天惠 东南亚研究 2001年第4期
DC02682	全球性汉语热的区域反应——近年来印尼华文教育的变革 陈秀容 世界地理研究 2002年第1期
DC02683	试析印尼华文教育的几个问题 温北炎 暨南大学华文学院学报 2002年第2期
DC02684	印尼华文教育的几个问题 贾益民 暨南大学华文学院学报 2002年第4期
DC02685	近年来印尼华文教育呈现良好发展势头 黄昆章 人民日报（海外版）2002-7-4
DC03686	印度尼西亚泗水华文教育的历史沿革 周南京 八桂侨刊 2003年第1期
DC03687	印尼坤甸等六市华文教育现状调查研究 李秀坤 广东外语外贸大学学报 2003年第2期
DC03688	浅析印尼华文教育的复苏及前景 周聿峨 陈雷 比较教育研究 2003年第9期
DC03689	印尼华文教师的现状：问题与对策——从社会问卷调查看印尼华文教育的状况 马跃 温北炎 东南亚纵横 2003年第9期
DC04690	战后印尼华文教育兴衰探因 张强 王林琳 海外华文教育 2004年第2期
DC04691	印尼华文教师的现状与对策 唐燕儿 广州广播电视大学学报 2004年第2期
DC04692	印尼华文教育的现状、问题及对策 宗世海 李静 暨南大学华文学院学报 2004年第3期
DC04693	印尼华裔青少年语言与认同的个案分析 王爱平 华人华侨历史研究 2004年第4期
DC04694	印尼第一所华校即将诞生 联合早报（新加坡）2004-7-19
DC05695	印度尼西亚华文教育发展史 黄昆章 马来西亚华校教师会总会 2005年
DC05696	风险与机遇：当前印尼华文教育的态势 黄鸣奋 海外华文教育 2005年第3期
DC05697	印尼华文教育定位问题的再探讨——从三百余名印尼华裔、非华裔学生语言文化背景的调查谈起 王爱平 华侨大学学报（哲学社会科学版）2005年第4期
DC05698	印度尼西亚语言政策探析 黄仁新 王靖 唐山学院学报 2005年第4期
DC06699	冷战后印尼华文教育发展研究 刘华斌 暨南大学硕士学位论文 2006年
DC07700	印度尼西亚华文教育发展史 黄昆章 外语教学与研究出版社 2007年

7 菲律宾

DC22701	菲律宾华侨教育考察团日记 余柏昭 顾文初 中华书局 1922年
DC45702	菲律宾华侨教育改革方案 黄其华（菲律宾）1945年
DC58703	菲律宾华侨教育 陈烈甫 海外出版社（中国台湾）1958年
DC62704	修订菲律宾华侨中小学汉文课程之研究 李祖寿 台湾侨务委员会（中国台湾）1962年

DC75705	目前菲律宾之侨教　蔡景福　华文世界（中国台湾）1975年第4期	
DC75706	古岛中华中学校史　编者　华文世界（中国台湾）1975年第10期	
DC76707	鲍事天博士谈菲律宾华侨教育　编者　华文世界（中国台湾）1976年第8期	
DC77708	菲律宾的华文学校（上）　潘肇英　华文世界（中国台湾）1977年第8期	
DC77709	菲律宾的华文学校（下）　潘肇英　华文世界（中国台湾）1977年第12期	
DC78710	菲律宾侨校华文教育漫谈　蔡景福　华文世界（中国台湾）1978年第11期	
DC80711	菲华教育的播种者——伊静轩先生　蔡雅琳　华文世界（中国台湾）1980年第10期	
DC84712	菲律宾华文教育的前途　潘肇英　华文世界（中国台湾）1984年第12期	
DC84713	菲律宾侨教改进问题的意见　苏荣章　华文世界（中国台湾）1984年第12期	
DC85714	菲律宾华侨教育之发展　路国增　中正学院（菲律宾）1985年	
DC92715	菲律宾的华文教育　卡利托·布诺　艾石译　民族译丛　1992年第4期	
DC93716	菲律宾华校华语教学研讨会资料汇编　菲律宾华文教育研究中心　菲律宾华教中心（菲律宾）1993年	
DC93717	战后菲律宾的华文教育　周丰峨　东南亚研究　1993年第Z1期	
DC93718	关于华文教育的几点思考　邱容禧　菲律宾华校华语教学研讨会资料汇编　菲律宾华文教育研究中心（菲律宾）1993年第78页	
DC93719	教书匠杂谈　徐慢　华文教育言论集　菲律宾各宗亲会联合会编（菲律宾）1993年第139页	
DC94720	论菲华幼儿学习闽南话：对菲华华文教育改革的思考　许安敏　海外华文教育　1994年第2期	
DC94721	菲律宾华文学校之过去、现在、未来　邵建寅　华文世界（中国台湾）1994年第6期	
DC95722	菲律宾华裔青少年华语教育个案调查与分析　卢伟　世界汉语教学　1995年第2期	
DC95723	绘制华语教学新蓝图　菲律宾华文教育研究中心　《华文教育》文集1（菲律宾）1995年	
DC95724	幼教三巨人及其他——苏秀康专辑　菲律宾华文教育研究中心　《华文教育》文集3（菲律宾）1995年	
DC96725	探索华语教学改革新路向　菲律宾华文教育研究中心　《华文教育》文集4（菲律宾）1996年	
DC96726	华语教学门外集　郭金鼓　菲律宾华文教育研究中心（菲律宾）1996年	
DC96727	论菲律宾华文教育的发展阶段及其特征　施雪琴　南洋问题研究　1996年第1期	
DC96728	菲律宾华文教育的历史演变及其振兴对策初探　吴端阳　教育研究　1996年第2期	
DC96729	菲律宾华文教育的现状与改革　蓝小玲　世界汉语教学　1996年第2期	
DC96730	菲律宾华文教育的过去和现在　颜长城　华侨华人历史研究　1996年第2期	
DC96731	菲律宾华人的属性认同与菲律宾华人教育　潘露莉　华侨华人历史研究　1996年第2期	
DC97732	菲律宾华校华语教育改革述评　罗庆铭　八桂侨史（现八桂侨刊）1997年第2期	
DC97733	菲律宾华人重振华文教育　温广益　华侨华人历史研究　1997年第S1期	
DC97734	开拓华语教学新领域　菲律宾华文教育研究中心　《华文教育》文集5（菲律宾）1997年	

DC98735	菲华集　林懋义　菲律宾华文教育研究中心（菲律宾）　1998年
DC98736	陈永栽与菲律宾华文教育　何培基　海外华文教育　1998年第1期
DC98737	台湾在菲律宾发展华文教育研究　王燕燕　海外华文教育　1998年第1期
DC98738	菲律宾华校华语教学改革纵横谈　郭金鼓　海外华文教育　1998年第2期
DC98739	华人企业家与菲律宾华文教育发展　罗庆铭　海外华文教育　1998年第2期
DC98740	菲律宾华校课程设置改革述评　杨子菁　八桂侨史（现八桂侨刊）　1998年第4期
DC99741	迈向新世纪华语教学改革　菲律宾华文教育研究中心　《华文教育》文集6（菲律宾）　1999年
DC00742	菲律宾华人社会对民间教育的投入　王日根　教育评论　2000年第1期
DC00743	深受敬仰的华教贤哲：邵建寅先生热心华教记　蔡铁民　海外华文教育　2000年第1期
DC00744	菲律宾华文教师谈提高教师素质　林去病　海外华文教育　2000年第2期
DC00745	菲律宾华裔儿童第二语言教学的探索　杨美美　海外华文教育　2000年第3期
DC01746	菲律师鼓励大学将华语列选修课　庄铭灯　天网电子报（马来西亚）　2001-7-21
DC02747	知己知彼，方可因材施教——必须更新教育观念的菲律宾华文教育　陈根娥　华人地区语文生活与语文计划国际学术研讨会论文　2002年
DC03748	教育随笔　林鼎安　菲律宾华教中心（菲律宾）　2003年
DC03749	海外华教社团简介——菲律宾华教中心　海外华文教育　2003年第3期
DC03750	菲律宾华人社会与华文教育　王殿卿　思想·理论·教育　2003年第9期
DC03751	菲律宾华校华语课堂教学探讨　王燕燕　对外汉语教学论文集　厦门大学海外华文教育研究所　海外教育学院编　厦门大学出版社　2003年第465—474页
DC03752	探索第二语言教学的可喜成果　菲律宾华文教育研究中心　《华文教育》文集8（菲律宾）　2003年
DC04753	对菲律宾高校汉语教学的一次问卷调查　黄端铭　暨南大学华文学院学报　2004年第1期
DC04754	构建菲律宾特色的华文教育体系——兼论新时期菲律宾华文教育的发展路向　章石芳　海外华文教育　2004年第4期
DC04755	把智慧和精力献给华教——菲律宾郑荣亮先生生前事迹追记　微文　海外华文教育　2004年第4期
DC04756	论转型时期的菲律宾华文教育　章石芳　福建师范大学学报（哲学社会科学版）　2004年第6期
DC04757	菲律宾华文教育现状和对策　黄炳辉　台湾及东南亚华文华语研究　李如龙　苏新春编　霭明出版社（中国香港）　2004年第199—205页
DC05758	菲岛华教滴沥　夏明菊　菲律宾华教中心出版部（菲律宾）　2005年
DC05759	马六甲华文教育纵横谈　王会俊　海外华文教育　2005年第2期
DC05760	菲律宾华文教师对华文教育态度的调查研究　徐茗　世界汉语教学　2005年第4期
DC05761	菲律宾华文教师教学策略与工作满意度、自尊的状况及其关系研究　陈满琪　福建师范大学硕士学位论文　2005年
DC06762	浅谈菲律宾华文教育　黄耀东　东南亚纵横　2006年第9期

| DC06763 | 冷战后菲律宾与泰国华文教育比较研究　韩瑞凤　暨南大学硕士学位论文　2006 年 |

8　柬埔寨

DC59764	柬埔寨华侨教育　黎庄　海外出版社（中国台湾）1959 年
DC96765	柬埔寨的华文教育　江河　八桂侨史（现八桂侨刊）1996 年第 1 期
DC97766	柬埔寨华文教育的过去和现在　邢和平　彭晖　东南亚纵横　1997 年第 2 期
DC00767	柬埔寨华文教育全面复苏　郝彦忠　海内与海外　2000 年第 5 期
DC00768	柬埔寨出现华文教育热　钟汉波　东南亚纵横　2000 年第 11 期
DC03769	柬埔寨华文教育中语言定性问题的实证分析　马庆栋　暨南大学华文学院学报　2003 年第 3 期
DC03770	柬埔寨华文教育的发展趋势——华校融入国家教育体系　洪群　暨南大学华文学院学报　2003 年第 4 期
DC03771	柬埔寨金边的华文教育事业　陈予　海内与海外　2003 年第 12 期
DC04772	柬埔寨华文教育的现状与发展　文红欣　王贤森　九江学院学报（社会科学版）2004 年第 4 期

9　老挝

DC59773	寮国华侨教育　辛祖康　中央华侨事务委员会文教宣传处　1959 年
DC75774	寮国侨教的堡垒——寮都中学　林敦棣　华文世界（中国台湾）1975 年第 3 期
DC95775	老挝的华文教育　江河　八桂侨史（现八桂侨刊）1995 年第 4 期
DC98776	老挝华文教育现状　刘德燊　八桂侨史（现八桂侨刊）1998 年第 3 期
DC04777	老挝万象汉语教学现状调查报告　涂文晖　海外华文教育　2004 年第 4 期
DC04778	老挝的华文教育　陶红　东南亚纵横　2004 年第 9 期

10　缅甸

DC59779	缅甸华侨教育　卢伟林　陈文亨　海外出版社（中国台湾）1959 年
DC81780	风雨中的缅华侨教　黄应良　华文世界（中国台湾）1981 年第 1 期
DC92781	缅甸仰光外语学院的汉语教学　何慧琴　世界汉语教学　1992 年第 1 期
DC97782	缅甸腊戌地区华文教学简报　杨厚源　华文世界（中国台湾）1997 年第 12 期
DC97783	缅甸华人华侨华文教育　郝志刚　东南亚研究　1997 年第 4 期
DC99784	缅北华文教育的现状及思考　张楷模　侨务工作研究　1999 年第 4 期
DC99785	蓬勃发展的缅北华文教育　萧占元　华侨华人资料　1999 年第 4 期
DC99786	缅甸华文教育发展之机会与困境　林若雩　华文世界（中国台湾）1999 年第 6 期
DC99787	缅甸腊戌地区华文教育之概况与对策　钟吉雄　徐守涛　华文世界（中国台湾）1999 年第 9 期
DC00788	缅甸华人处境渐好转　东南亚纵横　2000 年第 9 期
DC03789	缅甸华文教育产生的背景与发展态势　林锡星　东南亚研究　2003 年第 3 期
DC06790	缅甸华文教育的现状与前景　范宏伟　东南亚研究　2006 年第 6 期

11　越南

DC37791	侨越潮州公立义安学校新校舍落成纪念刊	安南宅郡义安学校（越南）1937年
DC51792	越南华侨教育概况　华侨事务委员会文教宣传处　海外出版社（中国台湾）1951年
DC61793	越南华侨教育　周胜皋　华侨试验中学（中国台湾）1961年
DC73794	越南高棉泰国侨教考察报告　华侨教育丛书编委会（中国台湾）1973年
DC74795	越南华文教育近貌与观感　彭震球　华文世界（中国台湾）1974年第10期
DC91796	华文华语在越南　文翎　华人（美国）1991年第12期
DC94797	华语在越南地位上升　八桂侨史（现八桂侨刊）1994年第3期
DC94798	在越南办华人华文教育之技巧　吴钧　华文世界（中国台湾）1994年第6期
DC95799	试论越南当前汉语教学的改进方向　潘文阁　华文世界（中国台湾）1995年第3期
DC97800	越南当前的华文教育　关英伟　八桂侨史（现八桂侨刊）1997年第4期
DC97801	越南华语文教学现况与我见　吴钧　华文世界（中国台湾）1997年第12期
DC98802	汉语在今日越南　杜剑宣　当代亚太　1998年第1期
DC04803	越南华人华文教学当前存在的几个问题　韦锦海　东南亚纵横　2004年第8期
DC06804	以越南为母语的华语学习者语音调查分析　李菁菁　华语文教学研究（中国台湾）2006年第2期

12　泰国

DC75805	我在曼谷教中文　庸人　华文世界（中国台湾）1975年第3期
DC80806	泰国侨教及我见　李惠英　华文世界（中国台湾）1980年第10期
DC84807	泰国华文小学教育之一般概况　卢钧元　华文世界（中国台湾）1984年第1期
DC84808	泰国普通中学与商业专科学校学生学习华文的一般情况　许景怡　华文世界（中国台湾）1984年第12期
DC86809	略谈泰国学校汉语教学的情况与经验　马丽莹　第一届国际汉语教学讨论会论文选　北京语言学院出版社　1986年第592—594页
DC87810	泰国进德校友会址落成揭幕纪念特刊　泰国进德公学校友会（泰国）1987年
DC87811	泰国南洋中学创校四十周年纪念特刊　泰国南洋中学广州校友会　1987年
DC88812	如何教导泰国学生学习汉语（摘要）　林荣华　华文世界（中国台湾）1988年第12期
DC92813	泰国取消对教华语的限制　吕韬　海外华文教育　1992年第1期
DC94814	坎坷的泰国华文教育　广灵　中外文化交流　1994年第2期
DC94815	泰国华文教育历史与现状研究　傅增有　华侨华人历史研究　1994年第2期
DC94816	泰国的华人教育　谢汉章　华文世界（中国台湾）1994年第6期
DC94817	泰华教育面面观　林卓魂　华文世界（中国台湾）1994年第6期
DC94818	泰国华文教育的宏观认识与展望　林摩尼　华文世界（中国台湾）1994年第12期
DC95819	泰国华文教育的现状和前景　高玛琍　八桂侨史（现八桂侨刊）1995年第2期
DC95820	泰国当前的华文教育　张启　世界汉语教学　1995年第4期
DC96821	上下同心　振兴华教　为泰国华文教学献芹　李大遂　陈建敏译　华侨崇圣大学出版社（泰国）1996年

DC96822　泰国华校崇圣大学　小林　东南亚　1996年第2期
DC96823　浅议泰国的华文教育　周晚田　现代教育研究　1996年第2期
DC96824　我观泰国中文热　乐文华　华人　1996年第3期
DC97825　泰国的华人同化与华文教育关系探索　林蒲田　海外华文教育　1997年第1期
DC97826　泰国的华人同化与华文教育关系探索　林蒲田　华侨华人与侨务　1997年第1期
DC97827　弘扬中华文化　办好华文教育——泰国华文教育状况概述　黄继芦　云南教育学院学报　1997年第4期
DC99828　方兴未艾的泰国华文教育　曹复　对外大传播　1999年第12期
DC97829　华文教育在泰国——简介中华语文中心　林素华　华文世界（中国台湾）　1997年第12期
DC99830　泰国华校走马观花　唐山市侨办　河北侨务　1999年第2期
DC99831　多元文化与教育的融合——泰北清莱区难民村华文学校教育问题　何福田　张庆怀　华文世界（中国台湾）　1999年第6期
DC99832　泰政府宣布拟把中文列为仅次于泰英的泰第三种通用语　杨继波　澳门研究（中国澳门）　1999年第11期
DC00833　致泰华作家姚宗伟　吕飞亚　海外华文教育　2000年第1期
DC00834　90年代泰国华文教育的发展动向　吴晓霞　海外华文教育　2000年第2期
DC00835　服务华文教育，传承中华文化——浅谈泰国的华文图书馆　张明东　大学图书馆学报　2000年第5期
DC00836　泰国华文教育的现况与展望　林素华　华文世界（中国台湾）　2000年第12期
DC01837　泰国华语及华语教育现状　吴琼　李创鑫　暨南大学华文学院学报　2001年第4期
DC01838　泰国华语及华语教育现状　吴琼　李创鑫　华文教学与研究　2001年第4期
DC01839　泰国的华语教育　李创鑫　语文建设　2001年第8期
DC01840　泰国华教应快马加鞭　丁身展　第四届东南亚华文教学论坛论文集　2001年
DC03841　当代泰国华文教育之管见　周海燕　宿州师专学报　2003年第1期
DC03842　泰国华文教学现状　巴屏·马努迈威汶　海外华文教育　2003年第1期
DC04843　泰国华文教育的观察与思考　林良锋　海外华人社会新观察　吕伟雄主编　岭南美术出版社　2004年
DC05844　泰国华文教育的现状与前瞻　李谋　南洋问题研究　2005年第3期
DC05845　泰国华文教育现状分析　游辉彩　东南亚纵横　2005年第12期
DC06846　一本自编对泰语法教材——简介《基础现代汉语语法》　马杜娟　海外华文教育　2006年第4期
DC06847　我们在诗琳通中国语言文化中心的教学活动　李强　海外华文教育　2006年第4期
DC07848　泰国皇太后大学教学散记　邓筠　海外华文教育　2007年第1期
DC08849　泰国华文教学研究报告　泰国朱拉隆功大学亚洲研究所中国研究中心（泰国）　2008年

13　东南亚

DC21850　南洋英属华侨教育之危机　庄希泉　余佩皋　南洋教育社　1921年
DC29851　南洋华侨教育之概况　刘士木　钱鹤　暨南大学南洋文化事业部　1929年

DC29852	南洋华侨教育论文集　刘士木等　暨南大学出版社　1929年	
DC30853	南洋华侨学校之调查与统计　钱鹤　暨南大学南洋文化事业部　1930年	
DC30854	南洋华侨教育会议报告书　钱鹤　暨南大学南洋文化事业部　1930年	
DC35855	考察南洋华侨教育意见书　黄麟书　天成印书馆　1935年	
DC36856	南洋华侨教育调查研究　林珠光　朱化雨　中山大学出版部　1936年	
DC56857	近六十年来南洋华侨教育史　张正藩　文物供应社（中国台湾）　1956年	
DC58858	印度半岛华侨教育　戴子安　海外出版社（中国台湾）　1958年	
DC73859	东南亚的华文教育　杨培然　台湾教育（中国台湾）　1973年第11期	
DC75860	东南亚华文教育问题　王秀南　华文世界（中国台湾）　1975年第7期	
DC89861	东南亚教育史纲　王秀南　星马台王教授寿仪印书委员会（新加坡）　1989年	
DC92862	先驱者的脚印——海外华人教育三百年（1690—1990）　陈国华　加拿大多伦多皇道出版社（加拿大）　1992年	
DC93863	不懂华文不要做生意——东南亚掀起华文教育热潮　赵海燕　侨园　1993年第2期	
DC93864	东南亚地区华人社会的课程改革：21世纪的挑战国际研讨会论文集　香港中文大学教育学院课程与教学学系（中国香港）　1993年	
DC94865	新马菲泰华文教育的重新定位　周聿娥　华侨华人历史研究　1994年第3期	
DC94866	东南亚华文教育工作之我见　黄沛荣　华文世界（中国台湾）　1994年第6期	
DC94867	东南亚华人社区的语文教育问题　周清海　华文世界（中国台湾）　1994年第6期	
DC95868	东南亚华文教育　周聿峨　暨南大学出版社　1995年	
DC95869	东南亚华人教育论文集　朱浤源　屏东师范学院（中国台湾）　1995年	
DC96870	东南亚地区华文教育文集　庄善裕主编　暨南大学出版社　1996年	
DC96871	从经济角度看东南亚华文教育兴衰与路向　柯其成等　海外华文教育　1996年第1期	
DC96872	东南亚华文教育学术研讨会综述　吴端阳　教育研究　1996年第6期	
DC96873	东南亚华文教育发展因素探析　卞小冰　海外华文教育　1996年第1期	
DC96874	东南亚华文教育的不平衡发展及其对华人文化传承的发展　张亚群　海外华文教育　1996年第1期	
DC96875	东南亚国家的华文教育与经济发展　温北炎　东南亚研究　1996年第1期	
DC96876	90年代东南亚华文教育的发展变化与我们的因应措施　林敦祥　温北炎　华侨与华人　1996年第1期	
DC96877	《包青天》解禁　小龙女放行——东南亚地区华语政策有所调整　邵燕君　华声月报　1996年第1期	
DC96878	当代东南亚华文教育面临的文化传承问题辨析　张亚群　华侨华人历史研究　1996年第1期	
DC96879	东南亚华文教育前景简论　李天锡　华侨华人历史研究　1996年第2期	
DC96880	对东南亚地区华文教育发展道路几个问题的思考　李定国　华侨华人历史研究　1996年第2期	
DC96881	从华文教育到华语教育　蔡振翔　华侨华人历史研究　1996年第2期	
DC96882	东南亚华文高等教育几个问题的探讨　林去病　华侨华人历史研究　1996年第2期	
DC96883	东南亚华文教育若干宏观问题的思考　林蒲田　华侨华人历史研究　1996年第3期	

DC96884	战后东南亚华文教育发展趋势与困境　梁英明　华侨华人历史研究　1996年第3期	
DC96885	华文独中的发展对策、原则与方向　吴建成　华侨华人历史研究　1996年第3期	
DC96886	东南亚华文高等教育的现状　林去病　华侨华人与侨务　1996年第4期	
DC96887	东南亚国家华文教育改革的思考　王本尊　东南亚研究　1996年第4期	
DC96888	东南亚华文教育现状　于平　世界形势研究　1996年总第43期	
DC97889	第二届东南亚华文教学研讨会论文集　马来西亚董教总教育中心（马来西亚）　1997年	
DC97890	战后印尼政府的华侨华人教育政策　朱天慧　东南亚研究　1997年第1期	
DC97891	印支三国华文教育初探　大海　八桂侨史（现八桂侨刊）　1997年第1期	
DC97892	论东南亚华文教育与科技教育的协调发展　张亚群　蔡又中　何秀堂　八桂侨史（现八桂侨刊）　1997年第1期	
DC97893	略论东南亚华文教育的现状与前景　童家洲　福建学刊　1997年第1期	
DC97894	东南亚华文教育的再出发　庄明萱　海外华文教育　1997年第1期	
DC97895	东南亚华文教育发展策略的再思考　黄幼川　海外华文教育　1997年第1期	
DC97896	以文会友，共商华文教学改革的路向——第二届东南亚华文教学研讨会评述　杜珠成　海外华文教育　1997年第2期	
DC97897	谈战后东南亚华文教育　童家洲　八桂侨史（现八桂侨刊）　1997年第2期	
DC97898	东南亚华文教育的改革　陈颖　八桂侨史（现八桂侨刊）　1997年第3期	
DC97899	东南亚国家华文教育的新特点　俞云平　河北侨务　1997年第3期	
DC97900	东南亚华文教育的概况及发展前景　彭调鼎　云南教育学院学报　1997年第4期	
DC97901	东南亚华文教育的文化阐释　郭校珍　东南亚　1997年第4期	
DC97902	东南亚的华语教育　翟泉州　华人时刊　1997年第16期	
DC97903	东南亚华人社区的语文教育问题　周清海　华语教学应走的路向　周清海　南洋理工大学中华语言文化中心（新加坡）　1997年第67—74页	
DC98904	21世纪东南亚华文教育前景及与中国的关系　林蒲田　华侨大学学报（哲学社会科学版）　1998年第1期	
DC98905	东南亚诸国的民族同化政策与华文教育的关系探索　林蒲田　海外华文教育　1998年第1期	
DC98906	东南亚华文高等师范教育的历史演进及发展路向　吴端阳　海外华文教育　1998年第2期	
DC98907	浅议东南亚华文教师的培训　周健　暨南学报（哲学社会科学版）　1998年第4期	
DC98908	印支三国华文教育初探　赵和曼　世纪之交的海外华人（上）　庄国土主编　福建人民出版社　1998年第362—373页	
DC98909	东南亚华侨、华人教育问题的若干思考　巫乐华　世纪之交的海外华人（上）　庄国土主编　福建人民出版社　1998年第348—361页	
DC99910	第三届东南亚华文教学研讨会论文集　菲律宾华语教育研究中心（菲律宾）　1999年	
DC99911	东南亚华文教育复兴的原因分析　何万宁　教育评论　1999年第3期	
DC99912	东南亚华文教育现状概览　陈之权　一心集　周怡吾生　北京出版社　1999年第19—26页	
DC00913	华文教育在东南亚之展望：流泪撒种的必欢呼收割　王海伦　中央日报出版社（中国	

台湾）2000 年

DC00914　从"落叶归根"到"落地生根"的媒介——东南亚华文教育功能的演变　周中坚　东南亚　2000 年第 2 期

DC00915　试析东南亚华文、华人高等教育的历史演进及基本经验　吴端阳　海外华文教育　2000 年第 3 期

DC00916　东南亚华文师资培训教材编写的几个原则　陈荣岚　海外华文教育　2000 年第 4 期

DC00917　东南亚华文教师培训教材研讨会在厦大举行　海外华文教育　2000 年第 4 期

DC00918　走向 21 世纪的东南亚华文教育与教学　林华东　泉州师范学院学报　2000 年第 5 期

DC02919　东南亚华文教育的历史与现状分析　毕建模　苏爱华　泰山师院学报　2002 年第 4 期

DC02920　东南亚华文教育与中华文化传承　吴端阳　吴绮云　国家教育行政学院学报　2002 年第 6 期

DC03921　东南亚华文教育暨台北学校教学文集　董鹏程　世界华文教学协会　2003 年

DC03922　东南亚华文教育的现状及发展趋势　刘峰　八桂侨刊　2003 年第 5 期

DC03923　东南亚华文教育发展——东南亚华人情况 2002 年回顾与 2003 年前瞻之二　高伟浓　万晓宏　东南亚纵横　2003 年第 6 期

DC03924　21 世纪东南亚地区发展华文教育和华语教学的认知思维及建议　唐世明　杭州师范学院学报（社会科学版）　2003 年第 2 期

DC03925　文莱华教之现状　孙德安　暨南大学华文学院学报　2003 年第 4 期

DC03926　东南亚双语结构中的汉语和华文教学　张绍滔　对外汉语教学论文集　厦门大学海外华文教育研究所　海外教育学院编　厦门大学出版社　2003 年第 451—464 页

DC04927　战前新马华侨女子教育的发展　范若兰　东南亚研究　2004 年第 2 期

DC04928　性别与教育：战前新马华文教育的性别分析　范若兰　华侨华人历史研究　2004 年第 4 期

DC04929　本世纪初东南亚华文教育的发展　李政　八桂侨刊　2004 年第 5 期

DC04930　东南亚中小学华文教师培训内容简议　蓝小玲　台湾及东南亚华文华语研究　李如龙　苏新春编　霭明出版社（中国香港）　2004 年第 106—109 页

DC05931　东南亚华文教育发展史丛书　郑良树　马来西亚华校教师会总会（马来西亚）　2005 年

DC05932　浅谈东南亚华文教育的未来趋势　彭小川　贾冬梅　高教探索　2005 年第 2 期

DC05933　东南亚国家华文教育之比较研究　蒋尊国　东南亚纵横　2005 年第 8 期

14　日韩

DC47934　东京中华学校概况　包象寅　中华学艺社（日本）　1947 年

DC57935　韩国侨民教育　张兆理　华侨出版社（中国台湾）　1957 年

DC58936　韩国华侨教育　张兆理　侨务书刊编印发行中心（中国台湾）　1958 年

DC59937　美国华侨教育　刘伯骥　海外出版社（中国台湾）　1959 年

DC59938　日本华侨教育　臧广恩　蒋永敬　海外出版社（中国台湾）　1959 年

DC75939　教日人学华语　刘萨绫　华文世界（中国台湾）　1975 年第 3 期

DC75940　韩华教师组团回国研习　编者　华文世界（中国台湾）　1975 年第 7 期

DC78941　韩国的华侨学校　蒋竹君　华文世界（中国台湾）　1978 年第 8 期

DC84942　韩华教育的现况与前瞻　贾凤声　华文世界（中国台湾）　1984 年第 12 期

DC88943	亚洲地区华人社会教育事业的展望　马临　香港中文大学教育学院（中国香港）1988年
DC96944	当代日本华侨教育　朱慧玲　山西教育出版社　1996年
DC96945	韩华侨教及其现今的困惑　刘丽川　深圳大学学报（人文社会科学版）　1996年第1期
DC98946	华文教育在韩国落地生根　郑辉　华侨华人资料　1998年第2期
DC98947	传统的承续与现代的变迁——日本的华社与华校　刘宏　源（新加坡）　1998年第3期
DC98948	东北亚华侨教育特色及其发展趋势　蔡振翔　八桂侨史（现八桂侨刊）　1998年第4期
DC00949	韩国近代华侨教育初探　曹华清　别必亮　当代韩国　2000年第25期

15　欧洲

DC87950	巴黎华人华语教育面面观　刘海英　华声报　1987年第6期
DC88951	欧洲地区侨校之现况　吴黎明　华文世界（中国台湾）　1988年第12期
DC88952	论英国华童的中文教育　陈介中　华文世界（中国台湾）　1988年第12期
DC94953	海外教华语——苏格兰的华人妇女"国语"班　詹秋蕙　华文世界（中国台湾）　1994年第3期
DC99954	从"被动遵从"到"理性抉择"：荷兰中文学校高年级学生问卷调查数据剖析　李明欢　华侨华人历史研究　1999年第4期
DC99955	瑞典的双语教育　黄莓　侨务工作研究　1999年第5期
DC02956	当代欧洲中文学校概览：发展篇　李明欢　海外华文教育　2002年第2期
DC03957	欧洲华文教育的历史与现状　章志诚　八桂侨刊　2003年第1期
DC04958	二战后欧洲华文教育的历史与前景的初探　高伟浓　杨晶　暨南大学华文学院学报　2004年第2期
DC05959	荷兰丹华文化教育中心开拓华文教育新道路　李佩燕　海外华文教育　2005年第1期

16　美洲

DC74960	纽约华侨学校　何锡源　华文世界（中国台湾）　1974年第10期
DC75961	在美国出生华人的中国教育问题　编者　华文世界（中国台湾）　1975年第10期
DC76962	巴西侨教特写——为巴西中文补习班的成就喝彩　编者　华文世界（中国台湾）　1976年第4期
DC76963	巴西侨教特写——贺中文班三周年　编者　华文世界（中国台湾）　1976年第4期
DC76964	巴西侨教特写——在巴西教华文　徐捷源　华文世界（中国台湾）　1976年第4期
DC76965	巴西侨教特写——中文班与我的孩子　谢真丰　华文世界（中国台湾）　1976年第4期
DC76966	巴西侨教特写——学中文　江文沧等　华文世界（中国台湾）　1976年第4期
DC77967	纽约至善中文学校　编者　华文世界（中国台湾）　1977年第4期
DC77968	宏都拉斯华侨学校简介　编者　华文世界（中国台湾）　1977年第4期
DC79969	美国"中文学校"简介　许蒋孝瑛　华文世界（中国台湾）　1979年第12期
DC84970	美国华裔儿童学习中文的问题及解决办法　黄淑贞　华文世界（中国台湾）　1984年第12期
DC84971	美国中文学校及中文教育现况报告　陈祖荣　华文世界（中国台湾）　1984年第12期

DC88972	美国华裔子女学习中国语文之障碍与困难　魏献俊　华文世界（中国台湾）　1988年第12期	
DC88973	儒教是国家教育政策的重要组成部分——纽约华侨学校工作报告　陈国侨　华文世界（中国台湾）　1988年第12期	
DC88974	北加侨教现况报告——浅谈海外中文幼稚教育　郭秀慧　华文世界（中国台湾）　1988年第12期	
DC90975	美国中文学校的回顾与展望　赵镇洲　华文世界（中国台湾）　1990年第6期	
DC90976	试论美国北加州华裔青少年与中文学校之关系　郭秀慧　华文世界（中国台湾）　1990年第12期	
DC93977	近年来纽英仑中文侨校的概况　李家祺　华文世界（中国台湾）　1993年第9期	
DC93978	波士顿郊区华人圣经教会中文学校简介　吴月云　华文世界（中国台湾）　1993年第9期	
DC93979	私立华梵人文科技学院简介　蒙传铭　华文世界（中国台湾）　1993年第9期	
DC94980	大波士顿地区中文学校简介——昆市中文学校校长专访　谢庇德　华文世界（中国台湾）　1994年第3期	
DC94981	大波士顿地区中文学校简介——全是福中文学校简介　陈建华　华文世界（中国台湾）　1994年第3期	
DC94982	大波士顿地区中文学校简介——勒星顿中文学校简介　张立人　华文世界（中国台湾）　1994年第3期	
DC94983	大波士顿地区中文学校简介——牛顿中文学校简介　葛海萍　华文世界（中国台湾）　1994年第3期	
DC94984	大波士顿地区中文学校简介——一位家长眼中的牛顿中文学校　朱伟亿　华文世界（中国台湾）　1994年第3期	
DC94985	他山之石可以攻错——简介哈佛大学日语班教学实况　亓婷婷　华文世界（中国台湾）　1994年第3期	
DC94986	加拿大华文教育之创举：中加文化双向交流　雷励　华文世界（中国台湾）　1994年第12期	
DC95987	国内语文中心简介——美国各大学中国语文联合研习所（史丹福中心）　编者　华文世界（中国台湾）　1995年第6期	
DC95988	加拿大中文教育的前景及挑战　雷励　华文世界（中国台湾）　1995年第9期	
DC95989	安省华文教育概况——私立学校简介　孙浩敏　华文世界（中国台湾）　1995年第9期	
DC96990	美国中文学校概览　汤翠英　侨务工作研究　1996年第3期	
DC97991	旧金山湾区的三所中文学校　英子　八桂侨史（现八桂侨刊）　1997年第1期	
DC97992	华文在美国的现状与未来　林珊　华人之声　1997年第4期	
DC97993	中文教育在旧金山　李学仁　侨务工作研究　1997年第4期	
DC97994	华文教育在加拿大的现状与展望　何刘静芝　华文世界（中国台湾）　1997年第12期	
DC97995	全美中文学校行政与教学现况——由美东谈起　徐烈钧　华文世界（中国台湾）　1997年第12期	
DC97996	南加州中文学校教育之现况及展望　韩务实　华文世界（中国台湾）　1997年第12期	

DC97997　美国密苏里州华文教学的现况与发展——圣路易中文学校的个案研讨　石圣焯　罗大桢　华文世界（中国台湾）　1997年第12期

DC97998　阿根廷华教教育之现况及展望　杨剑成　华文世界（中国台湾）　1997年第12期

DC97999　智利圣地亚哥中文学校现况简介及未来之展望　萧淑芳　华文世界（中国台湾）　1997年第12期

DC98001　北美洲中文学校简介　台北侨务委员会（中国台湾）　1998年

DC98002　美国华社中文教育两个系统的现状及发展前景　林去病　海外华文教育　1998年第2期

DC98003　论美加澳的华人移民与华文教育关系　林蒲田　海外华文教育　1998年第2期

DC98004　加拿大的祖语教育与华文教育　王燕燕　语文建设　1998年第3期

DC98005　美国华文教育发展新理念　梁培炽　暨南学报（哲学社会科学）　1998年第4期

DC98006　美国华文教育三题　樊培绪　暨南学报（哲学社会科学）　1998年第4期

DC98007　美国夏威夷中文学校的关闭与复设（1941—1949年）　汤熙勇　世纪之交的海外华人（上）　庄国土主编　福建人民出版社　1998年第374—376页

DC99008　当代美国华文教育浅析　肖炜蘅　八桂侨史（现八桂侨刊）　1999年第3期

DC99009　浅谈加拿大的华文教育　侨联调研组　侨务工作研究　1999年第4期

DC99010　传承中华文化传统：在美国大陆和夏威夷的中文学校　麦礼谦等　华侨华人历史研究　1999年第4期

DC99011　美国新兴中文学校的发展　李允晨　侨务工作研究　1999年第5期

DC00012　北美洲华文教育的历程及其特点　李天锡　华侨大学学报（哲学社会科学版）　2000年第4期

DC00013　美、加地区华语文教育之落实与创新　王澄滨　王清源　华文世界（中国台湾）　2000年第12期

DC00014　美国中文学校师资培训班课程　苏芳仪　华文世界（中国台湾）　2000年第12期

DC01015　美国华文教育的现状及思考　徐子亮　汉语言文化研究（第八辑）　南开大学汉语言文学学院　2001年

DC02016　我怎样当督导师　欧阳国泰　海外华文教育　2002年第4期

DC02017　美国第一位华语教授：戈鲲化　张文　海内与海外　2002年第9期

DC04018　20世纪90年代的美国华文教育及展望　丁霞　吉林工程技术师范学院学报　2004年第1期

DC04019　对当前加拿大华裔中文教育现状的思考　李宝贵　海外华文教育　2004年第3期

DC04020　加拿大新移民子女华文教育的问题及对策　王丽彩　八桂侨刊　2004年第3期

DC05021　新移民与美国华文教育　周聿峨　张树利　东南亚纵横　2005年第6期

DC05022　加拿大华文教育的现状分析　梁霞　张应龙　广西社会科学　2005年第12期

DC05023　战后美国华文教育研究　张树利　暨南大学硕士学位论文　2005年

DC05024　旧金山联合校区小学明秋开普通话双语课　星岛日报（美国）　2005-12-13

DC07025　美国大企业家子女学华文做生意　新明日报（新加坡）　2007-3-20

17　其他

DC56026　大溪地华侨教育　余晋坚　华侨教育丛书编委会（中国台湾）　1956年

DC58027	葡属帝汶华侨教育　巫范　海外出版社（中国台湾）　1958年	
DC86028	华文教育在纽西兰的发展与前景　林爽　中国语文通讯（中国香港）　1986年第9期	
DC86029	南非共和国的华侨学校简介之一　罗家瑞　华文世界（中国台湾）　1986年第10期	
DC87030	纽西兰北岛中小学的汉语教学　林宝玉　中国语文通讯（中国香港）　1987年第9期	
DC88031	澳洲地区侨校现况之报告　司徒珍珠　华文世界（中国台湾）　1988年第12期	
DC95032	澳大利亚的中文教育概况　张昌桂　陈申　世界汉语教学　1995年第4期	
DC97033	南非华侨华人教育概述　周南京　八桂侨史（现八桂侨刊）　1997年第3期	
DC97034	纽西兰华文教育的历史发展及现况　何式明　华文世界（中国台湾）　1997年第12期	
DC99035	大洋洲华文教育　李天锡　八桂侨史（现八桂侨刊）　1999年第1期	
DC99036	另一个"大洋彼岸"——赴澳大利亚讲课追记　姚民权　天风　1999年第5期	
DC00037	纽西兰华文教育的新里程碑　林爽　华侨华人资料　2000年第3期	
DC00038	南非地区华语文教育和电子远距教学　黄樑轩　华文世界（中国台湾）　2000年第12期	
DC00039	南非华语学校成立联合会　中央日报（中国台湾）　2000-9-9	
DC01040	在澳洲做家教：一个澳籍华人的教育手记　顾坚毅　福建教育出版社　2001年	
DC01041	新西兰华文教育结硕果　刘新　华人时刊　2001年第7期	
DC02042	斐济的华文教学　戴雪梅　海外华文教育　2002年第2期	
DC02043	澳大利亚华文教育的历史和现状　孙浩良　海外华文教育　2002年第3期	
DC03044	澳大利亚华文教育之现状　黄磊　暨南大学华文学院学报　2003年第4期	
DC04045	关于澳大利亚、新西兰华文教学现状的思考　胡丹　吉林师范大学学报（人文社会科学版）　2004年第2期	
DC04046	蓬勃发展的新西兰华文教育　梁小钢　海外华人社会新观察　吕伟雄主编　岭南美术出版社　2004年第96—101页	
DC05047	试析新西兰华文教育的发展　严丽明　八桂侨刊　2005年第1期	
DC05048	南澳华联会中文学校综述　靳丽华　海外华文教育　2005年第1期

DD　华文教育师资

DD84001	谈在台湾成立华语师资培训机构之必要性与可行性　曹逢甫　华文世界（中国台湾）　1984年第12期
DD85002	华校在职教师进修的过去、现在与未来　张霄亭　华文世界（中国台湾）　1985年第11期
DD85003	由华语文教学定位谈师资培训　陈希奇　华文世界（中国台湾）　1985年总第84期
DD86004	由华文教育推展论成立世界华文教育资料中心之必要性　董鹏程　华文世界（中国台湾）　1986年总第86期
DD87005	华语文师资训练课程之探讨　何景贤　华文世界（中国台湾）　1987年总第85期
DD88006	华文教师师资培训训练进修之探讨与成立华文教育中心之商榷　安密迩　华文世界（中国台湾）　1988年第12期
DD88007	华语文教材教法及师资培训之探讨研究　谢国光　华文世界（中国台湾）　1988年第12期

DD89008	孕育华语师资的摇篮——华文教学研习班简介　白恩拾　华文世界（中国台湾）　1989年第6期
DD90009	马来西亚国中、高中华文师资的培训　钟秋生　华文世界（中国台湾）　1990年第12期
DD90010	新一代华文师资的来源与培训　蔡志礼　华文世界（中国台湾）　1990年第12期
DD94011	藉国际性学术合作进行华语文师资培训之探讨　李振清　华文世界（中国台湾）　1994年第12期
DD95012	培育华语文师资的摇篮　张孝裕　华文世界（中国台湾）　1995年第6期
DD96013	从语言习得及语言学习看华语文师资之培训　张郁慧　华文世界（中国台湾）　1996年第3期
DD97014	华语文教师在职训练之"何为"、"为何"及"如何"　陆林继君　华文世界（中国台湾）　1997年第12期
DD97015	藉短期教师研习会培训中文学校师资之探讨　钟毓民　华文世界（中国台湾）　1997年第12期
DD97016	藉国际学术合作进行华语文师资培训之探讨　李振清　华文世界（中国台湾）　1997年第12期
DD97017	参加世界华文教育协进会"华文师资研习班"研后感　郑素丽　华文世界（中国台湾）1997年第12期
DD97018	"微观习教"大有可为——华文师资教学经验谈　卢毓文　华文世界（中国台湾）1997年第12期
DD97019	如何突破传统华语文教学的狭隘性　孟非梦　华文世界（中国台湾）　1997年总第97期
DD98020	菲律宾华校华语教师培训评介　杨子菁　海外华文教育　1998年第1期
DD98021	谈在台湾成立华语师资培训机构之必要性与可行性　曹逢甫　华文世界（中国台湾）1998年第12期
DD98022	"国语"日报语文中心教师　张席珍　华文世界（中国台湾）　1998年总第87期
DD98023	二十一世纪华文教师培训工作的几点思考　金宁　华文教育研究与探索　华侨大学（集美）华文学院编　暨南大学出版社　1998年
DD99024	中学语文教师培训课程计划与实施　何艳茹　祝捷　中文教育论文集第六辑：语文与评估（一九九八年国际语文教育研讨会论文集）　何国祥编　香港教育学院出版（中国香港）　1999年第491—498页
DD00025	漫议泰华师资培训　丁身展　海外华文教育　2000年第2期
DD00026	菲律宾华语师资队伍及师资培训现状述评　杨子菁　八桂侨刊　2000年第2期
DD00027	扩充·稳定·提高——谈华文教师队伍的建设　陈荣岚　唐微文　海外华文教育　2000年第2期
DD00028	论海外华文教师的基本素质　金宁　顾圣皓　华侨大学学报（哲学社会科学版）　2000年第3期
DD00029	国内培训海外华文师资的途径和作用　林蒲田　海外华文教育　2000年第4期
DD00030	关于菲律宾华文教育的演变与师资问题　颜长城　华文世界（中国台湾）　2000年第12期
DD00031	关于对韩国儿童的华语教学师资培训的方法　萧素秋　华文世界（中国台湾）　2000

年第 12 期

DD00032	析论华师师资培育之新途径　卢增绪　华文世界（中国台湾）2000 年第 12 期	
DD00033	大马华文师资与华文报相关　星洲日报（马来西亚）2000-1-5	
DD02034	加快培育华文网络教育教师队伍的思考　连志丹　海外华文教育　2002 年第 2 期	
DD02035	新世纪发展海外华文教育的新思考——兼论海外华文学校的人事管理　邵建寅　海外华文教育　2002 年第 2 期	
DD02036	印尼华文教师在厦大接受汉语培训　陈澜　海外华文教育　2002 年第 3 期	
DD02037	略议菲律宾华教的师资培训——兼谈华文教材的编写　徐子亮　海外华文教育　2002 年第 4 期	
DD02038	海外华文教师培训中的中国文化课教学　常大群　海外华文教育　2002 年第 4 期	
DD03039	关于东南亚华文师资培训工作的思考　杨子菁　海外华文教育　2003 年第 1 期	
DD03040	当好人师——谈菲律宾华文师资队伍建设　刘泰芳　海外华文教育　2003 年第 4 期	
DD03041	海外华文教师培训中的中国文化课教学　常大群　对外汉语教学论文集　厦门大学海外华文教育研究所、海外教育学院编　厦门大学出版社　2003 年第 359—365 页	
DD03042	关于海外汉语教师短期培训工作的几点思考　梁少华　华文教育论文集　金宁主编　暨南大学出版社　2003 年第 60—68 页	
DD04043	论重视华语教师情商（EQ）的培养　章石芳　江西科技师范学院学报　2004 年第 6 期	
DD05044	谈汉语教学志愿者"菲律宾模式"的作用及经验　范启华　海外华文教育　2005 年第 4 期	
DD05045	印尼华文教师队伍现状及培养对策　蔡贤榜　海外华文教育　2005 年第 4 期	
DD05046	华文教育学科建设及高级人才培养刍议　李铁范　中国高教研究　2005 年第 10 期	
DD06047	培训华文老师被派国小执教　教总感遗憾及不满　联合早报（新加坡）2006-12-28	
DD06048	师资本已不足　槟校友联强烈抗议派华文教师到国小　联合早报（新加坡）2006-12-31	
DD06049	对菲律宾华语教师培训原则的思考　彭家法　海外华文教育　2006 年第 1 期	
DD06050	试论印尼华语教师培训基地的建立与华语教育事业的发展　吕效东　王健昆　海外华文教育　2006 年第 3 期	
DD07051	老挝华文师资培训策略探讨　杨俐　海外华文教育　2007 年第 1 期	
DD07052	我校教师在泰国开展汉语师资培训反响热烈　黄建军　海外华文教育　2007 年第 1 期	
DD07053	我校组团赴印尼开展汉语师资培训　张峰　海外华文教育　2007 年第 1 期	
DD07054	大陆对外汉语教师培养培训的介绍和思考　李凤林　华文世界（中国台湾）2007 年第 6 期	
DD07055	印尼华文师资培训——以学习者为中心的教学规划　宋如瑜　华文世界（中国台湾）2007 年第 6 期	
DD07056	泰国华教师资培训概况——2006 年纪实　江惜美　华文世界（中国台湾）2007 年第 6 期	

DE　华语规范

DE76001	华语的标准问题　谢云飞　华语研究中心学术讲演汇录　南洋理工大学中华语言文化

中心（新加坡） 1976年
DE80002　香港书面语的规范问题　邓仕梁　中国语文研究（中国香港） 1980年第1期
DE83003　一次汉语规范化和文字改革的国际会议——记夏威夷"华语现代化"学术会议　钟雨　人民日报　1983-12-29
DE86004　从非规范到规范——新加坡华语词汇的变异问题　林万菁　中国语文通讯（中国香港） 1986年第3期
DE89005　台湾语文规范工作计划草案，走向标准化的台湾语文　郑良伟　自立出版社（中国台湾） 1989年
DE89006　走向标准化的台湾语文　郑良伟　自立晚报出版社（中国台湾） 1989年
DE90007　关于汉字简化问题答台湾学者问　许嘉璐　汉字文化　1990年第2期
DE90008　华语语法规范的考虑因素　李英哲　夏威夷大学第三届国际汉语教学讨论会论文选（美国） 1990年
DE90009　华语词汇规范的原则　汪惠迪　联合早报（新加坡）1990-10-11、12
DE91010　海峡两岸汉语规范化的思考　殷焕光　第三届国际汉语教学讨论会论文选　第三届国际汉语教学讨论会会务工作委员会编　北京语言学院出版社　1991年第120—125页
DE91011　简化汉字和汉语拼音会废除吗？　汪惠迪　联合早报（新加坡） 1991-4-22、23
DE92012　香港地区的语言文字规范问题　田小琳　中国语文（中国台湾） 1992年第2期
DE92013　广东话式的华语　怡花　南洋商报（马来西亚） 1992-6-13
DE92014　请别污染华语　哲凡　南洋商报（马来西亚） 1992-6-29
DE92015　请维护正统华文　何程　星洲日报（马来西亚） 1992-7-29
DE93016　中文就是中文　超志　星洲日报（马来西亚） 1993-3-1
DE94017　关于汉字规范化的几个具体问题——答王义明先生　费锦昌　语文建设　1994年第1期
DE94018　新加坡的华语规范化和华语教学　田惠刚　语文建设　1994年第1期
DE94019　香港书面语的规范化问题　周国正　语文教师的认识　李学铭　香港政府印务局（中国香港） 1994年第15—18页
DE95020　港话连篇说"规范"　萧贤彬　语文建设通讯（中国香港） 1995年第6期
DE95021　关于新加坡华语规范化问题　陆俭明　联合早报（新加坡） 1995-6-16
DE95022　新加坡华语规范化的问题　陆俭明　联合早报（新加坡） 1995-6-16、17
DE96023　台湾五十年来语文规范化述略　仇志群　语文建设　1996年第9期
DE96024　华语词汇的整理与规范　姚德怀　词库建设通讯（中国香港） 1996年第9期
DE96025　华语言文字应用规范化学术讲座总结摘要　社论　南洋商报（马来西亚） 1996-4-24
DE96026　华语规范化问题面面观　吕辉学　南洋商报（马来西亚） 1996-5-3
DE97027　再论香港地区语言文字规范问题　田小琳　北京第一届语言文字应用研讨会集　语文出版社　1997年
DE97028　普通话词汇的发展变化和规范标准　田小琳　教与学新知　香港教育署辅导视学处编　语文出版社　1997年
DE97029　漫谈新闻媒体的语言规范问题　汪惠迪　联合早报（新加坡） 1997-5-27
DE98030　并非吹毛求疵：香港中文报章的语言与报道问题评析　黄煜　卢丹怀　俞旭　广东高等教育出版社　1998年

DE98031	香港地名普通话读音的规范问题　谢雪梅　林建平　普通话教研通讯（中国香港）1998年第2期	
DE98032	香港语言的特点与规范　李国正　厦门大学学报（哲学社会科学版）1998年第4期	
DE98033	由社区词谈现代汉语词汇的规范　田小琳　语文建设　1998年第11期	
DE99034	华语文教学规范与理论基础　叶德明　师大书苑（中国台湾）1999年	
DE99035	词语规范化的基本问题　林万菁　华文教师（新加坡）1999年总第33期	
DE99036	应用规范语言与世界沟通（华英双语）　汪惠迪　联合早报（新加坡）1999-8-31	
DE00037	新加坡华语变体规范化探讨　吴英成　陈碧珊　语文建设通讯（中国香港）2000年总第65期	
DE00038	讲标准华语才是正确态度　中华　联合早报（新加坡）2000-1-11	
DE00039	双向互动　兼容并蓄——新马华语规范的路向　汪惠迪　联合早报（新加坡）2000-1-23、30	
DE00040	语文现象应统一　程祥徽　澳门日报（中国澳门）2000-12-2	
DE01041	新加坡华语句法特点及其规范问题（上）　陆俭明　海外华文教育　2001年第4期	
DE01042	澳门语文应用要走向规范化与标准化　程祥徽　澳门语言学刊（中国澳门）2001年第14、15期	
DE01043	走向规范化与标准化——《国家通用语言文字法》的启示　程祥徽　澳门语言学刊（中国澳门）2001年第47、48期	
DE01044	香港粤语词语的规范化问题　汤志祥　第八届国际粤方言研讨会论文　詹伯慧主编　暨南大学出版社　2001年第441—450页	
DE01045	从教学的观点谈语言的规范化　梁春芳　新加坡华文教学论文二集　谢泽文编　泛太平洋出版私人有限公司（新加坡）2001年	
DE01046	语言学会研讨规范语言文字　程祥徽　澳门日报（中国澳门）2001-3-24	
DE02047	新加坡华语句法特点及其规范问题（下）　陆俭明　海外华文教育　2002年第1期	
DE02048	误用与误判的鉴别四原则　邢福义　语言文字应用　2002年第1期	
DE02049	处理地区性词汇应注意的事项　田小琳　语文建设通讯（中国香港）2002年第1期	
DE02050	社区词和中文词汇规范之研究　田小琳　世界汉语教学　2002年第1期	
DE02051	日据时期台湾话文运动述论　陈小冲　台湾研究集刊　2002年第2期	
DE02052	域内外汉语协调问题刍议　郭熙　语言文字应用　2002年第3期	
DE02053	普通话词汇与新马华语词汇的协调与规范问题——兼论域内外汉语词汇协调的原则与方法　郭熙　南京社会科学　2002年第12期	
DE02054	论华语教学中处理语言变异的一些实际问题　林万菁　语文研究论集　林万菁　泛太平洋出版私人有限公司（新加坡）2002年	
DE02055	论非规范词汇的研究意义　林万菁　语文研究论集　林万菁　泛太平洋出版私人有限公司（新加坡）2002年	
DE02056	从非规范到规范——新加坡华语词汇的变异问题　林万菁　语文研究论集　林万菁　泛太平洋出版私人有限公司（新加坡）2002年	
DE02057	新加坡华语词汇的规范趋势：与过去相比　林万菁　语文研究论集　林万菁　泛太平洋出版私人有限公司（新加坡）2002年	

DE02058	从修辞的观点看非规范的"有"字句 林万菁 语文研究论集 林万菁 泛太平洋出版私人有限公司（新加坡） 2002年
DE02059	关于同类字研究的若干问题 林万菁 语文研究论集 林万菁 泛太平洋出版私人有限公司（新加坡）2002年
DE02060	香港语言现状及普通话规范 苏新春 华人地区语文生活与语文计划国际学术研讨会论文 2002年
DE02061	华语的规范与协调 郭熙 汪惠迪 联合早报（新加坡）2002-12-7
DE03062	新加坡国大徐杰博士：新加坡华语如要规范应"维持大同尊重小异" 王慧容 基础教育参考 2003年第Z1期
DE04063	马规范内阁成员华文译名 联合早报（新加坡） 2004-4-29
DE05064	台湾语言文字规划的社会语言学分析 赵会可 李永贤 山西师大学报（社会科学版）2005年第6期
DE05065	走向规范化与标准化——《国家通用语言文字法》的启示 程祥徽 中文变迁在澳门 程祥徽 三联书店（香港）有限公司（中国香港） 2005年第213—220页
DE05066	语文现象应统一 程祥徽 中文变迁在澳门 程祥徽 三联书店（香港）有限公司（中国香港） 2005年第241—242页
DE05067	语言学会研讨规范语言文字 程祥徽 中文变迁在澳门 程祥徽 三联书店（香港）有限公司（中国香港） 2005年第255—256页
DE06068	香港词语规范化与多元标准 邵敬敏 汉语广视角研究 邵敬敏 东北师范大学出版社 2006年第12—14页
DE06069	词语规范化的基本问题 林万菁 汉语研究与华文教学论集 林万菁 新华文化事业（新）有限公司（新加坡） 2006年第31—33页
DE07070	语言规划与语言教育 徐杰 学林出版社 2007年

DF 华语信息处理

DF91001	面向整个华语社区的1K级汉字键盘的设计原则 许家梁 中文信息学报 1991年第2期
DF94002	繁简汉字文本转换初探 陈亚川 语言教学与研究 1994年第3期
DF94003	华文"书同文"电脑化——兼论"中文字码" 黄克东 华文世界（中国台湾） 1994年第12期
DF95004	我们的2000工程——华语拼音文字 王昭宁 吴杰 里元 仲耘 周伟民 中文信息 1995年第4期
DF96005	海外中文电子报刊概况 王士谷 新闻学探讨与争鸣 1996年第1期
DF96006	"国语"—闽南语机器翻译系统之研究 林川杰 台湾大学硕士学位论文（中国台湾） 1996年
DF98007	对开发利用图书馆海外中文报刊信息的思考 张泳 图书馆工作 1998年第4期
DF98008	对开展图书馆海外中文信息服务的思考 张泳 图书馆界 1998年第4期
DF98009	图书馆海外中文报刊信息的开发与利用 张泳 图书馆论坛 1998年第5期

DF99010	图书馆海外中文报刊信息利用之刍议	张泳　北京图书馆馆刊　1999年第1期
DF99011	试谈海外中文报刊的开发与利用　刘静雅　图书馆论坛　1999年第1期
DF99012	筛选汉字小字符集的必要性和可能性　刘华杰　科技术语研究　1999年第4期
DF99013	对建立海外中文报刊全文数据库的思考　张泳　图书馆建设　1999年第4期
DF02014	台语TTS系统之改进　钟祥睿　交通大学硕士学位论文（中国台湾）2002年
DF04015	试论海峡两岸计算机名词协调一致问题　张伟　科技术语研究　2004年第2期
DF04016	新时期海外中文报刊信息开发的困境与出路　符国冰　图书馆论坛　2004年第4期
DF04017	海外中文报刊全文数据库及其应用　符国冰　图书馆理论与实践　2004年第4期
DF06018	"新中文时代"：机遇与挑战——兼论网络时代中文传播的对策　王君超　汉语文走向世界　谭慧敏　南大中华语言文化中心、八方文化创作室（新加坡）2006年第291—308页
DF06019	试论互联网对华语世界的影响　张从兴　汉语文走向世界　谭慧敏编　南大中华语言文化中心、八方文化创作室（新加坡）2006年第309—341页

DG　华语词典编纂

DG47001	"国语"辞典（汉语辞典简本1957）　商务印书馆1947年
DG61002	南洋华语俚俗词典　许云樵　世界书局有限公司（新加坡）1961年
DG67003	华语大辞典　上海书局（中国香港）1967年
DG61004	南洋华语俚俗辞典　许云樵　星洲世界书局印行（新加坡）1961年
DG74005	"国语"日报辞典　何容　"国语"日报社（中国台湾）1974年
DG76006	论华语常用字汇的编定　卢绍昌　华语研究中心学术讲演汇录：1975—1976　南大华语研究中心（新加坡）1976年
DG78007	现代华语词典　上海书局（私人）有限公司（新加坡）1978年
DG78008	世界地名华文统一名称　新加坡文化部华文译名统一委员会　新加坡文化部宣传处（新加坡）1978年
DG79009	常用国字标准字体表　台湾教育部　正中书局（中国台湾）1979年
DG81010	重编"国语"辞典　教育部重编"国语"辞典编辑委员会　商务印书馆（中国台湾）1981年
DG81011	华文工具之重制及加强机械化刍议　邓飞鹏　华文世界（中国台湾）1981年第3期
DG82012	华语同义词词典　任同改　新天书局（新加坡）1982年
DG87013	华马词典雏形　杨贵谊　亚洲文化（中国台湾）1987年第1期
DG87014	论《"国语"活用辞典》　周何主编　林庆彰　国文天地（中国台湾）1987年第7期
DG87015	《台湾汉语辞典》编纂者：许成章教授访问记　汤熙勇　史联杂记（中国台湾）1987年第8期
DG88016	新加坡《小学华文教材》字词频率辞典（初稿）　卢绍昌　新加坡国立大学华语研究中心（新加坡）1988年
DG89017	台湾汉语辞典（音字篇）　许成章　高市文献（中国台湾）1989年第12期
DG90018	"国语"日报辞典　何容　"国语"日报社（中国台湾）1990年

DG90019	潮语华语　华语潮语拼音字汇　张良材　新加坡潮州八邑会馆文教委员会出版组（新加坡）1990年	
DG90020	港台语词词典　黄丽丽　周澍民　钱惠琴编著　黄山书社　1990年	
DG90021	大陆和台湾词语差别词典　邱质朴主编　南京大学出版社　1990年	
DG92022	国台双语辞典——台华双语辞典　杨青矗　敦理出版社（中国台湾）1992年	
DG92023	海峡两岸词语对译　中国标准技术开发公司编著　中国标准出版社　1992年	
DG92024	《国台双语辞典》与双语教育　陈水扁　精湛（中国台湾）1992年第11期	
DG93025	汉语新语汇词典　郭熙主编　江苏教育出版社　1993年	
DG94026	当代港台用语词典　朱光祁　上海辞书出版社　1994年	
DG96027	最新惯用语词典　李清荣　由岑　新加坡胜友书局出版（新加坡）1996年	
DG96028	英汉电脑名词　新加坡华文媒介统一译名委员会（新加坡）1996年	
DG96029	香港词典　郑定欧主编　北京语言学院出版社　1996年	
DG97030	大陆用语检索手册　竺家宁等　台北行政院陆委会发行（中国台湾）1997年	
DG97031	"国语"日报量词典　台湾中研院词库小组　"国语"日报出版中心　"国语"日报社（中国台湾）1997年	
DG97032	香港话·普通话对照词典　朱永锴编著　汉语大词典出版社　1997年	
DG97033	香港话词典　吴开斌　花城出版社　1997年	
DG97034	外向型现代华语学习词典微观结构之研究　郑定欧　华文世界（中国台湾）1997年第12期	
DG97035	谈《现代汉语词典》修订本对香港词语的吸收　苏金智　中国教育报　1997-5-30	
DG98036	推广华语理事会　时代英汉专用名词手册　联邦出版社（新加坡）1998年	
DG99037	港式广州话词典　张励妍　倪列怀　香港万里书店（中国香港）1999年	
DG99038	时代新加坡特有词语词典　汪惠迪　联邦出版社（新加坡）1999年	
DG99039	《两岸现代汉语常用词典》编撰缘起与内容　何景贤　台湾中华语文研习所第六届国际汉语教学讨论会论文选（中国台湾）1999年	
DG00040	在香港使用粤方言词典带来的困惑　王晋光　第七届粤方言国际研讨会论文集　单周尧　陆镜光编　商务印书馆　2000年	
DG00041	大陆及港澳台常用词对比词典　魏励　盛玉麒主编　北京工业大学出版社　2000年	
DG00042	港台语普通话新词手册　朱光祁编著　上海辞书出版社　2000年	
DG00043	香港地区辞书事业的成就与前景　Andrew Taylor　徐海　辞书研究　2000年第1期	
DG00044	华语词典应用与编纂的落差　吴英成　华文世界（中国台湾）2000年第12期	
DG00045	网络世纪需要一部全球华语通用词典　汪惠迪　联合早报（新加坡）2000-10-5	
DG01046	网络世纪需要一部全球华语通用词典　汪惠迪　语文建设　2001年第1期	
DG01047	略论东南亚华裔学生华语学习词典的编纂　卢伟　辞书研究　2001年第4期	
DG02048	华语词典应用与编纂的落差　吴英成　语言教学与研究　2002年第3期	
DG02049	编纂全球华语地区词词典：时代的呼唤　汪惠迪　香港中国语文学会华人地区语文生活与语文计划国际学术研讨会论文（中国香港）2002年	
DG02050	编纂全球华语地区词词典：时代的呼唤　汪惠迪　联合早报（新加坡）2002-11-10	
DG03051	关于产生性词典的编纂构想　冯耀华　新加坡华文教学论文三集　谢泽文编　新加坡	

华文研究会（新加坡） 2003年第279—293页
DG03052 汉语词典微型结构的革新：学习者视角 吴英成 华文老师（新加坡） 2003年第1期
DG05053 从《两岸现代汉语常用词典》看两岸的同实异名词语 李慧 修辞学习 2005年第2期
DG05054 汉语走俏和词典失语 汪惠迪 中国新闻网 2005-11-1
DG06055 编写《香港社区词词典》的几点思考 田小琳 中国语言学报 2006年第12期
DG06056 《全球华语地区词词典》：全球华社地区词的大整合 汪惠迪 词汇学理论与应用（三）《词汇学理论与应用》编委会编 商务印书馆 2006年第328—338页
DG06057 编写《香港社区词词典》的几点思考 田小琳 田小琳语言学论文集 田小琳 东北师范大学出版社 2006年第347—379页
DG06058 编纂《华语地区词词典》的构想 汪惠迪 汉语文走向世界 谭慧敏编 南大中华语言文化中心、八方文化创作室（新加坡） 2006年第57—74页
DG06059 查字典词典是个好习惯 卢绍昌 新加坡华文教学论文四集 谢泽文编 新加坡华文研究会（新加坡） 2006年第81—86页
DG06060 《现代汉语词典》和《全球华语词典》 周清海 汉语文走向世界 谭慧敏编 南大中华语言文化中心、八方文化创作室（新加坡） 2006年第75—82页
DG07061 《现代汉语词典》和《全球华语词典》 周清海 全球化环境下的华语文教学（南洋大学学术论丛1） 周清海 新加坡青年书局（新加坡） 2007年第67—74页
DG07062 暨南大学社会语言学家谈华语 郭熙：助印度尼西亚华人学习华文 华文媒体身负重任 星洲日报（印度尼西亚） 2007-12-3

DH 华语翻译

DH86001 "国语"的"文句翻语音系统"简介 郑秋豫 华文世界（中国台湾） 1986年第4期
DH89002 法律翻译在香港 余文景 法学评论 1989年第6期
DH92003 大陆与台港英文科技语汉译比较 娄承肇 上海科技翻译 1992年第2期
DH93004 新加坡政府部门职衔标准华文译名 新加坡华文媒介统一译名委员会（新加坡） 1993年
DH93005 香港即时传译的若干特色 陈育沾 翻译新论集 刘靖之编 商务印馆（中国台湾） 1993年第267—283页
DH95006 港澳台与大陆经济文献翻译比较 李恒春 东南亚研究 1995年第5期
DH97007 浅谈香港翻译剧走向 刘冰 江苏广播电视大学学报 1997年第4期
DH99008 审定译名，促进媒体译名规范化——新加坡华文媒介统一译名委员会工作简介 汪惠迪 科技术语研究 1999年第3期
DH99009 "胡姬"是佳译应保留 林万菁 联合早报（新加坡） 1999-10-22
DH00010 香港译者翻译外国电影片名的同化趋向 岳峰 北京电影学院学报 2000年第3期
DH00011 台岛拼音之争 康慨 中华读书报 2000-11-16
DH01012 香港英语合同中文译文的特点 熊涛 国际经贸探索 2001年第2期
DH01013 台湾的中文译音之争 许长安 现代语文（高中版） 2001年第5期
DH01014 英汉语之间最大的差异——兼谈这与同步传译的关系 李成业 新加坡华文教学论文

二集　谢泽文编　泛太平洋出版私人有限公司（新加坡）2001年
DH01015　漫谈会议同步传译　李成业　新加坡华文教学论文二集　谢泽文编　泛太平洋出版私人有限公司（新加坡）2001年
DH02016　台湾的中文译音之争　许长安　语文现代化论文集　苏培成　颜逸明　尹斌庸编　商务印书馆　2002年
DH02017　新加坡华文媒介统一译名委员会将设华文译名网站　联合早报（新加坡）2002-8-14
DH04018　汉语资源的清理与现代翻译文学　宋炳辉　华侨大学学报（哲学社会科学版）2004年第4期
DH04019　打造新加坡翻译服务业　吴英成　联合早报（新加坡）2004-7-19
DH05020　大陆、香港两地网络词汇翻译与译名统一　谭晓丽　湖南科技学院学报　2005年第4期
DH06021　"胡姬"是佳译应保留　林万菁　汉语研究与华文教学论集　林万菁　新华文化事业有限公司（新加坡）2006年
DH06022　漫谈新加坡翻译与传译行业　李成业　新加坡华文教学论文四集　谢泽文编　新加坡华文研究会（新加坡）2006年

DI　华语文学

1　概论

DI70001　北美华文创作的历史与现状　胡照忠　震旦出版社（中国香港）1970年
DI90002　美洲广东华侨流传歌谣汇编　向阳　华文世界（中国台湾）1990年第3期
DI92003　不会说中国话——论散居族裔之身份认同与后现代之种族性　Ang Ien，施以明译　中外文学21卷7期（中国台湾）1992年12月
DI94004　在禁绝华文的地域编印华文文集　黄东平　华文文学　1994年第1期
DI96005　论海外华文文学的命名意义　饶芃子　费勇　文学评论　1996年第1期
DI98006　两岸乡土小说的共同文化背景及异异话语的解剖　丁帆　南京大学学报（哲学·人文科学·社会科学）1998年第3期
DI98007　华语诗歌跨世纪行的思考　彭诚　理论与创作　1998年第2期
DI98008　关于华文创作在非华文世界（中国台湾）的现状、地位和前景　徐家祯　华文文学　1998年第3期
DI98009　文是华语亲　月是故乡明：北美华文作家作品研讨会散记　剑非　中国文化报　1998年第10期
DI99010　北美华文创作的历史与现状　顾圣皓　钱建军主编　暨南大学出版社　1999年
DI99011　距离、记忆与书写：兼谈海外中文创作　裴在美　台港文学选刊　1999年第1期
DI02012　世俗叙事在现代华文语境中的"断"与"续"　徐德明　华文文学　2002年第1期
DI03013　方言、"国语"、文学　李欧梵　都市漫游者：文化观察　李欧梵　广西师范大学出版社　2003年
DI03014　善待中华大家庭的母语文字　蔡希平　八桂侨刊　2003年第3期
DI03015　乡土风情与本土意识——大陆、台湾乡土文体与文学语言比较　范钦林　江苏教育学

院学报（社会科学版） 2003年第5期
DI04016　全球化语境下汉语疆界的模糊与文学史的重写　王宁　甘肃社会科学　2004年第5期
DI05017　网络文学（华语）论稿　王晓麟　德阳教育学院学报　2005年第2期
DI05018　世界汉语文学？还是"世界华文文学"？　郝明工　重庆师范大学学报（哲学社会科学版）2005年第2期
DI05019　老舍与海外华语文学　赵晓龙　河北师范大学学报（哲学社会科学版）　2005年第4期
DI05020　当代华文写作的语言问题　李欧梵　未完成的现代性　李欧梵讲演（北大学术讲演丛书20）　北京大学出版社　2005年第170—176页
DI06021　华语语系文学：边界想象与越界建构　王德威　中山大学学报　2006年第5期

2　港台

DI79022　台语可能成为文学语言吗？　陈嘉宗　青年战士报（中国台湾）　1979-12-15
DI80023　台湾俗谚采撷录（上、中、下）　姚汉秋　汉声（中国台湾）　1980年第1—3期
DI88024　台湾小说语言析异　朱永锴　华文文学　1988年第2期
DI92025　用心用爱写台湾——我为什么用台语写现代诗　王晓波　台湾史论集　中国友谊出版公司（中国台湾）　1992年
DI92026　超越压抑：从语言选择到叙述——观察台湾小说写作史的一个视野　黎湘萍　文艺争鸣　1992年第4期
DI94027　从白话文运动到台湾语文：日据时期两岸新文学运动考察的一个侧面　黄东平　华文文学　1994年第1期
DI96028　"身土不二"、"华文为本"之断想　申云　云南科技管理　1996年第2期
DI97029　社会、语言及其它——读海峡彼岸的《红与黑》　许钧　现代外语　1997年第1期
DI97030　"向下"与"向上"的文学互补——海峡两岸儿童文学异同论　两岸儿童文学异同论　彭斯远　当代文坛　1997年第3期
DI97031　香港文学语言特色的嬗变　李国正　文艺报（理论版）　1997-9-30
DI99032　香港幼稚园常用儿童文学评估研究　刘社尧　廖佩莉　何志恒　中文教育论文集（第六辑）：语文与评估——一九九八年国际语文教育研讨会论文集　何国祥编　香港教育学院出版（中国香港）　1999年
DI03033　论日据台湾日文写作语言的社会功能　计璧瑞　世界华文文学论坛　2003年第2期
DI03034　"为大众"的文学语言观——论赖和对台湾话文的主张　刘红林　世界华文文学论坛　2003年第3期
DI04035　异质的存在——锦连诗研究　李友煌　成功大学硕士学位论文（中国台湾）　2004年
DI04036　台湾文学——语言·精神·历史　刘俊　读书　2004年第1期
DI04037　语言的转换与文学的进程：关于台湾文学的一种解说　汪毅夫　中国现代文学研究丛刊　2004年第1期
DI04038　余光中为当代华语散文贡献了什么？　古耜　写作（中学版）　2004年第5期
DI03039　乡土风情与本土意识——大陆、台湾乡土文体与文学语言比较　范钦林　江苏教育学院学报（社会科学版）　2003年第5期
DI05040　试论台湾政治小说和台语文学的反叛精神　古远清　嘉应学院学报　2005年第1期

DI05041	"新移民华文作家笔会"在美国成立　世华　世界华文文学论坛　2005年第1期
DI05042	台湾现代派诗的"母语情结"　姜耕玉　东南大学学报（哲学社会科学版）2005年第4期
DI05043	"还贷"的新世纪：海峡两岸汉语写作的积极挑战　贺绍俊　文艺争鸣　2005年第4期

3　东南亚

DI75044	创造与批评　陈初荣　凤行出版社（马来西亚）1975年
DI78045	现代华语文论丛　黄荣辉　教育出版社（新加坡）1978年
DI93046	新加坡华文报刊与报人　崔贵强　海天文化企业私人有限公司（新加坡）1993年
DI93047	语言的命运（上）　王安忆　星洲日报（马来西亚）1993-12-7
DI94048	诗的拉让江——论马来西亚诗人田思的诗歌创作　陈望衡　浙江大学学报（人文社会科学版）1994年第1期
DI94049	在禁绝华文的地域编印华文文集　黄东平　华文文学　1994年第1期
DI94050	东南亚华文文学的语言文化背景　陈保亚　思想战线　1994年第5期
DI95051	新加坡华语话剧的创作与演出状况（1980—1994年）　邱春莲　新加坡国立大学中文系荣誉学士学位论文（新加坡）1995年
DI95052	小黑、朵拉创作论——东南亚华文夫妇作家的一个取样分析　岳玉杰　华侨大学学报（哲学社会科学版）1995年第3期
DI96053	马华文学：内在中国、语言与文学史　黄锦树　华社资料研究中心（马来西亚）1996年
DI96054	试论当代华文诗歌的语言问题　陈良运　南昌大学学报（社会科学版）1996年第4期
DI97055	数典而不忘祖——东南亚华文石刻一瞥（上）　程章灿　中国典籍与文化　1997年第1期
DI97056	纪年与正朔——东南亚华文石刻一瞥（下）　程章灿　中国典籍与文化　1997年第2期
DI97057	试论新加坡华文文学的文化语境　周宁　文艺理论与批评　1997年第6期
DI98058	马六甲、新加坡华文碑文辑录　庄钦永　中研院民族学研究所（中国台湾）1998年
DI98059	马华文学与中国性　黄锦树　远流出版事业股份有限公司（中国台湾）1998年
DI98060	东南亚华文文学百年流变的一种轮廓描述　黄万华　世界华文文学论坛　1998年第2期
DI01061	面向21世纪的东南亚华文文学（下卷）——东南亚华文文学语言研究　李国正等编　厦门大学出版社　2001年
DI01062	东南亚华文短篇小说中的母亲形象　王丹红　海外华文教育　2001年第3期
DI01063	第四届东南亚华文教学研讨会闭幕　延河　暨南大学华文学院学报　2001年第4期
DI01064	流光溢彩的东南亚华文小说文学语言　李国正　面向21世纪的东南亚华文文学（上卷）厦门大学出版社　2001年
DI01065	东南亚华文文学语言美之刍议　张桃　面向21世纪的东南亚华文文学（上卷）厦门大学出版社　2001年
DI01066	马华新文学的先驱——1915至1919年6月马华白话小说研究　郭惠芳　面向21世纪的东南亚华文文学（上卷）厦门大学出版社　2001年
DI01067	东南亚华文文学语言风格管见　何耿镛　面向21世纪的东南亚华文文学（上卷）

厦门大学出版社　2001 年
DI01068　从高行健获奖谈本地华文文学　张曦娜　联合早报（新加坡）2001-1-11
DI01069　离而不散的华文文学　庄永康　联合早报（新加坡）2001-9-10
DI01070　从"争取华文文学读者群"谈开　辜楚霞　联合早报（新加坡）2001-10-9
DI02071　东南亚华文文学语言研究　李国正　厦门大学出版社　2002 年
DI02072　用词有方：论新世纪的文学语言　林万菁　迈进新世纪：文学言说　郭淑云主编　南洋理工大学中华语言文化中心（新加坡）2002 年第 295—306 页
DI02073　新加坡华文文学语言特色初探　张建英　集美大学学报（哲学社会科学版）2002 年第 1 期
DI02074　印尼华文文学语言形式的嬗变及特征　杨怡　厦门广播电视大学学报　2002 年第 1 期
DI02075　言　陌生而本色——论东南亚华文现代诗的语言特色　许燕　华文文学　2002 年第 4 期
DI02076　印尼华文文学语言特色　杨怡　厦门大学学报（哲学社会科学版）2002 年第 6 期
DI03077　Songs of the South: Research Materials on Chinese Authors in Singapore 1920—1965　南来作家研究资料　新加坡国家图书管理局　新加坡文艺协会（新加坡）2003 年
DI04078　因为你就在我的视野里——新加坡华文语境中的本土关怀　方桂香　创意圈出版社（新加坡）2004 年
DI04079　无害的学问　无害的主义　李锐　华侨大学学报（哲学社会科学版）2004 年第 4 期
DI05080　东南亚华文小说、散文的语音艺术　李国正　菲华文学在茁长中　第五届东南亚华文文学研究会论文选编组编　厦门大学出版社　2005 年
DI05081　南洋都市语境下的新加坡华文文学语言　张建英　湖南文理学院学报（社会科学版）2005 年第 6 期
DI06082　新华文学研究的分期应与语文教育制度的转变挂钩　黄荣辉　新加坡华文教学论文四集　谢泽文编　新加坡华文研究会（新加坡）2006 年
DI06083　用词有方——论新世纪的文学语言　林万菁　汉语研究与华文教学论集　林万菁　新华文化事业有限公司（新加坡）2006 年

DJ　华语传媒

1　报刊

DJ80001　新加坡早期华文报章文艺副刊研究（1927—1930）　杨松年　教育出版社（新加坡）1980 年
DJ86002　战前新马报章文坛副刊析论　杨松年　新加坡东安会馆（新加坡）1986 年
DJ87003　泰国的华文报刊　方积根　人民日报（海外版）1987-2-20
DJ87004　印度的华文报刊　方积根　人民日报（海外版）1987-10-16
DJ87005　朝鲜的华文报刊　方积根　人民日报（海外版）1987-11-27
DJ93006　我们的七十年　林任君　新加坡报业控股华文报集团（新加坡）1993 年
DJ94007　《香港华字日报》中的孙中山轶文研究　莫世祥　近代史研究　1994 年第 3 期
DJ95008　新加坡华文日报社论研究 1945—1959　王慷鼎　新加坡国立大学中文系（新加坡）

1995 年
DJ02009 东南亚华文日报现状之研究　崔贵强　新加坡华裔馆、南洋学会（新加坡）　2002 年
DJ03010 新闻标题的制作要求和方法——新加坡《联合早报》新闻标题解读　郭伯佳　华文学刊（新加坡）　2003 年第 2 期
DJ05011 东南亚华文报纸研究　彭伟步　社会科学文献出版社　2005 年
DJ06012 新加坡华文报章新闻标题的语言及其问题论析　陈家骏　汉语文走向世界　谭慧敏编　南大中华语言文化中心、八方文化创作室（新加坡）　2006 年
DJ07013 华文报，还有另一条路要走　洪玉璇　联合早报（新加坡）　2007-4-27

2　广播

DJ55014 来自莫斯科的声音　陈俊　广播爱好者　1955 年第 3 期
DJ81015 时效·手法·目的——"美国之音"华语广播剖析　赵水福　国际新闻界　1981 年第 2 期
DJ82016 美国之音华语广播国庆报道评介　郭北平　新闻广播电视研究　1982 年第 1 期
DJ84017 新加坡的广播电视推广学华语　郭景哲　中国广播电视　1984 年第 2 期
DJ84018 加拿大第一个全国性华语电视台成立　人民日报　1984-11-26
DJ88019 华语广播事业的耕耘者——记《巴黎华人之声》电台　郭凝　华声报（澳大利亚）　1988 年第 4 期
DJ90020 BBC 的华语广播　国际台考察小组　国际广播　1990 年第 5 期
DJ90021 澳门悉尼的华语电台　叶舟　华人（美国）　1990 年第 12 期
DJ90022 华语广播终受澳洲政府重视　亚洲周刊（中国香港）　1990-3-4
DJ93023 华语广播特性初探　李松凌　国际广播　1993 年第 4 期
DJ93024 重视国内听众来信　完善华语环球广播　范韩生　国际广播　1993 年第 5 期
DJ94025 略论华语广播的发展战略　严久　国际广播　1994 年第 4 期
DJ94026 解放思想，积极开拓华语广播新局面——纪念华语广播 45 周年　孔令保　国际广播　1994 年第 4 期
DJ94027 华语广播编采工作及其特点　金雪鑫　罗建辉　国际广播　1994 年第 4 期
DJ94028 把握对外广播特点——小议对外华语广播的新闻编辑工作　国际广播　1994 年第 5 期
DJ95029 海外华语电视今昔别　林叶　乔影　侨务工作研究　1995 年第 4 期
DJ96030 谈谈华语对北美广播的战略和策略　范韩生　国际广播　1996 年第 1 期
DJ96031 华语广播肩负起服务全球的使命　孔令保　国际广播　1996 年第 6 期
DJ96032 从"金龙奖"看华语电视走向世界　张晓卉　孙湘源　电视研究　1996 年第 9 期
DJ96033 海外华语广播发展概述　胡耀亭　世界广播电视参考　1996 年第 11 期
DJ96034 美国的华语广播电台　何赐炳　孔令保　世界广播电视参考　1996 年第 12 期
DJ98035 研讨会后的思考——对外华语广播研讨会　丁邦英　国际广播　1998 年第 4 期
DJ98036 加强战略研究，抓住机遇迎接挑战——在对外华语广播研讨会上的讲话　赵启正　国际广播　1998 年第 4 期
DJ98037 关于华语广播的战略思考　胡耀亭　国际广播　1998 年第 4 期
DJ98038 论移民潮的形成与华语广播的战略转移　张秀娟　国际广播　1998 年第 5 期

DJ98039	华语广播20年　孔令保　国际广播　1998年第6期	
DJ99040	扬独家之"声"势：华语广播专题创优心感　段爽　国际广播　1999年第10期	
DJ99041	海外社区华语广播　孔令保　世界广播电视参考　1999年第2期	
DJ99042	北京的电波暖侨心：国际台华语广播在非洲的回响　张木元　何赐炳　国际广播　1999年第4期	
DJ99043	"俄罗斯之声"电台及其华语广播　王向东　世界广播电视参考　1999年第5期	
DJ99044	从"千年跨越：全球华语电台大联播"活动看广播节目如何造势？　杨湛　岭南视听研究　1999年第6期	
DJ99045	撰写华语广播部志的情况和感受——在国际电台修志工作会议上的发言　何赐炳　国际广播　1999年第7期	
DJ99046	关于提高对外华语广播收听率的思考　郭景哲　国际广播　1999年第8期	
DJ99047	马华与中文节目　联合早报（新加坡）　1999-12-20	
DJ01048	纽约上空的华语四重奏——纽约四家华语广播电台一瞥　汤力扬　华人时刊　2001年第1期	
DJ02049	海外华语广播电视的现状与未来　赵玉明　中国广播电视学刊　2002年第3期	
DJ04050	对外华语广播发展的几点思考　赵健　郭彦　中国广播电视学刊　2004年第3期	
DJ04051	NTV7将停播华语新闻　马国华社哗然　联合早报（新加坡）　2004-10-14	
DJ05052	澳大利亚华语广播的发展及分布（1980—1996）　华侨与华人　2005年第1期	
DJ05053	澳大利亚华语广播的现状与发展前景　吕伟雄　黎静　马碧雯等　华侨与华人　2005年第1期	

3　电视

DJ87054	乡音动人的加拿大华语电视台　蔡叔齐　张元庭　瞭望周刊　1987年第18期
DJ90055	香港电视新闻节目中的粤语与普通话用语初探　邹嘉彦　廖国辉　王培光　史湄蔺苏　暨南学报（哲学社会科学版）　1990年第1期
DJ92056	金山华语电视大发展　戈云　华人（中国香港）　1992年第5期
DJ93057	华语电视在美蓬勃发展　景文　国际展望　1993年第9期
DJ94058	寻根与追梦：华语电视纪录片对中华传统文化的开掘　王纪言　北京广播学院学报　1994年第1期
DJ94059	华语电视节目的语言导向　汪惠迪　联合早报（新加坡）　1994-5-8
DJ95060	华语电视，面对跨世纪的革命　黄匡宇　岭南新闻探索　1995年第6期
DJ96061	华语电视，面对跨世纪的革命——信息高速公路建设给华语电视带来的机遇与挑战　黄匡宇　中国广播电视学刊　1996年第1期
DJ96062	华语电视　黄匡宇　视听纵横　1996年第1期
DJ96063	华语电视走向世界的使命　俞世瑾　中国广播电视学刊　1996年第1期
DJ96064	华语电视国际间合作的现实性探讨　刘冰　中国广播电视学刊　1996年第1期
DJ96065	世界华语电视发展探析　蔡贤盛　电视研究　1996年第5期
DJ96066	从"金龙奖"看华语电视走向世界　张晓卉　孙湘源　电视研究　1996年第9期
DJ97067	突出人民性、代表性和议政性：华语部"两会"宣传报道的特点　张秀娟　国际广播

1997 年第 3 期

DJ97068　英国华语电视现状及发展前景　张馨　岭南新闻探索　1997 年第 6 期

DJ98069　华语电视：在两岸三地的交接点上看一个新生成的华语台　布由　南方电视学刊　1998 年第 3 期

DJ99070　透视洛杉矶华语电视　林芝　电视研究　1999 年第 8 期

DJ00071　欧洲华语电视频道竞争激烈　顾玉龙　电视研究　2000 年第 4 期

DJ01072　探究世纪潮流，创新华语电视——对中国广电改革大潮与凤凰卫视发展的思考　余统浩　南方电视学刊　2001 年第 2 期

DJ03073　共同创造华语电视传媒的新世纪　崔强　新闻大学　2003 年第 1 期

4　电影

DJ96074　香港华语电影的"九七"情结：从电影看港人的回归心态　寇立光　淮海文汇　1996 年第 6 期

DJ99075　世纪之末回看华语电影　杨远婴　文汇电影时报　1999-11-19

DJ00076　跨文化交流中华语电影的历史与未来　彭吉象　北京大学学报（哲学社会科学版）　2000 年第 4 期

DJ01077　传统文化与现代意识的冲突与融合——跨文化交流中的华语电影　彭吉象　电影艺术　2001 年第 1 期

DJ01078　电影：华语世界的自治　格特　大地　2001 年第 23、24 期

DJ02079　悖论与选择——"全球化"语境中华语电影现代化/民族化问题之省思　陈旭光　电影艺术　2002 年第 2 期

DJ03080　李安华语作品文化解读　黄文杰　北京电影学院学报　2003 年第 3 期

DJ05081　华语电影之概念：一个理论探索　鲁晓鹏　叶月瑜　文化研究　第 5 辑　广西师范大学出版社　2005 年第 183 页

5　戏剧

DJ88082　印度尼西亚华文铭刻汇编　傅吾康　新加坡南洋学会（新加坡）　1988 年

DJ88083　中国话剧艺术对新马华语话剧运动的影响　王振科　戏剧艺术　1988 年第 3 期

DJ91084　信步走过——80 年代新加坡华语剧坛　韩劳达　新加坡南方艺术研究会（新加坡）　1991 年

DJ92085　漫话台湾京剧　张文彦　中国京剧　1992 年第 2 期

DJ93086　东南亚华文戏剧概况　赖伯疆　中国戏剧出版社　1993 年

DJ93087　台湾通俗歌曲之发展与影响——解严后（1987）迄今（1993）之探讨　苏正伟　文化大学硕士学位论文（中国台湾）　1993 年

DJ98088　欲望的蛛丝马迹：身体、话语和声音——华语流行情歌中的性别　宋晓萍　通俗文学评论　1998 年第 4 期

DJ00089　日据时代台语创作歌曲之研究：一九三二~一九三九　方淑溱　成功大学硕士学位论文（中国台湾）　2000 年

DJ01090　战后初期的新加坡华文戏剧（1945—1959）　詹道玉　新加坡国立大学中文系（新加

　　　　　坡） 2001 年
DJ01091　天河同乡会举办全国华语卡拉 OK 歌唱赛　区如柏　联合早报（新加坡） 2001-4-5
DJ01092　京剧在台湾的传承　张文彦　两岸关系　2001 年第 7 期
DJ02093　东南亚华文戏剧：别样的意义　苏琼　世界华文文学论坛　2002 年第 3 期
DJ03094　澳门文化盛事　华文戏剧新篇——第四届华文戏剧节在澳门举行　宋宝珍　中国戏剧　2003 年第 1 期
DJ04095　我在新加坡教黄梅戏　李云　广东艺术　2004 年第 1 期
DJ04096　台湾民间歌谣妇女婚姻与角色研究　王慧莲　东海大学硕士学位论文（中国台湾） 2004 年
DJ04097　台湾劝世类"歌仔册"之语文研究——以当前新竹市竹林书局所刊行之台语歌仔册为范围　江美文　新竹师范学院硕士学位论文（中国台湾） 2004 年
DJ05098　华语电影——中美跨文化传播的重要媒介　肖路　当代电影　2005 年第 3 期
DJ06099　跨国华语电影中的民族性：反抗与主体性　裴开瑞　尤杰　世界电影　2006 年第 1 期

版），2001 年。

D10101 《西同志参事为全国率长任 OK 里的精条》民论集，长春星报（新闻版），2001-9-3
D10102 美国社会的新特质，姚文放，内蒙古大学，2001 年第 5 期
D10203 东南亚华文化精编，陈振江参考，方波，世界华文学院，2002 年第 1 期
D10304 海上文化碰撞，历史与现实的联——对海上800次实践与文化的考察，朱安庆，中国大陆 2003 年第 1 期
D10405 苦名源画新政治规范，苏江，广东之光，2004 年第 1 期
D10406 合诸句间旅游起点源区与地位研究，王国强，大连大学硕士学位论文（中国合名），2005 年
D10507 白痴为国家"龙文学"之精文辞释——倡议跨越研究当代中华民族对古代白痴精神的历史，江英文，张万海海北华师生学术论文（中国白痴），2004 年
D10508 陈佳贝——中国外文化根源的学研究，肖光，张化学，2005 年第 3 期
D10609 美育研究的传统与新建，涂国方十家先生，苏育道读，美术观察，2006 年第 1 期